ARISTOTELES

Zweite Analytik
Analytica Posteriora

Griechisch – Deutsch

Griechischer Text nach W. D. Ross

Übersetzt, mit einer Einleitung und Anmerkungen herausgegeben von
WOLFGANG DETEL

FELIX MEINER VERLAG
HAMBURG

PHILOSOPHISCHE BIBLIOTHEK BAND 633

Bibliographische Information der Deutschen Nationalbibliothek

Die Deutsche Nationalbibliothek verzeichnet diese Publikation in der Deutschen Nationalbibliographie; detaillierte bibliographische Daten sind im Internet abrufbar über ‹http://dnb.d-nb.de›.

ISBN 978-3-7873-2677-8

Wir danken dem Akademie-Verlag, Berlin, für die freundliche Genehmigung zur Verwendung der Übersetzung aus dem Band: Aristoteles: *Zweite Analytik*, übersetzt und erläutert von Wolfgang Detel, in: Aristoteles. *Werke in deutscher Übersetzung*, hg. von Hellmut Flashar, Band 3/II, Berlin 1993.

www.meiner.de

 Satz: Jens-Sören Mann. Druck: Strauss GmbH, Mörlenbach. Bindung: Litges & Dopf, Heppenheim. Werkdruckpapier: alterungsbeständig nach ANSI-Norm resp. DIN-ISO 9706, hergestellt aus 100 % chlorfrei gebleichtem Zellstoff. Printed in Germany.

INHALT

ARISTOTELES

Zweite Analytik

Analytica Posteriora

INHALT

VORWORT

Die Übersetzung der *Zweiten Analytik* des Aristoteles in dieser Studienausgabe ist eine stark überarbeitete Fassung meiner Übersetzung in der Berliner Akademie-Ausgabe der aristotelischen Schriften.[1] Die Übersetzung in der Akademie-Ausgabe beruht auf dem Grundsatz, das Ausmaß an Interpretationen, die unvermeidlich in jede Übersetzung eingehen, so weit wie möglich einzuschränken und den Leser des deutschen Textes der *Zweiten Analytik* vor genau dieselben Schwierigkeiten zu stellen wie die Leserin des griechischen Textes. Diese Übersetzung geht daher zuweilen an die Grenze dessen, was im Deutschen sprachlich und grammatisch noch zumutbar ist. Eine solche Übersetzung ist meines Erachtens akzeptabel, wenn sie wie in der Akademie-Ausgabe von einem ausführlichen Kommentar begleitet wird[2] und in einem gesonderten kurzen Anhang Vorschläge für die Ergänzung der schwierigsten und unverständlichsten Sätze des griechischen Textes enthält.[3]

In einer Studienausgabe, die keinen Textkommentar, sondern nur einige Anmerkungen zu Querverweisen und historischen Bezügen enthält, muss die Übersetzung jedoch nach Möglichkeit aus sich heraus inhaltlich verständlich sein und sprachlich geglättet werden. In diesem Sinne ist die Übersetzung aus der Akademie-Ausgabe für diesen Beitrag zur *Philosophischen Bibliothek* des Meiner Verlages gründlich überarbeitet worden. Diese Überarbeitung bezieht sich im wesentlichen auf die Punktuation, die Wortstellung, die Ergänzung abgekürzter Phrasen und Sätze sowie die Ersetzung jener Pronomina oder Vorkommnisse des Wortes »Dinge« (meist Wiedergabe des griechischen Neutrum Plural), deren Bezug oder Bedeutung unklar ist, durch nominale Phrasen. Diese

[1] Vgl. Detel (1993), Bd. I.
[2] Vgl. ebd., Bd. II.
[3] Vgl. ebd., Bd. I, 85–99.

Ergänzungen und Ersetzungen sind in der Übersetzung kursiv gesetzt.

In terminologischer und grammatischer Hinsicht gibt es dagegen gegenüber der Akademie-Ausgabe keine Veränderungen, außer in einem – freilich nicht unwichtigen – Fall: Der griechische Terminus *ousia* wird in der Akademie-Ausgabe mit *grundlegende Struktur* übersetzt. Diese Übersetzung bildet die Theorie der zweistelligen ousia ab (»x ist ousia von y« im Sinne von: x ist essentielle (also grundlegende) Struktur von y), die in den Substanzbüchern *Metaphysik* VII–VIII vorherrscht und auch für die *Zweite Anayltik* einschlägig ist. Aber in einer Studienausgabe ohne erläuternden Kommentar ist die international übliche Übersetzung *Substanz* vorzuziehen.

Auch der zugrundeliegende griechische Text folgt der Textgestaltung in der Akademie-Ausgabe.[4] Er stützt sich auf den von Ross gebotenen Text und auf einen Vergleich mit der Kollation von Williams.[5] Die Abweichungen vom Text von Ross werden in Fußnoten zur Übersetzung notiert.

Die Einleitung führt in Gestalt von 20 Abschnitten in die Grundlagen der aristotelischen Wissenschaftstheorie ein, so wie sie in der *Zweiten Analytik* ausgearbeitet wird. Die ersten vier Abschnitte beschäftigen sich mit dem Verhältnis von *Erster Analytik* (vor allem der Syllogistik) und *Zweiter Analytik* (der Wissenschaftstheorie). Abschnitte 5–10 erläutern die zentralen Kategorien der aristotelischen Wissenschaftstheorie. In den Abschnitten 11–14 kommt der Status des wissenschaftlichen Wissens und auch der *Analytiken* selbst zur Sprache. Die Abschnitte 15–18 skizzieren die wichtigsten Lesarten der *Zweiten Analytik,* und die restlichen beiden Abschnitte enthalten Hinweise zum griechischen Text der *Zweiten Analytik* sowie zum Leben und Werk des Aristoteles.

Die Anmerkungen beschränken sich auf eine Sammlung der wichtigsten Parallelstellen und Querverweise sowie auf

[4] Zur Begründung der gewählten Textvarianten vgl. Detel (1993), Bd. I, 103–109 sowie Bd. II; spezielle Anmerkungen jeweils ad loc.

[5] Vgl. Ross (1957) und Williams (1984).

gelegentliche Erläuterungen des historischen Hintergrundes, wie sie in den führenden modernen Kommentaren zur *Zweiten Analyik* zu finden sind.[6] Erläuternde Kommentare sind in den Anmerkungen nicht enthalten.

Folgende Abkürzungen werden in den Anmerkungen verwendet:

Cat.	*Categoriae* (*Kategorien*)
Int.	*De Interpretatione* (*Hermeneutik*)
Top.	*Topica* (*Topik*)
An. Prior.	*Analytica Priora* (*Erste Analytik*)
An. Post.	*Analytica Posteriora* (*Zweite Analytik*)
Phys.	*Physica* (*Physik*)
Metaph.	*Metaphysica* (*Metaphysik*)
Cael.	*De Caelo* (*Über den Himmel*)
GC	*De Generatione et Corruptione* (*Über Werden und Vergehen*)
Meteor.	*Meteorologica* (*Meteorologie*)
An.	*De Anima* (*Über die Seele*)
Sens.	*De Sensu* (*Über die Wahrnehmung*)
Mem.	*De Memoria* (*Über die Erinnerung*)
HA	*Historia Animalium* (*Die Erkundung der Tiere*)
PA	*De Partibus Animalium* (*Über die Teile der Tiere*)
GA	*De Generatione Animalium* (*Über die Erzeugung der Tiere*)
NE	*Ethica Nikomachea* (*Nikomachische Ethik*)
Pol.	*Politica* (*Politik*)
Rhet.	*Rhetorica* (*Rhetorik*)
Poet.	*Poetica* (*Poetik*)
Mech.	*Mechanica* (*Mechanik*) [unecht]
PP	Problemata Physica (Naturwissenschaftliche Probleme) [unecht]

[6] Zur Einleitung vgl. Detel (2006); zu den einschlägigen modernen Kommentaren vgl. vor allem Ross (1957), Barnes (1975/2002) und Detel (1993), Bd. II.

Erna Mamane hat Teile der Akademie-Ausgabe der *Zweiten Analytik*, insbesondere die Übersetzung und die Indizes, in eine bearbeitbare Datei überführt und genauestens Korrektur gelesen. Alexander Becker hat den griechischen Text erstellt und sorgfältig überprüft. Heike Bühn hat das gesamte Buch lektoriert und mir viele Hinweise zur Verbesserung des Textes gegeben. Ihnen allen sei an dieser Stelle herzlich gedankt.

EINLEITUNG

Die aristotelischen Schriften gehören unterschiedlichen literarischen Gattungen an. Einige dieser Schriften wenden sich an ein gebildetes Publikum außerhalb (griech. *exo*) der philosophischen Schule und sind literarisch ausgefeilt, einführend und populär. Sie heißen exoterische Schriften.[1] Andere Schriften fassen die Ergebnisse ausgedehnter materialer Forschungen zusammen.[2] Die dritte Gattung der aristotelischen Schriften richtet sich an die Mitglieder der philosophischen Schule, also an den inneren (griech. *eso*) Kreis der professionellen Philosophen. Dies sind die esoterischen Schriften,[3] von denen die wichtigsten erhalten sind. Diese Werke waren nicht für eine Veröffentlichung bestimmt, sondern bestehen aus Kollegheften und Vorlesungsmanuskripten. Sie sind literarisch nicht ausgefeilt, setzen oft die Kenntnis theoretischer Hintergründe

[1] Da sich diese Schriften an einen größeren Kreis (griech. *kyklos*) wenden, heißen sie auch enkyklische Schriften. Die exoterischen (enkyklischen) Schriften waren als Bücher (in Form von Papyrusrollen) zugänglich. Unter den aristotelischen Werken gehören der *Protreptikos* (eine Werbeschrift für die Philosophie) und verschiedene Dialoge, etwa *Über die Philosophie, Über die Gerechtigkeit* und *Über Dichter* zu den exoterischen Schriften, von denen allerdings nur wenige Fragmente erhalten sind.

[2] Zum Beispiel Sammlungen der Lehrmeinungen früherer Philosophen, der wichtigsten politischen Verfassungen griechischer Städte, aber auch naturwissenschaftliche Sammlungen insbesondere zur Zoologie und historische Sammlungen wie die Aufführungsdaten der Tragödien. Auch von diesen Sammlungen ist vieles nicht erhalten – von der Sammlung der griechischen Verfassungen ist zum Beispiel leider nur die Verfassung Athens überliefert.

[3] Ein anderer Name ist: Pragmatie (griech. *pragmateia*, Abhandlung). Diese Schriften waren ebenso wie die Sammlungen nicht veröffentlicht und daher nicht allgemein zugänglich, sondern dienten als Vorlagen für Vorlesungen und interne Diskussionen.

voraus und enthalten daher nicht selten eher kurze Andeutungen als ausführliche Darstellungen der diskutierten Punkte. Auch sind sie nicht frei von Gedankensprüngen. Diese Manuskripte wurden häufig überarbeitet und mit Anmerkungen, Exkursen und Verweisen versehen. Texte dieser Art bieten offensichtlich schon aufgrund ihrer literarischen Gestalt besonders große Verständnisschwierigkeiten.

Die Schrift *Zweite Analytik* (*Analytica Posteriora*) gehört zu den esoterischen Schriften des Aristoteles und präsentiert seine Wissenschaftstheorie, die eine Theorie des Wissens einschließt. Für eine absolute Datierung dieser Schrift, also die Bestimmung ihrer Abfassungszeit, gibt es keine sicheren Anhaltspunkte. In An. Post. I 24, 85a 24–25 wird zwar ein Mann namens Koriskos erwähnt, der vielleicht der Platonist Koriskos von Skepsis ist, den Aristoteles erst zwischen 347 und 344 in Assos kennengelernt hat. Aber bei Anspielungen auf bestimmte Personen handelt es sich in aristotelischen Texten nicht selten um spätere redaktionelle Zusätze. Zudem wird ein Koriskos sowohl in frühen als auch in späten aristotelischen Schriften erwähnt, und zwar so häufig, dass Bonitz diesen Namen in seinem Index Aristotelicus als Bezeichnung für einen beliebigen einzelnen Menschen auffasst. Aus dem Hinweis auf Koriskos in der *Zweiten Analytik* lässt sich also für eine absolute Datierung dieser Schrift nichts gewinnen. Doch lassen die Verweise in der *Zweiten Analytik* auf andere aristotelische Schriften und die Verweise in anderen Schriften auf die *Zweite Analytik* einen recht aussagekräftigen Schluss auf die relative Datierung zu. Diesen Querverweisen zufolge wurde die *Zweite Analytik* nach den frühen Schriften *Kategorien*, *De Interpretatione* und *Topik* sowie vor der *Metaphysik* und den ethischen und biologischen Schriften verfasst – vermutlich gleichzeitig mit den ersten Teilen der *Physik* und der *Rhetorik*. Wenn man bedenkt, dass Aristoteles nach eigenen Angaben viel Mühe mit der *Topik* hatte und auch für eine frühe Fassung der *Zweiten Analytik* einige Zeit gebraucht haben dürfte, liegt eine Abfassung der *Zweiten Analytik* in der Endphase der Akademiezeit (also der Zeit, in der Aristoteles in Platons

Akademie in Athen arbeitete) nahe, also zwischen 350 und 347 v. u. Z.[4]

Der *Zweiten Analytik* geht die *Erste Analytik* (*Analytica Priora*) voraus, deren wichtigster Teil die Syllogistik enthält. Aristoteles bezieht sich in seinen späteren Schriften mit dem Ausdruck »Die Analytiken« meist auf beide Schriften zugleich[5], und der erste Satz der *Ersten Analytik* kündigt eine Untersuchung über demonstratives (d.h. durch Demonstrationen gewonnenes) Wissen an.[6] Dieses Thema wird jedoch hauptsächlich in der *Zweiten Analytik* behandelt. Aristoteles selbst hat die beiden *Analytiken* also als theoretische Einheit betrachtet. Tatsächlich enthalten die beiden *Analytiken* die erste formale Logik und die erste ausgearbeitete Wissenschaftstheorie in der Geschichte des Denkens. Es handelt sich hier also um erstrangige wissenschaftliche Innovationen, die eine enorme historische Wirkung entfalten sollten.[7]

1. Wissen und Analyse

Der Titel *Analytik* verweist auf die Theorie der Analyse, und die Analyse ist ein methodisches Verfahren, das sowohl in der Syllogistik als auch in der Theorie des Wissens und der Wissenschaft eine grundlegende Rolle spielt. Wenn wir verstehen wollen, in welcher Weise Syllogistik und Wissenschaftstheo-

[4] So auch Flashar (1983), 236f. Ross (1957) datiert die *Zweite Analytik* zwischen 347 und 344, Barnes (1981) und Düring (1968) dagegen auf ca. 355 (Barnes und Düring gehen davon aus, dass die *Erste Analytik* nach der *Zweiten Analytik* – zumindest in ihrer frühen Fassung – verfasst wurde. Ihre Datierung bezieht sich also auf die erste frühe Fassung der *Zweiten Analytik*).

[5] Vgl. Top. VIII 11, 162a 11–12; Metaph. VII 12, 1037b 8–9; EN VI 3, 1139b 27; Rh. I 2, 1356b 9–10.

[6] An. Prior. I 1, 24a 10–11.

[7] Auf eine Inhaltsübersicht der *Zweiten Analytik* wird in der folgenden Einführung verzichtet. Eine gute Zusammenfassung findet sich in der Synopsis bei Barnes (1975), 83–86.

rie bei Aristoteles miteinander verschränkt sind und welche Rolle die Analyse dabei spielt, müssen wir zunächst kurz auf den basalen Begriff von Wissen und Wissenschaft (*episteme*) bei Aristoteles eingehen.

Aristoteles übernahm Platons grundlegende Idee, dass das *Wissen* sich primär auf universelle Fakten im Universum richtet. *Wissenschaftliches Wissen*, d.h. *Wissenschaft,* untersucht jedoch insbesondere die Ursachen gegebener universeller Fakten. Dabei sind diese Ursachen ihrerseits universelle Fakten[8]. Wissen und Wissenschaft sind für Aristoteles im übrigen einerseits spezifische mentale Zustände eines vernünftigen Lebewesens, andererseits aber auch eine Menge von wissenschaftlichen Behauptungen und Theorien, die wir nach angemessenen Kriterien und Methoden etabliert haben, wenn wir in jenem mentalen Zustand sind, den Aristoteles als wissenschaftliches Wissen ansieht.

Aristoteles macht sich in seiner Wissenschaftstheorie viele Gedanken darüber, wie man in der Wissenschaft die Feststellung universeller Fakten begründen sollte. Aber sein wichtigstes Anliegen in den beiden *Analytiken* ist die Methode des Auffindens von Ursachen zu gegebenen universellen Fakten, d.h. die Methode der wissenschaftlichen Erklärung gegebener universeller Fakten. Es steht z.B. fest, dass alle Tiere einen Magen haben. Und nun wollen wir erklären, warum dies so ist. Eine erste Idee könnte sein, dass alle Tiere Nahrung von außen aufnehmen und daher ein Organ brauchen, mit dessen Hilfe sie die Nahrung aufnehmen und verdauen können, und dieses Organ ist gerade der Magen.[9] Es steht fest, dass alle metallenen Statuen (im Vergleich z.B. zu hölzernen Statuen) schwer sind. Und nun wollen wir erklären, warum dies so ist. Eine erste Antwort könnte sein, dass metallene Statuen aus Bronze bestehen und Bronze (z.B. im Vergleich zu Holz) ein schwerer Stoff ist.

Auf sprachlicher Ebene formuliert, besteht das Auffinden

[8] An. Post. I 2, 71b9–16; II 1, bes. 89b29–31.

[9] Vgl. Part. Anim. III 14, 674a12–19.

von Ursachen darin, zu einer Konklusion, die ein gegebenes universelles Faktum beschreibt, geeignete Prämissen zu finden. Ein wenig formaler notiert (wie Aristoteles es tut), wenn wir die Prädikation *C ist ein A* invers in der Form *A kommt (als eine Eigenschaft) dem C zu* schreiben (abgekürzt *AC*), dann liefert eine wissenschaftliche Erklärung von AC im einfachsten Fall Prämissen AB und BC derart, dass BC eine Ursache von AC ist. Zum Beispiel: Warum kommt schwer (A) den metallene Statuen (C) zu? Weil es eine Eigenschaft B (aus Bronze bestehen) von metallenen Statuen (C) gibt, derart dass B (aus Bronze bestehen) allen C (metallenen Statuen) zukommt und BC (das universelle Faktum, dass alle metallenen Statuen aus Bronze bestehen) die Ursache für AC ist (also für das universelle Faktum, dass alle metallenen Statuen schwer sind).

Bereits an diesem Punkt lässt sich erkennen, wie die Analysis in das aristotelische Bild von einer wissenschaftlichen Erklärung hineinkommt. Die entscheidende Idee ist, dass das Wissen eines gegebenen komplexen Gegenstandsbereiches generell gesprochen darin besteht, die einfachsten Teile dieses Gegenstandsbereiches zu kennen.[10] Und die Methode der Teilung eines gegebenen Gegenstandsbereiches in seine einfachsten Teile ist gerade die *Analyse.*[11] Diese analytische Methode kann nach Aristoteles auf verschiedene Bereiche angewendet werden, zum Beispiel auf Mittel-Ziel-Relationen oder auf zweidimensionale geometrische Diagramme,[12] aber vor allem wird sie in der Logik und Wissenschaftstheorie eingesetzt.[13] So sind etwa die oben skizzierten Beispiele wissenschaftlicher Erklärungen zugleich Beispiele für eine wissenschaftliche Analyse.

[10] Met. IX 10; An. III 6; Phys. I 1, 184a9–14; Metaph. VIII 1, 1042a5–6.

[11] Vgl. z. B. NE III 3, 1112b20–24, Metaph. IX 9, 1051a21–27.

[12] Vgl. z. B. NE III 3, 1112b20–24. In der Geometrie sind Kreis und Gerade die einfachsten Teile des zweidimensionalen geometrischen Kontinuums. Darum müssen in geometrischen Beweisen Zirkel und Lineal benutzt werden, und diese Benutzung läuft gerade darauf hinaus, das geometrische Kontinuum in Kreise und Geraden zu analysieren.

[13] Vgl. An. Prior. I 44, 50b30, 51a1–3, An. Prior I 32, 47a32–5; An. Post. I 12, 78a7; I 32, 88b15–20; II 5, 91b12–13.

Wenn wir nämlich im einfachsten Fall einen Satz der Form AC erklären, indem wir geeignete Prämissen der Form AB und BC finden, so wird damit zugleich AC in AB und BC analysiert – AC besteht, logisch gesehen, aus den Teilen AB und BC.

Wir können diese Analyse, wie es auch Aristoteles tut, stets auch auf der sachlichen Ebene beschreiben. Dann müssten wir sagen: Eine wissenschaftliche Analyse besteht darin, ein Faktum AC dadurch zu erklären, dass wir zwei Fakten AB und BC finden, derart dass BC die Ursache für AC ist und das Faktum AC in die Fakten AB und BC analysiert ist – das Faktum AC besteht aus den Fakten AB und BC.

Aristoteles betrachtet die sprachliche und sachliche Beschreibung der Analyse als gleichwertig. In jedem Fall ist die Analyse, genauer betrachtet, ein Verfahren, das nicht nur gegebene komplexe Dinge in ihre einfachsten Teile zerlegt, sondern mit dieser Zerlegung zugleich auch deutlich macht, wie sich die komplexen Dinge aus ihren einfachen Teilen zusammensetzen: die Analyse weist auch auf die entsprechende Synthese hin.

Aristoteles beschreibt das Verfahren der Analyse noch ein wenig genauer. Eine wissenschaftliche Analyse besteht im einfachsten Fall darin, zu einem gegebenen AC einen Begriff B zu suchen, derart dass die Sätze AB und BC geeignete Prämissen für die Konklusion AC sind und dass BC eine Ursache für AC ist. Dabei ist der Begriff B beiden Prämissen gemeinsam und heißt aufgrund seiner mittleren Stellung in der Prämissenfolge AB–BC *Mittelbegriff,* während A und C *Außenbegriffe* heißen. Diese analytische Struktur können wir darstellen durch die Formel

D A: AB – BC: C

Es kommt jedoch nicht selten vor, dass die Sätze (bzw. Fakten) AB und BC ihrerseits weiter analysiert werden können und die Analyse daher mehr als nur einen Schritt enthält. Im Prinzip müssen wir die Analyse nach Aristoteles fortsetzen, bis wir auf Prämissen stoßen, zu denen wir keine weiteren Mittelbegriffe mehr finden können, d. h. die wir nicht weiter analysieren kön-

nen. Derartige Prämissen heißen daher *unvermittelte Prämissen.* Aristoteles spricht im Blick auf mehrschrittige Analysen sehr anschaulich von einem Verfahren der *Verdichtung* gegebener Sätze durch mehrere Mittelbegriffe.[14] Wenn zum Beispiel B, D und E alle Mittelbegriffe sind, die wir zum gegebenen Satz finden können, dann bedeutet dies: Wir können AC analysieren in die Sätze AB und BC, aber ferner AB in die Sätze AD und DB sowie BC in die Sätze BE und EC. In Gestalt der Formel **D** können wir diese Analysen so darstellen:

D1 A: AB – BC: C
D2 A: AD – DB: B
D3 B: BE – EC: C

Diese drei Analysen können wir in eine einzige Formel zusammenfassen, die deutlicher macht, wie der gegebene Satz AC durch die drei Mittelbegriffe B, D und E (genauer natürlich durch die mit Hilfe der drei Mittelbegriffe gefundenen unvermittelten Prämissen AD, DB, BE und EC) *verdichtet* wird:

D* A: AD – DB – BE – EC: C

Bereits diese einfache Darstellung der Analyse gegebener Sätze macht zwei höchst wichtige Aspekte der wissenschaftlichen Analyse deutlich, so wie Aristoteles sie versteht. Zum einen handelt es sich stets um empirische Sätze über die Welt oder um mathematische Sätze über mathematische Gegenstandsbereiche wie Zahlen oder geometrische Gebilde. Die gegebenen Sätze AC müssen also wahre empirische oder mathematische Sätze sein. Aber das gilt auch für alle Prämissen, die mit Hilfe einer Analyse gefunden werden können. Dieses Finden, und damit die Analyse, ist keine rein logische Prozedur, sondern kann nur mit Blick auf die wahrnehmbare Welt oder auf mathematische Bereiche vorgenommen werden. Und zum anderen handelt es sich nicht um ein Top-Down-Verfahren, das mit den obersten Prämissen beginnt und dann alle Konklusionen gegebener Prämissen sucht, sondern um ein

[14] An. Post. I 23, 84b 19–85a 1.

Bottom-Up-Verfahren, das mit den Konklusionen beginnt und zu ihnen die hinreichenden Prämissen aufsucht.

2. ›Erste Analytik‹ und ›Zweite Analytik‹

Die bisherige Darstellung wissenschaftlicher Analysen, und damit der Anfang einer *Analytik* (also der *Wissenschaft der Analyse*) ist aus mehreren Gründen unvollständig. Einer der wichtigsten dieser Gründe ist, dass bisher lediglich davon die Rede war, dass in wissenschaftlichen Analysen zu gegebenen Sätzen geeignete Prämissen (und damit Mittelbegriffe) gesucht werden sollen. Aber welche Prämissen sind geeignet? Es kann sich offenbar nicht um beliebige Prämissen handeln. Es gibt für gegebene Sätze meist gute und schlechte Prämissen – Prämissen, die den gegebenen Satz tatsächlich gut begründen, aber auch Prämissen, die diesen Satz nur unzureichend begründen. Aber was heißt es, dass eine Prämisse gut und nicht schlecht ist? Diese dringliche Frage hat Aristoteles dazu gebracht, die *Erste Analytik* zu schreiben und die formale Logik in Gestalt der Syllogistik zu erfinden. Denn die Logik bietet eine grundlegende Antwort auf diese Fragen und ist daher nach Aristoteles eine Voraussetzung der Wissenschaft. Das ist der entscheidende Grund dafür, dass *Erste Analytik* und *Zweite Analytik* eng miteinander verbunden sind.

Es gibt einige Indizien dafür, dass Aristoteles zunächst die Grundzüge einer Wissenschaftstheorie und wissenschaftlichen Analyse im bisher skizzierten Rahmen entworfen und erst danach die Syllogistik entwickelt hat. So ist zum Beispiel die Definition einer Deduktion (*syllogismos*) zu Beginn der *Ersten Analytik* eigentümlich vage und unpräzise,[15] könnte also auf ein frühes Stadium des Nachdenkens über die Beziehung

[15] »Eine Deduktion ist ein Argument, in dem gewisse Dinge angenommen werden und etwas anderes als die Dinge, die zugrunde gelegt wurden, mit Notwendigkeit folgen aufgrund der Tatsache, dass jene Dinge der Fall sind«, vgl. An. Prior. I 1, 24b 18–20 und ähnlich Top. I 1, 100a 25–27, aber auch An. Post. I 10, 76b 37–39; II 5, 91b 12–15.

zwischen guten Prämissen und Konklusionen verweisen.[16] Tatsächlich ist die *Erste Analytik* in vielen technischen Aspekten weiter entwickelt als die *Zweite Analytik* und versucht insbesondere eine Reihe von beweistheoretischen Problemen zu lösen, die eine eher informale Wissenschaftstheorie, die von der Idee der wissenschaftlichen Analyse ausgeht, genauer betrachtet aufwirft.

Da sich die Wissenschaft nach Aristoteles, wie schon erwähnt, primär mit allgemeinen Strukturen und Fakten beschäftigt (etwa mit dem Faktum, dass alle Tiere einen Magen haben), sind die Sätze, die in wissenschaftlichen Analysen auftreten, meist quantifizierte Sätze. Das heißt, Sätze der Form AC haben z.B. meist die Form *Das A kommt allen C zu* oder *Das A kommt einigen C zu.* Darum ist es nicht verwunderlich, dass die Logik, die Aristoteles für Prämissen und Konklusionen dieser Sätze entwickelte (also die Syllogistik), eine Logik für quantifizierte Sätze mit einstelligen Begriffen war – in moderner Terminologie, eine Prädikatenlogik erster Stufe.[17]

Auch wenn Aristoteles zunächst eine Wissenschaftstheorie in formal einfacher Gestalt entworfen und dann erst die Syllogistik entwickelt haben sollte, bleibt es dabei, dass er der dezidierten Meinung war, dass die Syllogistik eine grundlegende theoretische Voraussetzung der Theorie der wissenschaftlichen Erklärung (der *Demonstration*) in der *Zweiten Analytik* ist und dass daher der Text der *Zweiten Analytik,* den wir heute in der Hand haben, die Syllogistik und damit die *Erste Analytik* der Sache nach voraussetzt.[18] Wir müssen uns daher kurz

[16] So z.B. Solmsen (1929), Barnes (1969) und Barnes (1981).

[17] Quantifiziert sind Sätze, die Quantoren wie »alle« und »einige« enthalten. Ein Begriff ist einstellig, wenn er in der Form F(x) geschrieben werden kann, wie etwa »klug(x)« (d.h. »x ist klug«). Zweistellige Begriffe (auch Relationen genannt) werden in der Form F(x,y) geschrieben, wie etwa »größer (x,y)« (d.h. »x ist größer als y«). Natürlich gibt es auch drei- und vierstellige Begriffe, usw. Die Syllogistik bezieht sich in diesem Sinne nur auf einstellige Begriffe.

[18] Vgl. z.B. An.Prior. I 4, 25b26–31 sowie Smith (1989), XIII und Detel (1993), Bd. I, 110–114.

mit den Grundzügen der Syllogistik beschäftigen und dabei vor allem zu verstehen versuchen, inwiefern auch die Syllogistik auf einer spezifischen Art von Analyse beruht.

3. Grundlagen der Syllogistik

Die zentrale Frage, die jede formale Logik und somit auch die aristotelische Syllogistik beantworten muss, ist: Welche Schlüsse (also: Übergänge von Prämissen auf Konklusionen) sind logisch gültig, und warum sind sie logisch gültig? Aristoteles definiert in einem ersten Schritt die kanonische Form syllogistischer Sätze:

Ein *syllogistischer Satz* ist entweder ein bejahender universeller oder ein verneinender universeller oder ein bejahender partikularer oder ein verneinender partikularer Satz, d.h. er hat eine der folgenden vier Formen: (i) A kommt allen B zu (abgekürzt AaB); (ii) A kommt keinem B zu (abgekürzt AeB); (iii) A kommt einigen B zu (abgekürzt AiB); (iv) A kommt einigen B nicht zu (abgekürzt AoB).[19]

Wie wir gesehen haben, besteht die grundlegende Form eines Argumentes, das auf einer Analyse beruht, aus genau zwei Prämissen und einer Konklusion. In diesen drei Sätzen kommen genau drei verschiedene Begriffe (genauer allgemeine Termini) vor, und die beiden Prämissen haben einen dieser Begriffe (den Mittelbegriff) gemeinsam. Bisher hatten wir Argumente der Form AB, BC $\Rightarrow$ AC betrachtet, die diese Beschreibung offensichtlich erfüllen. Aber dies gilt darüber hinaus auch dann, wenn der Mittelbegriff B nicht das Subjekt der ersten Prämisse und das Prädikat der zweiten Prämisse ist, sondern auch dann, wenn der Mittelbegriff B entweder das Subjekt beider Prämissen oder das Prädikat beider Prämissen ist. Auf diese Weise erhält man drei verschiedene syllogistische Figuren (d.h. Strukturen von Argumenten mit zwei syllogistischen Sätzen als Prämissen und einem syllogistischen Satz als Konklusion):

[19] An. Prior. I 2, 25a14–5.

Eine *syllogistische Figur* ist ein Argument, das eine der folgenden drei Formen hat:

(1) $A \times B, B \times C \Rightarrow A \times C$
(2) $B \times A, B \times C \Rightarrow A \times C$
(3) $A \times B, C \times B \Rightarrow A \times C$

(dabei sind A, B und C Variable für allgemeine Begriffe, also Leerstellen, für die beliebige spezifische allgemeine Begriffe eingesetzt werden können, und x ist eine Variable, für die einer der *syllogistischen Operatoren* eingesetzt werden darf, d. h. a = kommt allen zu, oder e = kommt keinem zu, oder i = kommt einigen zu, oder o = kommt einigen nicht zu).[20]

Aristoteles kann dann definieren:

Ein *Syllogismus* ist ein Argument, das eine der drei syllogistischen Figuren aufweist und in dem für die Variable x einer der vier syllogistischen Operatoren eingesetzt ist.

Man kann leicht ausrechnen, dass es 192 ($=3 \times 4 \times 4 \times 4$) Syllogismen gibt. Aber Syllogismen in dem soeben definierten Sinne sind keineswegs stets logisch gültige Argumente. Insofern ist dieser Begriff des Syllogismus recht weich. Es ist daher gerade die zentrale Aufgabe der Syllogistik, festzulegen und zu beweisen, welche dieser 192 Syllogismen logisch gültig sind. Wir werden im folgenden logisch gültige Syllogismen *Deduktionen* nennen.[21] Die Art und Weise, wie Aristoteles diese Aufgabe in seiner Syllogistik löst, zeigt deutlich, dass er der erste Denker in der Geschichte der Menschheit war, der die Idee der formalen Logik klar erfasst hat.

[20] Dieses Verfahren der Einteilung der syllogistischen Figuren mag eine Erklärung dafür sein, dass Aristoteles nirgends die vierte syllogistische Figur der Form $B \times A, C \times B \Rightarrow A \times C$ definiert. Allerdings diskutiert er Schlüsse, die diese Figur aufweisen, behandelt sie aber als Schlüsse der ersten Figur (1) (Patzig (1962), Smith (1989)).

[21] Dies gilt auch für die folgende Übersetzung der *Zweiten Analytik*. Unglücklicherweise verwendet Aristoteles den Begriff *syllogismos* auch für Deduktionen. Und darüber hinaus verwendet er diesen Begriff auch noch für Deduktionen mit wahren Prämissen, also für *Beweise*. Diese drei Bedeutungen müssen sorgfältig auseinander gehalten werden.

4. Syllogistik und Analyse

Aristoteles' Ausgangspunkt ist, dass es vier Deduktionen (also logisch gültige Syllogismen) gibt, die perfekt sind – in dem Sinne, dass ihre logische Gültigkeit in bestimmten Sinne evident ist und nicht eigens bewiesen werden muss:

Es gibt vier *perfekte Deduktionen*:

A1 AaB, BaC ⇒ AaC *(Barbara)*
A2 AeB, BaC ⇒ AeC (*Celarent*)
A3 AaB, BiC ⇒ AiC (*Darii*)
A4 AeB, BiC ⇒ AoC *(Ferio)*

Die Evidenz der perfekten Deduktionen beruht, wie Aristoteles ausdrücklich bemerkt, allein darauf, wie wir die syllogistischen Operatoren verstehen – also, modern formuliert, allein auf der Bedeutung der logischen Zeichen.[22] Das ist bis heute die Idee der logischen Gültigkeit geblieben. Und diese Idee begründet seit Aristoteles auch das Projekt der *formalen* Logik. Denn wenn die logische Gültigkeit allein von der Bedeutung der logischen Zeichen (Operatoren) abhängt, dann kann man für die übrigen vorkommenden Wörter getrost Variablen benutzen.

Aristoteles braucht neben **A1–A4** (genau genommen lediglich **A1–A2**)[23] noch drei weitere elementare Annahmen als Grundlagen seiner Syllogistik. Wenn wir ins Auge fassen, wie wir die syllogistischen Operatoren verstehen, dann ist klar, dass folgende Beziehungen gelten:

[22] Vgl. An. Prior. I 4, 25b39–40, cf. I 1, 24a 18–19 und An. Prior. I 4, 26a27, cf. I 1, 24a 18–19. Diese Bemerkungen beziehen sich allerdings nur auf **A1–A2,** also nur auf die Bedeutung von a = kommt allen zu, und von e = kommt keinem zu. Tatsächlich reichen die ersten beiden perfekten Deduktionen aus, um die Gültigkeit aller anderen Deduktionen zu beweisen. Der Beweis für diese Behauptung findet sich in An. Prior. I 7, 29b1–14.

[23] **A3** und **A4** lassen sich nämlich mit Hilfe von **A1** und **A2** beweisen, vgl. Fn. 22.

L1 AeB ⇔ ¬ (AiB)
L2 AaB ⇔ ¬ (AoB).[24]

Und schließlich setzt Aristoteles das Prinzip des indirekten Beweises voraus, in der Syllogistik meist in der folgenden Form:

RI Seien R, S, T drei syllogistische Sätze, dann gilt: Wenn die Deduktion ¬T, S ⇒ ¬ R logisch gültig ist, dann auch die Deduktion R, S ⇒ T.[25]

Die Annahmen **A1–A2, L1–L2** und **RI** reichen tatsächlich aus, um die weitere zentrale Herausforderung der Syllogistik erfolgreich zu bewältigen, nämlich in formal strikter Weise zu beweisen, welche Syllogismen Deduktionen und somit logisch gültig sind. Um die zentrale Idee eines syllogistischen Beweises zu formulieren und praktisch anzuwenden, mobilisiert Aristoteles eine spezielle Variante der Analyse. Die Kernidee ist die folgende:

Wenn R, S ⇒ T ein Syllogismus ist, der nicht perfekt ist, dann besteht ein *syllogistischer Beweis eines Syllogismus* in einer Analyse dieses Syllogismus in perfekte Syllogismen oder schon bewiesene Syllogismen unter Verwendung von **L1, L2** und **RI.**

[24] Wenn das A keinem B zukommt, dann heißt dies offenbar nichts anderes, als nicht gilt, dass das A einigen (d.h. mindestens einem) B zukommt (**L1**). Und wenn das A allen B zukommt, dann heißt dies offenbar nichts anderes, als nicht gilt, dass das A einigen (d.h. mindestens einem) B nicht zukommt (**L2**). Aus **L1** folgt natürlich AiB ⇔ ¬ (AeB), und aus **L2** folgt AoB ⇔ ¬ (AaB). Außerdem gilt trivialerweise: AaB ⇒ Aib, und AeB ⇒ AoB.

[25] Es gibt bei Aristoteles weder in der *Ersten Analytik* noch sonstwo eine Rechtfertigung für das Prinzip des indirekten Beweises, dessen einfachste logische Form ¬ ¬ S ⇒ S ist (in An. Prior. I 29 wird der indirekte Beweis nur diskutiert). Aber der indirekte Beweis ist in seiner einfachsten Form logisch äquivalent mit dem Prinzip des ausgeschlossenen Dritten, also mit S v ¬ S, und das Prinzip des ausgeschlossenen Dritten wird von Aristoteles in Metaph. IV ausführlich verteidigt und raffiniert begründet. Insofern kann auch das Prinzip des indirekten Beweises bei Aristoteles als gerechtfertigt gelten.

Diese Form eines syllogistischen Beweises läuft darauf hinaus, den zu beweisenden imperfekten Syllogismus mit perfekten oder schon bewiesenen Syllogismen zu füllen und zu »verdichten«. Die Formel für einen syllogistischen Beweis der Deduktion D (R, S $\Rightarrow$ T), die diese syllogistische Analyse und »Verdichtung« abbildet, lässt sich folgendermaßen darstellen:

P R, S: D_1 (R,S $\Rightarrow X_1$) – D_2 ($X_2, X_3 \Rightarrow X_4$) -...- D_n (X_{n-1}, X_n $\Rightarrow$ T): T

(dabei sind die D_i perfekte oder bewiesene Deduktionen, derart dass die erste dieser Deduktionen mit den Prämissen der zu beweisenden Deduktion startet und dass alle weiteren Deduktionen auf Sätze als Prämissen zurückgreifen, die in der Reihe der X_i zuvor auftauchen; wenn sich am Ende durch diese Prozedur T erreichen lässt, ist das Beweiszeit erreicht: der Syllogismus R, S $\Rightarrow$ T hat sich als logisch gültige Deduktion erwiesen).

Nach Formel **P** wird in einem syllogistischen Beweis die Deduktion D zerlegt und damit analysiert in die Deduktionen D_1 – D_n. Beweise sind in Aristoteles' Syllogistik nicht, wie in der empirischen oder mathematischen Wissenschaft, Analysen von syllogistischen Sätzen in weitere syllogistische Sätze, sondern Analysen von Deduktionen in weitere Deduktionen.[26]

Die ersten Deduktionen, deren logische Gültigkeit Aristoteles formal beweist, sind nicht Syllogismen, sondern einfachere Deduktionen, die sogenannten Konversionsregeln:[27]

[26] Aristoteles benutzt in diesem Kontext nicht den Ausdruck »Analysis«, sondern sagt stattdessen, dass die imperfekten Deduktionen in syllogistischen Beweisen durch perfekte Deduktionen gefüllt oder auf perfekte Deduktionen reduziert werden und insofern durch zusätzliche Elemente vollendet werden, vgl. An. Prior. I 5, 28a 1–9, I 6, 29a 14–17, I 7, 29b 1–2. Doch handelt es sich hier der Sache nach um eine Beschreibung des Verfahrens der Analyse und Verdichtung (worauf vor allem das Wort »füllen« hindeutet). Tatsächlich wäre es merkwürdig, wenn Aristoteles auch seine Syllogistik »Analytik« nennt, ohne dass eine Form der Analyse ein substantieller Teil des syllogistischen Beweise wäre.

[27] An. Prior. I 2, 25a 14–25.

K1 AeB ⇒ BeA; **K2** AiB ⇒ BiA; **K3** AaB ⇒ BiA.[28]

Wie Aristoteles (korrekterweise) festgestellt hat, sind unter den 188 Syllogismen, die es neben den vier perfekten Syllogismen gibt, nur 14 weitere Syllogismen logisch gültige Deduktionen. Zwei typische Beweise sind die folgenden:

(a) Beweis von BaA, BeC ⇒ AeC (Camestres, zweite Figur):
BaA, BeC: **K1** (BeC⇒CeB) – **A2** (CeB, BaA ⇒ CeA) –
K1 (CeA ⇒ AeC): AeC

(b) Beweis von AiB, CaB ⇒ AiC (Disamis, dritte Figur):
AiB, CaB: **K2** (AiB ⇒ BiA) – **A3** (CaB, BiA ⇒ CiA) –
K2 (CiA ⇒ AiC): AiC

Diese Beweise erfüllen offenbar die Beweisformel **P**, d. h. sind korrekte syllogistische Analysen.[29]

Die *Erste Analytik* enthält wesentlich mehr als die sogenannte assertorische Syllogitik in Prior. An. I 1–7, die gerade skizziert worden ist, zum Beispiel eine modale Syllogistik sowie Überlegungen zur Auffindung von Deduktionen und zur syllogistischen Formalisierung informaler Argumente, aber auch Diskussionen technischer Konzepte der allgemeinen Argumentationstheorie (*Dialektik*) und verschiedene beweistheoretischer Probleme. Viele dieser Überlegungen sind ebenfalls für die Wissenschaftstheorie der *Zweiten Analytik* hilfreich.[30]

[28] Der Beweis der Konversionsregeln beruht allein auf **L1–L2** und **RI**. Zum Beispiel lässt sich **K1** so beweisen: Gelte ¬ (AeB), so folgt nach **L1** AiB; es gibt daher ein c mit: A(c) und B(c); also folgt ¬ (BeA); daraus folgt mit **RI** auch **K1.**

[29] Aristoteles beweist in der *Ersten Analytik* nicht nur, welche Syllogismen logisch gültig sind, sondern auch durch Aufweis von Gegenbeispielen, welche Syllogismen nicht logisch gültig sind.

[30] Die vorherrschende Interpretation der *Ersten Analytik* betrachtete die Syllogistik lange Zeit als ein axiomatisches logisches System im modernen Sinne, wobei die perfekten Deduktionen als Axiome, die imperfekten Deduktionen als Theoreme galten (Lukasiewicz (1957), Patzig (1962)). Aus dieser Perspektive wäre die Syllogistik jedoch logisch unvollständig. Und die Form der syllogistischen Beweise als syllogistische Analyse passt schlecht zu einer axiomatischen Beweisform.

5. *Erkenntnis von Fakten*

Die Kenntnis und Erkenntnis von Fakten – insbesondere von universellen Fakten – ist für Aristoteles die Grundlage der Wissenschaft.[31] Daher beschäftigt sich Aristoteles in der *Zweiten Analytik* auch mit Methoden und Empfehlungen für eine zuverlässige Konstatierung universeller Fakten. So empfiehlt er beispielsweise, Fakten so zu beschreiben, dass diese Beschreibung ohne Mühe in wissenschaftliche Untersuchungen und deren Hintergrundtheorien integriert werden können. Das bedeutet unter anderem, dass wir in der Beschreibung von Fakten Homonymien und Mehrdeutigkeiten vermeiden sollten.[32]

Manchmal können Fakten mit Hilfe von Deduktionen gefunden werden, und darum sollten wir sorgfältig zwischen Deduktionen aus Symptomen und Deduktionen aus Ursachen unterscheiden.[33] Und nicht selten startet eine wissenschaftliche Suche mit Fakten, die alle oder doch die meisten Menschen anerkennen. So würden zum Beispiel die meisten Menschen auf die Frage, was Donner sei, antworten, Donner sei ein gewisses Geräusch in den Wolken. Sätze, die derartig allgemein anerkannte Fakten beschreiben, nennt Aristoteles auch *Definitionen*, denn sie bedürfen keiner weiteren Rechtfertigung mehr und können als mögliche Konklusionen von wissenschaftlichen Erklärungen dienen. Allerdings handelt es sich nur um

Die Formel **P** der syllogistischen Analyse weist eher darauf hin, dass Aristoteles die Deduktionen als inferentielle Regeln (also als Regeln für logische Folgerung) angesehen hat. In der Tat interpretiert eine alternative Lesart die Syllogistik als ein System des natürlichen Schließens im modernen Sinn (Corcoran (1974b), Smiley (1973), Smith (1989)). In dieser Lesart erweist sich die Syllogistik als logisch abgeschlossen (Corcoran (1974b)).

[31] Vgl. An. Prior. I 27, 43b 1–38; An. Post. I 23, 84b 19–85a 1. Dass Fakten ein Gegenstandsbereich für Wissen sind, wird zu Beginn von An. Post. I 13 ausdrücklich erwähnt.

[32] An. Post. I 12–13, II 13, 97b 30–36; II 17, 99a 4–15; vgl. dazu genauer Lennox (1994).

[33] An. Post. I 13, 78a 22–b 11.

eine bestimmte Art von Definition (um die sogenannte *nominale Definition*).[34]

Eine grundlegende Methode der Feststellung von universellen Fakten ist die *Induktion*. Aristoteles behauptet, dass wir entweder durch Induktion oder durch Demonstration etwas lernen und dass universelle Begriffe nur durch Induktion gebildet werden können.[35] Er ist sogar der Meinung, dass wir die Prinzipien und obersten Prämissen der Wissenschaft nur durch Induktion gewinnen können – zumindest insofern diese Prämissen universelle Sätze sind.[36] Die Aristoteles-Interpreten sind sich nicht einig darüber, was Aristoteles genauer unter einer Induktion versteht. Einige von ihnen sind der Meinung, eine Induktion sei für Aristoteles ein Argument, das von einer endlichen Menge von singulären Sätzen als Prämissen zu einem universellen Satz als Konklusion führt – ganz ähnlich wie man die Induktion in der modernen Philosophie versteht.[37] Eine Minderheit von Gelehrten behauptet dagegen, eine aristotelische Induktion sei lediglich eine Auflistung singulärer Fakten, die eine gewisse Struktur gemeinsam haben, und sei daher kein Argument mit Prämissen und einer Konklusion.[38] Dieser Lesart zufolge können universelle Sätze nach Aristoteles nicht aus singulären Sätzen gefolgert werden, sondern müssen als vorläufige Annahmen vielmehr bereits vorausgesetzt werden, damit eine induktive Liste von Fakten mit einer gemeinsamen Struktur überhaupt aufgestellt werden kann. Tatsächlich gibt es bei Aristoteles nicht eine einzige Stelle, an der er die Induktion unmissverständlich als Argument auffasst.

Wir dürfen Formeln wie »dies ist durch Induktion evident« oder »diese These können wir durch Induktion sichern«, die bei Aristoteles nicht selten auftauchen,[39] nicht vorschnell als

34 An. Post. II 10, 93b29–32, 94a14. Eine genaue Diskussion des Status von Fakten in der Biologie bei Aristoteles findet sich in Pellegrin (1986).

35 An. Post. I 18, 81a39–b2.

36 An. Post. II 19, 100b3–4.

37 Vgl. z. B. Ross (1957).

38 Vgl. z. B. Engbert-Pedersen (1979).

39 Vgl. z. B. Ph. I 2, 185a14, Top. IV 2, 122a19.

Evidenz für eine moderne Auffassung von Induktion bei Aristoteles ansehen. Denn diese Formeln sind auch vereinbar mit der Behauptung, dass wir, wenn wir unter einer bestimmten Klassifizierung auf einzelne Dinge schauen, eine gute Vermutung über universelle Fakten machen können. Wenn wir etwa auf einige Einzeldinge schauen und sie als weiße Dinge und als Schwäne klassifizieren und eine Induktion als Liste der Form *Ding a ist weiß und ein Schwan, Ding b ist weiß und ein Schwan, ..., Ding n ist weiß und ein Schwan* aufstellen, dann können wir vermuten (nicht folgern), dass alle Schwäne weiß sind. Und diese Vermutung lässt sich, wie Aristoteles ausdrücklich bemerkt, so lange aufrechterhalten, als wir kein Ding sehen, das ein Schwan, aber nicht weiß ist. Würden wir eine solche Beobachtung machen, so wäre unsere Vermutung über das universelle Faktum, dass alle Schwäne weiß sind, falsifiziert.[40]

6. Aristotelische Ursachen

Wie bereits erwähnt, konzentriert sich Aristoteles in der Wissenschaftstheorie, wie sie in der *Zweiten Analytik* präsentiert wird, vornehmlich auf die Frage, wie und mit welchen Methoden wir Fakten, die wir auf zuverlässige Weise gefunden haben, dazu benutzen können, um einige dieser Fakten mit Hilfe anderer dieser Fakten wissenschaftlich zu erklären. Und die wissenschaftliche Erklärung gegebener Fakten (die Aristoteles *Demonstration* (*apodeixis*)) nennt, läuft darauf hinaus, Ursachen (*aitiai*) für diese Fakten zu ermitteln. Es ist jedoch wichtig, aristotelische Ursachen nicht mit Ursachen im modernen Sinne zu verwechseln.

In der modernen Philosophie herrscht keine Einigkeit darüber, wie man Ursachen und den Begriff der Kausalität am besten explizieren kann. Aber die Standard-Auffassung, die auch von vielen Naturwissenschaftlern geteilt wird, geht davon

[40] Top. II 3, 110a32–36; VIII 2, 157a34–b33; An. Prior. II 26, 69b1–8; An. Post. I 4, 73a32–34, cf. II 7, 92a37–38.

aus, dass Ursachen zeitlich früher als ihre Effekte sind, dass sie ferner hinreichende Bedingungen für ihre Effekte sind, und dass sie schließlich mit ihren Effekten durch Naturgesetze verbunden sind. Daraus folgt unter anderem, dass wenn wir eine Ursache und das geeignete Naturgesetz kennen, wir den Effekt dieser Ursache prognostizieren können. Und aufgrund dieser Prognosen können wir technisch erfolgreich in die Natur eingreifen.

Aristotelische Ursachen sind in wichtigen Aspekten verschieden von Ursachen im modernen Sinn. Führen wir uns zunächst einige Beispiele vor Augen, in denen Aristoteles von Ursachen (und Effekten) spricht:

(i) Das Faktum, dass metallene Statuen aus Bronze bestehen, ist eine aristotelische Ursache dafür, dass metallene Statuen schwer sind.

(ii) Das Faktum, dass die Erde in die Mitte zwischen Sonne und Mond tritt, ist eine aristotelische Ursache für das Faktum, dass sich eine Mondfinsternis ereignet.

(iii) Das Faktum, dass man gesund bleibt, ist eine aristotelische Ursache für das Faktum, dass man nach dem Essen spazieren geht oder andere Aktivitäten ergreift, die von der Medizin empfohlen werden.

(iv) Das Faktum, dass eine Saite im Verhältnis 1:2 geteilt wird, ist eine aristotelische Ursache für das Faktum, dass die Saite einen Ton produziert, der um eine Oktave höher ist als der Ton der nicht geteilten Saite.

In all diesen Fällen tritt die aristotelische Ursache zeitlich nicht früher auf als ihr Effekt, sie ist ferner nicht immer hinreichend, aber zumindest notwendig für ihren Effekt, und sie ist schließlich nicht über Naturgesetze, sondern über empirische Regularitäten (die man in empirischen universellen Sätzen beschreiben kann) mit ihrem Effekt verbunden.[41] Daraus folgt, dass wir aus einer aristotelischen Ursache nicht notwen-

[41] An. Post. II 12, 95a 10–24; II 13, 97a 35–b 24. Der Begriff des Naturgesetzes wird erst in der stoischen Philosophie entwickelt, vgl. Frede (1989).

digerweise ihren zukünftigen Effekt prognostizieren können.[42] All dies sind Indizien dafür, dass aristotelische Ursachen nicht dasselbe sind wie Ursachen im Sinne der modernen Standard-Auffassung.

Aristoteles' Kernidee ist, dass jeder Verweis auf Ursachen eines Effektes die Frage beantworten muss, warum der Effekt eintrat. Aber Antworten auf Warum-Fragen haben nach Aristoteles unterschiedliche Formen. Seiner Meinung nach gibt es vier verschiedene Antworten auf die Frage, warum ein Effekt eintrat. Eine dieser Antworten verweist auf das Material des Effektes (wie im Beispiel (i) oben); eine zweite Antwort verweist auf den Bewegungsursprung des Effektes (wie im Beispiel (ii) oben); eine dritte Antwort verweist auf das Ziel des Effektes (wie im Beispiel (iii) oben); und die vierte Antwort verweist auf die Form oder Struktur des Effektes (wie im Beispiel (iv) oben).

Dementsprechend gibt es nach Aristoteles vier Arten von Ursachen: materiale, effiziente, teleologische und formale. Aristoteles legt daher fest:

Ein Faktum BC ist eine *aristotelische Ursache* eines anderen Faktums AC genau dann, wenn die B-Eigenschaft von C als Material, Bewegungsursprung, Ziel oder Form in Beziehung auf die A-Eigenschaft klassifiziert werden kann.

Von der Frühen Neuzeit an ist besonders die Idee einer teleologischen Ursache ein Gegenstand heftigster, zum Teil verächtlicher Kritik gewesen. Die Kritiker waren und sind einhellig der Meinung, dass eine teleologische Ursache einen zeitlich in die Vergangenheit weisenden Einfluss ausüben müsste, und ein solcher Einfluss wird als absurd bezeichnet. Es ist jedoch offensichtlich, dass dieser Einwand verfehlt ist. Er beruht auf einem mangelnden Verständnis aristotelischer Ursachen und projiziert fälschlicherweise die moderne Vorstellung von Ursachen in die einschlägigen aristotelischen Texte hinein. Der genauere Begriff einer teleologischen Ursache ist nach Aristoteles vielmehr der folgende: BC ist eine teleologische Ursache

[42] Vgl. An. Post. II 12, 95b22–37.

von AC, wenn es eine reguläre Entwicklung von Zuständen eines Dinges der Art C gibt, so dass erstens normalerweise BC der am meisten entwickelte Endzustand dieser Entwicklung ist (wie etwa in der von Aristoteles genau untersuchten Entwicklung des Hühnerembryos) und zweitens AC ein regulärer Zustand von C auf dem Wege zu BC ist, ohne den BC nicht erreicht werden könnte. Dieser Begriff einer teleologischen Ursache ist empirisch gehaltvoll, konsistent und in keiner Weise problematisch oder gar absurd. Insbesondere ist mit diesem Begriff keinesfalls die Idee eines zeitlich rückwärts gerichteten Einflusses verbunden.[43]

Wie bereits angedeutet, sind aristotelische Ursachen und Effekte nicht über Naturgesetze, sondern über empirische oder mathematische Regularitäten miteinander verbunden. Das heißt: Wenn BC eine aristotelische Ursache von AC ist, dann muss AaB ein universelles Faktum im Universum sein, d.h. der Satz »AaB« muss wahr oder gut bestätigt sein. Eine vollständige Antwort auf die Frage, warum AC eintrat oder eintritt, muss daher auf diese Regularität verweisen.

7. Demonstration

Die Idee der Demonstration berührt den Kern der aristotelischen Logik und Wissenschaftstheorie. Bereits zu Beginn der *Ersten Analytik* wird, wie bereits erwähnt, eine Theorie der Demonstration angekündigt, und im zweiten Kapitel der *Zweiten Analytik* wird der zentrale Begriff des Wissens an ein Verfügen über Demonstrationen geknüpft.[44] Heutzutage ist die lateinische Formel *quod erat demonstrandum* wohlbekannt als Abschluss eines erfolgreichen Beweises vor allem in Mathematik und Logik. Für Aristoteles ist eine Demonstration aber eine wissenschaftliche Erklärung. Wenn wir daher den aristotelischen Begriff der Demonstration angemessen verstehen

[43] Vgl. Gotthelf (1987b).

[44] An. Prior. I 1, 24a 10 f.; An. Post. I 2, 71b 16–17.

wollen, müssen wir Syllogismen, Deduktionen, Beweise und Demonstrationen sorgfältig unterscheiden. Ein *Syllogismus* ist, wie oben erläutert, ein Argument, das aus drei syllogistischen Sätzen besteht und eine der drei syllogistischen Figuren aufweist. Eine *Deduktion* ist ein logisch gültiger Syllogismus, dessen logische Gültigkeit in der Syllogistik bewiesen wird. Ein *Beweis* ist eine Deduktion mit wahren Prämissen (oder zumindest mit Prämissen, die wir mit guten Gründen für wahr halten können). Eine *Demonstration* schließlich ist eine Deduktion, deren zweite Prämisse auf eine der vier aristotelischen Ursachen verweist. Daher ist eine Demonstration eine wissenschaftliche Erklärung jenes Faktums, das in ihrer Konklusion beschrieben wird. Wissenschaftliche Erklärungen i. S. v. Demonstrationen haben also nach Aristoteles die Form einer logisch gültigen Deduktion. Das ist der zentrale Grund dafür, dass die aristotelische Logik (die Syllogistik) von so großer theoretischer Bedeutung für die aristotelische Wissenschaftstheorie der *Zweiten Analytik* ist.[45] Die grundlegende wissenschaftliche Aktivität ist nach Aristoteles die Konstruktion von logisch gültigen Erklärungen, die gewisse universelle Beziehungen zwischen aristotelischen Ursachen und Effekten aufweisen.[46]

Wir können auf die Beispiele (i)–(iv) für aristotelische Ursachen aus dem vorhergehenden Abschnitt 6 zurückgreifen, um Beispiele für Demonstrationen im aristotelischen Sinne

[45] An. Prior. I 4, 25b29–31; An. Prior. I 23, 41b1–5, I 25, 41 b36f.; An. Post. I 23, 84b23–25. Insbesondere die erste syllogistische Figur ist für Demonstrationen wichtig, vgl. An. Post. I 14. Aristoteles benutzt für Syllogismen, Deduktionen und Beweise denselben Terminus (*syllogismos*), für die Demonstration dagegen einen anderen Terminus (*apodeixis*, wörtlich: Aufweis).

[46] Diese Idee wurde in der analytischen Philosophie des 20. Jahrhundert wiederentdeckt und aufgrund historischer Ignoranz als bedeutende Innovation gefeiert. Vgl. den berühmten Artikel von Hempel und Oppenheim über die Struktur einer hypothetisch-deduktiven Erklärung. Bemerkenswerterweise greifen die Autoren wie Aristoteles nicht auf den Begriff des Naturgesetzes, sondern nur den einer empirischen Regularität zurück (vgl. Hempel/Oppenheim (1948)).

zu konstruieren (dabei ist der explanatorische Mittelbegriff jeweils kursiv notiert, und **a** = kommt allen zu):

(i)* Metallene Statuen sind schwer, weil, erstens, Bronze schwer ist, und weil, zweitens, metallene Statuen aus Bronze bestehen[47]; symbolische Notation:
(a) schwer sein **a** *aus Bronze bestehen*;
(b) *aus Bronze bestehen* **a** metallene Statue;
⇒ (c) schwer sein **a** metallene Statue.

(ii)* Der Mond (prinzipiell ein beliebiger Mond) ist verfinstert, weil, erstens, wann immer die Erde zwischen einen nichtleuchtenden Stern und die Sonne tritt, dieser Stern verfinstert ist, und weil, zweitens, die Erde zwischen den Mond und die Sonne tritt; symbolische Notation:
(a) verfinstert sein **a** *im Sonnenschatten der Erde sein*;
(b) *im Sonnenschatten der Erde sein* **a** Mond;
⇒ (c) verfinstert sein **a** Mond.

(iii)* Nahrung zu verdauen erfordert einen Spaziergang nach dem Essen oder Ähnliches, weil, erstens, gesund zu bleiben einen Spaziergang nach dem Essen oder Ähnliches erfordert, und weil es, zweitens, das Ziel des Verdauens von Nahrung ist, gesund zu bleiben; symbolische Notation:
(a) Spaziergang nach dem Essen oder Ähnliches **a** *gesund bleiben*;
(b) *gesund bleiben* **a** Verdauen nach dem Essen;
⇒ (c) Spaziergang nach dem Essen oder Ähnliches **a** Verdauen nach dem Essen.

(iv)* Eine Saite produziert einen Ton eine Oktave höher, weil, erstens, einen Ton eine Oktave höher zu produzieren die Teilung der Saite im Verhältnis 1 : 2 erfordert, erfordert, und weil, zweitens, die Saite im Verhältnis 1 : 2 geteilt wurde; symbolische Notation:
(a) einen Ton eine Oktave höher produzieren **a** *im Verhältnis 1 : 2 geteilt werden*;

[47] Weitaus raffiniertere Beispiele für Demonstrationen, die auf materiale Ursachen verweisen, diskutiert Gill (1997) in ihrer aufschlussreichen Analyse von Meteor. IV 12.

(b) *im Verhältnis 1 : 2 geteilt werden* **a** Saite;

⇒ (c) einen Ton eine Oktave höher produzieren **a** Saite.

Diese vier Argumente sind offensichtlich Demonstrationen im aristotelischen Sinne: Sie sind Deduktionen im syllogistischen Sinne (sie haben die Form der perfekten Deduktion **A1**), und ihre Prämissen und Konklusionen können als wahr betrachtet werden. Ihre zweite Prämisse (b) verweist ferner auf eine der aristotelischen Ursachen für das in der Konklusion (c) beschriebene Faktum, und die erste Prämisse (a) konstatiert eine universelle Relation (also eine allgemeine Regularität) zwischen Ursache und Effekt. In den meisten Fällen sind die Effekte selbst ebenfalls universelle Fakten und daher die Konklusionen allgemeine Sätze. In diesen Fällen müssen auch die Ursachen universelle Fakten sein und durch allgemeine Sätze beschrieben werden (vgl. die Fälle (i)* und (iii)*). Aber Aristoteles hält auch wissenschaftliche Erklärungen singulärer Fakten für möglich.[48] In diesem Fall beschreibt zwar die erste Prämisse (a) weiterhin eine allgemeine Regularität, aber die zweite Prämisse (b) und die Konklusion (c) beschreiben in Gestalt singulärer Sätze entsprechende singuläre Fakten – wenn der Effekt ein singuläres Faktum ist, dann auch seine Ursache (so könnten (ii)* und (iv)* gedeutet werden, wenn man Mond und Saite als Einzeldinge auffasst). Einige der singulären Fakten, die nach Aristoteles demonstriert und somit wissenschaftlich erklärt werden können, sind sogar kontingent, d. h. hätten auch nicht eintreten können – und zwar deshalb, weil auch ihre Ursache kontingent ist. Aber wenn eine kontingente Ursache nun einmal eingetreten ist, dann kann ihr Effekt gegebenenfalls auch mittels einer Demonstration erklärt werden.[49]

[48] Vgl. z. B. An. Post. II 11, 94a37–b8, I 24, 85b30–35, I 34, 89b13–15; An. Prior. I 33, 47b21–34, II 27, 70a16–20.

[49] Ein Beispiel ist die Erklärung des Perserkrieges, vgl. An. Post. II 11, 94a37–b8. Die Demonstration kontingenter Effekte ist nicht inkonsistent mit Aristoteles' These, es gäbe keine Demonstration des Kontingenten (An. Post. I 6, 75a18–21, I 30). Denn sobald eine kontingente Ursache eingetreten ist, ist ihr Effekt aufgrund bestehender Regulari-

Die Konstruktion einer Demonstration ist ein bottom-up-Verfahren. Wir beginnen nach Aristoteles nicht mit den Prämissen und leiten daraus die Konklusion ab, sondern wir beginnen, wie Aristoteles oft betont, mit der Konklusion, die ein Faktum beschreibt, das wir wissenschaftlich erklären möchten, und suchen dazu Prämissen, mit deren Hilfe wir das Faktum demonstrieren und somit wissenschaftlich erklären können.[50] Zuweilen gibt es verschiedene Erklärungen desselben Faktums: Aristoteles ist nicht der Meinung, dass es zu jedem Faktum eine und nur eine angemessene wissenschaftliche Erklärung gibt. Und wenn wir auf die richtige Weise Wissenschaft betreiben wollen, müssen wir uns nach Aristoteles darum bemühen, für den betreffenden Gegenstandsbereich ein ganzes Netz miteinander verbundener Demonstrationen zu konstruieren. Erst dann bewegen wir uns auf die Etablierung einer wissenschaftlichen Theorie zu. In diesen methodisch komplexeren Verhältnissen kann dann die Frage wichtig werden, welches die »eigentliche« Ursache des zu erklärenden Faktums sein mag.[51]

8. *Prinzipien*

Die Konstruktion von Demonstrationen besteht darin, zunächst im Rahmen eines logischen bottom-up-Verfahrens ein gegebenes Faktum bzw. einen gegebenen Satz AC so weit zu analysieren, bis alle unvermittelten Prämissen von AC entdeckt worden sind und AC durch die aufgefundenen Mittelbegriffe verdichtet worden ist,[52] und dann zu entscheiden, welche dieser Prämissen als aristotelische Ursachen klassifiziert werden können. Die unvermittelten Prämissen (also diejeni-

täten nicht mehr kontingent. Allerdings hält Aristoteles die Erklärung universeller Fakten für wissenschaftlich besser (vgl. An. Post. I 24).

[50] Vgl. z. B. An. Post. II 1–2.

[51] All dies wird ausführlich diskutiert in An. Post. II 16–18.

[52] Vgl. zum Verfahren der Analyse oben Abschnitt 1, XIII–XVIII.

gen Prämissen der Demonstration, zu denen sich keine weiteren Mittelbegriffe und Prämissen finden lassen) werden *erste Sätze* (*prota*) oder auch *Prinzipien* (*archai*) (dieser Demonstration) genannt.[53] In einem allgemeineren Sinne spricht Aristoteles auch von den Prinzipien eines wissenschaftlichen Gegenstandsbereichs, d.h. von den Prinzipien (den unvermittelten Prämissen) eines größeren Netzes von Demonstrationen, das die wissenschaftliche Theorie über diesen Gegenstandsbereich ausmacht. In diesem Fall nennt Aristoteles die Prinzipien auch *Definitionen* (*horismoi*).[54] Als Prinzipien oder unvermittelte Prämissen sind Definitionen in der aristotelischen Wissenschaftstheorie nicht, wie in der modernen theoretischen Philosophie, analytische Sätze, die wahr oder falsch sind allein aufgrund der Bedeutung der in ihnen vorkommenden Wörter. Vielmehr sind Definitionen bei Aristoteles empirisch oder mathematisch gehaltvolle Sätze, die gewisse Fakten der externen Welt beschreiben.

Aber wenn wir zum Beispiel in der Physik das Kalte und Heiße oder in der Mathematik Zahlen einer bestimmten Art definieren, dann implizieren diese Definitionen allein noch nicht, dass die definierten Dinge auch existieren. Einige Wissenschaften, etwa die Geometrie, können in einigen Fällen beweisen, dass einige der Gegenstände, die untersucht und definiert werden, auch existieren (im Fall der Geometrie zum Beispiel dadurch, dass sie mit Zirkel und Lineal konstruiert werden). Aber jede spezifische Wissenschaft muss ohne Beweis unterstellen, dass die grundlegenden Dinge, die von ihr untersucht werden, auch tatsächlich existieren. Manchmal ist dies evident; nach Aristoteles ist es zum Beispiel evident, dass das Kalte und Heiße existiert. Aber manchmal ist diese Existenzannahme weniger evident, wie etwa im Fall von Zahlen.[55]

[53] Wie meist, so redet Aristoteles auch in diesem Fall sowohl auf einer linguistischen als auch auf einer sachlichen Ebene. Daher werden auch diejenigen Fakten, die von unvermittelten Prämissen beschrieben werden, Prinzipien genannt.

[54] Vgl. An.Post. I 2, 72a 5-9, 72a 19–22.

[55] An.Post. I 10, 76b 15–23.

In jedem Fall sind für Aristoteles auch diese grundlegenden wissenschaftlichen Existenzannahmen – obgleich sie nicht ausdrücklich unter den Prämissen und Konklusionen von Demonstrationen auftauchen – eine Art von wissenschaftlichen Prinzipien. Er nennt sie *Hypothesen* (*hypotheseis*).[56]

Demonstrationen, also wissenschaftliche Erklärungen, sind nach Aristoteles, wie wir gesehen haben, Deduktionen, also logisch gültige Argumente. Daher beruhen sie unter anderem auch auf den Grundlagen der Syllogistik, zum Beispiel auf dem Satz von ausgeschlossenen Dritten, auf dem Prinzip des indirekten Beweises, und auf den logisch gültigen syllogistischen Deduktionen. Somit gehören auch sie zu den wissenschaftlichen Prinzipien. Ähnlich wie die Hypothesen tauchen sie nicht explizit in Demonstrationen auf, aber anders als die Hypothesen sind sie nicht spezifisch für einzelne Wissenschaften, sondern gelten in allen oder doch in vielen Wissenschaften. Diese Art von Prinzipien heißen bei Aristoteles *Postulate* (*axiomata*).[57]

Nach Aristoteles gibt es also drei Arten von wissenschaftlichen Prinzipien: Definitionen, Hypothesen und Postulate. Die aristotelische Kennzeichnung dieser Arten von Prinzipien ist allerdings nicht unproblematisch, und daher wurden in der Forschung unterschiedliche Interpretationen vorgeschlagen. Insbesondere wird diskutiert, ob Definitionen Existenzthesen implizieren oder nicht, ob Hypothesen tatsächlich nicht mehr sind als Existenzannahmen, und ob alle Postulate für alle Wissenschaften gelten, oder ob einige in mehr als einer Wissenschaft, aber nicht in allen Wissenschaften gültig sind.

Es scheint allerdings recht klar, dass Definitionen im vollen Sinne, d.h. Definitionen, die als Prinzipien einer wissenschaftlichen Theorie gelten können, die Existenz der in ihnen definierten Dinge voraussetzen. Für nominale Definitionen gilt dies dagegen vermutlich nicht.[58] Ferner, die Beispiele für

[56] An. Post. I 2, 72a 19–21.

[57] An. Post. I 2, 72a 15–18.

[58] Zum Begriff der nominalen Definition vgl. oben XXVIf.

Hypothesen, die von Aristoteles angeführt werden, weisen darauf hin, dass zumindest eine wichtige Art von wissenschaftlichen Hypothesen nichts anderes sind als Existenzannahmen über grundlegende Dinge im betrachteten Gegenstandsbereich. Genauer formuliert, Aristoteles kennzeichnet den Gegenstandsbereich einzelner Wissenschaften durch ihre spezifische Gattung (zum Beispiel bilden die Zahlen die spezifische Gattung der Arithmetik). Wenn G die spezifische Gattung der Wissenschaft W ist, so muss W Aristoteles zufolge Hypothesen als Prinzipien voraussetzen, die nichts anderes sind als Existenzannahmen über die G's. Und schließlich dürfte klar sein, dass zumindest die paradigmatischen Beispiele für Postulate, nämlich die logischen Deduktionen, für alle Wissenschaften gelten.

In der Forschung ist die Auffassung verbreitet, dass die wissenschaftlichen Prinzipien nach Aristoteles unbegründbar sind. Diese Interpretation hat ihrerseits erheblich zu der ebenfalls verbreiteten Annahme beigetragen, dass die wissenschaftlichen Prinzipien nur in einem unmittelbaren Akt der Einsicht (*nous*) erfasst werden können, und dass dieser Akt der Einsicht der Beginn jeder wissenschaftlichen Tätigkeit und jeder Theorienkonstruktion ist. Aristoteles sagt an den einschlägigen Stellen jedoch lediglich, dass die wissenschaftlichen Prinzipien nicht aus anderen Sätzen deduziert oder gar demonstriert werden können.[59] Das ist nahezu trivial, denn andernfalls wären sie keine Prinzipien. Aber daraus folgt für Aristoteles keinesfalls, dass wissenschaftliche Prinzipien in keiner Weise begründbar sind. Es gibt nämlich weichere Formen von Begründung als Deduktion und Demonstration – ein Punkt, den die bisherigen Interpretationen der *Zweiten Analytik* fast durchgehend übersehen haben. Tatsächlich liegt die Begründbarkeit und Begründungsbedürftigkeit wissenschaftlicher Prinzipien nach Aristoteles auf der Hand. Dies gilt offensichtlich für die paradigmatischen Postulate, also für logische Prinzipien und logisch gültige Deduktionen. So diskutiert

[59] Vgl. An. Post. I 2, 71b 26–27, 72a 15; I 3, 72b 18–24.

und verteidigt Aristoteles beispielsweise die grundlegenden logischen Sätze vom Widerspruch und vom ausgeschlossenen Dritten in seiner *Metaphysik*,[60] und die Gültigkeit von Deduktionen zu beweisen ist die zentrale Aufgabe der Syllogistik. Dasselbe gilt auch für die wissenschaftlichen Prinzipien, die Aristoteles Hypothesen nennt, also die grundlegenden Existenzpostulate der spezifischen Wissenschaften. So kann man die Überlegungen der reifen Metaphysik[61] als Begründung und Diskussion der Art und Weise verstehen, wie die grundlegenden Gegenstände der Wissenschaften existieren, und spätere Bücher der *Metaphysik* widmen sich beispielsweise der Frage, ob und inwiefern die grundlegenden Gegenstände der Mathematik existieren.[62] Man kann also sagen, dass es nach Aristoteles die Aufgabe von Logik und Metaphysik ist, die Postulate und Hypothesen der Wissenschaften auf nicht-deduktive Weise zu begründen.

Die Definitionen schließlich lassen sich auf verschiedenen Ebenen innerhalb der jeweiligen spezifischen Wissenschaften begründen, denn sie sind die einzigen Prinzipien, die als Sätze in wissenschaftlichen Erklärungen auftauchen können – Definitionen im Sinne von Prinzipien meist als Prämissen, und nominale Definitionen meist als Konklusionen. Jede Definition der Form X:=Y impliziert die beiden allgemeinen (empirischen oder mathematischen) Sätze XaY und YaX. Eine Art der Begründung solcher Definitionen besteht also darin, diese Sätze zu begründen, und das geschieht, wie wir gesehen haben, nach Aristoteles meist durch Wahrnehmung oder Induktion.[63] Zum anderen muss nachgewiesen werden, dass diese beiden Sätze unvermittelt sind, d. h. dass es, soweit man sehen kann, keine weiteren Mittelbegriffe Z_1 und Z_2 gibt, so dass Xa Z_1, Z_1aY, Ya Z_2, Z_2aZ feststellbare Fakten im untersuchten Gegenstandsbereich sind. Und schließlich müssen diese Sätze

[60] Vgl. Metaph. IV 3–8; dazu Metaph. III 2, 996b 26–997a 15.

[61] Metaph. VII–VIII.

[62] Metaph. XIII.

[63] Vgl. An. Post. II 19; II 7, 92a 37–b 1; I 18.

nachweislich explanatorische Kraft haben. Diese Nachweise und Begründungen können aber nur in bezug auf bereits ausgearbeitete wissenschaftliche Theorien mit ihren Netzen von Demonstrationen geliefert werden.

Aristoteles hält diesen Punkt für so wichtig, dass er der Diskussion der Beziehungen zwischen Demonstrationen und Definitionen einen erheblichen Teil des zweiten Buches der *Zweiten Analytik* widmet (nämlich die ersten 10 Kapitel).

9. Definition und Demonstration

Die Art und Weise, wie Aristoteles die Beziehung zwischen Demonstrationen und Definitionen beschreibt, ist grundlegend für unser Verständnis seiner Wissenschaftstheorie.

Aristoteles betont, dass es eine enge Verbindung zwischen Definitionen und Demonstrationen gibt. »Was ist eine Verfinsterung? Wegnahme des Lichts vom Mond infolge des Dazwischentretens der Erde. Warum gibt es eine Verfinsterung, oder warum verfinstert sich der Mond? Weil das Licht fehlt, wenn die Erde dazwischentritt [...] Was ist Donner? Auslöschen des Feuers in den Wolken. Warum donnert es? Weil Feuer in den Wolken ausgelöscht wird.« In all diesen Fällen ist, wie Aristoteles ausdrücklich sagt, das Was-es-ist (also die Definition) und das Warum-es-ist (also die Demonstration) dasselbe.[64]

Diese Beispiele zeigen, was Aristoteles mit dieser weitgehenden Behauptung meint. Das Definiens (die definierende Phrase) einer guten Definition ist gerade jener Mittelbegriff, der in der zweiten Prämisse der entsprechenden Demonstration die Erklärungskraft für das in ihrer Konklusion beschriebene Faktum enthält. Darum kann die Definition als Prämisse in die Demonstration eingehen. Wenn wir auf das Beispiel (ii)* oben in Abschnitt 7 zurückschauen, so denkt Aristoteles offenbar an eine leicht Abwandlung dieser Demonstration, die

[64] Vgl. dazu An. Post. II 2, 90a 15–17, An. Post. II 8, 93b 8–9, An. Post. II 2, 90a 14–15.

wir folgendermaßen beschreiben können (mit X:=Y im Sinne von: X wird durch Y definiert[65]):

(ii)** Der Mond ist verfinstert, weil, erstens, die Verfinsterung eines nicht-leuchtenden Sternes dadurch definiert ist, dass die Erde zwischen diesen Stern und die Sonne tritt, und weil, zweitens, die Erde zwischen den Mond und die Sonne tritt; symbolische Notation (mit **a** = kommt allen zu):
(a) verfinstert sein := *im Sonnenschatten der Erde sein*;
(b) *im Sonnenschatten der Erde sein* **a** Mond;
⇒ (c) verfinstert sein **a** Mond.

Das allgemeine Schema einer Demonstration, die auf das engste mit einer Definition verbunden ist, wäre in diesem Fall:

(v) A:= B, BaC ⇒ AaC, bzw.
(vi) A:= B, BiC ⇒ AiC

Ein Beispiel für (vi), das Aristoteles skizziert, ist: Donner (A) kommt in einigen Wolken (C) vor, weil, erstens, Donner als Geräusch in Wolken (B) definiert werden kann, und weil, zweitens, ein Geräusch in einigen Wolken vorkommt.

In diesen Beispielen ist die Definition die erste Prämisse der Demonstration.

Aristoteles führt in diesem Kontext aber noch ein weiteres Beispiel für eine Demonstration an:

(ii)*** Donner (C) ist ein gewisses Geräusch in den Wolken (A), weil, erstens, Geräusch in den Wolken dem Auslöschen von Feuer (B) zukommt, und weil, zweitens, Donner als Geräusch in den Wolken definiert werden kann:
(a) Geräusch in den Wolken **a** *Auslöschen von Feuer*;
(b) *Auslöschen von Feuer* =: Donner;
⇒ (c) Geräusch in den Wolken **a** Donner.

[65] Syllogistisch formuliert folgt nach Aristoteles aus X := Y sowohl XaY als auch YaX.

Das allgemeine Schema dieser Demonstration ist also:

(vii) AaB, B =: C ⇒ AaC.

Hier taucht die Definition demnach als zweite Prämisse auf.[66] Kurz, in formaler Hinsicht denkt Aristoteles in diesem Zusammenhang an Demonstrationen, die als erste oder zweite Prämisse eine Definition enthalten, und zwar derart, dass in beiden Fällen das Definiens der Definition den explanatorischen Mittelbegriff der Demonstration darstellt. Die entscheidende Botschaft dieser Überlegungen formuliert Aristoteles selbst: »Das Was-es-ist (also die Definition) wird klar durch die Demonstration...Ohne Demonstration ist es nicht möglich, Kenntnis zu gewinnen vom Was-es-ist eines Dinges.«[67] Das bedeutet: Ob ein gegebener allgemeiner syllogistischer Satz eine erklärungskräftige Definition und somit ein wissenschaftliches Prinzip ist, kann nur dadurch entschieden werden, dass dieser Satz als Prämisse in einer angemessenen Demonstration auftaucht.

Allerdings kann es vorkommen, dass wir eine angemessene Demonstration konstruieren und durch weitere Forschung feststellen, dass mindestens eine ihrer Prämissen ihrerseits durch eine weitere Demonstration wissenschaftlich erklärt werden kann. Es kann, mit anderen Worten, ganze Hierarchien von Demonstrationen geben.[68] Wenn alle diese Demonstrationen auch Definitionen als Prämissen enthalten, wird es auch Hierarchien von Definitionen geben, und in diesem Fall sind natürlich nur jene Definitionen wissenschaftliche Prinzipien im höchsten und vollsten Sinne, die in den Demonstrationen an der Spitze der jeweiligen Hierarchien auftauchen.

Der entscheidende wissenschaftstheoretische Punkt ist hier, dass Aristoteles nicht annimmt, dass wir in der Wissenschaft mit dem Erfassen der höchsten Prinzipien beginnen und durch Deduktionen aus diesen Prinzipien die Theoreme gewinnen

[66] Vgl. dazu An. Post. II 8.

[67] An. Post. II 8, 93b 17–18.

[68] An. Post. II 8, 93b 12–14.

(wie es die meisten Interpreten der *Zweiten Analytik* Jahrhunderte lang behauptet haben), sondern dass die definitorischen Prinzipien umgekehrt erst aus der Konstruktion von Netzen von Demonstrationen, also aus der Konstruktion einer vollen wissenschaftlichen Theorie, hervorgehen. Diese Folgerung entspricht perfekt der Feststellung, dass die wissenschaftliche Analyse, die ja ein zentraler Teil der Konstruktion von Netzen von Demonstrationen ist, ein bottom-up-Verfahren ist, das mit den Konklusionen beginnt und zu ihnen logisch hinreichende Prämissen sucht.[69] Damit ist im Detail gezeigt, inwiefern die Definitionen als wissenschaftliche Prinzipien innerhalb jener spezifischen Wissenschaften, zu denen sie gehören, begründet werden können und müssen. Diese Begründung ist, wie auch die metaphysische und logische Begründung von Postulaten und Hypothesen, mit Aristoteles' grundlegender These vereinbar, dass kein wissenschaftliches Prinzip im formalen syllogistischen Sinne deduziert oder demonstriert werden kann.

Allerdings ist hier noch ein weiterer logischer Aspekt wichtig. Wenn wir, ausgehend von einem gegebenen syllogistischen Satz, eine mehrschrittige Analyse durchführen und eine Hierarchie von Demonstrationen konstruieren, erhalten wir viele Prämissen zu einer einzigen Konklusion. Aus diesen Prämissen können wir dann aber noch weitere Konklusionen deduzieren. Wenn wir zum Beispiel zu AaC die Demonstrationen

(a) AaB, BaC ⇒ AaC
(b) AaD, DaB ⇒ AaB
(c) BaE, EaC ⇒ BaC

gefunden haben, so haben wir zu AaC letztlich sechs Prämissen erhalten. Aus diesen Prämissen können wir dann weitere Deduktionen konstruieren, etwa

(d) DaB, BaE ⇒ DaE
(e) AaB, BaE ⇒ AaE
(f) DaB, BaC ⇒ DaC

[69] Siehe oben, Abschnitt 1.

und erhalten neben dem Ausgangspunkt AaC die weiteren Konklusionen DaE, AaE und DaC. Das Ausloten der logischen Implikationen aller gefundenen Prämissen gehört nach Aristoteles ebenfalls zu einer abgeschlossenen wissenschaftlichen Analyse und damit auch zur Konstruktion einer wissenschaftlichen Theorie. Wenn wir diese Prozedur für jede Hierarchie von Demonstrationen durchführen, haben wir die Theorienkonstruktion vollendet und die Theorie im aristotelischen Sinne *axiomatisiert.* Wie Aristoteles korrekt bemerkt, wird in diesem Fall die Zahl der Prämissen und Konklusionen etwa gleich sein.[70] Eine aristotelische Axiomatisierung einer wissenschaftlichen Theorie besteht also nicht, wie im modernen Sinne von Axiomatisierung, darin, den gesamten Gehalt einer Theorie in möglichst wenige Axiome zusammenzupressen, sondern darin, die Theorie in ihre einzelnen Bestandteile zu analysieren und damit ihren gesamten Gehalt im Detail klar zu durchschauen.

Wenn wir die Prinzipien einer wissenschaftlichen Theorie erfasst haben, befinden wir uns nach Aristoteles im höchsten epistemischen Zustand – im Zustand der *Einsicht* (*nous*). Die Einsicht kann daher ihrerseits als Prinzip des Wissens betrachtet werden.[71] Allgemein ist die Einsicht nach Aristoteles die Kenntnis der einfachsten Teile eines Gegenstandsbereiches.[72] Einsicht setzt also die vollständige Analyse des entsprechenden Gegenstandsbereiches voraus. Insbesondere ist die Einsicht in der Wissenschaft das Erfassen der unvermittelten Prinzipien.[73] Und da wir nach Aristoteles universelle Fakten und Sätze nur auf der Basis von Wahrnehmung und Induktion, kurz von Erfahrung, erkennen können, lassen sich die Prinzipien durch Erfahrung auffinden.[74] Das kann jedoch nur heißen, dass wir die Prinzipien durch Erfahrung erfassen können, insofern sie universelle Fakten bzw. Sätze sind. Denn

[70] An. Post. I 32, 88b4–7.
[71] An. Post. II 19, 100b7–16.
[72] Metaph. IX 10; An. III 6.
[73] An. Post. I 33, 88b35–89a4.
[74] An. Prior. I 18, An. Post. II 19.

die Erklärungskraft und die logische Position der Prinzipien an der Spitze einer durch Demonstrationen konstruierten wissenschaftlichen Theorie können allein durch Erfahrung offensichtlich keinesfalls erfasst werden. Die Kenntnis der wissenschaftlichen Prinzipien im vollsten Sinne, also die Einsicht (*nous*) in oberste unvermittelte demonstrative Prämissen kann nur nach Abschluss und auf der Grundlage der Theorienkonstruktion erlangt werden. Erfolgreiche wissenschaftliche Arbeit beginnt daher nicht mit Akten der Einsicht, wie fast alle Interpreten angenommen haben, sondern endet mit der Einsicht im höchsten Sinne.

10. Notwendigkeit

Zu Beginn der *Zweiten Analytik* stellt Aristoteles klar, dass das wissenschaftliche Wissen einer Sache nicht nur die Kenntnis der Ursachen dieser Sache involviert, sondern auch die Erkenntnis, dass diese Sache sich nicht anders verhalten kann, d. h. dass ihr Vorkommen *notwendig* (*anankaion*) ist.[75] Diese Notwendigkeit des Effektes aristotelischer Ursachen wird durch die logische Notwendigkeit abgebildet, die den Konklusionen von Demonstrationen relativ auf die Prämissen der Demonstrationen zukommt. Aristoteles behauptet jedoch zusätzlich, dass auch die Prämissen von Demonstrationen (bzw. die Fakten, die von diesen Prämissen beschrieben werden), notwendig sind.[76] Es gibt eine Passage in der *Zweiten Analytik*, die von einigen Interpreten so verstanden wird, dass die Notwendigkeit der Prämissen von Demonstrationen sogar aus der Notwendigkeit ihrer Konklusionen logisch folgt,[77] obgleich Aristoteles an anderer Stelle betont, dass diese Folgerung in der modalen Syllogistik nicht gültig ist.[78]

[75] An. Post. I 2, 71b9–12.
[76] An. Post. I 6, 74b 15–18.
[77] An. Post. I 4, 73a 21–24.
[78] An. Post. I 6, 75a 1–4.

Es ist wichtig, den genauen Sinn zu identifizieren, in dem die Prämissen von Demonstrationen nach Aristoteles notwendig und, wie es auch heißt, sogar notwendigerweise wahr sind. Denn diese Notwendigkeit ist oft als epistemische Notwendigkeit interpretiert worden, also als wissenschaftliche Infallibilität und unabänderliche Wahrheit. In diesem Kontext ist es aufschlussreich, dass die grundlegende Passage in der *Zweiten Analytik*, in der die zentralen Eigenschaften demonstrativer Prämissen (d. h. der Prämissen von Demonstrationen) beschrieben werden, die Notwendigkeit nicht erwähnt. Vielmehr sind die demonstrativen Prämissen, wie Aristoteles sagt, wahr, ursprünglich und unvermittelt sowie im Verhältnis zu den Konklusionen bekannter, vorrangig und ursächlich.[79] In der Forschung wurde mit guten Gründen dafür argumentiert, dass nach Aristoteles zwei dieser sechs Eigenschaften, nämlich Unvermitteltheit und Ursächlichkeit, die übrigen vier Eigenschaften implizieren.[80] Im grundlegendsten Sinne sind demonstrative Prämissen daher unvermittelt und haben explanatorische Kraft. Ihre Notwendigkeit muss daher mit diesen beiden basalen Eigenschaften zusammenhängen.

Es ist bemerkenswert, dass Aristoteles, genau betrachtet, in diesem Zusammenhang zwei Bemerkungen macht, die in der Forschung nicht hinreichend unterschieden worden sind. Zum einen behauptet er nämlich, dass wenn eine notwendige Konklusion aus Prämissen *deduziert* werden, es logisch *nicht* folgt, dass auch die Prämissen notwendig sind (ganz im Einklang mit der modalen Syllogistik). Zum anderen sagt er jedoch, dass wenn eine notwendige Konklusion aus Prämissen *demonstriert* werden kann, auch die Prämissen notwendig sind.[81] Die Notwendigkeit demonstrativer Prämissen muss also mit ihrer explanatorischen Kraft zusammenhängen.

Aristoteles erläutert diese Notwendigkeit mit Formeln, die an seine essentialistische Metaphysik erinnern: Eine demon-

79 An. Post. I 2, I 6, 71b21–23.

80 Vgl. Barnes (1975), 98f., Detel (1993), Bd. 2, 62f.

81 Vgl. An. Post. I 6, 75a1–4 zur ersten Behauptung und An. Post. I 4, 73a21–24 sowie I 6, 74b15–17 zur zweiten Behauptung.

strative Prämisse AB ist notwendig genau dann, wenn AaB und BaA wahr sind und A in der Definition (genauer im Definiens) von B vorkommt. Und er fügt hinzu, dass in diesem Fall A nicht von B als einem zugrundeliegenden Subjekt ausgesagt wird.[82]

An diesem Punkt berühren sich offenbar Wissenschaftstheorie und Metaphysik.[83] Die Charakterisierung der Notwendigkeit demonstrativer Prämissen macht deutlich, dass wenn AaB eine demonstrative Prämisse ist, das A eine essentielle Eigenschaft von B's ist. Das bedeutet im grundlegenden Fall: Die Eigenschaft A kommt den B's zu, solange sie existieren, und die B's wären nicht B's, hätten sie die Eigenschaft A nicht. Beispielsweise haben Menschen essentiellerweise die Eigenschaft, Lebewesen zu sein, denn Menschen sind Lebewesen, solange sie existieren, und sie wären keine Menschen, wären sie nicht Lebewesen.[84]

Die beste Interpretation für ein Verständnis essentieller Relationen geht davon aus, dass allgemeine Eigenschaften wie A und B in dem syllogistischen Satz AaB nach Aristoteles (und Platon) Formen oder Strukturen sind. Wenn AaB ein essentieller und damit notwendiger Satz ist, dann sind die Strukturen A und B *partiell identisch.* Die Mensch-Struktur ist zum Beispiel eine der möglichen Spezifikationen der Lebewesen-Struktur, und daher müssen diese beiden Strukturen partiell identisch und somit mit metaphysischer Notwendigkeit miteinander verbunden sein – so ähnlich wie etwa die Struktur eines Sechsecks partiell identisch mit der Struktur eines Polygons ist und daher Sechsecke essentiellerweise (notwendigerweise)

[82] Vgl. An. Post. I 4, 73a34–b5 und An. Post. I 4, 73b6–17.

[83] Ein weiterer Berührungspunkt zwischen Metaphysik und Wissenschaftstheorie ist das metaphysische Argument in An. Post. I 22, das beweisen soll, dass keine Analyse ins Unendliche weitergehen kann, sondern an irgendeinem Punkt zum Stehen kommen muss – d. h. dass die logisch geordneten Folgen von Deduktionen und Demonstrationen der Zahl nach endlich sind und dass wissenschaftliche Prinzipien tatsächlich existieren.

[84] Die Grundzüge der essentialistischen Metaphysik hat Aristoteles bereits in seiner frühen Schrift *Kategorien* entworfen.

Polygone sind.[85] Wenn also A eine essentielle Eigenschaft von B's ist, dann sind die Strukturen (Formen) A und B metaphysisch nicht echt verschieden, und daher kann A nicht von B als einem Zugrundeliegenden ausgesagt werden (denn die Formel »x wird von y als einem Zugrundeliegenden ausgesagt« impliziert für Aristoteles die echte metaphysische Verschiedenheit von x und y; so kann zum Beispiel Blässe von Menschen als zugrundeliegenden Dingen ausgesagt werden).

Die Notwendigkeit demonstrativer Prämissen der Form AaB ist also eine *metaphysische Notwendigkeit,* die auf dem essentiellen Verhältnis von A und B beruht. Es ist von großer Wichtigkeit zu sehen, dass metaphysische Notwendigkeit nicht epistemische Notwendigkeit impliziert. Wie Aristoteles' Ausführungen in diesem Kontext klar machen, haben wir im Gegenteil nur wissenschaftstheoretische Kriterien zur Verfügung, wenn wir entscheiden müssen, ob ein Satz der Form AaB eine metaphysische Notwendigkeit ausdrückt. Gerade dann nämlich, wenn dieser Satz zu den definitorischen Prinzipien einer wissenschaftlichen Theorie gehört, haben wir nach Aristoteles gute Gründe dafür anzunehmen, dass es sich um einen metaphysisch notwendigen Satz handelt.[86] Wir können diesen Punkt auch so formulieren: Wenn der Satz AaB überhaupt im wissenschaftlichen Sinne wahr, unvermittelt und explanatorisch ist, dann ist er vermutlich auch (metaphysisch) notwendigerweise wahr. Aber dies ist vereinbar damit, dass sich im weiteren Verlauf der wissenschaftlichen Forschung herausstellen könnte, dass der Satz empirisch falsch oder nicht unvermittelt und somit (neben dem Satz BaA) nicht Teil einer wissenschaftlichen Definition ist. Das ist der entscheidende Grund dafür, dass die Notwendigkeit demonstrativer Prämissen an die logische und explanatorische Position dieser Prämissen in einer ausgearbeiteten wissenschaftlichen Theorie gebunden ist.

[85] Vgl. dazu Aristoteles, Metaphysik VII–VIII, Übersetzung und Kommentar von W. Detel, Frankfurt/M., 2009, bes. Abschnitte 3 und 4.

[86] Vgl. dazu ausführlich Charles (2000).

Dieser Zusammenhang hat eine interessante Konsequenz für Aristoteles' Konzept einer Essenz. In der bisherigen Forschung hat man stets angenommen, die Essenz einer Sache S müsse nach Aristoteles durch einen einzigen definitorischen Satz der Form S := D angegeben werden. Aber aus einem einzigen derartigen Satz kann kaum etwas deduziert oder demonstriert werden, und ganz gewiss nicht alle Theoreme einer ganzen wissenschaftlichen Theorie. Wir benötigen vielmehr meist eine größere Anzahl von unvermittelten Prämissen (nach Aristoteles, wie wir gesehen haben, sogar etwa so viele wie es Theoreme gibt), um alle Theoreme demonstrieren zu können. Wenn die Essenz einer Sache also unter anderem durch ihre demonstrative Kraft ausgezeichnet ist, wie Aristoteles in der *Zweiten Analytik* argumentiert, dann müssen die Essenzen als logisch wesentlich komplexere Gebilde aufgefasst werden, als es die bisherige Vorstellung von einer einzigen definitorischen Formel nahelegt.[87]

11. Wissenschaft und Dialektik

Im ersten Satz seiner *Rhetorik* unterscheidet Aristoteles die Wissenschaft sowohl von der Rhetorik als auch von der Dialektik. Die Dialektik ist nach Aristoteles eine Argumentations- und Gesprächskunst, die es erlaubt, jedes Problem in jedem Gegenstandsbereich zu diskutieren. Oft untersucht der Dialektiker sowohl eine gegebene Behauptung als auch deren Negation, doch sucht er nicht nach Ursachen gegebener Fakten. Und wenn der Dialektiker versucht, die These eines Opponenten zu widerlegen, dann kann er als Prämisse jede Behauptung benutzen, der sein Gegner zustimmt, ohne sich um die Wahrheit dieser Behauptung zu kümmern.[88] All dies gilt für die Wissenschaft nicht, und daher hat die Wissenschaft aus

[87] Vgl. Charles (1997), Gotthelf (1997) und Detel (1997).

[88] Vgl. dazu Top. I 1, 100a 18–20, An. Post. I 11, 77a 31–35, An. Prior. I 1, 24a 22–b 2.

dieser Perspektive nichts mit dieser Art von Dialektik zu tun, die wir *Dialektik ad hominem* nennen können.

In der *Topik* (einem frühen Werk des Aristoteles, das ganz der Dialektik gewidmet ist) wird die Dialektik dagegen definiert als Argumentationskunst, die als Prämissen Meinungen verwendet, die von allen oder den meisten Menschen oder doch zumindest von allen oder den meisten Gelehrten und Weisen anerkannt werden. Diese zweite Art der Dialektik, die wir *allgemeine Dialektik* nennen können, kann nach Aristoteles durchaus hilfreich für das Entdecken von Wahrheiten sein.[89] Denn die allgemeine Dialektik besteht im wesentlichen darin, zu einem gegebenen Problem die wichtigsten, meist unterschiedlichen Meinungen zu sammeln, die Widersprüche zwischen ihnen möglichst zu beseitigen und daraus eine präzisere Formulierung des Problems und seiner Lösung zu gewinnen, von der aus beurteilt werden kann, in welchem Sinne die gesammelten Meinungen korrekt oder inkorrekt sind. In diesem Sinne der allgemeinen Dialektik argumentiert Aristoteles selbst häufig dialektisch, nicht nur in seinen ethischen Schriften, sondern auch in seiner *Physik*[90] und – interessanterweise – im zweiten Buch der *Zweiten Analytik,* in dem er fünf Kapitel hintereinander dem dialektischen Durcharbeiten des Problems der Beziehung zwischen Definition und Demonstration widmet.[91] Untersuchungen im Sinne der allgemeinen Dialektik können daher nach Aristoteles zuweilen notwendige begriffliche Vorarbeiten für wissenschaftliche Fragestellungen sein[92], ja sie können sogar zum Auffinden wissenschaftlicher Prinzipien beitragen, zumindest insofern diese Prinzipien allgemeine Sätze sind.[93] So bereiten die dialektischen Argumentationen im zweiten Buch der *Zweiten Analytik* zum Beispiel die endgültige Bestimmung der Beziehung zwischen Definition und Demonstration in den folgenden drei Kapi-

[89] Top. I 1, 100b 21–23, Top. I 2, 101a 35–37.

[90] Vgl. den Kommentar zur Dialektik in Cael. III 4, 303a20–24.

[91] An. Post. II 3–7.

[92] Top. I 2, 101a 37–b 4, Phys. IV 4, 211a 7–11.

[93] Top. I 2, 101a 37–b 4.

teln[94] vor. So gesehen hat Dialektik – als allgemeine Dialektik – nach Aristoteles also sehr wohl etwas mit Wissenschaft zu tun.

Wir sollten aus diesem Befund nicht schließen, dass Aristoteles' Konzept der Dialektik widersprüchlich ist. Denn zum einen unterscheidet er zwischen Dialektik ad hominem und allgemeiner Dialektik, und zum anderen bleibt selbst die allgemeine Dialektik von Wissenschaft im strengen Sinne unterschieden. Zwar haben einflussreiche Aristoteles-Interpreten behauptet, dass dialektische Argumentationen (im Sinne der allgemeinen Dialektik) hinreichend sind für das Finden wissenschaftlicher Prinzipien,[95] aber diese These geht zweifellos zu weit. Denn die angemessene Weise der Etablierung von wissenschaftlichen Prinzipien innerhalb voll ausgearbeiteter wissenschaftlicher Theorien mit ihren deduktiven Netzen von Demonstrationen kann von der allgemeinen Dialektik nicht geleistet werden, schon deshalb nicht, weil sie sich nicht auf aristotelische Ursachen richtet und keine wissenschaftlichen Analysen durchführt.[96]

Wenn wir genauer sehen wollen, welche Funktion die allgemeine Dialektik nach Aristoteles für die Wissenschaft hat, müssen wir berücksichtigen, dass Aristoteles eine hohe Meinung vom allgemeinen Menschenverstand hat: In vielen Fällen ist das, was alle Menschen glauben, wahr und das, was niemand glaubt, falsch.[97] Wenn daher Wissenschaftler versuchen, gewisse Sätze über allgemeine Fakten im Universum als wahr zu erweisen und ihre Ursache zu finden, sollten sie darauf achten, dass ihre Ergebnisse so weit wie möglich mit den Meinungen der meisten Menschen vereinbar bleiben. Die Wissenschaft sollte so viele Meinungen der meisten Menschen wie möglich als wahr erweisen.[98] Die Beziehung zwischen allgemei-

94 An. Post. II 8–10.
95 Vgl. z. B. den höchst einflussreichen Aufsatz von Owen (1961).
96 Das hat vor allem Bolton (1987) mustergültig gezeigt.
97 EN X 2, 1173a b1–2; Metaph. II 1, 993a30–6 b4.
98 Top. I 10, 104a5–13, EN VII 1, 1145b3–7.

ner Dialektik und Wissenschaft ist nach Aristoteles auch eine Beziehung zwischen Alltagsverstand und Wissenschaft.

Allerdings scheint Aristoteles diese Beziehung in einer interessanten, näher zu qualifizierenden Form ins Auge zu fassen, wie ein einschlägiges Beispiel aus der *Zweiten Anlyltik* zeigt.[99] Die Wissenschaft startet nämlich nach Aristoteles häufig mit »allgemeinen« (*logikoi*) Sätzen, die von den meisten Menschen als wahr betrachtet werden, die also dialektische Ausgangspunkte der Wissenschaft sind und als nominale Definitionen angesehen werden können. Dies trifft zum Beispiel für den Satz »Donner ist ein gewisses Geräusch in den Wolken« zu. Aber wenn diese nominalen Definitionen in die Wissenschaft integriert werden und als demonstrierbare Theoreme nachgewiesen werden sollen, muss insbesondere ihr Prädikat (der Außenbegriff in einer entsprechenden wissenschaftlichen Demonstration) möglichst in wissenschaftliche Hintergrundtheorien eingearbeitet und auf diese Weise wissenschaftlich geschärft werden. Erst auf dieser Grundlage kann die wissenschaftliche Suche nach einer adäquaten Theorie erfolgreich durchgeführt werden. So muss zum Beispiel das Prädikat »Geräusch« in der nominalen Definition »Donner ist ein gewisses Geräusch in den Wolken« in eine wissenschaftliche Theorie des Geräusches eingearbeitet und auf diese Weise geschärft werden.[100] Jede Demonstration, die erklärt, warum Donner ein gewisses Geräusch in den Wolken ist, muss dabei von einem Konzept von Geräusch ausgehen, das von der Theorie der Geräusche bereitgestellt wird.

Die Wissenschaft geht also nach Aristoteles tatsächlich zuweilen von nominalen Definitionen aus, die durch dialektische Arbeit bereitgestellt werden und von den meisten Menschen und Gelehrten als wahr betrachtet werden. Aber sie geht über diese dialektische Grundlage nicht nur dadurch hinaus, dass sie diese nominalen Definitionen durch Verweis auf Ursa-

[99] Vgl. An. Post. II 8.

[100] Zu dieser Hintergrundtheorie des Geräusches vgl. An. II 6, II 8; Cael. II 9.

chen demonstrieren und damit wissenschaftlich erklären will, sondern auch dadurch, dass sie die nominalen Definitionen mit Bezug auf wissenschaftliche Hintergrundtheorien reformuliert und erst in dieser Reformulierung demonstriert. Auf diese Weise kann die Wissenschaft oft zeigen, unter welcher Interpretation die Meinungen der meisten Menschen korrekt und wissenschaftlich begründbar sind.

12. Fallibilität

Aristoteles war zweifellos davon überzeugt, dass es für menschliche Wesen und insbesondere für ausgebildete Wissenschaftler nicht unmöglich ist, Wahrheiten herauszufinden. In diesem Sinne war er kein Skeptiker. Doch zugleich betont er, dass es oft schwer ist zu erkennen, ob wir etwas wissen.[101] An anderer Stelle bemerkt er, dass die Vernunft in unserer Seele sich zu den Dingen, die der Sache nach am meisten evident sind (also zu den Prinzipien) ähnlich verhält wie die Augen der Fledermaus zu Dingen am hellichten Tag.[102]

Auch in der Wissenschaft können Aristoteles zufolge viele Fehler gemacht werden, und in einigen Fällen können wir trotz sorgfältiger methodischer Arbeit nicht sofort entscheiden, ob wir korrekte wissenschaftliche Behauptungen gemacht haben. Der grundlegendste Fall sind allgemeine Sätze der Form AaB (»Das A kommt allen B's zu«, also: »Alle B's sind A«). Vor allem in den empirischen Wissenschaften und im Alltag können derartige Sätze nur so lange als wahr angesehen werden, als kein B bekannt wird, das kein A ist.[103] Empirische Allsätze sind also *fallibel,* d.h. trotz guter induktiver Evidenz kann niemals ausgeschlossen werden, dass wir Gegenbeispiele entdecken, die die Allsätze falsifizieren. Insofern insbesondere wissenschaftliche Prinzipien in Form von Definitionen der Form

[101] An. Post. I 9, 76a 26–30.

[102] Metaph. II 1, 993b 9–11.

[103] Vgl. Top. II 3, 110a 32–36; VIII 2, 157a 34–b 33; An. Post. I 4, 73a 32–34, II 7, 92a 37–39; An. Prior. II 26, 69b 1–8.

A:=B in den empirischen Wissenschaften die empirischen Allsätze AaB und BaA implizieren, sind auch Definitionen und damit grundlegende wissenschaftliche Prinzipien fallibel, *insofern sie auf empirischen Allsätzen beruhen.*

Diese Folgerung ließe sich nur dann vermeiden, wenn man annehmen könnte, dass die Entdeckung von Fakten in einem Gegenstandsbereich irgendwann abgeschlossen ist. Diese Annahme bestreitet Aristoteles jedoch ausdrücklich, denn er spricht darüber, dass uns die Entdeckung neuer Faktum zwingen kann, die zuvor postulierten Prinzipien einer wissenschaftlichen Theorie zu verändern.[104]

Daraus folgt wiederum, dass Definitionen als wissenschaftliche Prinzipien noch auf einer zweiten Ebene fallibel sind. Denn als Prinzipien müssen Definitionen auch unvermittelt sein, d. h. wenn eine Definition der Form A:=B ein Prinzip sein soll, darf es zu den Sätzen AaB und BaA keinen Mittelbegriff geben, der zu Prämissen führen könnte, aus denen diese Sätze deduzierbar sind. Aber das würde bedeuten, dass es zum Beispiel keinen Mittelbegriff C gibt, so dass AaC und CaB Fakten im Universum sind. Wenn wir jedoch niemals sicher sein können, welche Fakten wir in Zukunft noch entdecken werden, kann es nicht ausgeschlossen werden, dass es ein solches C gibt und es sich herausstellt, dass die postulierten Definitionen tatsächlich nicht unvermittelt und daher keine Prinzipien sind. Definitionen als grundlegende Prinzipien sind daher auch insofern fallibel, *als sie auf unvermittelten Prämissen beruhen.*

Aristoteles untersucht darüber hinaus ausdrücklich den »Irrtum, der durch Deduktion zustande kommt«.[105] Darunter versteht er den Fall, dass eine Deduktion etwa der Form

$$AaB, BaC \Rightarrow AaC$$

postuliert wird und sich die Konklusion als falsch erweist, weil sie mit akzeptierten und als wahr begründeten allgemeinen

[104] An. Post. I 12, 78a 14–22.

[105] Diesem Thema sind zwei volle Kapitel der *Zweiten Analytik* gewidmet, nämlich An. Post. I 16–17.

Sätzen, also hier mit AeC (das A kommt keinem C zu) unvereinbar sind.[106] Aristoteles betont in diesem Kontext, dass in diesem Fall mindestens eine der Prämissen falsch sein muss, und diskutiert die Art und Weise, wie wir entscheiden können, welche der Prämissen falsch ist oder ob sogar beide Prämissen falsch sind. Hier handelt es sich eindeutig um die Falsifikation von postulierten wissenschaftlichen Sätzen anhand ihrer logischen Konsequenzen. Und Aristoteles belässt es keineswegs bei diesen methodologischen Bemerkungen, sondern praktiziert diese Form der Falsifikation in seinen wissenschaftlichen Schriften mehrmals auch selbst.[107]

Es gibt nach Aristoteles eine Reihe weiterer Fehler, die in der Wissenschaft oft vorkommen. So versuchen manche Leute, zirkulär zu demonstrieren; andere sind damit zufrieden, lediglich die Wahrheit oder Plausibilität wissenschaftlicher Prinzipien begründet zu haben; einige Wissenschaftler stellen unwissenschaftliche Fragen oder kreuzen mit ihren Deduktionen die Grenzen zwischen verschiedenen Gegenstandsbereichen.

Einige Wissenschaftler arbeiten überhaupt nicht empirisch, d.h. berufen sich nie auf Wahrnehmung und Induktion, andere halten dagegen Wahrnehmung und Induktion bereits für hinreichende Begründungen. Manche Wissenschaftler glauben, sie könnten wissenschaftliche Definitionen finden, ohne die entsprechenden Demonstrationen zu konstruieren, andere halten die platonische Methode der Begriffsteilung für das beste Mittel, um Definitionen zu finden. Es gibt auch Wissenschaftler, die davon ausgehen, dass es zu jedem erklärbaren Faktum eine und nur eine angemessene Demonstration gibt; andere meinen, dass es zu jedem erklärbaren Faktum stets

[106] Aristoteles konzentriert sich in diesem wissenschaftstheoretischen Kontext darauf, dass die Falsifikatoren allgemeiner Sätze ebenfalls wissenschaftliche allgemeine Sätze sein sollten, obgleich logisch gesehen natürlich auch partikuläre oder singuläre Sätze für eine Falsifikation ausreichen.

[107] Vgl. z.B. Cael. III 7, 306a5–17; II 13, 293a23–30; II 14, 297a2–6; Metaph. XII 8, 1073b32–1074a6.

zwei oder mehr angemessene Demonstrationen gibt.[108] Nach Aristoteles sind all diese Annahmen methodologische Irrtümer und Fehler, die erfolglose wissenschaftliche Bemühungen nach sich ziehen.

Insgesamt gibt es viele Indizien dafür, dass Aristoteles sich der instabilen und anfälligen epistemischen Position bewusst war, in der sich jede wissenschaftliche Forschung zu jedem Zeitpunkt befindet.[109]

13. Anwendbarkeit

Die wichtigsten antiken Wissenschaften, nämlich Biologie und Geometrie, scheinen ihre Argumente nicht in deduktiver oder gar demonstrativer Form vorzutragen. Schlimmer noch, Aristoteles selbst scheint – wie man in der Forschung lange Zeit einhellig annahm – in seinen biologischen Schriften den methodologischen Regeln, die er in den *Analytiken* propagiert, nicht zu folgen. Das ist das Anwendbarkeitsproblem.

Die neueste Forschung hat jedoch gezeigt, dass eine genauere und detaillierte formale Analyse der Argumente in Aristoteles' biologischen Werken deutlich macht, dass er tatsächlich eine erhebliche Anzahl von Regeln aus den *Analytiken* anwendet. Insbesondere scheint Aristoteles davon auszugehen, dass die meisten seiner Argumente so aufgebaut sind, dass sie leicht in syllogistischer Weise rekonstruiert werden können. Derartige formal-syllogistische Rekonstruktionen sind in der neuesten Forschung auch tatsächlich vorgeschlagen worden.[110]

Allgemein formuliert sollte die *Zweite Analytik* so gelesen werden, dass sie nicht nur mit der *Ersten Analytik,* sondern auch mit Aristoteles' Metaphysik und seinen empirischen Un-

[108] Diese Fehler werden nacheinander in An.Post. I 3, I 6, I 7, I 12, I 18, II 3–7, II 5, II 16–18 angesprochen.

[109] Vgl. dazu ausführlicher Detel (1993).

[110] Siehe vor allem Lennox (1987), Gotthelf (1987a), Bolton (1987), Freeland (1990), McKirahan (1995), Gotthelf (1997) und Detel (1997). Anderer Meinung ist Modrak (1996).

tersuchungen in Biologie und Meteorologie eine begriffliche Einheit bildet.[111]

Der Fall der Geometrie erweist sich unter dem Aspekt des Anwendungsproblems als wesentlich härter. Einer der wichtigsten formalen Gründe dafür ist, dass die Beweise der antiken Geometrie (und natürlich auch der modernen Mathematik) sehr oft zweistellige Prädikatoren benutzen (wie man etwa bei Euklid sofort sieht), dass zweistellige Prädikatoren jedoch nicht leicht syllogistisch rekonstruiert werden können (die allgemeinen Begriffe, die in syllogistischen Sätzen auftauchen, sind gewöhnlich einstellige Prädikatoren).

Dennoch war Aristoteles selbst nachweislich der Auffassung, dass die Syllogistik auf geometrische Beweise anwendbar ist.[112] Die einfachste Weise, mit dieser Auffassung umzugehen ist, sie wie die meisten Aristoteles-Forscher kurzerhand als offensichtlich falsch zu deklarieren.[113] Doch wenn wir die Beispiele, die Aristoteles in diesem Kontext anführt, genauer analysieren, lässt sich eine Lösung dieses Problems erkennen. Denn diese Beispiele legen die Annahme nahe, dass die syllogistische Formalisierung geometrischer Beweise für Aristoteles extrem generell ist – in dem Sinne, dass ein Mittelbegriff für eine logisch gültige Deduktion gefunden werden muss, der die gesamte Beweisidee enthält. Die Ausführung dieser Beweisidee im einzelnen, in der dann erst zweistellige Allgemeinbegriffe zur Anwendung kommen, wird somit aus der syllogistischen Formalisierung herausgenommen[114].

Wie auch immer das Anwendungsproblem im Falle der aristotelischen Wissenschaftstheorie am besten gelöst wer-

[111] So mit Recht Pellegrin (1986), 50. Zur Verbindung zwischen *Zweiter Analytik* und Metaphysik siehe neuerdings auch Charles (2000), zur Verbindung zwischen *Zweiter Analytik* und empirischen Wissenschaften Kullmann (1998).

[112] An. Post. II 11, 94a 20–35.

[113] Vgl. z. B. die Bemerkungen von Barnes (1975) zu An. Post. II 11.

[114] Zu einer detaillierten formalen Rekonstruktion eines euklidischen Beweises im Sinne dieser aristotelischen Idee vgl. Detel (1993) Bd. I, 172–181; vgl. ferner Mendell (1998).

den mag, sicher ist jedenfalls, dass für Aristoteles die formale Logik ein zentraler Bestandteil der Wissenschaftstheorie sein muss, wenn die Wissenschaftstheorie ihre zentrale Aufgabe, die rationale Rekonstruktion wissenschaftlicher Praktiken, angemessen erfüllen soll. Und diese Idee erwies sich historisch und systematisch als außerordentlich fruchtbar.

14. Epistemologischer Status der Analytiken

In einem häufig zitierten Kapitel seiner *Metaphysik* klassifiziert Aristoteles die Wissenschaften und teilt sie in theoretische, praktische und poietische Wissenschaften ein. Zu den theoretischen Wissenschaften, die auf die Erkenntnis ewiger Strukturen zielen, gehören zum Beispiel Mathematik, Physik und Theologie; zu den praktischen Wissenschaften, die auf das Handeln gerichtet sind, gehören zum Beispiel Ethik und Politikwissenschaft; und zu den poietischen Wissenschaften, die auf das Herstellen von Produkten gerichtet sind, gehören zum Beispiel Handwerk, Baukunst und Dichtung.[115] Diese Klassifikation integriert viele verschiedene Wissenschaften und Künste – aber nicht die formalen Disziplinen Dialektik, Logik und Wissenschaftstheorie, die Aristoteles selbst erst erfunden und etabliert hat. Aristoteles scheint die formalen Disziplinen nicht als Wissenschaften zu betrachten. Dieser – auf den ersten Blick überraschende - Umstand hat in der Forschung eine umfassende Debatte ausgelöst.[116] Die traditionelle Auffassung ist, dass Aristoteles Dialektik, Logik und Wissenschaftstheorie als *Werkzeuge* aller Wissenschaften – und nicht selbst als Wissenschaften – angesehen hat.

Diese Auffassung geht zweifellos in die richtige Richtung, aber Aristoteles gibt uns einige Indizien an die Hand, mit deren Hilfe wir besser verstehen können, wie er den epistemologischen Status der formalen Disziplinen einschätzte.

[115] Vgl. Metaph. VI 1.
[116] Vgl. z. B. Ross (1923), 20; Barnes (1982), 25; Ackrill (1981), 79.

Aristoteles geht davon aus, dass sich spezifische Wissenschaften stets durch einen spezifischen Gegenstandsbereich auszeichnen lassen. Die verschiedenen wissenschaftlichen Gegenstandsbereiche sind zum größten Teil so radikal voneinander getrennt, dass wissenschaftliche Argumente diese epistemischen Grenzen nicht kreuzen dürfen (obgleich es in einigen Fällen Analogien zwischen ihnen geben mag).[117] Die Mathematik richtet sich zum Beispiel auf Zahlen und geometrische Größen, die Theologie auf Gott, die Physik auf jene Dinge, die das Prinzip der Bewegung und Ruhe in sich haben, und die Ethik auf das Handeln im Rahmen eines guten Lebens. Derartige Gegenstandsbereiche sind sehr spezifisch, aber je zwei von ihnen haben nichts miteinander zu tun und sind in diesem Sinne inkommensurabel.[118] Daher können die verschiedenen einzelnen Wissenschaften *eindeutig* durch ihre spezifischen Gegenstandsbereiche (ihre spezifischen *Gattungen,* wie Aristoteles sagt) ausgezeichnet werden.

Aristoteles' Wissenschaftstheorie ist daher ein *wissenschaftlicher Anti-Reduktionismus*, der darauf besteht, dass die verschiedenen methodisch etablierten Wissenschaften jeweils spezifische Gegenstandsbereiche und Vokabulare haben, die nicht aufeinender oder auf bestimmte grundlegende Bereiche und Vokabulare reduziert werden können, so wie es etwa der moderne Physikalismus propagiert. Es gibt Indizien dafür, dass Aristoteles die wissenschaftlichen Gattungen als Abstraktionen angesehen hat, die an den Dingen des Kosmos jeweils verschiedene Strukturen hervorheben. So beruht zum Beispiel die Biologie darauf, dass die Biologen natürliche Dinge *als* lebende Dinge betrachten, und die Geometrie beruht darauf, dass die Geometer die natürlichen Dinge *als* stereometrische Objekte mit ihren 0-2-dimensionalen Teilen betrachten.[119] Das

[117] An. Post. I 7.

[118] Metaph. X 4, 1055a 6–7. Wie Aristoteles an dieser Stelle sagt, haben die verschiedenen wissenschaftlichen Gegenstandsbereiche »kein gemeinsames Maß«. Diese Auffassung erinnert an Thomas Kuhns Unterscheidung inkommensurabler wissenschaftlicher Paradigmen.

[119] Metaph. XIII 3, 1077b 17–1078a 26; Ph. II 2, 193b 31–194a 12.

heißt nicht, dass Aristoteles ein wissenschaftstheoretischer Antirealist war, der glaubte, dass die Gegenstandsbereiche der Wissenschaften erst durch wissenschaftliche Abstraktionen erzeugt werden. Vielmehr war Aristoteles der Meinung, dass die natürlichen Dinge eine Vielzahl verschiedener Strukturen aufweisen und daher unter sehr vielen verschiedenen Aspekten betrachtet werden können, die voneinander unabhängig und gleichberechtigt sind. Es ist Sache des Wissenschaftlers, welchen dieser Aspekte er für seine Untersuchungen herausgreifen und welche Aspekte er vernachlässigen möchte.

Dialektik, Logik, Wissenschaftstheorie und auch Rhetorik sind nun nach Aristoteles gerade dadurch ausgezeichnet, dass sie sich nicht mit einem spezifischen Gegenstandsbereich beschäftigen, sondern vielmehr unsere allgemeinen argumentativen Fähigkeiten fördern.[120] Dazu kommt, dass die formalen Disziplinen nicht nach Ursachen suchen, also nicht mit derjenigen Aktivität befasst sind, die nach Aristoteles einen Kern der Wissenschaft (der *episteme*) ausmacht.

Vor allem aber ist das Befolgen methodologischer Regeln nach Maßgabe der Dialektik, Syllogistik, Rhetorik und Wissenschaftstheorie nach Aristoteles nicht eine Sache der Wissenschaft, sondern der *Bildung* (*paideia*). Wenn zum Beispiel jemand glaubt, zirkulär demonstrieren zu dürfen, dann mangelt es ihm nicht an wissenschaftlichem Sachverstand, sondern an Bildung.[121] Und es ist, wie Aristoteles betont, ein Zeichen von Bildung, wenn man in den verschiedenen Wissenschaften so viel Präzision und Genauigkeit verlangt, wie es der Gegenstandsbereich erlaubt. Von der Ethik etwa die Präzision der Mathematik zu verlangen, zeugt für mangelnde Bildung.[122]

Im ersten Kapitel seiner Schrift *Über die Teile der Tiere* beschäftigt sich Aristoteles mit methodologischen Fragen der Biologie. Dabei führt er unter anderem aus, dass es in Hin-

[120] Vgl. Rh. I 2, 1356a 32–33. Diese Bemerkung betrifft vornehmlich Rhetorik und Dialektik. Doch gehören syllogistische Schlussformen auch zur Dialektik (An. Prior. I 2, 24a 22–28).

[121] Metaph. IV 4, 1006a 5–6.

[122] NE I 3, 1094b 24–25.

sicht auf die Wissenschaft zwei Arten von Professionalität gibt. Die eine ist eine intime wissenschaftliche und sachliche Kenntnis des jeweiligen spezifischen Gegenstandsbereiches, also wissenschaftliches Wissen; die andere jedoch ist die gebildete Kenntnis des Gegenstandsbereiches, also Bildung. Und die Bildung besteht im Kern darin, die Fähigkeit zu besitzen, in *jedem* wissenschaftlichen Spezialgebiet ein angemessenes Urteil darüber zu bilden, ob eine vorgelegte wissenschaftliche Argumentation gut oder schlecht ist. Und Aristoteles fügt hinzu, dass diese kritische Prüfung der Qualität wissenschaftlicher Argumentationen auf der Basis methodologischer (also logischer und wissenschaftstheoretischer) Kriterien erfolgen muss, *ganz unabhängig davon, ob die geprüften Behauptungen wahr oder falsch sind.* Bildung besteht also in der Fähigkeit, die formale Gültigkeit und methodologische Qualität wissenschaftlicher Argumente kritisch zu prüfen.[123]

Diese überaus aufschlussreichen Bemerkungen zeigen deutlich, wie Aristoteles über den epistemologischen Status der formalen Disziplinen dachte – also insbesondere auch über den epistemologischen Status der Wissenschaftstheorie, wie sie in der *Zweiten Analytik* dargestellt wird. Diese Disziplinen zu lernen und zu meistern, ist nicht eine Sache der Wissenschaft, sondern der Bildung. Logik und Wissenschaftstheorie sind nach Aristoteles geradezu der Kern der Bildung. Und das bedeutet, dass die Bildung (*paideia*) für Aristoteles nicht in irgendwelchen sachlichen, sozialen, kulturellen oder ethischen Kenntnissen besteht, sondern in einer rationalen kritischen Haltung gegenüber vorgelegten wissenschaftlichen (und sonstigen) Argumenten. In diesem Sinne gehört die Bildung natürlich insbesondere auch zu den Tugenden eines Wissenschaftlers, denn jeder Wissenschaftler sollte diese Art von Bildung auch gegenüber seinen eigenen Argumenten in Anschlag bringen. Um eine moderne Terminologie zu verwenden, Bildung – also die Anwendung von Logik und Wissenschaftstheorie – besteht nach Aristoteles (und übrigens auch nach Platon) im

[123] PA I 1, 639a1–15. Vgl. George (1993).

Kern darin, *im logischen Raum der Gründe zu operieren und am Spiel des Gebens und Einforderns von Gründen teilzunehmen.* Im Prozess des Lernens und Meisterns von Logik und Wissenschaftstheorie *zähmen wir unsere Natur und wechseln aus dem Reich der Natur in den logischen Raum der Gründe,* und dieser Prozess ist nach Aristoteles eine der wichtigsten Bedingungen für *ein gutes Leben.*

Auf diese transparente und bewunderungswürdige Weise zeigt uns Aristoteles den wahren epistemologischen Status und die wahre Bedeutung jener formalen Disziplinen, deren innovative Erfindung und Etablierung eines seiner unsterblichen Verdienste ist.

15. Lesarten der ›Zweiten Analytik‹ im Mittelalter

Die *Zweite Analytik* war einer der historisch wirkungsmächtigsten Texte der Philosophiegeschichte. In der Rezeption und Interpretation der *Zweiten Analytik* haben sich im Verlauf des vergangenen Jahrtausends vornehmlich zwei Lesarten entwickelt, die allerdings ein unterschiedliches historisches Schicksal erfahren haben: die empiristische Lesart und die axiomatische Lesart.

Im Mittelalter wurde die *Zweite Analytik* durch ihre erste Übersetzung ins Lateinische durch Jacobus Venetius Graecus um 1140 bekanntgemacht. Von etwa 1250 an galt die *Zweite Analytik* in der mittelalterlichen akademischen Welt in dieser ersten Übersetzung als grundlegender kanonischer Text für die Erkenntnis- und Wissenschaftstheorie. Einige der führenden Autoren dieser Zeit haben die aristotelische Wissenschaftstheorie als empiristisches Programm aufgefasst. Aus der Fülle der Autoren und Ansätze kann ich hier nur wenige Beispiele exemplarisch und in groben Umrissen skizzieren.

So betont Robert Grosseteste (um 1200), dass die Methode der (aristotelischen) Wissenschaft induktiv-deduktiv sei, insofern sie in der Analyse den Gegenstandbereich einer wissenschaftlichen Theorie zunächst induktiv in ihre einzelnen

Elemente zerlegt und diesen Bereich dann deduktiv wieder zusammensetzt. Grosseteste hat auch versucht, diese Methode eigenständig anzuwenden, beispielsweise auf die Spektralfarben. In seinem Kommentar zur *Zweiten Analytik* entwirft Grosseteste ein differenziertes Bild: Er betrachtet einerseits die axiomatisch-deduktiven Gestalt der Mathematik als Vorbild für das aristotelische Wissenschaftsbild und betont andererseits die empirische Grundlage aller allgemeinen Sätze, die in wissenschaftlichen Theorien Verwendung finden sollen. Interessanterweise weist er in diesem Zusammenhang auf die Falsifikationsmöglichkeit empirischer Thesen mit Hilfe des Modus Tollens hin. So wichtig die Wahrnehmung in diesem Punkt für Grossteste auch ist, so ist er doch zugleich der Meinung, dass das Erfassen universeller Strukturen und logischer Beziehungen nach Aristoteles eine Sache des Intellekts ist.

Roger Bacon (um 1250) hat keinen Kommentar zur *Zweiten Analytik* verfasst, aber es gibt in seinen Schriften viele nachweisbare Bezüge auf die *Zweite Analytik*. Dabei streicht Bacon mit Blick auf Post. An. II 19 vor allem die empirische Grundlage aller wissenschaftlichen Prinzipien und Demonstrationen heraus und weist darauf hin, dass die Stufenfolge des Wissens nach Aristoteles mit der Wahrnehmung beginnt. Vor allem aber betont er die Bedeutung umfangreichen Tatsachenwissens als Bedingung für die induktive Methode im Sinne der empirischen Analyse und fordert, die gefundenen wissenschaftlichen Prinzipien weiter an der Erfahrung zu prüfen (erstes Prärogativ der Wissenschaft) und das empirische Wissen so weit wie möglich durch Experimente zu stützen (zweites Prärogativ der Wissenschaft). Mit diesen Prärogativen der Wissenschaft geht er über Aristoteles hinaus und unterstreicht seine eigene empiristische Wissenschaftsauffassung in Anlehnung an Aristoteles.[124]

Auch ein Hinweis auf Thomas von Aquin (um 1260) darf an dieser Stelle nicht fehlen. In seinem einflussreichen Kommen-

[124] Vgl. zu R. Grosseteste und R. Bacon und ihren Bezug auf Ar. An. Post. Hackett (2004) und Antolic (2004).

tar zur *Zweiten Analytik,* zum Teil auch in seinen Kommentaren zur aristotelischen Physik und vor allem zu Buch I der *Metaphysik* hebt Thomas immer wieder zustimmend hervor, in welchem Sinne die empirische Wahrnehmung und Erfahrung – und damit methodologisch formuliert die Induktion – nach Aristoteles die Grundlage aller Wissenschaften ist. Zwar lassen sich Beweis und Induktion als zwei verschiedene Weisen des Wissenserwerbs unterscheiden, und der Beweis geht aus Universalbegriffen und entsprechenden universellen Sätzen hervor. Aber Universalbegriffe und universelle Sätze beruhen ihrerseits wieder auf Induktion und Wahrnehmung.[125] Allerdings war Thomas kein naiver Empirist und hat auch Aristoteles nicht als naiven Empiristen verstanden. Denn er betont auch die zentrale Rolle des Verstandes (des Intellekts) für die Generierung wissenschaftlichen Wissens. Eines der wichtigsten Vermögen des Intellekts ist nach Thomas die Fähigkeit zur Selbstreflexion, die unter anderem auch die Grundlage logischer Kompetenzen ist. Die Logik, die Kunst der Künste (ars artium), ist die Verstandeswissenschaft par excellence. Ihre grundlegende Aufgabe ist das Ordnen gegebenen Materials, wie es für jeden Erkenntnisfortschritt wichtig ist. Es ist also klar, dass Thomas mit diesen – hier nur sehr grob skizzierten – Überlegungen zum Beitrag des Intellekts zur Generierung wissenschaftlichen Wissens neben der empirischen Erfahrung auch jene Aspekte wissenschaftlicher Aktivität heraushebt, die auch nach Meinung des Aristoteles von grundlegender Bedeutung sind, wenn es darum geht, wissenschaftliche Theorien zu etablieren. Denn schließlich betont auch Aristoteles die Bedeutung der Analyse und der logischen Ordnung des induktiv gegebenen empirischen Materials.[126]

In diesen prominenten und auch in vielen anderen Fällen sehen wir also mittelalterliche Autoren mit einer Interpretation

[125] Vgl. dazu Hoffmann (2007).

[126] Vgl. Lutz-Bachmann (2004). Lutz-Bachmann betont, dass die vier Verstandesregeln bei Thomas keineswegs ein axiomatisches Wissenschaftsbild implizieren.

des aristotelischen Wissenschaftsbildes ringen, die neben der formalen axiomatischen Gestalt und entsprechenden intellektuellen oder logischen Verstandesvermögen auch die empirische Seite des aristotelischen Wissenschaftsbildes anerkennt und zu integrieren sucht.

Daneben wurde jedoch von einigen einflussreichen mittelalterlichen Autoren eher die axiomatische Lesart der aristotelischen Wissenschaftstheorie favorisiert. Auch hier kann ich die verschlungenen historischen Wege, auf denen sich diese Lesart entwickelte, nur durch einige wenige Beispiele illustrieren.

Eine Neigung zur axiomatischen Lesart findet sich bereits in neuplatonischen Diskussionen zum aristotelischen Wissenschaftsbild, zum Beispiel im Kommentar von Johannes Philoponus (um 520) zur *Zweiten Analytik*.[127] So betont Philoponus etwa in seinem Kommentar zu An. Post. I 2 ausdrücklich, dass die unvermittelten Prinzipien wissenschaftlicher Theorien in sich vertrauenswürdig sind und keines weiteren Mittelbegriffs oder anderer Hilfsmittel zur Einsicht in ihre Wahrheit bedürfen.[128] Und er weist auch auf die logische Abhängigkeit der weiteren Behauptungen der Wissenschaft von den Prinzipien hin. Zur selben Zeit verfasst Boethius, der »Vater der Scholastik«, in seinem schulmeisterlichen, auf klaren und detaillierten Definitionen beruhenden Stil einen rein philosophischen Traktat mit dem Titel »Quomodo substantiae in eo quod sint bonae sint« (im Mittelalter als »De hebdomadibus« zitiert), in dem er auch die Stellung der Axiome in den Wissenschaften diskutiert und hervorhebt, dass nicht nur die Axiome im aristotelischen Sinn (also mathematische und logische Grundsätze), sondern auch Definitionen und Hypothesen im Sinne von Axiomen verstanden werden müssen, also als unmittelbare Ausgangspunkte der Erkenntnis, die nicht mehr induktiv-empirisch begründet werden müssen.

Es ist zweifelhaft, ob Boethius die *Zweite Analytik* kannte, aber Johannes von Salisbury (um 1160) kannte mit Sicherheit

[127] Philoponus (1909).
[128] Vgl. Detel (1993), II 45.

eine lateinische Übersetzung der Schrift. Seine kurze Zusammenfassung (in seinem *Metalogicon* IV 8) ist der einzige überlieferte Sekundärtext zur *Zweiten Analytik* aus dem 12. Jahrhundert. Diese Zusammenfassung konzentriert sich freilich vor allem auf An. Post. I 1 und II 19, also auf das erste und letzte Kapitel der Schrift, und hat über den Rest nicht viel zu sagen. Dabei betont Johannes von Salisbury allerdings sehr deutlich, dass die wissenschaftliche Erkenntnis und Theorienbildung nach Aristoteles von allgemeinen Begriffen ausgeht, die der Geist unmittelbar erfasst, sowie von per se nota – Sätzen, die durch sich selbst bekannt und daher selbstevident sind. Diese Sätze sind wahr, bedürfen aber keines weiteren Beweises. Mit Blick auf An. Post. II 19 fügt Johannes freilich hinzu, dass zumindest die allgemeinen Begriffe letztlich auf Wahrnehmung und Erfahrung beruhen. Insgesamt dominiert aber auch bei Johannes von Salisbury das axiomatische Bild der aristotelischen Wissenschaftsauffassung.[129]

In der zweiten Hälfte des 12. Jahrhunderts findet man die meisten direkten Äußerungen zur aristotelischen Wissenschaftstheorie in Kommentaren zu Aristoteles' *Sophistici Elenchi.* So diskutiert zum Beispiel ein Anonymus Parisiensis in seinem *Compendium Sophisticorum Elenchorium* recht ausführlich das aristotelische System der wissenschaftlichen Prinzipien und Axiome aus An. Post. I 2.

Die Konzentration auf diesen Topos in einer Erörterung des Begriffs der scientia (im Unterschied zur sapientia) ist bemerkenswert.[130] Andere Anonymi aus derselben Zeit lassen eine ähnliche Tendenz erkennen und enthalten zum Teil wesentlich ausführlichere Diskussionen desselben Themas, also der Axiome. Dabei schält sich die axiomatische Lesart schon

[129] Dasselbe ließe sich zum Beispiel auch über Alanus (um 1190) und seine Schrift *Regulae Caelestis Juris* sagen, die einen deutlichen Bezug auf Boethius aufweist.

[130] Es ist zweifelhaft, ob der Autor die *Zweite Analytik* gelesen hat. Seine Hauptquelle scheint eher der Kommentar von Philoponus zu Kap. I 2 gewesen zu sein.

deutlicher heraus.[131] Die Wissenschaft beginnt diesen Autoren zufolge nach Aristoteles mit unvermittelten Sätzen (immediata), die in sich glaubwürdig (per se nota, intrinsecus fidem habentes), unveränderlich wahr und aus den Prinzipien deduzierbar sind.[132]

Diese Entwicklung kulminierte im Hochmittelalter (zweite Hälfte des 13. Jahrhunderts) im Werk des Pariser Magisters Boethius Dacia, der alle einzelnen Wissenschaften im Anschluss an Aristoteles als axiomatisch-deduktive Systeme betrachtete und diese Lesart auch weiter ausarbeitete.[133] Diese Auffassung wurde von den meisten seiner philosophischen Zeitgenossen geteilt.[134]

Diese wenigen Hinweise machen bereits deutlich, dass bis zum Hochmittelalter zwei verschiedene Deutungen des aristotelischen Wissenschaftsbildes entwickelt wurden, deren eine

[131] Vgl. z. B. das Zitat aus dem Kommentar eines Anonymus Aurelianensis I und die Diskussion dieser Stelle bei Ebbesen (2004), 82.

[132] Vgl. zu diesem Komplex vor allem die Arbeiten von S. Ebbesen, etwa Ebbesen (1993) und Ebbesen (2004). Die Lehre von den per se nota, die die axiomatische Lesart der aristotelischen Wissenschaftstheorie förderte, wurde im Verlauf des Mittelalters ausgebaut und verbreitet. Ihre genauere Definition wurde allerdings kontrovers diskutiert; aber bei meisten Autoren scheinen die per se nota als analytische Sätze im modernen Sinne verstanden worden zu sein. So definiert etwa Duns Scotus: principia et per se nota cognoscimus inquantum terminos cognoscimus. Und für Thomas v. Aquin sind per se nota Sätze, für die gilt: praedicatum includitur in subjecto. Die Autoren des 12. Jahrhunderts benutzten zuweilen die Formel »sapientia est virtus artis et scientiae, medium inter intellectum et scientiam locum tenens.« Wie Ebbesen bemerkt (Ebbesen (2004), 85), fassten sie den Intellekt als das Vermögen auf, die Prinzipien der Wissenschaften zu erfassen, und die scientia als das Vermögen, die logischen Konsequenzen aus den Prinzipien zu erfassen. Die sapientia ist dann das Meistern axiomatisch-deduktiver Systeme.

[133] Vgl. z. B. Boethius Dacus: *De aeternitate mundi*, Opuscula, ed. N. J. Pedersen, Kopenhagen 1976, 347 f. Zur Erkenntnistheorie bei Boethius Dacus vgl. Pinborg (1984); ferner Ebbesen (2000).

[134] So bemerkt Ebbesen: »Boethius of Dacia and his contemporaries saw all sciences, both the real and formal, as axiomatic-deductive systems« (Ebbesen (2004), 70, vgl. 84).

eher empiristisch und deren andere eher axiomatisch orientiert war.

16. Die ›Zweite Analytik‹ und die frühmoderne Philosophie

Die wissenschaftstheoretische Diskussion der Frühmoderne scheint sich einerseits mit aller Entschiedenheit von Aristoteles abzugrenzen und andererseits die beiden im Mittelalter entwickelten Lesarten des aristotelischen Wissenschaftsbildes als systematische Modelle der Wissenschaftstheorie weiterhin im Spiel zu halten. Viele frühmoderne Strömungen der Wissenschaftstheorie waren von einem empiristischen Geist geprägt. Allerdings: Ob man an den milden Skeptizismus eines Mersenne oder Gassendi denkt, ob man auf Galilei oder Robert Boyle und sein Programm einer experimentellen Naturphilosophie schaut oder auch auf britische Empiristen wie John Locke, überall scheint man sich gerade in Hinsicht auf die empiristischen Aspekte des Wissenschaftsbildes von der aristotelischen Wissenschaftsauffassung abzusetzen oder sie zumindest nicht mehr auf Aristoteles zu beziehen.

Aber auch das axiomatisch-deduktive Wissenschaftsbild fand von der Frühmoderne an viele einflussreiche Anhänger. Eine der klarsten Artikulationen dieses Bildes findet sich bei Descartes. Die erste der *Regulae ad directionem ingenii* erklärt, dass die Produktion wahrer und unerschütterlicher Urteile das Ziel aller wissenschaftlichen Studien ist, und die dritte Regel konstatiert, dass man nur dadurch Wissenschaft erwerben kann, dass wir Dinge oder Sachverhalte entweder auf klare und evidente Weise intuitiv einsehen oder auf zuverlässige Weise deduzieren[135], und in seinem Schreiben an Picot, den Übersetzer der *Principia Philosophiae*, formuliert Descartes eine der klarsten Skizzen des fundamentalistischen

[135] Vgl. z. B. Regula I (René Descartes: *Regulae ad directionem ingenii*, übersetzt und herausgegeben von Christian Wohlers, Hamburg 2011, 2 f. u. 14 f. (AT X 358, 366).

Programms der Wissenschaftstheorie. Er betont insbesondere, dass das vollkommene Wissen aus ersten, in sich klaren und evidenten Grundsätzen abzuleiten ist, deren Wahrheit nicht bezweifelt werden kann.[136]

Ähnlich deutliche Worte findet Blaise Pascal in den Fragmenten *De l'esprit géometrique* und *De l'art de persuader et de la démonstration*. In der *Logique du Port Royal* wird das axiomatisch-deduktive Bild explizit für alle Wissenschaften vertreten, mit dem Zusatz, dass alle Grundsätze wissenschaftlicher Demonstrationen analytisch wahre Sätze sind (das Prädikat dieser Sätze ist im Subjekt mit Notwendigkeit enthalten – womit natürlich die mittelalterliche Definition der per se nota – Sätze aufgenommen wird). Die Wissenschaft *more geometrico* (also axiomatisch-deduktiv) aufzubauen wird zu einem verbreitetes Modell, wie unter anderem Hobbes' Schrift *De Corpore*, Spinozas Ethik und Christian Wolffs gesamte Philosophie deutlich machen. Aber auch die frühmodernen Vertreter eines axiomatisch-deduktiven Wissenschaftsbildes beziehen sich gewöhnlich nicht mehr auf Aristoteles.

Es ist, als ob mit dem Untergang der aristotelischen Physik und Astronomie auch das aristotelische Wissenschaftsbild als vollständig diskreditiert galt und seine einflußreichsten mittelalterlichen Deutungen daher offiziell totgeschwiegen wurden. Und doch wurden eben diese Deutungen weiter nebeneinander transportiert und transformiert, nun aber als systematische Modelle des Aufbaus, der Struktur und der Methodologie wissenschaftlicher Theorien.[137]

Eine Erklärung für diesen überraschenden, ja paradoxen Befund ist auf den ersten Blick nicht leicht zu sehen und mag für verschiedene Autoren unterschiedlich ausfallen.

Von größtem Einfluss waren in diesem Kontext aber sicherlich die kritischen Überlegungen von René Descartes, zum

[136] Vgl. René Descartes, *Discours de la Méthode*, übersetzt und herausgegeben von Christian Wohlers, Hamburg 2011, 138–171.

[137] Diesem Befund entspricht die Tatsache, dass die antike analytisch-synthetische Methode auch in der Moderne noch lange beachtet und diskutiert wurde, vgl. dazu Hintikka, Remes (1974).

Beispiel seine Kritik an der Anwendung der Syllogistik, die er im Einklang mit der zeitgenössischen Logik meist »Dialektik« nennt, in der Wissenschaft. Descartes wirft dieser Anwendung vor, dass sie zirkulär, nicht-ampliativ und restriktiv ist.[138] Sie ist zirkulär, weil sie Theoreme synthetisch beweist, deren Wahrheit sie bei Beginn der zuvor ausgeführten Analyse bereits unterstellt; sie ist nicht-ampliativ, weil sie als Logik die Erkenntnis nicht erweitert; und sie ist restriktiv, weil sie als Theorie oder Regulierung des Denkens dem menschlichen Geist die engen Fesseln der syllogistischen Figuren anlegt.

Descartes' kritische Einstellung zur syllogistischen Methode ist zwar aus formallogischer Perspektive nicht korrekt, muss aber in den Kontext der Entwicklung der Logik nach Aristoteles bis zur Frühmoderne eingebettet werden.[139] Die Vorwürfe der Zirkularität und Nicht-Ampliativität beruhten auf Standard-Argumenten der antiken Skepsis, die zu Descartes' Zeiten durch Ciceros *Academica* und Sextus' Schriften über den Pyrrhonismus und gegen die Mathematiker wohlbekannt waren.[140] Diese Argumente sind zwar ebenfalls logisch alles andere als überzeugend, erwiesen sich aber als einflussreich. Wir haben zu berücksichtigen, dass der Skeptizismus im Frankreich des 16. und 17. Jahrhunderts eine einflussreiche intellektuelle Strömung war, die u.a. das Vertrauen in die Logik zu erschüttern suchte.[141]

Wichtiger ist die seit der Spätscholastik zunehmende Tendenz, Syllogistik, Topik und Rhetorik unter dem Titel »Dialektik« zu einer einheitlichen Argumentationstheorie zusammenzuziehen, die das Spezifikum der Logik aus den Augen verlor.[142]

[138] Vgl. Descartes, Regulae IV, a. a. O., 24f. (AT X 372f.); VII, a. a. O., 52f. (AT X 389); vor allem aber X, a. a. O., 82f. (AT X 405f.); ferner XIII, a.a.O., 122–125 (AT X 430f.).

[139] Dazu Gaukroger (1989) 26–48.

[140] Vgl. Burnyeat (Hg.) (1983) (darin bes. Ch. B. Schmitt: The Rediscovery of Ancient Scepticism in Modern Times).

[141] Vgl. Popkin (1979).

[142] Peter of Spain: *Tractatus called afterwards Summulae logicales*, ed. L.M. de Rijk (Assen 1972).

Die beiden wichtigsten Logik-Konzeptionen des 16. Jahrhunderts, die Descartes direkt beeinflusst haben, stehen in dieser humanistischen Tradition. Man war bestrebt, die systematische Priorität der formalen Syllogistik durch ein Dialektik-Konzept zu unterminieren, das eher die Kunst des pädagogischen Lehrgesprächs betont, die das curricular kanonisierte Wissen der Antike und des Mittelalters optimal aufbereitet und didaktisch organisiert.[143] Die beiden zentralen Schriften der humanistischen Logik von Rudolph Agricola und Petrus Ramus koppeln die Logik und Dialektik von jeder Form der inventio oder Heuristik neuer Erkenntnisse ab.[144] Diese Einstellung prägte auch die beiden wichtigsten Textbücher der spätscholastischen Logik im 16. Jahrhundert von Toletus und Fonseca, die auch in den jesuitischen Schulen benutzt wurden und die Descartes daher mit hoher Wahrscheinlichkeit in La Flèche kennengelernt hat.[145] Ihnen gegenüber sind seine zentralen Vorwürfe durchaus berechtigt. Nur wichen diese Schriften in wahrhaft dramatischer Form vom ursprünglichen wissenschaftstheoretischen Konzept der aristotelischen *Zweiten Analytik* ab.[146]

Descartes suchte in offener Opposition zur scholastisch-jesuitischen Logik seiner Zeit nach einer Methode, die wieder dem Erkenntnisgewinn dient und sich den engen Fesseln des syllogistischen Folgerns entzieht. Dabei hätte er ohne weite-

[143] Vgl. Gaukroger (1989), 34–38; ferner Jardine (1982), Valla (1983) und Ong (1958).

[144] Rudolph Agricola: *De inventione dialectica libri tres, cum scholiis Joannis Matthaei Phrissemii*, Paris 1529; Peter Ramus: *Dialecticae institutiones*, Paris 1546. Vgl. dazu auch Yates (1978).

[145] Franciscus Toletus: *Introductio in dialecticam Aristotelis*, Rom 1560; Petrus Fonseca: *Institutionum dialecticarum libri octo*, Lissabon 1564.

[146] Einen fatalen Einfluss übte auch der in vielerlei Hinsicht brillante Aristoteles-Kommentator Zabarella aus, der im Anschluss an die Pappus-Übersetzung von Commandino die gesamte analytische Methode restriktiv – und gegen die weichere aristotelische Auffassung – als Demonstration oder Deduktion der Fakten auslegte und so unter die Herrschaft der Syllogistik brachte. Auch Pacius und Schegk argumentierten in dieser Richtung; vgl. dazu Randall (1961) und Gilbert (1960).

res an die ursprüngliche Form der antiken Wissenschaftstheorie bei Aristoteles anknüpfen können. Aber Descartes opponierte zugleich auch gegen die skeptische und probabilistische Logik-Konzeption der Humanisten, die keine sichere Erkenntnis gewährleisten konnte und wollte. Ähnlich wie die spätscholastische Methodenlehre sollte die gesuchte neue Methode vielmehr zur Auffindung sicherer und unerschütterlicher Erkenntnis führen. Dieses Erbe der spätscholastischen Methodendogmatiker, das Descartes unhinterfragt übernahm, schloss die produktive Weiterbildung der weicheren aristotelischen Wissenschaftstheorie aus und verführte ihn zur Propagierung einer neuen, fundamentalistischen Methodenlehre.

17. Die ›Zweite Analytik‹ und die analytische Philosophie

Die Rezeption der aristotelischen Wissenschaftstheorie im frühen 20. Jahrhundert wurde maßgeblich vom logischen Empirismus im Wiener Kreis und dem kritischen Rationalismus Poppers geprägt. Ihre entscheidende Grundlage war die klare Trennung von Formalwissenschaften und empirischen Wissenschaften im Anschluss an Bemerkungen von David Hume. Diese Trennung führte zu einem der zentralen Dogmen der analytischen Philosophie: dem sogenannten Sinnkriterium. Diesem Kriterium zufolge muss strikt zwischen analytischen und synthetischen Sätzen unterschieden werden. Analytische Sätze sind wahr oder falsch aufgrund der Bedeutung der in ihnen vorkommenden Wörter allein; synthetische Sätze sind dagegen wahr oder falsch aufgrund ihres Bezuges zu Fakten der externen Welt. Und ein Satz ist (wissenschaftlich) sinnvoll genau dann, wenn er entweder analytisch oder synthetisch ist.[147] Damit konnte klargestellt werden, dass die Theorien der Formalwissenschaften apriorische und epistemisch gewisse Theoreme liefern, während die grundlegenden Annahmen in

147 Axiome und Theoreme der formalen Logik sind dem Sinnkriterium nach Spezialfälle von analytisch wahren Sätzen, denn sie sind wahr aufgrund der Bedeutung der logischen Zeichen allein, die in ihnen vorkommen.

Theorien der empirischen Wissenschaften aposteriori, epistemisch höchstens gut bestätigt und im Prinzip stets falsifizierbar sind. Kurz, die beiden Deutungen des aristotelischen Wissenschaftsbildes, die im Mittelalter als Lesarten der *Zweiten Analytik* auftraten und von der Frühmoderne als unterschiedliche systematische Wissenschaftsmodelle betrachtet wurden, konnten jetzt säuberlich auf Formalwissenschaften und empirische Wissenschaften verteilt werden. Das axiomatische Wissenschaftsbild galt für Formalwissenschaften (formale Logik und Mathematik), das empiristisch-falsifikationistische Modell für die empirischen Wissenschaften. Zugleich war am Ende des 19. Jahrhunderts der strenge Begriff von Logik wiedergewonnen und entschieden ausgebaut worden.

Auf dieser Grundlage wurde die aristotelische Wissenschaftsauffassung von führenden Vertretern des logischen Empirismus wie Lukasiewicz, Quine und Ayer (die natürlich keine Aristoteles-Experten waren) im Sinne des axiomatischen Wissenschaftsbildes interpretiert. Insbesondere wurden die aristotelischen Definitionen, also (nach Aristoteles) die grundlegenden explanatorischen empirischen Prämissen wissenschaftlicher Theorien, (fälschlicherweise) als analytische Sätze betrachtet, ganz im Sinne der Auffassung von Definitionen, die im logischen Empirismus üblich war.[148] Auf diese Weise wurde zu Beginn des 20. Jahrhunderts die axiomatische Interpretation der *Zweiten Analytik* vorherrschend. Aus der Perspektive ihrer zentralen Dogmen vermochten die analytischen Philosophen des frühen 20. Jahrhunderts die empiristischen und fallibilistischen Aspekte der aristotelischen Wissenschaftstheorie nicht mehr wahrzunehmen. Diese Interpretation war dann ihrerseits die Grundlage für eine harte wissenschaftstheoretische Kritik an Aristoteles seitens der Vertreter des logischen Empirismus. Man warf Aristoteles vor, die Methodologien formaler und empirischer Wissenschaften konfundiert, das axiomatische Wissenschaftsbild zu Unrecht

[148] Vgl. z.B. Ayer (1967), 56f.; Quine (1979), 28, 147f.; Lukasiewicz (1957).

auf die empirischen Wissenschaften übertragen und daher einem unbeschränkten wissenschaftlichen Dogmatismus gehuldigt zu haben. Diese Vorwürfe sind aus heutiger Sicht inkorrekt und beruhten auf einem verzerrten Verständnis der *Zweiten Analytik*.

Die von der modernen analytischen Philosophie propagierte axiomatische Lesart der aristotelischen Wissenschaftstheorie wurde von Karl Popper und seinen Anhängern übernommen. Die Popperianer fassten diese Lesart und das ihrer Meinung nach seit Aristoteles vorherrschende axiomatische Wissenschaftsbild auch in die Formel »Alles Wissen ist entweder selbstevident oder aus evidenten Prämissen bewiesen« zusammen und charakterisierten dieses Bild als wissenschaftlichen Dogmatismus, weil es wissenschaftliche Behauptungen als unkorrigierbare Thesen hinstellt. Vor diesem Hintergrund erhoben die Popperianer und vor allem auch Popper selbst ihren epochalen Anspruch, als erste Wissenschaftsphilosophen in der Geschichte der westlichen Philosophie radikal mit dem wissenschaftstheoretischen Dogmatismus gebrochen und in Gestalt des kritischen Rationalismus erstmals eine fallibilistische Wissenschaftstheorie entwickelt zu haben.[149] Diese grandiose Selbsteinschätzung ist allerdings kaum haltbar, denn bereits Aristoteles hatte in seiner *Zweiten Analytik* einen moderaten Fallibilismus vertreten, der, wie wir gesehen haben, auch von einigen mittelalterlichen Wissenschaftstheoretikern übernommen wurde.

Zu Beginn des 20. Jahrhunderts haben allerdings nicht nur die analytischen Philosophen, sondern auch führende Aristoteles-Experten die axiomatische Lesart der aristotelischen Wissenschaftstheorie verteidigt, so zum Beispiel Eduard Zeller, dessen monumentale Gesamtdarstellung der aristotelischen Werke bereits Ende des 19. Jahrhunderts erschien, viele Neuauflagen erlebte und eine der einflussreichsten Aristoteles-Interpretationen jener Zeit war. Nach Zeller beschreibt Aristoteles das Erkennen als Beweis aus notwendigen Prämissen,

[149] Vgl. z. B. Popper (1980), 368 Anm. 47 zu Kap. 1; Popper (1973), 11, 218 f.; .Lakatos (1970), 90.

die vom Vermögen der Vernunft (des *nous*) mit unfehlbarer Sicherheit erfasst werden können.[150] Dieser Lesart stimmen auch Friedrich Ueberweg in seiner zur damaligen Zeit autoritativen Geschichte der Philosophie sowie Heinrich Scholz in einer epochemachenden Studie über antike Vorstellungen zur Axiomatik uneingeschränkt zu.[151]

18. Neuere Lesarten der ›Zweiten Analytik‹

Die Dominanz der axiomatischen Lesart der *Zweiten Analytik,* die sich zu Beginn des 20. Jahrhunderts herausgeschält hatte, verfehlte ihre Wirkungen auf die Aristoteles-Forschung der nächsten Jahrzehnte nicht. Philosophen, die eher an der modernen Wissenschaftstheorie interessiert waren, reproduzierten im wesentlichen die Haltung der frühen analytischen Philosophie in dieser Frage.[152] Dasselbe gilt erneut auch von den wichtigsten Aristoteles-Spezialisten, von Lloyd über Guthrie bis hin zu der groß angelegten Studie von Irwin über Aristoteles' erste Prinzipien.[153]

Diese und ähnlich ausgerichtete Arbeiten haben die *axiomatische Lesart* der aristotelischen Wissenschaftstheorie nicht nur verteidigt, sondern auch präzisiert. Demnach zielt eine wissenschaftliche Theorie W nach Aristoteles auf die Entdeckung von Prinzipen, die

[150] Vgl. Zeller (1921), 232–236. Zeller erlaubt sich am Ende seiner Interpretation der *Zweiten Analytik* den vorsichtigen Hinweis, dass Aristoteles die Existenz eine unfehlbaren Vermögens der Erfassung wissenschaftlicher Prinzipien niemals bewiesen habe.

[151] F. Ueberweg ([12]1925), 374, 378. Ferner Scholz (1931), 159–278, bes.261 f. In der neuesten, von Flashar besorgten Auflage des Ueberweg-Bandes von 1983 klingt der Kommentar nicht anders (vgl. Flasher (1983), 332 f.).

[152] Vgl. z.B. Stachowiak (1971), 181, 188f.; Stegmüller (1970), 35; Essler (1971), 84.

[153] Vgl. Lloyd: (1968), bes. 124f.; Guthrie (1981), bes. 183–185; Irwin (1988), bes. 119, 130f., ferner – um eine weitere wirkungsmächtige große Aristoteles-Studie zu nennen – Düring (1966), 92f. Zu weiterer Literatur vgl. Detel (1993), Bd.I, 157f.

(1) alle Theoreme von W logisch implizieren und eine Axiomatisierung von W konstituieren,
(2) weder innerhalb noch außerhalb von W argumentativ begründet werden können,
(3) durch Einsicht gegebenenfalls mit Hilfe von Induktion erfasst werden,
(4) immer wahr sind und niemals falsch sein können,
(5) sich auf ontologisch notwendige Essenzen im Gegenstandsbereich von W beziehen, und
(6) auf kausale, naturgesetzliche Relationen im Kosmos verweisen.

Kurz: wissenschaftliche Erkenntnis ist axiomatisch (vgl. (1) und (2)), fundamentalistisch (vgl. (3) und (4)) und essentialistisch (vgl. (5) und (6)). Man könnte deshalb auch von einem AFE-Modell sprechen.[154] Tatsächlich sagt Aristoteles, dass Wissen und Einsicht epistemische Zustände sind, mit denen wir die Wahrheit erfassen und die immer wahr sind. Er betont, dass wir von den Prinzipien einer wissenschaftlichen Theorie mehr überzeugt sein sollten als von ihren Theoremen und Konklusionen und dass wissenschaftliche Prinzipien weder bewiesen noch demonstriert werden können. Diese und ähnliche Bemerkungen sind als Belege der axiomatischen Lesart betrachtet worden.[155]

Einige Interpreten haben diese Bemerkungen so verstanden, dass Aristoteles in der *Zweiten Analytik* nicht die wissenschaftlichen Praktiken und ihre Methoden, sondern ein Ideal von Wissenschaft darstellen wollte – genauer ein Ideal der *Darstellung* wissenschaftlicher Wahrheiten.[156] Man hat sogar davon gesprochen, dass die *Zweite Analytik* als Darstellung von Wissenschaft als platonischer Idee (im Sinne von Platons metaphysischer Ideenlehre) zu lesen ist.[157]

154 Vgl.Detel (1993) Bd.I, 266.
155 Vgl. vor allem An.Post. II 19, 100b6–8 und An.Post. I 2.
156 Vgl. Allan (1955), 143 und bereits Kapp (1931), Sp.1058.
157 Randall (1960), 33, 41.

Dieser Interpretationsansatz ist neuerdings zu einer *pädagogischen Lesart der Zweiten Analytik* verschärft worden, die erheblichen Einfluss gewonnen hat und manchmal die neue Orthodoxie im Verständnis der aristotelischen Wissenschaftstheorie genannt wird.[158] Die pädagogische Lesart knüpft an einflussreiche Arbeiten zur Dialektik und Prinzipienforschung bei Aristoteles aus den sechziger Jahren des 20. Jahrhunderts an, in denen behauptet wurde, dass Aristoteles Induktion, empirische Untersuchungen und dialektische Klärung verbreiteter, in die Semantik der natürlichen Sprache eingelassener Meinungen (Phänomene, *phainomena*) als Kern der wissenschaftlichen Forschungsmethode betrachtet, mit deren Hilfe auch wissenschaftliche Prinzipien etabliert werden können.[159] So behauptet auch der Hauptvertreter der pädagogischen Lesart, Jonathan Barnes, dass Aristoteles als Methodologe wissenschaftlicher Forschung ein überzeugter Empirist ist.[160] Die sogenannten essentiellen Eigenschaften sind aus der Perspektive des aristotelischen Empirismus Barnes zufolge lediglich Eigenschaften, die kausal grundlegend sind.[161]

Der pädagogischen Lesart zufolge ist es für eine angemessene Interpretation der *Zweiten Analytik* von grundlegender Bedeutung, sorgfältig zwischen dem Kontext der Entdeckung und dem Kontext der Rechtfertigung zu unterscheiden.[162] Nach Aristoteles ist der Kontext der Entdeckung, also die Methode der wissenschaftlichen Forschung, empiristisch, induktiv und dialektisch ausgerichtet. Die *Zweite Analytik* hingegen thematisiert den Kontext der Rechtfertigung – allerdings in einem spezifischen pädagogischen Sinne. Hier möchte Aristoteles nämlich der pädagogischen Lesart zufolge darstellen, wie eine bereits abgeschlossene wissenschaftliche Theorie idea-

[158] Vgl. z.B. Bolton (1987), 121; Matthen (1988), 1 f. oder Ferejohn (1991), 2.

[159] Vgl. Owen (1961), Wieland (1962).

[160] Barnes (1975), 259.

[161] Barnes (1975), XII.

[162] Diese Unterscheidung wurde in der modernen Wissenschaftstheorie vor allem von Popper propagiert.

lerweise in einem Lehr- und Lernkontext präsentiert werden sollte. Insbesondere ist aus dieser Sicht die axiomatische Gestalt einer wissenschaftlichen Theorie die klarste und transparenteste Form, in der die Theorie gelehrt und gelernt werden kann.[163]

Andere Interpreten haben betont, dass Aristoteles die wissenschaftliche Aktivität in der *Zweiten Analytik* weder im Sinne der axiomatischen noch im Sinne der pädagogischen Lesart versteht, sondern im Sinne einer *Vertiefungsstrategie*. Es geht ihm in der *Zweiten Analytik* nicht darum zu zeigen, wie wir wissenschaftliches Wissen gewinnen oder rechtfertigen können, sondern wie wir bereits gewonnenes Wissen durch kausale Erklärungen vertiefen und auf dieser Grundlage gegebene Fakten besser verstehen können. Das ist dieser Lesart zufolge der Grund dafür, dass das Problem der Rechtfertigung in der *Zweiten Analytik* eine gänzlich untergeordnete Rolle spielt. Und die axiomatische Gestalt einer wissenschaftlichen Theorie ist gerade die Form, in der diese Vertiefung präsentiert werden kann.[164]

In der *Metaphysik* macht Aristoteles eine nette kleine Bemerkung über das Erfassen der Wahrheit: Kein einzelner Mensch allein kann die volle Wahrheit auf angemessene Weise treffen, doch jeder Mensch ist in der Lage, zumindest einiges über die Natur der Dinge zu sagen, das wahr ist.[165] Diese Bemerkung trifft auch auf die skizzierten drei Lesarten der *Zweiten Analytik* zu. Alle drei Lesarten heben wichtige Aspekte an der *Zweiten Analytik* hervor, leiden jedoch zugleich unter jeweils unterschiedlichen Einseitigkeiten.

Die Darstellung der Grundzüge der aristotelischen Wissenschaftstheorie in den Abschnitten 1–14 zeigt nicht nur, dass die – insgesamt immer noch vorherrschende – axiomatische Lesart der *Zweiten Analytik* dem Text in vielerlei Hinsicht

[163] Vgl. z.B. Barnes (1969), Barnes (1975), Xf., ferner Barnes (1981) und Baumann (1998).

[164] Vgl. vor allem Kosman (1973), Lesher (1973), Burnyeat (1981) und Lear (1988).

[165] Metaph. II 1, 993a31–b4.

nicht gerecht wird, sondern legt auch die These nahe, dass wir in der Lektüre der *Zweiten Analytik* unterscheiden sollten zwischen Beschreibungen eines Ideals von Wissenschaft und wissenschaftlicher Aktivität, die zeigen, wie eine perfekte wissenschaftliche Theorie aussehen sollte, und Beschreibungen der epistemischen Situationen, in denen sich menschliche Forscher an jedem Punkt ihrer wissenschaftlichen Tätigkeit befinden. Es ist wichtig zu sehen, dass diese beiden unterschiedlichen Beschreibungen systematisch aufeinander bezogen sind. Denn es ist gerade das Bild eines perfekten Ideals von Wissenschaft, vor dessen Hintergrund erst deutlich sichtbar werden kann, in welcher fragilen und ungesicherten epistemischen Situation die Forscher während ihrer Untersuchungen meist sind. In der *Zweiten Analytik* sehen wir Aristoteles *beide Dinge* tun: einerseits umreißen, worauf eine perfekte Wissenschaft hinausläuft, und andererseits darauf hinweisen, inwiefern die epistemische Situation des Wissenschaftlers fallibel ist. Denn, wie bereits Aristoteles' großer Lehrer Platon im Anschluss an Sokrates betont hat, nur wenn wir beides im Blick haben, können wir unsere epistemische Situation nachhaltig und gezielt *verbessern*.[166] Dies ist die grundlegende Annahme der *komplexen Lesart* der *Zweiten Analytik*.[167]

Aus der Perspektive dieser komplexen Lesart konzentriert sich die axiomatische Lesart ausschließlich auf Aristoteles' Bemerkungen zum Ideal von Wissen und Wissenschaft. Wenn Aristoteles betont, dass Wissen und Einsicht immer wahr sind, dann macht er eine Behauptung darüber, was perfektes Wissen und eine perfekte abgeschlossene Analyse idealerweise sein sollten. Wirkliches und perfektes Wissen ist wahr und wird immer wahr sein – das ist es, was wir unter Wissen verstehen. Wenn ein Wissensanspruch sich als falsch herausstellt, so handelt es sich nicht um Wissen. Auch in der modernen Epistemologie wird die Formel »Einmal Wissen, immer Wissen«

[166] Zu dieser fallibilistischen Lesart der platonischen Theorie des Wissens vgl. Rowe (2003) und Detel (2003).

[167] Zur komplexen Lesart vgl. Detel (1993), bes. Bd. I, Abschnitt 6.2, sowie zusammenfassend Detel (2004).

weithin akzeptiert. Aber daraus folgt natürlich nicht, dass jeder Wissensanspruch und jede wissenschaftliche Hypothese, die an irgendeinem Punkt eines Forschungsprozesses aufgestellt werden und gut begründet zu sein scheinen, unabänderliches Wissen darstellen. Die entscheidende Schwäche der axiomatischen Lesart ist es, Aristoteles' Hinweise zum perfekten idealen Wissen und zur perfekten idealen Wissenschaft fälschlicherweise auf die ungesicherte epistemische Situation konkreter Forschung auszudehnen.

Die pädagogische Lesart betont zu Recht, dass Aristoteles z. B. im allerersten Satz der *Zweiten Analytik* über den Kontext von Lehren und Lernen spricht, in dem wissenschaftliche Theorien operieren. Auch ist richtig, dass Aristoteles der Auffassung ist, dass das Lehren und Lernen einer wissenschaftlichen Theorie dadurch unterstützt werden, dass die Theorie in axiomatisch-deduktiver Form präsentiert wird, weil die Schüler dadurch leichter erkennen können, wie die verschiedenen Thesen der Theorie logisch und explanatorisch voneinander abhängen. Aber die pädagogische Lesart geht klarerweise fehl in der Annahme, dass es in der *Zweiten Analytik* eine scharfe methodologische Unterscheidung zwischen Wahrnehmung, Induktion und Dialektik als Elementen des Forschungskontextes einerseits sowie Deduktion und Demonstration als Elementen des Darstellungskontextes in Lehr- und Lernsituationen andererseits gibt. Diese Unterscheidung ist offensichtlich unvereinbar mit einer grundlegenden These, die zum Kern des aristotelischen Wissenschaftsbildes gehört: dass nämlich die Wissenschaft primär auf die Entdeckung von Ursachen und explanatorischen Prinzipien zielt. Denn die Entdeckung von Ursachen und explanatorischen Prinzipien erfordert, wie wir gesehen haben, notwendigerweise die Konstruktion von Demonstrationen. Daher gehören Deduktionen und Demonstrationen und somit die Axiomatisierung von wissenschaftlichen Theorien nach Aristoteles auch zum Forschungskontext.

Schließlich ist es sicherlich richtig, dass Aristoteles in der *Zweiten Analytik* vornehmlich an der kausalen (demonstra-

tiven) Erklärung gegebener (meist universeller) Fakten und nicht an der Erkenntnis dieser Fakten selbst interessiert ist, wie es die Vertreter der Vertiefungsthese reklamieren. Aber wir sollten nicht übersehen, dass Aristoteles auch in der *Zweiten Analytik* über Methoden der Etablierung universeller Fakten nachdenkt, schon allein deshalb, weil nicht nur mögliche Konklusionen und Explananda, sondern auch Prämissen und definitorische Prinzipien von wissenschaftlichen Demonstrationen universelle Fakten sind. Auch lässt sich die These, dass der Rechtfertigungskontext in der *Zweiten Analytik* gänzlich fehlt, in dieser unqualifizierten Radikalität nicht aufrecht erhalten. Denn, wie wir gesehen haben, aus den Prämissen mehrschrittiger Analysen lassen sich durchaus neue Fakten ableiten, und vor allem bedürfen auch die wissenschaftlichen Prinzipien einer – freilich nicht stets auf Deduktion oder Demonstration beruhenden – Rechtfertigung.

Eine der Möglichkeiten, die komplexe Lesart der *Zweiten Analytik* zu kennzeichnen, ist zu sagen, dass Aristoteles die Wissenschaft als *epistemische Kultur* verstand. *Kulturen* im allgemeinsten Sinne bestehen aus *Praktiken*, die auf einigen *Hintergrundüberzeugungen* beruhen und mit *Mechanismen der Tradierung* verknüpft sind. Alle drei Elemente sind integrale und unverzichtbare Bestandteile von Kulturen, die auch inhaltlich miteinander verknüpft sind. *Praktiken* sind Befolgungen von *Regeln,* und Regeln sollten wir unterscheiden von Regularitäten und Routinen: Regeln und Regelbefolgungen gehören, im Gegensatz zu Routinen und Regularitäten, typischerweise zum *sozialen* Raum. *Epistemische Praktiken* sind Praktiken, deren Hintergrundüberzeugungen sich zum Teil auf Vorstellungen vom Wissen beziehen und die aus Verfahren zur Herstellung und kritischen Evaluierung von Wissen, Wissensansprüchen oder Wissensprodukten bestehen. Diese Praktiken werden typischerweise in Bildungseinrichtungen oder in Gruppen von Meistern und Schülern tradiert – zum Teil in sehr strenger Form. *Wissenskulturen* lassen sich dann als Kulturen bestimmen, für die gilt, (a) dass ihre Praktiken epistemisch sind und propositionales Wissen produzieren sol-

len, (b) dass ihre Hintergrundüberzeugungen sich zum Teil auf das Ideal und den Begriff von Wissen richten.[168]

Wenn man das aristotelische Wissenschaftsbild dem Vorschlag der komplexen Lesart der *Zweiten Analytik* zufolge als Bild von Wissenskulturen im skizzierten Sinne charakterisiert, so wird klar, dass die komplexe Lesart die Vorzüge der anderen drei führenden Lesarten der *Zweiten Analytik* bewahrt und zugleich ihre Einseitigkeiten vermeidet.

19. Zum griechischen Text der ›Zweiten Analytik‹

Die *Zweite Analytik* gehörte in Mittelalter und Renaissance zu den am häufigsten kopierten aristotelischen Schriften.[169] Die wichtigsten und zugleich ältesten dieser Handschriften, also die besten Zeugen für den Text der *Zweiten Analytik,* sind sechs mittelalterliche Handschriften, die zwischen dem neunten und elften Jahrhundert entstanden sind:

A Urbinas gr.35, spätes neuntes oder frühes zehntes Jahrhundert;
B Marcianus 201, datierbar auf 955;
C Coislinianus 330, elftes Jahrhundert;
d Laurentianus, elftes Jahrhundert;
n Ambrosianus 490, neuntes Jahrhundert;
c Vaticanus gr. 1024, elftes Jahrhundert.

Es gibt nur wenige Stellen in der *Zweiten Analytik,* an denen andere (und jüngere) Handschriften bessere Lesarten bieten als diese sechs Handschriften.

Die Handschriften A und B enthalten den Text der *Zweiten Analytik* vollständig, während die Originalkopie von C an der Stelle 83a1 abbricht und um 1300 durch zwei Schreiber er-

[168] Vgl. dazu Detel (2004a) und Detel (2007).

[169] Vgl. D. Hartfinger, J. Wiesner: *Die griechischen Handschriften des Aristoteles und seiner Kommentatoren,* in: Scriptorium 18, 1964, 238–257. Die Autoren sprechen von 140 Handschriften, in denen die *Zweite Analytik* vorkommt.

gänzt wurde. Auch Handschrift d wurde von zwei verschiedenen Schreibern verfasst. Handschrift n ist wahrscheinlich die älteste der sechs wichtigsten Handschriften; 20 ihrer insgesamt 254 Blätter wurden aber erst von einem Schreiber des 15. Jahrhunderts eingefügt. Handschrift c schließlich enthält die meisten Lücken der sechs aufgelisteten Handschriften und arbeitet ständig mit Kürzeln, die das Risiko von Abschreibefehlern erhöhen.[170] Die meisten philologischen Experten halten die Handschriften A, B und n für die zuverlässigsten Textzeugen.

Bekker hat für seine grundlegende Akademie-Ausgabe der aristotelischen Schriften[171] die Handschriften A, B C und einen Kodex D (Parisinus gr.1843 aus dem 13. Jahrhundert) für die Lücken von C verglichen (kollationiert). Die umfassendste klassische Kollationierung hat Waitz vorgenommen, der alle sechs aufgeführten Handschriften verglichen hat.[172] Ross hat sich für seine Ausgabe der *Analytiken* auf die Kollationen von Waitz gestützt. Er hat jedoch zusätzlich noch einmal C und n genau konsultiert und alle sechs Handschriften an denjenigen Stellen verglichen, an denen ihm der Text von Waitz nicht korrekt zu sein schien.[173] Jüngst hat Williams eine neue umfassende Kollationierung vorgenommen, die auch Handschrift c voll berücksichtigt und die späteren Ergänzungen zu den Lücken von n, c, C und d konsultiert. In diesem Sinne bietet Williams die erste vollständige Kollation aller Lesarten, die in den sechs wichtigsten Textzeugen enthalten sind.[174]

170 Die Ergänzungen zu bestimmten Handschriften an ihren Lücken in der Originalkopie werden mit hochgestelltem Index 2 notiert, z. B. c^2 für die Ergänzung von c an der entsprechenden Lücke.

171 Vgl. Bekker (1831).

172 Vgl. Waitz (1844).

173 Vgl. Ross (1957), dessen Text der Übersetzung in diesem Buch zugrundeliegt. Dieser Text ist ein Nachdruck der Ausgabe von 1949 und wurde 1964 als *Oxford Classical Text* der *Ersten* und *Zweiten Analytik* publiziert.

174 Vgl. Williams, M. F. (1984): *Studies in the Manuscript Tradition of Aristotle's Analytica,* Königstein. Für die Übersetzung ist auch Williams' Kollationierung konsultiert worden.

20. Zeittafel

387 Platon gründet die Akademie, Isokrates eröffnet (etwa zur selben Zeit) seine Rednerschule.

384 Aristoteles wird in Stagira geboren.

384–367 Aristoteles verbringt seine Jugend z.T. in Makedonien am Königshof zu Pella.

367 Aristoteles geht nach Athen und tritt in die platonische Akademie ein.

367–347 Aristoteles lebt und studiert in der Akademie, schreibt seine frühen Werke und beginnt seine Lehrtätigkeit (vorzugsweise zur theoretischen Philosophie):

365–355 *Topik* (Bücher II–VII, VIII, I, IX) (allgemeine Argumentationstheorie (Dialektik)); *Kategorien* (Lehre von der Prädikation), *De Interpretatione* (Lehre vom Satz und Satzaufbau); *Über die Ideen, Über die Philosophie* (nur in Fragmenten erhalten) (Auseinandersetzung mit Platons Formenlehre); Schriften zur Literatur und Rhetorik (Sammlungen, erste Fassungen); und die *Magna Moralia* (erste Fassung der Ethik (Echtheit umstritten)).

355–347 *Erste und Zweite Analytik* (Logik und Wissenschaftstheorie); *Protreptikos* (Ermunterung zur Philosophie), die *Rhetorik* (Theorie der Redekunst); die *Metaphysik* Bücher I, II, XII, XIII, XIV (frühe Ontologie, frühe Theologie, Philosophie der Mathematik); die *Eudemische Ethik* (frühe Ethik); die *Physik* Bücher I–VII, sowie die naturphilosophischen Schriften *Über den Himmel*, *Über Entstehen und Vergehen*, *Meteorologie* Buch IV; und schließlich *Politik* Bücher I (mit dem Entwurf einer Ökonomie), VII–VIII.

347 Platons Tod; Aristoteles verlässt Athen und geht nach Assos (Kleinasien) zu Hermias, 345 nach Mytilene (Lesbos), Arbeit dort mit Theophrast.

343–340 Aristoteles ist als Erzieher des makedonischen Thronfolgers Alexander in Pella am Königshof tätig.

340–335 Aristoteles arbeitet in Thrakien und Delphi; Ausarbeitung naturwissenschaftlicher Schriften: *Erkundung der Tiere*, *Über die Teile der Tiere* Bücher II–IV, *Über den Gang der Tiere* (empirische Tierkunde: Sammlung von Fakten und ihre naturwissenschaftliche Erklärung); *Meteorologie* Bücher I–III (Theorie der Himmelsphänomene wie Blitz, Donner, Regenbogen); *Über die Seele* (1. Fassung, nicht erhalten).

335/4 Aristoteles kehrt nach Athen zurück, Beginn der Lehrtätigkeit im Lykeion (öffentliches Gymnasium).

334–323 Weitere Lehrtätigkeit und Verfassung weiterer Werke, vorzugsweise zur praktischen Philosophie und zur Ersten Philosophie: *Metaphysik* Bücher III–XI (reife Ontologie); *Physik* Buch VIII (Lehre vom unbewegten Beweger); *Über die Teile der Tiere* Buch I (methodische Reflexion über die Biologie); *Über die Entstehung der Tiere*, *Über die Bewegung der Tiere* (Erweiterung der Tierkunde mit explanatorischem Anspruch); *Über die Seele* (2. Fassung, erhalten); *Nikomachische Ethik* (ausgereifte Ethik als Theorie des guten Lebens); *Politik* Bücher II, V–VI, III–IV, X (ausgereifte politische Theorie); *Poetik* (Theorie des Dramas).

322 Aristoteles verlässt zu Beginn des Jahres Athen, geht nach Stagira (Thrakien) und stirbt dort im Oktober desselben Jahres.

LITERATURVERZEICHNIS

1. Texte, Übersetzungen, Kommentare

1.1 Textausgaben

Bekker, I. (1831): Aristotelis Opera, ex recensione I. B., edidit Academia Regia Borussica, Vol. I, 71a–100b, Berlin (editio altera quam curavit O. Gigon, Berlin 1960).

Pacius, J. (1597): Aristotelis Stagiritae peripateticorum principis Organum, Frankfurt (Hanau [5]1623, ND Frankfurt/M. 1967).

Ross, W. D. (1949): Aristotle's Prior and Posterior Analytics, a revised text with introduction and commentary by W. D. R., Oxford ([2]1957).

– (1964): Analytica priora et posteriora. Recognovit brevique adnotatione critica instruxit W. D. R. Praefatione et appendice auxit L. Minio-Paluello, Oxford.

Waitz, Th. (1844): Aristoteles, Organon graece, novis codicum auxiliis adiutus recognovit scholiis ineditis et commentariis instruxit Th. W., 2 vols., Leipzig (ND Aalen 1965).

Warrington, J. (1964): Aristotle. Prior and Posterior Analytics. Edited and translated by J. W., London.

1.2 Übersetzungen

Aristoteles Latinus IV 1 – 4: Analytica posteriora, Translationes Iacobi Anonymi sive Ionannis Gerardi et recensio Guillemi de Moerbeka, ediderunt L. Minio-Paluello et B. G. Dod, Bruges/Paris.

Apostle, H. G. (1981): Aristotle's Posterior Analytics. Translation with Commentaries and Glosses by H. G. A., Grinnel (Iowa).

Barnes, J. (1975): Aristotle's Posterior Analytics, Oxford (2nd ed. 1994, 3rd ed. 2002).

Detel, W. (1993): Aristoteles: Zweite Analytik. Übersetzt und erläutert von W. D. Werke in deutscher Übersetzung, hg. v. H. Flashar, Band 3, Teil II, erster und zweiter Halbband, Berlin.

Mignucci, M. (2007): Aristotele: Analitici secondi (= Organon IV), a cura di M.M., Introduzione di J. Barnes, Rom/Bari.

Mure, G.R. (1955): Analytica Posteriora, in: The Works of Aristotle translated into English, under the editorship of W.D. Ross, Vol I, Oxford.

Pacius, J. (1957): siehe 1.1.

Tricot, J. (1962): Aristote, Organon, IV: Les secondes analytiques, nouvelle translation et notes de J.T., Paris.

Viano, C.A, (1955): Aristotele, Logica. Passi scelti et tradotti con introduzione e commento di C.A.V., Turin.

Warrington, J. (1964): siehe 1.1.

1.3 Kommentare

Alexandrus Aphrodisiensis (1883): In Aristotelis Analyticorum Priorum Librum I Commentarium (CIAGII 1), hg. v. M. Wallis, Berlin.

Albertus Magnus (1651): Liber I, Liber II posteriorum Analyticorum, in: Opera Omnia, ed. P. Jamny, Bd. 1, London.

Averroes (1562–74): In Librum Aristotelis de Demonstratione maxima expositio, in: Aristotelis opera cum Averrois commentariis, Bd. I 2, Venedig (ND Frankfurt/M. 1962).

Barnes, J. (1975): Siehe 1.2.

Detel, W. (1993): Siehe 1.2.

Eustratius (1907): In Analyticorum posteriorum librum secundum commentarium, hg. v. M. Hayduck, GAC XXI 1, Berlin.

Mignucci, M. (1975): L'argomentazione dimostrativa in Aristotele. Commento agli Analitici Secondi I, Padua.

– (2007): Siehe 1.2.

Philoponus, J. (1905): In Aristotelis Analytica Priora Commentaria (CIAG XIII 2), hg. v. M. Wallis, Berlin.

– (1909): In Aristotelis Analytica Posteriora Commentaria (CIAG XIII 3), hg. v. M. Wallis, Berlin.

Robertus Grossteste (1514): In Aristotelis posteriorum Analyticorum libros, Venedig (ND Frankfurt/M. 1976).

Ross, W.D. (1949): Siehe 1.1.

Themistius (1900): Analyticorum posteriorum paraphrasis, hg. v. M. Wallis, GAC V 1, Berlin.

Thomas Aquinas (1955): In Aristotelis Libros Peri Hermeneias et Posteriorum Analyticorum expositio, cum textu et recensione leonina, cura et studio R.M. Spiazzi, Augustae Taurinorum.

Waitz, Th. (1844): Siehe 1.1.

Zabarella, J. (1597): In duos Aristotelis libros Posteriorum Analyticorum Commentaria, Cologne.

2. Abhandlungen

Ackrill, J.L. (1981): Aristotle the philosopher, Oxford.

Allan, D. (1955): Die Philosophie des Aristoteles, Hamburg.

Antolic, P. (2004): ›Experientia est universalis acceptio singularium‹: Die Rezeption der Zweiten Analytiken im Kommentar des Roger Bacon zu Buch I der Metaphysik«, in: Lutz-Bachmann/Fidora/Antolic (Hg.) (2004), 213 – 238.

Avgelis, N. / Peonidis, F. (Hg.) (1998): Aristotle on Logic, Language and Science, Thessaloniki.

Ayer, A.J. (1967): Language, Truth, and Logic, London 1967.

Balme, D. (1962): »Genos and Eidos in Aristotle's Biology«, in: Classical Quarterly 12, 81–98.

Barnes, J. (1969): »Aristotle's Theory of Demonstration«, in: Phronesis 14, 123–152.

– (1981): »Proof an the Syllogism«, in: Berti (Hg.) (1981), 17–59.

– (1982): Aristotle, Oxford.

Barnes, J. / Schofield, M. / Sorabji, R. (Hg.) (1975): Articles on Aristotle I – Science, London.

Baumann, R.W. (1998): Aristotele's Logic of Education, New York.

Bell, I. (2004): Metaphysics as an Aristotelian science, Sankt Augustin.

Berti, E. (Hg.) (1981): Aristotle on Science. The Posterior Analytics, Padua.

Bolton, R. (1987): »Definition and Scientific Method in Aristotle's ›Posterior Analytics and Generation of Animals‹«, in: Gotthelf/Lennox (Hg.) (1987), 120–166.

Burnyeat, M.F. (1981): »Aristotle on Understanding Knowledge«, in: Berti (Hg.) (1981), 97–139.

– (Hg.) (1983): The Sceptical Tradition, Berkeley.

Charles, D. (1997): »Aristotle and the Unity and Essence of Biological Kinds«, in: Kullmann/Föllinger (Hg.) (1997), 27–42.

– (2000): Aristotle on Meaning and Essence, Oxford.

Corcoran, J. (Hg.) (1974a): Ancient Logic and Its Modern Interpretations, Dordecht.

– (1974b): »Aristotle's Natural Deduction System«, in: Corcoran, J. (Hg.) (1974): Ancient Logic and Its Modern Interpretations, Dordecht, 85–131.

– (1994): »The Founding of Logic«, in: Ancient Philosophy 14, 9–24.

Detel, W. (1997): »Why All Animals Have a Stomach: Demonstration and Axiomatization in Aristotle's ›Parts of Animals‹«, in: Kullmann / Föllinger (Hg.) (1997), 63–84.

– (1998): »Aristotle's Posterior Analytics and the Path to the Principles«, in: Avgelis / Peonidis (Hg.) (1998), 155–182.

– (2003): »Eros and Knowledge in Plato's Symposion«, in: Detel, W. / Becker, A. / Scholz, P. (Hg.) (2003): Ideal and Culture of Knowledge in Plato, Stuttgart, 79–96.

– (2004): »A New Reading of Aristotle's Philosophy of Science«, in: Lutz-Bachmann / Fidora / Antolic (Hg.) (2004), 1–14.

– (2004a): »Epistemische Kulturen«, in: Fried, J. (Hg.) (2004): Wissenskultur und Wissenskulturen, Berlin, 119 – 132.

– (2006): »Logic and Philosophy of Science in Aristotle«, in: Gill, M. L. / Pellegrin, P. (Hg.) (2006): The Blackwell Companion to Ancient Philosophy, Cambridge, 245–269.

– (2007): »Wissenskultur«, in: Handbuch Wissenssoziologie und Wissensforschung, hg. v. R. Schützeichel, Konstanz 2007, 670–679.

Düring, I. (1968): Aristoteles. Darstellung und Interpretation seines Denkens, Heidelberg.

Ebbesen, S. (1993): »Medieval Latin Glosses and Commentaries on Aristotelian Logical Texts of the Twelfth and Thirteenth Century«, in: Burnett, Ch. (Hg.) (1993): Glosses and Commentaries on Aristotelian Logical Texts, London, 129 – 177.

– (2000): »Boethius of Dacia: Science is a Serious Game«, in: Theoria 66, 145–158.

– (2004): »Echoes of the Posterior Analytics in the Twelfth Century«, in: Lutz-Bachmann / Fidora / Antolic (Hg.) (2004), 69–92.

Engberg-Pedersen, T. (1979): »More on Aristotle's Epagoge«, in: Phronesis 24, 301–319.

Essler, W. (1971): Wissenschaftstheorie II, Freiburg/München.

Ferejohn, M. (1991): The Origins of Aristotelian Science, New Haven.

Fidora, A. / Lutz-Bachmann, M. (Hg.) (2007): Erfahrung und Beweis. Die Wissenschaften von der Natur im 13. und 14. Jahrhundert, Berlin.

Flashar, H. (1983): »Aristotles«, in: Ders.: Die Philosophie der Antike, Band 3, Basel/Stuttgart.

Frede, M. (1989): »La notion de cause«, in: Revue de métaphysique et de morale 104, 483–511.

Freeland, C.A. (1990): »Scientific Explanation and Empirical Data in Aristotle's Meteorology«, in: Devereux, N. / Pellegrin, P. (Hg.) (1990): Biologie, Logique et Métaphysique chez Aristote, Paris, 287–320.

Gaukroger, S. (Hg.) (1980): Descartes: Philosophy, Mathematics and Physics, Sussex.

– (1980a): »Descartes' Project for a Mathematical Physics«, in: Gaukroger (Hg.) (1980), 97–140.

– (1988): »Descartes' Conception of Inference«, in: Woolhouse, R. (Hg.) (1988): Metaphysics and the Philosophy of Science in the Seventeenth and Eighteenth Centuries, Dordrecht, 101–132.

– (1989): Cartesian Logic. An Essay on Descartes' Conception of Inference, Oxford.

George, M.I. (1993): »The Notion of Paideia in Aristotle's ›De Partibus Animalium‹«, in: American Catholic Philosophical Quarterly 67 (3), 299–320.

Gilbert, N.W. (1960): Renaissance Concepts of Method, New York.

Gill, M.L. (1997): »Material Necessity and Meteorology IV 12«, in: Kullmann / Föllinger (Hg.) (1997), 145–161.

– (1989): Aristotle on Substance. The Paradox of Unity, Princeton.

Goldin, O. (1996): Explaining an eclipse : Aristotle's Posterior analytics 2.1–10, Ann Arbor.

Gotthelf, A. (Hg.) (1985): Aristotle on Nature and Living Things, Pittsburgh / Bristol.

– (1987a): »First Principles in Aristotle's ›Parts of Animals‹«, in: Gotthelf / Lennox (Hg.) (1987), 167–198.

– (1987b): »Aristotle's Conception of Final Causality«, in: Gotthelf / Lennox (Hg.) (1987), 204–242.

– (1997): »The Elephants Nose: Further Reflections on the Axiomatic Structure of Biological Explanation in Aristotle«, in: Kullmann / Föllinger (Hg.) (1997), 85–96).

Gotthelf, A. / Lennox, J. G. (Hg.) (1987): Philosophical Issues in Aristotle's Biology, Cambridge.

Guthrie, W. K. C. (1981): A History of Greek Philosophy, Vol. VI: Aristotle, Cambridge.

Hackett, J. (2004): »Robert Grosseteste and Roger Bacon on the Posterior Analytics«, in: Lutz-Bachmann / Fidora / Antolic (Hg.) (2004), 161–212.

Harari, O. (2004): Knowledge and Demonstration: Aristotle's Posterior Analytics, Berlin / New York.

Hempel, C. G. / Oppenheim, P. (1948): »Studies in the Logic of Explanation«, in: Philosophy of Science 15, 135–175.

Hintikka, J. / Remes, U. (1974): The Method of Analysis. Its Geometrical Origin and Its General Significance, Dordrecht / Boston.

Hoffmann, P. (2007): »Physik als Wissenschaft bei Thomas von Aquin«, in: Fidora / Lutz-Bachmann (Hg.) (2007), 163–174.

Irwin, T. (1988): Aristotle's First Principles, Oxford.

Jardine, L. (1982): »Humanism and the Teaching of Logic«, in: Kretzman, N. / Kenny, A. / Pinborg, J. (Hg.) (1982): The Cambridge History of Later Medieval Philosophy, Cambridge, 797–807.

Kapp, E. (1931): Artikel Syllogistik in RE Bd. IV A, Sp. 1058.

Kosman, L. A. (1973): »Understanding, Explanation, and Insight in the Posterior Analytics«, in: Lee, H. D. / Mourelatos, M. / Rorty, R. (Hg.) (1973): Exegesis and Argument. Phronesis Suppl. Vol. I, 374–92.

Kullmann, W. (1974): Wissenschaft und Methode. Interpretationen zur Aristotelischen Theorie der Naturwissenschaft, Berlin / New York.

– (1998): Aristoteles und die moderne Wissenschaft, Stuttgart.

Kullmann, W. / Föllinger, S. (Hg.) (1997): Aristotelische Biologie, Stuttgart.

Lakatos, I. (1970): »Falsifikation und die Methodologie wissenschaftlicher Forschungsprogramme«, in: Lakatos, I. / Musgrave, A. (Hg.) (1970): Kritik und Erkenntnisfortschritt, Braunschweig, 89–190.

Lear, J. (1988): Aristotle. The Desire to Understand, Cambridge.

Lennox, J.G. (1987): »Divide and Explain: The ›Posterior Analytics‹ in Practice«, in: Gotthelf / Lennox (Hg.) (1987), 90–119.

– (1994): »Aristotelian Problems«, in: Ancient Philosophy 14, 53–77.

– (1994 a): »Putting Philosophy of Science to the Test: the Case of Aristotle's Biology«, in: Proceedings of the Biennial Meetings of the Philosophy of Science Association 2, 239–247.

Lesher, J. (1973): »The Meaning of ›Nous‹ in the Posterior Analytics«, in: Phronesis 18, 44–68.

Lloyd, G.E.R. (1968): Aristotle. The Growth and Structure of his Thought, Cambridge.

Lukasiewicz, J. (1957): Aristotle's Syllogistic from the Standpoint of Modern Formal Logic, Oxford.

Lutz-Bachmann, M. (2004): »Die Grundlegung des Wissens und die Rationalität der wissenschaftlichen Erkenntnis. Zur Theorie der Wissenschaften in den Aristoteles-Kommentaren des Thomas von Aquin«, in: Lutz-Bachmann / Fidora / Antolic (Hg.) (2004), 239–251.

Lutz-Bachmann, M. / Fidora, A. / Antolic, P. (Hg.) (2004): Erkenntnis und Wissenschaft. Probleme der Epistemologie des Mittelalters, Berlin.

Matthen, M. (Hg.) (1988): Aristotle Today. Essays on Aristotle's Ideal of Science, Edmonton.

McKirahan, R. (1992): Principles and Proofs: Aristotle's Theory of Demonstrative Science, Princeton.

– (1995): »Aristotle's ›Metaphysics‹ from the Perspective of the

›Posterior Analytics‹«, in: Proceedings of the Boston Area Colloquium in Ancient Philosophy 11, 275–297.

Mendell, H. (1998): »Making Sense of Aristotelian Demonstration«, in: Taylor, C.C. (Hg.) (1998): Oxford Studies in Ancient Philosophy Vol. XVI, New York.

Modrak, D.K. (1996): »Aristotle's Epistemology: One or Many Theories?« In: Wians, W. (Hg.) (1996): Aristotle's Philosophical Development: Problems and Prospects, Lanham, 151–170.

Ong, W.J. (1958): Ramus, Method and the Decay of Dialogue, Cambridge/Mass.

Owen, G.E.L. (1961): »Tithenai ta Phainomena«, in: Mansion, S. (Hg.) (1961): Aristote et les problemes de methode, Louvain, 83–103.

Owen, G.E.L. / Nussbaum, M. (Hg.) (1986): Logic, Science, and Dialectic. Collected Papers in Greek Philosophy, Ithaca.

Patterson, R. (1995): Aristotle's Modal Logic: Essence and Entailment in the Organon, New York.

Patzig, G. (1962): Die aristotelische Syllogistik, Göttingen.

Pellegrin, P. (1986): Aristotle's Classification of Animals, Berkeley.

– (1987): »Logical Difference and Biological Difference: the Unity of Aristotle's Thought«, in: Gotthelf/Lennox (Hg.) (1987), 313–338.

– (1990): »De L'Explication Causale dans la Biologie d'Aristote«, in: Revue de métaphysique et de morale 105, 197–219.

Pinborg, J. (1984): »Zur Philosophie des Boethius de Dacia«, in: Ebbesen, S. (Hg.) (1984): Medieval Semantics, London, 61–81.

Van De Pitte, F.P. (1991): »Descartes' Mathesis universalis«, in: Moyal, G. (Hg.) (1991): René Descartes. Critical Assessments, London / New York, 61–79.

Popkin, R.H. (1979): The History of Scepticism from Erasmus to Spinoza, Berkeley.

Popper, K. (1973): Objektive Erkenntnis, Hamburg.

– (1980): Die offene Gesellschaft und ihre Feinde II, Tübingen.

Quine, W. v. (1979): Von einem logischen Standpunkt, Frankfurt/M.

Randall, J.H. (1960): Aristotle, New York.
– (1961): The School of Padua and the Emergence of Modern Science, Padua.
Ross, W.D. (1923): Aristotle's Prior and Posterior Analytics. Introd. And Notes by W.D.R., Oxford.
– (1957): Aristotle, London, New York.
Rowe, Ch. (2003): »Plato on Knowing and Merely Believing«, in: Detel, W. / Becker, A. / Scholz, P. (Hg.) (2003): Ideal and Culture of Knowledge in Plato, Stuttgart, 57–68.
Scholz, H. (1931): »Die Axiomatik der Alten«, in: Blätter für deutsche Philosophie Nr. 4, 159–278.
Smiley, T. (1973): »What is a Syllogism?« in: Journal of Philosophical Logic 2, 136–154.
Smith, R. (1982): »The Axiomatic Method And Aristotle's Logical Methodology«, in: Southwest Philosophical Studies 8, 49–59.
– (1989): Aristotle. Prior Analytics. Transl. and Notes by R.S., Indianapolis.
Solmsen, F. (1929): Die Entwicklung der aristotelischen Logik und Rhetorik, Berlin.
Sorabji, R. (1980): Necessity, Cause, and Blame. Perspectives on Aristotle's Theory, London.
Sosa, E. (1983): »Classical Analysis«, in: Journal of Philosophy 80, 695–710.
Stachowiak, H. (1971): Rationalismus im Ursprung. Die Genesis axiomatischen Denkens, Wien/New York.
Stegmüller, W. (1970): Probleme und Resultate der Wissenschaftstheorie und Analytischen Philosophie Band II, 1. Halbband, Berlin/New York.
Striker, G. (1994): »Assertoric versus Modal Syllogistic«, in: Ancient Philosophy 14, 39–51.
Ueberweg, F. ([12]1925): Grundriss der Geschichte der Philosophie. Erster Band: Die Philosophie des Altertums, Halle.
Valla, L. (1983): »Academic Skepticism and the New Humanist Dialectic«, in: Burnyeat (Hg.) (1983), 253–286.
Ward, J.K. (2008): Aristotle on homonymy : Dialectic and science, Cambridge.
Wieland, W. (1962): Die aristotelische Physik, Göttingen.

Zeller E. (1921): Die Philosophie der Griechen in ihrer geschichtlichen Entwicklung, 2.Teil, 2. Abteilung: Aristoteles und die alten Peripatetiker, Darmstadt.

3. Hilfsmittel

Bonitz, H. (1960): Index Aristotelicum, Neuausgabe besorgt von O. Gigon, Berlin.
Höffe, O. (Hg.) (2005): Aristoteles-Lexikon, Stuttgart.
Horn, Ch. / Rapp, Ch. (Hg.) (2002): Wörterbuch der antiken Philosophie, Stuttgart.

ARISTOTELES

Zweite Analytik

Analytica Posterioria

ἈΝΑΛΥΤΙΚΑ ΥΣΤΕΡΑ

Α

71a Πᾶσα διδασκαλία καὶ πᾶσα μάθησις διανοητικὴ ἐκ προϋπαρχούσης γίνεται γνώσεως. φανερὸν δὲ τοῦτο θεωροῦσιν ἐπὶ πασῶν· αἵ τε γὰρ μαθηματικαὶ τῶν ἐπιστημῶν διὰ τούτου τοῦ τρόπου παραγίνονται καὶ τῶν ἄλλων ἑκάστη τεχνῶν. ὁμοίως δὲ καὶ περὶ τοὺς λόγους οἵ τε διὰ συλλογισμῶν καὶ οἱ δι᾽ ἐπαγωγῆς· ἀμφότεροι γὰρ διὰ προγινωσκομένων ποιοῦνται τὴν διδασκαλίαν, οἱ μὲν λαμβάνοντες ὡς παρὰ ξυνιέντων, οἱ δὲ δεικνύντες τὸ καθόλου διὰ τοῦ δῆλον εἶναι τὸ καθ᾽ ἕκαστον. ὡς δ᾽ αὔτως καὶ οἱ ῥητορικοὶ συμπείθουσιν· ἢ γὰρ διὰ παραδειγμάτων, ὅ ἐστιν ἐπαγωγή, ἢ δι᾽ ἐνθυμημάτων, ὅπερ ἐστὶ συλλογισμός. διχῶς δ᾽ ἀναγκαῖον προγινώσκειν· τὰ μὲν γάρ, ὅτι ἔστι, προϋπολαμβάνειν ἀναγκαῖον, τὰ δέ, τί τὸ λεγόμενόν ἐστι, ξυνιέναι δεῖ, τὰ δ᾽ ἄμφω, οἷον ὅτι μὲν ἅπαν ἢ φῆσαι ἢ ἀποφῆσαι ἀληθές, ὅτι ἔστι, τὸ δὲ τρίγωνον, ὅτι τοδὶ σημαίνει, τὴν δὲ μονάδα ἄμφω, καὶ τί σημαίνει καὶ ὅτι ἔστιν· οὐ γὰρ ὁμοίως τούτων ἕκαστον δῆλον ἡμῖν. I 1

Ἔστι δὲ γνωρίζειν τὰ μὲν πρότερον γνωρίζοντα, τῶν δὲ καὶ ἅμα λαμβάνοντα τὴν γνῶσιν, οἷον ὅσα τυγχάνει ὄντα ὑπὸ τὸ καθόλου οὗ ἔχει τὴν γνῶσιν. ὅτι μὲν γὰρ πᾶν τρίγωνον ἔχει δυσὶν ὀρθαῖς ἴσας, προῄδει· ὅτι δὲ τόδε τὸ ἐν τῷ ἡμικυκλίῳ τρίγωνόν ἐστιν, ἅμα ἐπαγόμενος ἐγνώρισεν. (ἐνίων

BUCH I

Kapitel 1. | Jede Unterweisung und jedes verständige Erwerben von Wissen entsteht aus bereits vorhandener Kenntnis.[1] Einleuchtend ist dies für diejenigen, die alle Einzelfälle betrachten. Denn sowohl die mathematischen unter den Wissenschaften kommen auf diese Weise zustande als auch jede der übrigen Künste,[2] | und ähnlich auch, was die Argumente angeht, sowohl diejenigen, die durch Deduktion[3], als auch diejenigen, die durch Induktion[4] entstehen. Denn beide bringen durch bereits bekannte Dinge die Unterweisung zustande, die einen, indem sie etwas annehmen von Leuten, die angeblich *die bereits bekannten Dinge* verstehen, die anderen, indem sie das Allgemeine dadurch aufweisen, dass das Einzelne klar ist. Auf dieselbe Weise überzeugen auch die rhetorischen Argumente – entweder nämlich | durch Beispiele, was eine Induktion ist, oder durch rhetorische Schlüsse[5], was eine Deduktion ist. **71a**

Auf zweifache Weise jedoch ist es notwendig, bereits über Kenntnisse zu verfügen. Denn es ist notwendig, von einigen Dingen im Voraus anzunehmen, dass sie sind, von anderen zu verstehen, was das Gesagte ist, von wieder anderen dagegen beides – wie etwa davon, dass man wahrheitsgemäß alles entweder bejaht oder verneint, dass es der Fall ist; vom | Dreieck, dass es dies bezeichnet; von der Einheit dagegen beides, sowohl was sie bezeichnet als auch dass sie ist. Denn nicht auf ähnliche Weise ist ein jedes dieser Dinge klar für uns.[6]

Man kann aber auch insofern über Kenntnisse verfügen, als man einige Dinge zuvor zur Kenntnis nimmt,[A] von anderen dagegen auch gleichzeitig Kenntnis gewinnt, wie etwa von allem, was unter das Allgemeine fällt, von dem man über Kenntnis verfügt.[7] Dass nämlich jedes Dreieck | Winkel besitzt, die zwei Rechten gleich sind, wusste man bereits; dass aber diese *Figur* hier im Halbkreis ein Dreieck ist, davon gewinnt man

[A] [a 17] *γνωϱίζοντα* mit codd. gegen *γνωϱίσαντα* bei Ross.

γὰρ τοῦτον τὸν τρόπον ἡ μάθησίς ἐστι, καὶ οὐ διὰ τοῦ μέσου τὸ ἔσχατον γνωρίζεται, ὅσα ἤδη τῶν καθ' ἕκαστα τυγχάνει ὄντα καὶ μὴ καθ' ὑποκειμένου τινός.) πρὶν δ' ἐπαχθῆναι ἢ λαβεῖν συλλογισμὸν τρόπον μέν τινα ἴσως φατέον ἐπίστασθαι, τρόπον δ' ἄλλον οὔ. ὃ γὰρ μὴ ᾔδει εἰ ἔστιν ἁπλῶς, τοῦτο πῶς ᾔδει ὅτι δύο ὀρθὰς ἔχει ἁπλῶς; ἀλλὰ δῆλον ὡς ὡδὶ μὲν ἐπίσταται, ὅτι καθόλου ἐπίσταται, ἁπλῶς δ' οὐκ ἐπίσταται. εἰ δὲ μή, τὸ ἐν τῷ Μένωνι ἀπόρημα συμβήσεται· ἢ γὰρ οὐδὲν μαθήσεται ἢ ἃ οἶδεν. οὐ γὰρ δή, ὥς γέ τινες ἐγχειροῦσι λύειν, λεκτέον. ἆρ' οἶδας ἅπασαν δυάδα ὅτι ἀρτία ἢ οὔ; φήσαντος δὲ προήνεγκάν τινα δυάδα ἣν οὐκ ᾤετ' εἶναι, ὥστ' οὐδ' ἀρτίαν. λύουσι γὰρ οὐ φάσκοντες εἰδέναι πᾶσαν δυάδα ἀρτίαν οὖσαν, ἀλλ' ἣν ἴσασιν ὅτι δυάς. καίτοι
71b ἴσασι μὲν οὗπερ τὴν ἀπόδειξιν ἔχουσι καὶ οὗ ἔλαβον, ἔλαβον δ' οὐχὶ παντὸς οὗ ἂν εἰδῶσιν ὅτι τρίγωνον ἢ ὅτι ἀριθμός, ἀλλ' ἁπλῶς κατὰ παντὸς ἀριθμοῦ καὶ τριγώνου· οὐδεμία γὰρ πρότασις λαμβάνεται τοιαύτη, ὅτι ὃν σὺ οἶδας ἀριθμὸν ἢ ὃ σὺ οἶδας εὐθύγραμμον, ἀλλὰ κατὰ παντός. ἀλλ' οὐδέν (οἶμαι) κωλύει, ὃ μανθάνει, ἔστιν ὡς ἐπίστασθαι, ἔστι δ' ὡς ἀγνοεῖν· ἄτοπον γὰρ οὐκ εἰ οἶδέ πως ὃ μανθάνει, ἀλλ' εἰ ὡδί, οἷον ᾗ μανθάνει καὶ ὥς.

zugleich unter Durchführung einer Induktion Kenntnis.[8] Bei einigen Dingen nämlich erfolgt auf diese Weise das Erwerben von Wissen – und nicht durch den Mittelbegriff gewinnt man vom Außenbegriff[9] Kenntnis –, und zwar bei allen Dingen, die tatsächlich zum Einzelnen gehören und nicht von einem Zugrundeliegenden ausgesagt werden. Bevor man dagegen eine Induktion durchgeführt | oder eine Deduktion vorgenommen hat, muß man vielleicht sagen, dass man es zwar auf gewisse Weise weiß, auf andere Weise jedoch nicht. Wovon man nämlich nicht wußte, ob es schlechthin ist, wie wußte man davon *schlechthin*, dass es zwei rechte Winkel hat? Aber es ist klar, dass man es so weiß, dass man es allgemein weiß, schlechthin jedoch nicht weiß. Andernfalls wird sich das Problem im Menon ergeben: | entweder man wird keinerlei Wissen erwerben oder *nur dasjenige*, worüber man verfügt.[10]

Keineswegs nämlich darf man so reden, wie einige es zu lösen versuchen: Weißt du von jeder Zweiheit, dass sie gerade ist, oder nicht? Bejaht man, so bringen sie gewöhnlich eine Zweiheit vor, von der man nicht glaubte, dass sie *eine Zweiheit* ist, also auch nicht, dass sie gerade ist. Sie lösen es nämlich, indem sie nicht behaupten zu wissen, dass jede Zweiheit gerade ist, sondern nur jene, von der sie wissen, dass sie eine Zweiheit
ist.[11] Dennoch | wissen sie dasjenige, wovon sie über eine De- **71b**
monstration[12] verfügen und worüber sie Annahmen gemacht haben, sie haben jedoch nicht Annahmen gemacht über alles, wovon sie irgend wissen, dass es ein Dreieck oder dass es eine Zahl ist, sondern schlechthin über jede Zahl und jedes Dreieck. Denn keine Prämisse wird angenommen, die von der Art ist, dass sie sagt: wovon du weißt, dass es eine Zahl ist, | oder: wovon du weißt, dass es geradlinig ist, sondern: von jedem. Aber nichts, so glaube ich, hindert daran, *dasjenige*, wovon jemand Wissen erwirbt, auf eine Weise zu wissen, auf eine andere Weise jedoch nicht zu wissen. Absurd nämlich ist es nicht, wenn jemand in gewisser Weise weiß, wovon er Wissen erwirbt, sondern *nur*, wenn *er es* auf diese bestimmte Weise *weiß*, das heißt inwiefern er Wissen erwirbt und wie.

Ἐπίστασθαι δὲ οἰόμεθ᾿ ἕκαστον ἁπλῶς, ἀλλὰ μὴ τὸν I2
σοφιστικὸν τρόπον τὸν κατὰ συμβεβηκός, ὅταν τήν τ᾿ αἰτίαν οἰώμεθα γινώσκειν δι᾿ ἣν τὸ πρᾶγμά ἐστιν, ὅτι ἐκείνου αἰτία ἐστί, καὶ μὴ ἐνδέχεσθαι τοῦτ᾿ ἄλλως ἔχειν. δῆλον τοίνυν ὅτι τοιοῦτόν τι τὸ ἐπίστασθαί ἐστι· καὶ γὰρ οἱ μὴ ἐπιστάμενοι καὶ οἱ ἐπιστάμενοι οἱ μὲν οἴονται αὐτοὶ οὕτως ἔχειν, οἱ δ᾿ ἐπιστάμενοι καὶ ἔχουσιν, ὥστε οὗ ἁπλῶς ἔστιν ἐπιστήμη, τοῦτ᾿ ἀδύνατον ἄλλως ἔχειν.

Εἰ μὲν οὖν καὶ ἕτερος ἔστι τοῦ ἐπίστασθαι τρόπος, ὕστερον ἐροῦμεν, φαμὲν δὲ καὶ δι᾿ ἀποδείξεως εἰδέναι. ἀπόδειξιν δὲ λέγω συλλογισμὸν ἐπιστημονικόν· ἐπιστημονικὸν δὲ λέγω καθ᾿ ὃν τῷ ἔχειν αὐτὸν ἐπιστάμεθα. εἰ τοίνυν ἐστὶ τὸ ἐπίστασθαι οἷον ἔθεμεν, ἀνάγκη καὶ τὴν ἀποδεικτικὴν ἐπιστήμην ἐξ ἀληθῶν τ᾿ εἶναι καὶ πρώτων καὶ ἀμέσων καὶ γνωριμωτέρων καὶ προτέρων καὶ αἰτίων τοῦ συμπεράσματος· οὕτω γὰρ ἔσονται καὶ αἱ ἀρχαὶ οἰκεῖαι τοῦ δεικνυμένου. συλλογισμὸς μὲν γὰρ ἔσται καὶ ἄνευ τούτων, ἀπόδειξις δ᾿ οὐκ ἔσται· οὐ γὰρ ποιήσει ἐπιστήμην. ἀληθῆ μὲν οὖν δεῖ εἶναι, ὅτι οὐκ ἔστι τὸ μὴ ὂν ἐπίστασθαι, οἷον ὅτι ἡ διάμετρος σύμμετρος. ἐκ πρώτων δ᾿ ἀναποδείκτων, ὅτι οὐκ ἐπιστήσεται μὴ ἔχων ἀπόδειξιν αὐτῶν· τὸ γὰρ ἐπίστασθαι ὧν ἀπόδειξις ἔστι μὴ κατὰ συμβεβηκός, τὸ ἔχειν ἀπόδειξίν ἐστιν. αἴτιά τε καὶ γνωριμώτερα δεῖ εἶναι καὶ πρότερα, αἴτια μὲν ὅτι τότε ἐπιστάμεθα ὅταν τὴν αἰτίαν εἰδῶμεν, καὶ πρότερα, εἴπερ αἴτια, καὶ προγινωσκόμενα οὐ μόνον τὸν ἕτερον τρόπον τῷ ξυνιέναι, ἀλλὰ καὶ

Kapitel 2. Zu wissen nun glauben wir eine jede Sache schlechthin, und nicht auf die | sophistische, zufällige Weise, wenn wir von der Ursache glauben Kenntnis zu besitzen, aufgrund derer die Sache besteht, dass sie ihre Ursache ist, und dass sie sich nicht anders verhalten kann.[13] Klar ist also, dass das Wissen etwas von dieser Art ist. Denn sowohl *was* die Nicht-Wissenden als auch *was* die Wissenden *angeht*, so glauben die einen selbst in diesem Zustand zu sein, die Wissenden dagegen | sind es auch, so dass, wovon es schlechthin Wissen gibt, sich unmöglich anders verhalten kann.

Ob es nun auch eine andere Weise des Wissens gibt, werden wir später sagen; wir behaupten jedenfalls auch durch Demonstration zu wissen. Demonstration nenne ich dabei eine wissenschaftliche Deduktion[14], und wissenschaftlich nenne ich jene *Deduktion*, gemäß der wir dadurch, dass wir über sie verfügen, *etwas* wissen.

Wenn also das Wissen | von der Art ist, wie wir es festgesetzt haben, so hängt auch notwendigerweise das demonstrative Wissen von Dingen ab, die wahr und ursprünglich und unvermittelt und bekannter und vorrangig und ursächlich im Verhältnis zur Konklusion sind.[15] Denn so werden auch die Prinzipien angemessen sein für das Aufgewiesene. Eine Deduktion nämlich wird es auch ohne diese Dinge geben, eine Demonstration dagegen wird es nicht geben, denn sie wird kein | Wissen zustande bringen. Wahr nun also müssen sie sein, weil es nicht möglich ist, das was nicht der Fall ist[16] zu wissen, wie etwa dass die Diagonale kommensurabel ist.[17] Von ursprünglichen und nicht-demonstrierbaren Dingen *müssen sie abhängen*: weil man nichts wissen wird, ohne dass man über eine Demonstration von ihnen verfügt. Denn das Wissen jener Dinge, von denen es eine Demonstration gibt – nicht –, ist das Verfügen über eine Demonstration. Ursächlicher und bekannter | müssen sie sein und vorrangig – ursächlich, weil wir *eine Sache* dann wissen, wenn wir die Ursache *dieser Sache* wissen, und vorrangig, wenn in der Tat ursächlich, und bereits bekannt nicht nur auf die eine Art, durch das Verstehen, sondern auch durch das Wissen, dass sie sind.

τῷ εἰδέναι ὅτι ἔστιν. πρότερα δ' ἐστὶ καὶ γνωριμώτερα διχῶς· οὐ γὰρ ταὐτὸν πρότερον τῇ φύσει καὶ πρὸς ἡμᾶς πρότερον, 72a οὐδὲ γνωριμώτερον καὶ ἡμῖν γνωριμώτερον. λέγω δὲ πρὸς ἡμᾶς μὲν πρότερα καὶ γνωριμώτερα τὰ ἐγγύτερον τῆς αἰσθήσεως, ἁπλῶς δὲ πρότερα καὶ γνωριμώτερα τὰ πορρώτερον. ἔστι δὲ πορρωτάτω μὲν τὰ καθόλου μάλιστα, ἐγγυτάτω δὲ τὰ καθ' ἕκαστα· καὶ ἀντίκειται ταῦτ' ἀλλήλοις. ἐκ πρώτων δ' ἐστὶ τὸ ἐξ ἀρχῶν οἰκείων· ταὐτὸ γὰρ λέγω πρῶτον καὶ ἀρχήν. ἀρχὴ δ' ἐστὶν ἀποδείξεως πρότασις ἄμεσος, ἄμεσος δὲ ἧς μὴ ἔστιν ἄλλη προτέρα. πρότασις δ' ἐστὶν ἀποφάνσεως τὸ ἕτερον μόριον, ἓν καθ' ἑνός, διαλεκτικὴ μὲν ἡ ὁμοίως λαμβάνουσα ὁποτερονοῦν, ἀποδεικτικὴ δὲ ἡ ὡρισμένως θάτερον, ὅτι ἀληθές. ἀπόφανσις δὲ ἀντιφάσεως ὁποτερονοῦν μόριον, ἀντίφασις δὲ ἀντίθεσις ἧς οὐκ ἔστι μεταξὺ καθ' αὑτήν, μόριον δ' ἀντιφάσεως τὸ μὲν τὶ κατὰ τινὸς κατάφασις, τὸ δὲ τὶ ἀπὸ τινὸς ἀπόφασις.

Ἀμέσου δ' ἀρχῆς συλλογιστικῆς θέσιν μὲν λέγω ἣν μὴ ἔστι δεῖξαι, μηδ' ἀνάγκη ἔχειν τὸν μαθησόμενόν τι· ἣν δ' ἀνάγκη ἔχειν τὸν ὁτιοῦν μαθησόμενον, ἀξίωμα· ἔστι γὰρ ἔνια τοιαῦτα· τοῦτο γὰρ μάλιστ' ἐπὶ τοῖς τοιούτοις εἰώθαμεν ὄνομα λέγειν. θέσεως δ' ἡ μὲν ὁποτερονοῦν τῶν μορίων τῆς ἀντιφάσεως λαμβάνουσα, οἷον λέγω τὸ εἶναί τι ἢ τὸ μὴ εἶναί τι, ὑπόθεσις, ἡ δ' ἄνευ τούτου ὁρισμός. ὁ γὰρ ὁρισμὸς θέσις μέν ἐστι· τίθεται γὰρ ὁ ἀριθμητικὸς μονάδα τὸ ἀδιαίρετον εἶναι κατὰ τὸ

Vorrangig aber ist etwas, und bekannter, auf doppelte Weise.[18] Denn es ist nicht dasselbe, vorrangig von Natur aus zu sein und in Bezug auf uns vorrangig, | und auch nicht bekannter und 72a
für uns bekannter. Ich nenne dabei in bezug auf uns vorrangig und bekannter das der Wahrnehmung Nähere, schlechthin vorrangig und bekannter dagegen das Entferntere. Es ist aber am entferntesten das Allgemeinste, am nächsten | jedoch das Einzelne, und diese sind einander entgegengesetzt. Von ursprünglichen Dingen heißt: von angemessenen Prinzipien, denn dasselbe nenne ich Ursprüngliches und Prinzip. Ein Prinzip ist eine unvermittelte Prämisse einer Demonstration, unvermittelt aber *ist diejenige Prämisse*, der gegenüber keine andere vorrangig ist.

Eine Prämisse ist der eine Teil einer Prädikation – eines *wird* über anderes *prädiziert*, und zwar eine dialektische *Prämisse*, wenn sie | unterschiedslos einen beliebigen Teil annimmt, eine demonstrative dagegen, wenn sie definitiv einen der beiden annimmt, weil er wahr ist. Eine Prädikation ist ein beliebiger Teil einer Kontradiktion, und eine Kontradiktion ist ein Gegensatz, zu dem es in bezug auf ihn selbst nichts dazwischen gibt. Teil einer Kontradiktion schließlich ist einerseits – etwas *wird prädiziert* über etwas – eine Bejahung, andererseits – etwas *wird* nicht *prädiziert* über etwas – eine Verneinung.[19]

Ein unvermitteltes | deduktives Prinzip[20] nenne ich: Festsetzung, wenn man es nicht beweisen kann und darüber nicht verfügen muss, um irgendein Wissen zu erwerben. Wenn man dagegen darüber verfügen muss, um welches Wissen auch immer zu erwerben, *nenne ich es*: Postulat.[21] Es gibt nämlich einiges von dieser Art, und diesen Namen pflegen wir meistens bei solchen Dingen zu verwenden. Eine Festsetzung, die welchen der Teile einer Kontradiktion auch immer annimmt – | ich meine, dass etwas der Fall ist oder dass etwas nicht der Fall ist – nenne ich: Hypothese,[22] diejenige dagegen ohne dieses: Definition.[23] Die Definition nämlich ist eine Festsetzung: es setzt nämlich der Arithmetiker fest, dass eine Einheit das Unteilbare in Hinsicht auf das Quantitative ist; eine Hypothese aber

ποσόν· ὑπόθεσις δ᾽ οὐκ ἔστι· τὸ γὰρ τί ἐστι μονὰς καὶ τὸ εἶναι μονάδα οὐ ταὐτόν.

Ἐπεὶ δὲ δεῖ πιστεύειν τε καὶ εἰδέναι τὸ πρᾶγμα τῷ τοιοῦτον ἔχειν συλλογισμὸν ὃν καλοῦμεν ἀπόδειξιν, ἔστι δ᾽ οὗτος τῷ ταδὶ εἶναι ἐξ ὧν ὁ συλλογισμός, ἀνάγκη μὴ μόνον προγινώσκειν τὰ πρῶτα, ἢ πάντα ἢ ἔνια, ἀλλὰ καὶ μᾶλλον· αἰεὶ γὰρ δι᾽ ὃ ὑπάρχει ἕκαστον, ἐκεῖνο μᾶλλον ὑπάρχει, οἷον δι᾽ ὃ φιλοῦμεν, ἐκεῖνο φίλον μᾶλλον. ὥστ᾽ εἴπερ ἴσμεν διὰ τὰ πρῶτα καὶ πιστεύομεν, κἀκεῖνα ἴσμεν τε καὶ πιστεύομεν μᾶλλον, ὅτι δι᾽ ἐκεῖνα καὶ τὰ ὕστερα. οὐχ οἷόν τε δὲ πιστεύειν μᾶλλον ὧν οἶδεν ἃ μὴ τυγχάνει μήτε εἰδὼς μήτε βέλτιον διακείμενος ἢ εἰ ἐτύγχανεν εἰδώς. συμβήσεται δὲ τοῦτο, εἰ μή τις προγνώσεται τῶν δι᾽ ἀπόδειξιν πιστευόντων· μᾶλλον γὰρ ἀνάγκη πιστεύειν ταῖς ἀρχαῖς ἢ πάσαις ἢ τισὶ τοῦ συμπεράσματος. τὸν δὲ μέλλοντα ἕξειν τὴν ἐπιστήμην τὴν δι᾽ ἀποδείξεως οὐ μόνον δεῖ τὰς ἀρχὰς μᾶλλον γνωρίζειν καὶ μᾶλλον αὐταῖς πιστεύειν ἢ τῷ δεικνυμένῳ,
72b ἀλλὰ μηδ᾽ ἄλλο αὐτῷ πιστότερον εἶναι μηδὲ γνωριμώτερον τῶν ἀντικειμένων ταῖς ἀρχαῖς ἐξ ὧν ἔσται συλλογισμὸς ὁ τῆς ἐναντίας ἀπάτης, εἴπερ δεῖ τὸν ἐπιστάμενον ἁπλῶς ἀμετάπειστον εἶναι.

ist es nicht, denn was eine Einheit ist und dass eine Einheit ist, ist nicht dasselbe.[24]

| Da man jedoch *von einer Sache* überzeugt sein und eine Sache wissen sollte dadurch, dass man über eine Art von Deduktion verfügt, die wir Demonstration nennen, und diese dadurch zustande kommt, dass diejenigen Dinge bestehen, von denen die Deduktion abhängt, so ist es nicht nur notwendig, die ursprünglichen Dinge bereits zu kennen, entweder alle oder einige, sondern auch in höherem Grade. Stets nämlich trifft jenes[A], aufgrund dessen ein jedes zutrifft, in höherem Grade zu, | wie etwa: aufgrund dessen wir lieben, das ist liebenswert in höherem Grade. Daher, wenn wir wirklich *etwas* wissen aufgrund der ursprünglichen Dinge, und *von ihnen* überzeugt sind, dann wissen wir jene Dinge, und sind *von ihnen* überzeugt, *auch* in höherem Grade, weil aufgrund jener auch die späteren Dinge zutreffen.

Und es ist nicht möglich, *von denjenigen Dingen*, von denen man weder weiß noch besser disponiert ist als wenn man sie nur wüsste, in höherem Grade überzeugt zu sein, als *von jenen Dingen*, die man weiß. Es wird dies aber folgen, | wenn jemand nicht bereits etwas *im vorhinein* kennt gegenüber jenen, die aufgrund einer Demonstration überzeugt sind. Denn in höherem Grade muss man von den Prinzipien überzeugt sein – entweder von allen oder von einigen – als von der Konklusion.

Wer aber über das Wissen verfügen will, und zwar aufgrund einer Demonstration, muss nicht nur die Prinzipien in höherem Grade kennen und in höherem Grade von ihnen überzeugt sein als vom Bewiesenen, | sondern auch nichts anderes darf für ihn überzeugender oder bekannter sein unter denjenigen – den Prinzipien entgegen gesetzten – Dingen, von denen die Deduktion des konträren Irrtums abhängt, wenn denn wirklich der schlechthin Wissende nicht vom Gegenteil überzeugt werden kann.[25]

[A] [a 29] ἐκεῖνο mit codd. gegen ἐκείνῳ bei Ross.

I3

Ἐνίοις μὲν οὖν διὰ τὸ δεῖν τὰ πρῶτα ἐπίστασθαι οὐ δοκεῖ ἐπιστήμη εἶναι, τοῖς δ᾿ εἶναι μέν, πάντων μέντοι ἀπόδειξεις εἶναι· ὧν οὐδέτερον οὔτ᾿ ἀληθὲς οὔτ᾿ ἀναγκαῖον. οἱ μὲν γὰρ ὑποθέμενοι μὴ εἶναι ἄλλως ἐπίστασθαι, οὗτοι εἰς ἄπειρον ἀξιοῦσιν ἀνάγεσθαι ὡς οὐκ ἂν ἐπισταμένους τὰ ὕστερα διὰ τὰ πρότερα, ὧν μὴ ἔστι πρῶτα, ὀρθῶς λέγοντες· ἀδύνατον γὰρ τὰ ἄπειρα διελθεῖν. εἴ τε ἵσταται καὶ εἰσὶν ἀρχαί, ταύτας ἀγνώστους εἶναι ἀποδείξεώς γε μὴ οὔσης αὐτῶν, ὅπερ φασὶν εἶναι τὸ ἐπίστασθαι μόνον· εἰ δὲ μὴ ἔστι τὰ πρῶτα εἰδέναι, οὐδὲ τὰ ἐκ τούτων εἶναι ἐπίστασθαι ἁπλῶς οὐδὲ κυρίως, ἀλλ᾿ ἐξ ὑποθέσεως, εἰ ἐκεῖνα ἔστιν. οἱ δὲ περὶ μὲν τοῦ ἐπίστασθαι ὁμολογοῦσι· δι᾿ ἀποδείξεως γὰρ εἶναι μόνον· ἀλλὰ πάντων εἶναι ἀπόδειξιν οὐδὲν κωλύειν· ἐνδέχεσθαι γὰρ κύκλῳ γίνεσθαι τὴν ἀπόδειξιν καὶ ἐξ ἀλλήλων.

Ἡμεῖς δέ φαμεν οὔτε πᾶσαν ἐπιστήμην ἀποδεικτικὴν εἶναι, ἀλλὰ τὴν τῶν ἀμέσων ἀναπόδεικτον (καὶ τοῦθ᾿ ὅτι ἀναγκαῖον, φανερόν· εἰ γὰρ ἀνάγκη μὲν ἐπίστασθαι τὰ πρότερα καὶ ἐξ ὧν ἡ ἀπόδειξις, ἵσταται δέ ποτε τὰ ἄμεσα, ταῦτ᾿ ἀναπόδεικτα ἀνάγκη εἶναι) – ταῦτά τ᾿ οὖν οὕτω λέγομεν, καὶ οὐ μόνον ἐπιστήμην ἀλλὰ καὶ ἀρχὴν ἐπιστήμης εἶναί τινά φαμεν, ᾗ τοὺς ὅρους γνωρίζομεν. κύκλῳ τε ὅτι ἀδύνατον ἀποδείκνυσθαι ἁπλῶς, δη-

Kapitel 3. | Einigen freilich scheint es aufgrund der Notwendigkeit, die ursprünglichen Dinge zu wissen, kein Wissen zu geben.[26] Anderen scheint es zwar Wissen, aber von allem auch Demonstrationen[A] zu geben.[27] Davon ist nichts wahr oder notwendig. Die einen nämlich, die voraussetzen, es sei nicht möglich, auf andere Weise[B] zu wissen – diese Leute betonen, man werde ins Unendliche geführt, so dass man nicht die nachrangigen Dinge aufgrund der | vorrangigen Dinge wissen kann, zu denen ursprüngliche Dinge nicht gehören.[28] Damit haben sie recht, denn es ist unmöglich, das Unendliche durchzugehen. Und wenn es zum Stehen kommt und es Prinzipien gibt, dann seien diese unerkennbar, da es von ihnen keine Demonstration gebe, was – so behaupten sie – das Wissen ausmache, und zwar einzig und allein. Wenn es aber nicht möglich ist, die ursprünglichen Dinge zu wissen, dann könne man auch die von ihnen abhängigen Dinge nicht schlechthin oder auf vorzügliche Weise wissen, sondern nur | abhängig von einer Hypothese – wenn jene *Hypothesen wahr* sind. Die anderen stimmen zwar über das Wissen überein: durch Demonstration komme es zustande, und zwar einzig und allein; aber dass es von allem eine Demonstration gibt, daran hindere nichts, denn es sei möglich, dass die Demonstration zirkulär entsteht und *Sätze wechselseitig* auseinander *demonstriert werden können.*

Wir aber behaupten, dass nicht jedes Wissen demonstrierbar *ist*, sondern *dass das Wissen* der unvermittelten Dinge | undemonstrierbar ist. Und dass dies notwendig ist, ist einleuchtend, denn wenn es notwendig ist, das Vorrangige zu wissen und *folglich* das, wovon die Demonstration abhängt,[29] und *wenn* die unvermittelten Dinge irgendwann zum Stehen kommen[30], dann müssen sie undemonstrierbar sein. Dieses also sagen wir auf diese Weise, und wir behaupten, dass es nicht nur Wissen, sondern auch ein gewisses Prinzip von Wissen[31] gibt, durch das wir von den Definitionen Kenntnis besitzen. | Und dass es unmöglich ist, zirkulär zu demonstrieren, und zwar schlecht-

[A] [b6] *ἀπόδειξεις* mit ABCn gegen *ἀπόδειξις* bei Ross.
[B] [b8] *ἄλλως* mit ABCn gegen *ὅλως* bei n² und Ross.

λον, εἴπερ ἐκ προτέρων δεῖ τὴν ἀπόδειξιν εἶναι καὶ γνωριμωτέρων· ἀδύνατον γάρ ἐστι τὰ αὐτὰ τῶν αὐτῶν ἅμα πρότερα καὶ ὕστερα εἶναι, εἰ μὴ τὸν ἕτερον τρόπον, οἷον τὰ μὲν πρὸς ἡμᾶς τὰ δ' ἁπλῶς, ὅνπερ τρόπον ἡ ἐπαγωγὴ ποιεῖ γνώριμον. εἰ δ' οὕτως, οὐκ ἂν εἴη τὸ ἁπλῶς εἰδέναι καλῶς ὡρισμένον, ἀλλὰ διττόν· ἢ οὐχ ἁπλῶς ἡ ἑτέρα ἀπόδειξις, γινομένη ἡ ἐκ τῶν ἡμῖν γνωριμωτέρων. συμβαίνει δὲ τοῖς λέγουσι κύκλῳ τὴν ἀπόδειξιν εἶναι οὐ μόνον τὸ νῦν εἰρημένον, ἀλλ' οὐδὲν ἄλλο λέγειν ἢ ὅτι τοῦτ' ἔστιν εἰ τοῦτ' ἔστιν· οὕτω δὲ πάντα ῥᾴδιον δεῖξαι. δῆλον δ' ὅτι τοῦτο συμβαίνει τριῶν ὅρων τεθέντων. τὸ μὲν γὰρ διὰ πολλῶν ἢ δι' ὀλίγων ἀνακάμπτειν φάναι οὐδὲν διαφέρει, δι' ὀλίγων δ' ἢ δυοῖν. ὅταν γὰρ τοῦ Α ὄντος ἐξ ἀνάγκης ᾖ τὸ Β, τούτου δὲ τὸ Γ, τοῦ Α ὄντος ἔσται τὸ Γ. εἰ δὴ τοῦ Α ὄντος ἀνάγκη τὸ Β εἶναι, τούτου δ'
73a ὄντος τὸ Α (τοῦτο γὰρ ἦν τὸ κύκλῳ), κείσθω τὸ Α ἐφ' οὗ τὸ Γ. τὸ οὖν τοῦ Β ὄντος τὸ Α εἶναι λέγειν ἐστὶ τὸ Γ εἶναι λέγειν, τοῦτο δ' ὅτι τοῦ Α ὄντος τὸ Γ ἔστι· τὸ δὲ Γ τῷ Α τὸ αὐτό. ὥστε συμβαίνει λέγειν τοὺς κύκλῳ φάσκοντας εἶναι τὴν ἀπόδειξιν οὐδὲν ἕτερον πλὴν ὅτι τοῦ Α ὄντος τὸ Α ἔστιν. οὕτω δὲ πάντα δεῖξαι ῥᾴδιον.

οὐ μὴν ἀλλ' οὐδὲ τοῦτο δυνατόν, πλὴν ἐπὶ τούτων ὅσα ἀλλήλοις ἕπεται, ὥσπερ τὰ ἴδια. ἑνὸς μὲν οὖν κειμένου δέδεικται ὅτι οὐδέποτ' ἀνάγκη τι εἶναι ἕτε-

hin, ist klar, wenn die Demonstration wirklich von vorrangigen und bekannteren Dingen abhängen soll. Denn unmöglich kann dasselbe denselben Dingen gegenüber zugleich vorrangig und nachrangig sein, es sei denn auf eine andere Weise: wie etwa das eine in Bezug auf uns, das andere schlechthin[32] – auf welche Weise es die Induktion bekannt macht. | Wenn *es sich* aber so *verhält*, dann wäre wohl das Wissen schlechthin nicht angemessen definiert, sondern ein Doppeltes; oder die andere Demonstration ist dies nicht schlechthin, da sie doch von dem uns Bekannteren abhängt.[A]

Es ergibt sich aber für diejenigen, die sagen, eine zirkuläre Demonstration sei möglich, nicht nur das soeben Gesagte, sondern auch dass sie nichts anderes sagen, als dass dieses der Fall ist, wenn dieses der Fall ist. Auf diese Weise allerdings ist alles | leicht zu beweisen. Es ist klar, dass sich dies ergibt, wenn drei Begriffe festgesetzt werden. Denn zu behaupten, dass es durch viele oder durch wenige wieder zum Ausgangspunkt zurückkommt, macht keinen Unterschied – durch wenige oder *sogar* durch zwei. Denn wenn, falls A der Fall ist, notwendigerweise B der Fall ist, und wenn dies, dann C, so wird, wenn A der Fall ist, C der Fall sein. Wenn also, falls A der Fall ist, notwendigerweise B der Fall ist, und wenn dies, | dann A (denn dies war das Zirkuläre), so sei das A als das C zugrunde gelegt. Zu sagen also, dass – wenn B der Fall ist – A der Fall ist, heißt zu sagen, dass C der Fall ist, und dies, dass wenn A der Fall ist, C der Fall ist; das C aber war dasselbe wie A. So dass folgt, dass diejenigen, die behaupten, eine zirkuläre | Demonstration sei möglich, nichts anderes sagen, als dass, wenn A der Fall ist, A der Fall ist.[33] So aber alles zu beweisen, ist leicht.

Nicht einmal dies freilich ist möglich, außer bei denjenigen Dingen, die einander wechselseitig folgen, wie die spezifischen *Eigenschaften*.[34] Wenn Eines zugrunde gelegt ist, so ist bewiesen worden, dass niemals notwendigerweise etwas anderes der Fall ist – *dabei* verstehe ich unter: wenn Eines, dass weder

[A] [b32–33] *γινομένη ἤ* mit BCDn gegen *γινομένη* bei A und *γινομένη γ'* bei Ross.

ϱον (λέγω δ' ἑνός, ὅτι οὔτε ὅϱου ἑνὸς οὔτε θέσεως μιᾶς τεθείσης), ἐκ δύο δὲ θέσεων πϱώτων καὶ ἐλαχίστων ἐνδέχεται, εἴπεϱ καὶ συλλογίσασθαι. ἐὰν μὲν οὖν τό τε Α τῷ Β καὶ τῷ Γ ἕπηται, καὶ ταῦτ' ἀλλήλοις καὶ τῷ Α, οὕτω μὲν ἐνδέχεται ἐξ ἀλλήλων δεικνύναι πάντα τὰ αἰτηθέντα ἐν τῷ πϱώτῳ σχήματι, ὡς δέδεικται ἐν τοῖς πεϱὶ συλλογισμοῦ. δέδεικται δὲ καὶ ὅτι ἐν τοῖς ἄλλοις σχήμασιν ἢ οὐ γίνεται συλλογισμὸς ἢ οὐ πεϱὶ τῶν ληφθέντων. τὰ δὲ μὴ ἀντικατηγοϱούμενα οὐδαμῶς ἔστι δεῖξαι κύκλῳ, ὥστ' ἐπειδὴ ὀλίγα τοιαῦτα ἐν ταῖς ἀποδείξεσι, φανεϱὸν ὅτι κενόν τε καὶ ἀδύνατον τὸ λέγειν ἐξ ἀλλήλων εἶναι τὴν ἀπόδειξιν καὶ διὰ τοῦτο πάντων ἐνδέχεσθαι εἶναι ἀπόδειξιν.

Ἐπεὶ δ' ἀδύνατον ἄλλως ἔχειν οὗ ἔστιν ἐπιστήμη ἁπλῶς, **I 4**
ἀναγκαῖον ἂν εἴη τὸ ἐπιστητὸν τὸ κατὰ τὴν ἀποδεικτικὴν ἐπιστήμην· ἀποδεικτικὴ δ' ἐστὶν ἣν ἔχομεν τῷ ἔχειν ἀπόδειξιν. ἐξ ἀναγκαίων ἄϱα συλλογισμός ἐστιν ἡ ἀπόδειξις. ληπτέον ἄϱα ἐκ τίνων καὶ ποίων αἱ ἀποδείξεις εἰσίν. πϱῶτον δὲ διοϱίσωμεν τί λέγομεν τὸ κατὰ παντὸς καὶ τί τὸ καθ' αὑτὸ καὶ τί τὸ καθόλου.

Κατὰ παντὸς μὲν οὖν τοῦτο λέγω ὃ ἂν ᾖ μὴ ἐπὶ τινὸς μὲν τινὸς δὲ μή, μηδὲ ποτὲ μὲν ποτὲ δὲ μή, οἷον εἰ κατὰ παντὸς ἀνθϱώπου ζῷον, εἰ ἀληθὲς τόνδ' εἰπεῖν ἄνθϱωπον, ἀληθὲς καὶ ζῷον, καὶ εἰ νῦν θάτεϱον, καὶ θάτεϱον, καὶ εἰ ἐν πάσῃ γϱαμμῇ στιγμή, ὡσαύτως. σημεῖον δέ· καὶ γὰϱ τὰς

wenn ein einziger Begriff noch wenn eine einzige Festsetzung festgesetzt ist.[35] | Von zwei Festsetzungen aus dagegen als ersten und der Zahl nach wenigsten kann es der Fall sein, wenn man überhaupt deduzieren kann. Wenn also das A dem B und dem C folgt, und diese einander und dem A, so können auf diese Weise alle geforderten Dinge wechselseitig auseinander bewiesen werden, und zwar in der ersten Figur, wie es bewiesen worden ist in der Abhandlung über die Deduktion.[36] | Es wurde ferner auch bewiesen, dass in den anderen Figuren entweder eine Deduktion nicht zustande kommt oder nicht von den angenommenen Dingen aus. Diejenigen Dinge dagegen, die nicht gegenseitig voneinander ausgesagt werden, können niemals zirkulär bewiesen werden, so dass es, da wenige derartige Dinge in den Demonstrationen vorkommen, einleuchtend ist, dass es leer und unmöglich ist zu sagen, die Demonstration erfolge *aus* wechselseitig *einander folgenden Dingen* und deshalb | könne es von allem eine Demonstration geben.

Kapitel 4. Da sich nun *dasjenige* unmöglich anders verhalten kann, wovon es Wissen schlechthin gibt, so dürfte dasjenige notwendig sein, was nach Maßgabe des demonstrativen Wissens gewusst wird[37]; demonstrativ aber ist jenes *Wissen*, über das wir dadurch verfügen, dass wir über eine Demonstration verfügen. Eine Deduktion aus notwendigen *Prämissen* ist folglich die Demonstration.[38] Wir müssen daher genauer fassen, | von welchen und wie beschaffenen Dingen die Demonstrationen abhängen.[39] Zuerst aber wollen wir bestimmen, was wir das auf jedes und das an sich und das allgemein Zutreffende nennen.

Auf jedes zutreffend nun nenne ich das, was weder auf einige zutrifft, auf anderes jedoch nicht, noch zuweilen, zuweilen jedoch nicht,[40] wie etwa wenn auf | jeden Menschen Lebewesen zutrifft: Wenn es wahr ist, diesen hier Mensch zu nennen, dann auch Lebewesen, und wenn jetzt das eine, dann auch das andere; und wenn in jeder Linie ein Punkt ist, *verhält es sich* ebenso. Ein Zeichen dafür ist: Auch die Einwände bringen wir ja so vor, wenn gefragt wird, ob etwas auf jedes zu-

ἐνστάσεις οὕτω φέρομεν ὡς κατὰ παντὸς ἐρωτώμενοι, ἢ εἰ ἐπί τινι μή, ἢ εἴ ποτε μή.

καθ' αὑτὰ δ' ὅσα ὑπάρχει τε ἐν τῷ τί ἐστιν, οἷον τριγώνῳ γραμμὴ καὶ γραμμῇ στιγμή (ἡ γὰρ οὐσία αὐτῶν ἐκ τούτων ἐστί, καὶ ἐν τῷ λόγῳ τῷ λέγοντι τί ἐστιν ἐνυπάρχει), καὶ ὅσοις τῶν ὑπαρχόντων αὐτοῖς αὐτὰ ἐν τῷ λόγῳ ἐνυπάρχουσι τῷ τί ἐστι δηλοῦντι, οἷον τὸ εὐθὺ ὑπάρχει γραμμῇ καὶ τὸ περιφερές, καὶ τὸ περιττὸν καὶ ἄρτιον ἀριθμῷ, καὶ τὸ πρῶτον καὶ σύνθετον, καὶ ἰσόπλευρον καὶ ἑτερόμηκες· καὶ πᾶσι τούτοις ἐνυπάρχουσιν ἐν τῷ λόγῳ τῷ τί ἐστι λέγοντι ἔνθα μὲν γραμμὴ ἔνθα δ' ἀριθμός. ὁμοίως δὲ καὶ ἐπὶ τῶν ἄλλων τὰ τοιαῦθ' ἑκάστοις καθ' αὑτὰ λέγω, ὅσα δὲ μηδετέρως ὑπάρχει, συμβεβηκότα, οἷον τὸ μουσικὸν ἢ λευκὸν τῷ ζῴῳ. ἔτι ὃ μὴ καθ' ὑποκειμένου λέγεται ἄλλου τινός, οἷον τὸ βαδίζον ἕτερόν τι ὂν βαδίζον ἐστὶ καὶ λευκόν, ἡ δ' οὐσία, καὶ ὅσα τόδε τι σημαίνει, οὐχ ἕτερόν τι ὄντα ἐστὶν ὅπερ ἐστίν. τὰ μὲν δὴ μὴ καθ' ὑποκειμένου καθ' αὑτὰ λέγω, τὰ δὲ καθ' ὑποκειμένου συμβεβηκότα. ἔτι δ' ἄλλον τρόπον τὸ μὲν δι' αὐτὸ ὑπάρχον ἑκάστῳ καθ' αὑτό, τὸ δὲ μὴ δι' αὑτὸ συμβεβηκός, οἷον εἰ βαδίζοντος ἤστραψε, συμβεβηκός· οὐ γὰρ διὰ τὸ βαδίζειν ἤστραψεν, ἀλλὰ συνέβη, φαμέν, τοῦτο. εἰ δὲ δι' αὑτό, καθ' αὑτό, οἷον εἴ τι σφαττόμενον ἀπέθανε, καὶ κατὰ τὴν σφαγήν, ὅτι διὰ τὸ σφάττεσθαι, ἀλλ' οὐ συνέβη σφαττόμενον ἀποθανεῖν. τὰ ἄρα λεγόμενα ἐπὶ τῶν ἁπλῶς ἐπιστη-

trifft – entweder *sagen wir*: wenn es bei einem nicht zutrifft, oder wenn irgendwann nicht.[41]

An sich aber trifft sowohl dasjenige zu, was im | Was-es-ist[42] vorkommt, wie etwa Linie auf Dreieck und Punkt auf Linie – denn ihre Substanz[43] hängt von diesen Dingen ab, und sie kommen in der Bestimmung, die sagt was sie sind, vor – als auch dasjenige, bei dem die Dinge, auf die es zutrifft, selbst in der Bestimmung vorkommen, die klar macht, was es ist,[44] wie etwa das Gerade auf Linie zutrifft und *auch* das Runde, und das Gerade und | Ungerade auf Zahl, und *auch* das prim und zusammengesetzt und gleichseitig | und rechteckig. Und *in der Tat*, bei all diesen Dingen kommt in der Bestimmung, die sagt, was sie sind, hier Linie, dort Zahl vor. Ähnlich auch bei den übrigen Dingen nenne ich derartiges an sich zutreffend auf jedes einzelne; was dagegen auf keine dieser Weisen zutrifft, *nenne ich* Zufälliges, | wie zum Beispiel das Musikalische oder Weiße auf Lebewesen *zutrifft*.[45]

Ferner, was nicht über irgendein anderes Zugrundeliegendes ausgesagt wird – wie etwa das Gehende als ein gewisses anderes Ding gehend ist und *auch* weiß[A], die Substanz dagegen, und was ein Dieses bezeichnet, nicht als ein gewisses anderes Ding das ist, was es wirklich ist – das nicht über ein Zugrundeliegendes Ausgesagte also nenne ich an sich[46], das über ein Zugrundeliegendes Ausgesagte dagegen zufällig. | Ferner ist auf andere Weise dasjenige, was durch sich selbst auf ein jedes Ding zutrifft, an sich, dasjenige dagegen, was nicht durch sich selbst *zutrifft*, *ist* zufällig. Wenn es etwa, als jemand spazieren ging, blitzte, *so* ist es zufällig, denn nicht aufgrund des Spazierengehens blitzte es, sondern zufälligerweise, behaupten wir, traf es sich so. Wenn *es* dagegen durch sich selbst *zutrifft, dann auch* an sich, wie zum Beispiel etwas, das geopfert wurde, starb, und zwar im Verlaufe des | Opfers, weil aufgrund des Opferns, und es sich nicht zufällig so traf, dass es geopfert wurde und *dabei* starb.

[A] [b7] λευκόν mit ABCd gegen τὸ λευκόν ⟨λευκόν⟩ nach der Konjektur von Ross.

τῶν καθ’ αὑτὰ οὕτως ὡς ἐνυπάρχειν τοῖς κατηγορουμένοις ἢ ἐνυπάρχεσθαι δι’ αὑτά τέ ἐστι καὶ ἐξ ἀνάγκης. οὐ γὰρ ἐνδέχεται μὴ ὑπάρχειν ἢ ἁπλῶς ἢ τὰ ἀντικείμενα, οἷον γραμμῇ τὸ εὐθὺ ἢ τὸ καμπύλον καὶ ἀριθμῷ τὸ περιττὸν ἢ τὸ ἄρτιον. ἔστι γὰρ τὸ ἐναντίον ἢ στέρησις ἢ ἀντίφασις ἐν τῷ αὐτῷ γένει, οἷον ἄρτιον τὸ μὴ περιττὸν ἐν ἀριθμοῖς ᾗ ἕπεται. ὥστ’ εἰ ἀνάγκη φάναι ἢ ἀποφάναι, ἀνάγκη καὶ τὰ καθ’ αὑτὰ ὑπάρχειν.

Τὸ μὲν οὖν κατὰ παντὸς καὶ καθ’ αὑτὸ διωρίσθω τὸν τρόπον τοῦτον· καθόλου δὲ λέγω ὃ ἂν κατὰ παντός τε ὑπάρχῃ καὶ καθ’ αὑτὸ καὶ ᾗ αὐτό. φανερὸν ἄρα ὅτι ὅσα καθόλου, ἐξ ἀνάγκης ὑπάρχει τοῖς πράγμασιν. τὸ καθ’ αὑτὸ δὲ καὶ ᾗ αὐτὸ ταὐτόν, οἷον καθ’ αὑτὴν τῇ γραμμῇ ὑπάρχει στιγμὴ καὶ τὸ εὐθύ (καὶ γὰρ ᾗ γραμμή), καὶ τῷ τριγώνῳ ᾗ τρίγωνον δύο ὀρθαί (καὶ γὰρ καθ’ αὑτὸ τὸ τρίγωνον δύο ὀρθαῖς ἴσον). τὸ καθόλου δὲ ὑπάρχει τότε, ὅταν ἐπὶ τοῦ τυχόντος καὶ πρώτου δεικνύηται. οἷον τὸ δύο ὀρθὰς ἔχειν οὔτε τῷ σχήματί ἐστι καθόλου (καίτοι ἔστι δεῖξαι κατὰ σχήματος ὅτι δύο ὀρθὰς ἔχει, ἀλλ’ οὐ τοῦ τυχόντος σχήματος, οὐδὲ χρῆται τῷ τυχόντι σχήματι δεικνύς· τὸ γὰρ τετράγωνον σχῆμα μέν, οὐκ ἔχει δὲ δύο ὀρθαῖς ἴσας) – τὸ δ’ ἰσοσκελὲς ἔχει μὲν τὸ τυχὸν δύο ὀρθαῖς ἴσας, ἀλλ’ οὐ πρῶτον, ἀλλὰ τὸ τρίγωνον πρότερον. ὃ τοίνυν τὸ τυχὸν πρῶτον δείκνυται δύο ὀρθὰς ἔχον ἢ ὁτιοῦν ἄλλο, τούτῳ πρώτῳ
74a ὑπάρχει καθόλου, καὶ ἡ ἀπόδειξις καθ’ αὑτὸ τούτου καθόλου ἐστί, τῶν δ’ ἄλλων τρόπον τινὰ οὐ καθ’ αὑτό, οὐδὲ τοῦ ἰσοσκελοῦς οὐκ ἔστι καθόλου ἀλλ’ ἐπὶ πλέον.

Was also bei den schlechthin gewussten Dingen an sich zutreffend genannt wird, insofern es im Ausgesagten vorkommt oder dieses in jenem, trifft durch sich selbst und aus Notwendigkeit zu. Denn es ist nicht möglich, dass es nicht zutrifft[47] – entweder schlechthin oder einer der gegensätzlichen Teile, wie etwa | auf Linie das Gerade oder das Runde *zutrifft* und auf Zahl das Gerade oder das Ungerade. Denn das Konträre ist entweder eine Wegnahme[48] oder eine Kontradiktion in derselben Gattung, wie zum Beispiel *bei Zahlen etwas* gerade ist, was nicht ungerade ist, insofern es *dem anderen* folgt. Daher, wenn es notwendig ist zu bejahen oder zu verneinen, so ist es auch für das an sich Zutreffende notwendig, zuzutreffen.

| Das auf jedes und an sich Zutreffen sei also auf diese Weise bestimmt. Allgemein zutreffend aber nenne ich das, was auf jedes zutrifft und an sich und als solches.[49] Es ist daher einleuchtend, dass das, was allgemein zutrifft, aus Notwendigkeit auf die Dinge zutrifft. Das an sich aber und als solches ist dasselbe, wie etwa | Punkt und das Gerade an sich auf die Linie – nämlich auch als Linie – zutrifft, und zwei Rechte auf das Dreieck als Dreieck – das Dreieck ist nämlich auch an sich zwei Rechten gleich. Das Allgemeine aber trifft dann zu, wenn es für etwas Beliebiges und Ursprüngliches bewiesen wird, wie etwa das zwei Rechte haben weder auf die Figur allgemein zutrifft – freilich kann man | für eine Figur beweisen, dass sie zwei Rechte hat, aber nicht für eine beliebige Figur, und der Beweisende benutzt auch nicht eine beliebige Figur. Denn das Viereck ist zwar eine Figur, hat aber nicht Winkel, die zwei Rechten gleich sind. Das Gleichschenklige dagegen, und zwar ein beliebiges, hat zwar Winkel, die zwei Rechten gleich sind, ist aber nicht ursprünglich, sondern das Dreieck ist vorrangig. Wovon also als einem Beliebigen, | Ursprünglichen bewiesen wird, dass es zwei Rechte hat oder irgendetwas anderes, auf das trifft es als auf ein Ursprüngliches | allgemein zu, und die **74a**
Demonstration gilt davon an sich allgemein, von den übrigen Dingen aber *gilt sie* in gewisser Weise nicht an sich, und außerdem gilt sie vom Gleichschenkligen nicht allgemein, sondern reicht weiter.

Δεῖ δὲ μὴ λανθάνειν ὅτι πολλάκις συμβαίνει διαμαρτάνειν καὶ μὴ ὑπάρχειν τὸ δεικνύμενον πρῶτον καθόλου, ᾗ δοκεῖ δείκνυσθαι καθόλου πρῶτον. ἀπατώμεθα δὲ ταύτην τὴν ἀπάτην, ὅταν ἢ μηδὲν ᾖ λαβεῖν ἀνώτερον παρὰ τὸ καθ' ἕκαστον ἢ τὰ καθ' ἕκαστα, ἢ ᾖ μέν, ἀλλ' ἀνώνυμον ᾖ ἐπὶ διαφόροις εἴδει πράγμασιν, ἢ τυγχάνῃ ὂν ὡς ἐν μέρει ὅλον ἐφ' ᾧ δείκνυται· τοῖς γὰρ ἐν μέρει ὑπάρξει μὲν ἡ ἀπόδειξις, καὶ ἔσται κατὰ παντός, ἀλλ' ὅμως οὐκ ἔσται τούτου πρώτου καθόλου ἡ ἀπόδειξις. λέγω δὲ τούτου πρώτου, ᾗ τοῦτο, ἀπόδειξιν, ὅταν ᾖ πρώτου καθόλου. εἰ οὖν τις δείξειεν ὅτι αἱ ὀρθαὶ οὐ συμπίπτουσι, δόξειεν ἂν τούτου εἶναι ἡ ἀπόδειξις διὰ τὸ ἐπὶ πασῶν εἶναι τῶν ὀρθῶν. οὐκ ἔστι δέ, εἴπερ μὴ ὅτι ὡδὶ ἴσαι γίνεται τοῦτο, ἀλλ' ᾗ ὁπωσοῦν ἴσαι. καὶ εἰ τρίγωνον μὴ ἦν ἄλλο ἢ ἰσοσκελές, ᾗ ἰσοσκελὲς ἂν ἐδόκει ὑπάρχειν. καὶ τὸ ἀνάλογον ὅτι καὶ ἐναλλάξ, ᾗ ἀριθμοὶ καὶ ᾗ γραμμαὶ καὶ ᾗ στερεὰ καὶ ᾗ χρόνοι, ὥσπερ ἐδείκνυτό ποτε χωρίς, ἐνδεχόμενόν γε κατὰ πάντων μιᾷ ἀποδείξει δειχθῆναι· ἀλλὰ διὰ τὸ μὴ εἶναι ὠνομασμένον τι ταῦτα πάντα ἕν, ἀριθμοί μήκη χρόνοι στερεά, καὶ εἴδει διαφέρειν ἀλλήλων, χωρὶς

Kapitel 5. Es darf aber nicht verborgen bleiben, dass es häufig geschieht, dass Fehler vorkommen | und das Bewiesene nicht als Ursprüngliches allgemein zutrifft, in der Form, in der es allgemein als Ursprüngliches bewiesen zu werden scheint.[50] Und wir begehen diesen Fehler immer dann, wenn es entweder nicht möglich ist, etwas Höheres – neben dem Einzelnen– als die einzelnen Sachen[A] zu erfassen, oder *wenn* es zwar möglich ist, es aber namenlos ist in Hinsicht auf Dinge, die der Art nach verschieden sind, oder *wenn* das, worüber es bewiesen wird, nur ein Ganzes gleichsam als Spezielles ist. | Denn auf die speziellen Dinge wird die Demonstration zwar zutreffen, und sie wird auf jedes zutreffen, aber dennoch wird die Demonstration nicht von diesem als einem Ursprünglichen allgemein gelten – ich sage, dass von diesem Ursprünglichen, als solchem, eine Demonstration immer dann gilt, wenn sie vom Ursprünglichen allgemein gilt.

Wenn also jemand bewiese, dass die rechten *Winkel* sich nicht schneiden, so könnte es scheinen, als gelte die Demonstration dieser Sache deshalb, weil | sie für alle Rechten gilt. Aber das ist nicht so – wenn *die Demonstration* denn wirklich gilt, nicht weil sie in dieser bestimmten Weise gleich sind, sondern weil sie in beliebiger Weise gleich sind.[51] Und wenn ein Dreieck nichts anderes wäre als gleichschenklig, so würde *die Demonstration auf das Dreieck* als gleichschenkliges zuzutreffen scheinen.[52] Und es könnte auch von der Proportion scheinen, dass sie vertauschbar ist, insofern es um Zahlen und Linien und dreidimensionale Körper und Zeiten geht, so wie dies einst *jeweils* getrennt bewiesen wurde, während es | doch für alle Dinge durch eine einzige Demonstration bewiesen werden kann. Aber weil alle diese Dinge nicht ein benanntes Eines sind – Zahlen, Längen, Zeiten, dreidimensionale Körper –, und sich der Art nach voneinander unterscheiden, wurden sie *jeweils* getrennt genommen. Nun aber ist es allgemein bewiesen; denn nicht *auf sie* als Linien oder als Zahlen traf es zu,

[A] [a 8] Gegen die Streichung des in codd. überlieferten ἢ τὰ καθ' ἕκαστα bei Ross.

ἐλαμβάνετο. νῦν δὲ καθόλου δείκνυται· οὐ γὰρ ᾗ γραμμαὶ ἢ ᾗ ἀριθμοὶ ὑπῆρχεν, ἀλλ' ᾗ τοδί, ὃ καθόλου ὑποτίθενται ὑπάρχειν. διὰ τοῦτο οὐδ' ἄν τις δείξῃ καθ' ἕκαστον τὸ τρίγωνον ἀποδείξει ἢ μιᾷ ἢ ἑτέρᾳ ὅτι δύο ὀρθὰς ἔχει ἕκαστον, τὸ ἰσόπλευρον χωρὶς καὶ τὸ σκαληνὲς καὶ τὸ ἰσοσκελές, οὔπω οἶδε τὸ τρίγωνον ὅτι δύο ὀρθαῖς, εἰ μὴ τὸν σοφιστικὸν τρόπον, οὐδὲ καθ' ὅλου τριγώνου, οὐδ' εἰ μηδὲν ἔστι παρὰ ταῦτα τρίγωνον ἕτερον. οὐ γὰρ ᾗ τρίγωνον οἶδεν, οὐδὲ πᾶν τρίγωνον, ἀλλ' ἢ κατ' ἀριθμόν· κατ' εἶδος δ' οὐ πᾶν, καὶ εἰ μηδὲν ἔστιν ὃ οὐκ οἶδεν.

Πότ' οὖν οὐκ οἶδε καθόλου, καὶ πότ' οἶδεν ἁπλῶς; δῆλον δὴ ὅτι εἰ ταὐτὸν ἦν τριγώνῳ εἶναι καὶ ἰσοπλεύρῳ ἢ ἑκάστῳ ἢ πᾶσιν. εἰ δὲ μὴ ταὐτὸν ἀλλ' ἕτερον, ὑπάρχει δ' ᾗ τρίγωνον, οὐκ οἶδεν. πότερον δ' ᾗ τρίγωνον ἢ ᾗ ἰσοσκελὲς ὑπάρχει; καὶ πότε κατὰ τοῦθ' ὑπάρχει πρῶτον; καὶ καθόλου τίνος ἡ ἀπόδειξις; δῆλον ὅτι ὅταν ἀφαιρουμένων ὑπάρχῃ πρώτῳ. οἷον τῷ ἰσοσκελεῖ χαλκῷ τριγώνῳ ὑπάρξουσι δύο ὀρθαί, ἀλλὰ καὶ τοῦ χαλκοῦν εἶναι ἀφαιρε-

74b θέντος καὶ τοῦ ἰσοσκελές. ἀλλ' οὐ τοῦ σχήματος ἢ πέρατος. ἀλλ' οὐ πρώτων. τίνος οὖν πρώτου; εἰ δὴ τριγώνου, κατὰ τοῦτο ὑπάρχει καὶ τοῖς ἄλλοις, καὶ τούτου καθόλου ἐστὶν ἡ ἀπόδειξις.

Εἰ οὖν ἐστιν ἡ ἀποδεικτικὴ ἐπιστήμη ἐξ ἀναγκαίων ἀρ- **16**
χῶν (ὃ γὰρ ἐπίσταται, οὐ δυνατὸν ἄλλως ἔχειν), τὰ δὲ καθ' αὑτὰ ὑπάρχοντα ἀναγκαῖα τοῖς πράγμασιν (τὰ μὲν γὰρ ἐν τῷ τί ἐστιν ὑπάρχει· τοῖς δ' αὐτὰ ἐν τῷ τί ἐστιν ὑπάρχει κατηγορουμένοις αὐτῶν, ὧν θάτερον τῶν ἀντικειμένων ἀνάγκη ὑπάρχειν), φανερὸν ὅτι ἐκ τοιούτων τινῶν ἂν εἴη ὁ ἀποδει-

sondern als dasjenige, wovon sie voraussetzen, dass es allgemein | zutrifft.[53] Daher, selbst wenn jemand für jedes einzelne Dreieck bewiese – durch entweder eine oder verschiedene Demonstrationen –, dass jedes einzelne *Winkel gleich* zwei Rechten hat, getrennt das gleichseitige und das ungleichseitige und das gleichschenklige –, so wüsste er noch nicht vom Dreieck, dass es Winkel gleich zwei Rechten hat – es sei denn auf die sophistische Weise –, und auch nicht vom Dreieck allgemein, auch wenn es neben diesen kein | anderes Dreieck gäbe.[54] Denn er wüsste es nicht von ihm als Dreieck oder als jedes Dreieck, es sei denn der Zahl nach, aber nicht der Art nach als jedes, auch wenn es keines gäbe, von dem er es nicht wüsste.

Wann also wüsste er es nicht allgemein, und wann wüsste er es schlechthin? Klarerweise doch wohl wenn es dasselbe wäre, ein Dreieck und ein gleichseitiges *Dreieck* zu sein, entweder bei jedem einzelnen oder bei allen. Wenn *es* aber nicht dasselbe *ist*, sondern verschieden, | und es darauf als Dreieck zuträfe, so wüsste er es nicht. Trifft es darauf als Dreieck oder als Gleichschenkliges zu? Und wann trifft es darauf zu als etwas Ursprüngliches? Und wovon gilt die Demonstration allgemein? Klarerweise wenn es, nachdem abstrahiert wurde, auf Ursprüngliches zutrifft, wie etwa auf das gleichschenklige bronzene Dreieck zwei Rechte zutreffen werden – aber auch wenn vom Bronzen-Sein abstrahiert worden ist | und vom **74b**
Gleichschenkligen, aber nicht von der Figur oder Grenze; aber sie sind nicht ursprünglich. Wovon also *gilt es* als Ursprünglichem? Wenn vom Dreieck, dann trifft es nach diesem auch auf die übrigen Dinge zu, und von diesem gilt die Demonstration allgemein.

Kapitel 6. | Wenn also das demonstrative Wissen von notwendigen Prinzipien abhängt[55] – denn was man weiß, kann sich nicht anders verhalten –, und das an sich Zutreffende notwendig ist für die Dinge – teils nämlich kommt es im Was-es-ist vor, teils kommt es bei ihnen im Was-es-ist vor, wenn es von ihnen ausgesagt wird, wovon der eine der Gegensätze notwendigerweise | zutrifft,[56] – dann ist einleuchtend, dass die de-

κτικὸς συλλογισμός· ἅπαν γὰρ ἢ οὕτως ὑπάρχει ἢ κατὰ συμβεβηκός, τὰ δὲ συμβεβηκότα οὐκ ἀναγκαῖα.

Ἢ δὴ οὕτω λεκτέον, ἢ ἀρχὴν θεμένοις ὅτι ἡ ἀπόδειξις ἀναγκαίου ἐστί, καὶ εἰ ἀποδέδεικται, οὐχ οἷόν τ' ἄλλως ἔχειν· ἐξ ἀναγκαίων ἄρα δεῖ εἶναι τὸν συλλογισμόν. ἐξ ἀληθῶν μὲν γὰρ ἔστι καὶ μὴ ἀποδεικνύντα συλλογίσασθαι, ἐξ ἀναγκαίων δ' οὐκ ἔστιν ἀλλ' ἢ ἀποδεικνύντα· τοῦτο γὰρ ἤδη ἀποδείξεώς ἐστιν. σημεῖον δ' ὅτι ἡ ἀπόδειξις ἐξ ἀναγκαίων, ὅτι καὶ τὰς ἐνστάσεις οὕτω φέρομεν πρὸς τοὺς οἰομένους ἀποδεικνύναι, ὅτι οὐκ ἀνάγκη, ἂν οἰώμεθα ἢ ὅλως ἐνδέχεσθαι ἄλλως ἢ ἕνεκά γε τοῦ λόγου. δῆλον δ' ἐκ τούτων καὶ ὅτι εὐήθεις οἱ λαμβάνειν οἰόμενοι καλῶς τὰς ἀρχάς, ἐὰν ἔνδοξος ᾖ ἡ πρότασις καὶ ἀληθής, οἷον οἱ σοφισταὶ ὅτι τὸ ἐπίστασθαι τὸ ἐπιστήμην ἔχειν. οὐ γὰρ τὸ ἔνδοξον ἡμῖν ἀρχή ἐστιν, ἀλλὰ τὸ πρῶτον τοῦ γένους περὶ ὃ δείκνυται· καὶ τἀληθὲς οὐ πᾶν οἰκεῖον. ὅτι δ' ἐξ ἀναγκαίων εἶναι δεῖ τὸν συλλογισμόν, φανερὸν καὶ ἐκ τῶνδε. εἰ γὰρ ὁ μὴ ἔχων λόγον τοῦ διὰ τί οὔσης ἀποδείξεως οὐκ ἐπιστήμων, εἴη δ' ἂν ὥστε τὸ Α κατὰ τοῦ Γ ἐξ ἀνάγκης ὑπάρχειν, τὸ δὲ Β τὸ μέσον, δι' οὗ ἀπεδείχθη, μὴ ἐξ ἀνάγκης, οὐκ οἶδε διότι. οὐ γάρ ἐστι τοῦτο διὰ τὸ μέσον· τὸ μὲν γὰρ ἐνδέχεται μὴ εἶναι, τὸ δὲ συμπέρασμα ἀναγκαῖον. ἔτι εἴ τις μὴ οἶδε νῦν ἔχων τὸν λόγον

monstrative Deduktion von derartigen Prämissen abhängen dürfte; alles nämlich trifft entweder auf diese Weise zu oder zufälligerweise,[57] das Zufällige aber ist nicht notwendig.[58]

Entweder also muss man auf diese Weise reden oder indem man als Prinzip festsetzt, dass die Demonstration sich auf Notwendiges[A] richtet und *dass* sich etwas, wenn *es* demonstriert *ist*, nicht anders | verhalten kann.[59] Von notwendigen Prämissen folglich muss die Deduktion abhängen. Aus wahren Prämissen nämlich kann man auch ohne zu demonstrieren deduzieren, aus notwendigen Prämissen dagegen nur wenn man demonstriert, denn dies ist gerade für eine Demonstration kennzeichnend. Ein Zeichen dafür, dass die Demonstration von notwendigen Prämissen abhängt, ist, dass wir auch die Einwände in dieser Weise vorbringen gegenüber jenen, die glauben | zu demonstrieren – dass keine Notwendigkeit vorliegt, wann immer wir glauben, es könne sich entweder insgesamt anders verhalten oder doch zumindest um des Argumentes willen. Klar ist daraus aber auch, dass *derjenige* einfältig ist, der glaubt die Prinzipien angemessen anzunehmen, wenn die Prämisse allgemein anerkannt[60] und wahr ist, wie zum Beispiel die Sophisten,[61] weil das Wissen das Besitzen von Wissen ist. Denn nicht was allgemein anerkannt ist oder nicht, ist Prinzip, | sondern das Ursprüngliche der Gattung, über die bewiesen wird; und das Wahre ist nicht in jedem Fall angemessen.

Dass ferner die Deduktion von notwendigen Prämissen abhängen muss, ist auch aus Folgendem deutlich. Wenn nämlich jemand, der nicht eine Bestimmung des Warum besitzt, obgleich es eine Demonstration gibt, nicht ein Wissender ist, und es ferner so ist, dass das A auf das C mit Notwendigkeit zutrifft, das B jedoch, der Mittelbegriff, durch | den demonstriert worden ist, nicht mit Notwendigkeit *zutrifft*, dann wusste er nicht weshalb. Denn dies ist nicht aufgrund des Mittelbegriffes der Fall. Das eine kann nämlich auch nicht der Fall sein, die Konklusion dagegen ist notwendig.

[A] [b 14] *ἀναγκαίου* (Konjektur Mure) gegen *ἀναγκαῖον* bei codd. und *ἀναγκαίων* (Konjektur Ross).

καὶ σῳζόμενος, σῳζομένου τοῦ πράγματος, μὴ ἐπιλελησμένος, οὐδὲ πρότερον ᾔδει. φθαρείη δ' ἂν τὸ μέσον, εἰ μὴ ἀναγκαῖον, ὥστε ἕξει μὲν τὸν λόγον σῳζόμενος σῳζομένου τοῦ πράγματος, οὐκ οἶδε δέ. οὐδ' ἄρα πρότερον ᾔδει. εἰ δὲ μὴ ἔφθαρται, ἐνδέχεται δὲ φθαρῆναι, τὸ συμβαῖνον ἂν εἴη δυνατὸν καὶ ἐνδεχόμενον. ἀλλ' ἔστιν ἀδύνατον οὕτως ἔχοντα εἰδέναι.

75a Ὅταν μὲν οὖν τὸ συμπέρασμα ἐξ ἀνάγκης ᾖ, οὐδὲν κωλύει τὸ μέσον μὴ ἀναγκαῖον εἶναι δι' οὗ ἐδείχθη (ἔστι γὰρ τὸ ἀναγκαῖον καὶ μὴ ἐξ ἀναγκαίων συλλογίσασθαι, ὥσπερ καὶ ἀληθὲς μὴ ἐξ ἀληθῶν)· ὅταν δὲ τὸ μέσον ἐξ ἀνάγκης, καὶ τὸ συμπέρασμα ἐξ ἀνάγκης, ὥσπερ καὶ ἐξ ἀληθῶν ἀληθὲς ἀεί (ἔστω γὰρ τὸ Α κατὰ τοῦ Β ἐξ ἀνάγκης, καὶ τοῦτο κατὰ τοῦ Γ· ἀναγκαῖον τοίνυν καὶ τὸ Α τῷ Γ ὑπάρχειν)· ὅταν δὲ μὴ ἀναγκαῖον ᾖ τὸ συμπέρασμα, οὐδὲ τὸ μέσον ἀναγκαῖον οἷόν τ' εἶναι (ἔστω γὰρ τὸ Α τῷ Γ μὴ ἐξ ἀνάγκης ὑπάρχειν, τῷ δὲ Β, καὶ τοῦτο τῷ Γ ἐξ ἀνάγκης· καὶ τὸ Α ἄρα τῷ Γ ἐξ ἀνάγκης ὑπάρξει· ἀλλ' οὐχ ὑπέκειτο).

Ἐπεὶ τοίνυν εἰ ἐπίσταται ἀποδεικτικῶς, δεῖ ἐξ ἀνάγκης ὑπάρχειν, δῆλον ὅτι καὶ διὰ μέσου ἀναγκαίου δεῖ ἔχειν τὴν ἀπόδειξιν· ἢ οὐκ ἐπιστήσεται οὔτε διότι οὔτε ὅτι ἀνάγκη ἐκεῖνο εἶναι, ἀλλ' ἢ οἰήσεται οὐκ εἰδώς, ἐὰν ὑπολάβῃ ὡς ἀναγκαῖον τὸ μὴ ἀναγκαῖον, ἢ οὐδ' οἰήσεται, ὁμοίως ἐάν τε τὸ ὅτι εἰδῇ διὰ μέσων ἐάν τε τὸ διότι καὶ δι' ἀμέσων.

Τῶν δὲ συμβεβηκότων μὴ καθ' αὑτά, ὃν τρόπον διω-

Ferner, wenn jemand jetzt nicht weiß, obgleich er eine Bestimmung besitzt und erhalten bleibt, wobei auch die Sache erhalten bleibt, und wenn er nicht vergessen hat, dann wusste er auch zuvor nicht. Es könnte jedoch der Mittelbegriff zugrunde gehen, wenn er nicht | notwendig ist, so dass er die Bestimmung besitzen wird und erhalten bleibt[62] – erhalten bleibt auch die Sache –, er aber dennoch nicht weiß. Folglich wusste er auch zuvor nicht. Wenn *der Mittelbegriff* dagegen nicht zugrunde gegangen ist, jedoch zugrunde gehen kann, dann dürfte auch das Resultat fähig sein zu existieren und möglich sein.[63] Aber es ist unmöglich, dass jemand in einem solchen Zustand weiß.

75a | Wenn freilich die Konklusion mit Notwendigkeit der Fall ist, hindert nichts daran, dass der Mittelbegriff nicht notwendig ist, durch den sie bewiesen wurde, denn es ist möglich, das Notwendige auch aus nicht-notwendigen Prämissen zu deduzieren, sowie auch das Wahre aus nicht-wahren Prämissen.[64] Wenn aber der Mittelbegriff mit Notwendigkeit *besteht*, dann | *besteht* auch die Konklusion mit Notwendigkeit, sowie auch aus wahren Prämissen stets Wahres *deduziert wird*.[65] Es treffe nämlich das A auf das B mit Notwendigkeit zu, und dieses auf das C; notwendig folglich trifft auch das A auf das C zu. Wenn dagegen die Konklusion nicht notwendig ist, so kann auch der Mittelbegriff nicht notwendig sein. Es treffe nämlich das A auf das C nicht mit | Notwendigkeit zu, wohl aber auf das B, und dieses auf das C mit Notwendigkeit; dann wird folglich auch das A auf das C mit Notwendigkeit zutreffen – aber das lag nicht zugrunde.

Da folglich, wenn jemand *etwas* auf demonstrative Weise weiß, es mit Notwendigkeit zutreffen muss, ist klar, dass er die Demonstration auch durch einen notwendigen Mittelbegriff besitzen muss; oder er wird nicht wissen – weder das Weshalb noch dass jenes notwendig ist, | sondern er wird es entweder glauben, ohne es zu wissen – wenn er als notwendig annimmt, was nicht notwendig ist –, oder er wird es nicht einmal glauben, gleichgültig ob er das Dass weiß durch Mittelbegriffe oder das Weshalb[66] sogar durch unvermittelte *Prämissen*.

Vom Zufälligen aber, das nicht an sich zutrifft – so wie das

ρίσθη τὰ καθ’ αὑτά, οὐκ ἔστιν ἐπιστήμη ἀποδεικτική. οὐ γὰρ ἔστιν ἐξ ἀνάγκης δεῖξαι τὸ συμπέρασμα· τὸ συμβεβηκὸς γὰρ ἐνδέχεται μὴ ὑπάρχειν· περὶ τοῦ τοιούτου γὰρ λέγω συμβεβηκότος. καίτοι ἀπορήσειεν ἄν τις ἴσως τίνος ἕνεκα ταῦτα δεῖ ἐρωτᾶν περὶ τούτων, εἰ μὴ ἀνάγκη τὸ συμπέρασμα εἶναι· οὐδὲν γὰρ διαφέρει εἴ τις ἐρόμενος τὰ τυχόντα εἶτα εἴπειεν τὸ συμπέρασμα. δεῖ δ’ ἐρωτᾶν οὐχ ὡς ἀναγκαῖον εἶναι διὰ τὰ ἠρωτημένα, ἀλλ’ ὅτι λέγειν ἀνάγκη τῷ ἐκεῖνα λέγοντι, καὶ ἀληθῶς λέγειν, ἐὰν ἀληθῶς ᾖ ὑπάρχοντα.

Ἐπεὶ δ’ ἐξ ἀνάγκης ὑπάρχει περὶ ἕκαστον γένος ὅσα καθ’ αὑτὰ ὑπάρχει καὶ ᾗ ἕκαστον, φανερὸν ὅτι περὶ τῶν καθ’ αὑτὰ ὑπαρχόντων αἱ ἐπιστημονικαὶ ἀποδείξεις καὶ ἐκ τῶν τοιούτων εἰσίν. τὰ μὲν γὰρ συμβεβηκότα οὐκ ἀναγκαῖα, ὥστ’ οὐκ ἀνάγκη τὸ συμπέρασμα εἰδέναι διότι ὑπάρχει, οὐδ’ εἰ ἀεὶ εἴη, μὴ καθ’ αὑτὸ δέ, οἷον οἱ διὰ σημείων συλλογισμοί. τὸ γὰρ καθ’ αὑτὸ οὐ καθ’ αὑτὸ ἐπιστήσεται, οὐδὲ διότι (τὸ δὲ διότι ἐπίστασθαί ἐστι τὸ διὰ τοῦ αἰτίου ἐπίστασθαι). δι’ αὐτὸ ἄρα δεῖ καὶ τὸ μέσον τῷ τρίτῳ καὶ τὸ πρῶτον τῷ μέσῳ ὑπάρχειν.

Οὐκ ἄρα ἔστιν ἐξ ἄλλου γένους μεταβάντα δεῖξαι, οἷον **17**
τὸ γεωμετρικὸν ἀριθμητικῇ. τρία γάρ ἐστι τὰ ἐν ταῖς ἀποδείξεσιν, ἓν μὲν τὸ ἀποδεικνύμενον, τὸ συμπέρασμα (τοῦτο δ’ ἐστὶ τὸ ὑπάρχον γένει τινὶ καθ’ αὑτό), ἓν δὲ τὰ ἀξιώματα (ἀξιώματα δ’ ἐστὶν ἐξ ὧν)· τρίτον τὸ γένος τὸ ὑποκεί-
75b μενον, οὗ τὰ πάθη καὶ τὰ καθ’ αὑτὰ συμβεβηκότα δηλοῖ

an sich Zutreffende definiert wurde[67] –, gibt es kein demonstratives Wissen, denn es ist nicht | möglich, die Konklusion mit Notwendigkeit zu beweisen.[68] Das Zufällige nämlich kann *auch* nicht zutreffen – denn über ein derartiges Zufälliges rede ich. Allerdings könnte jemand vielleicht das Problem aufwerfen, zu welchem Zweck man diese Fragen über diese Dinge stellen muss, wenn die Konklusion nicht notwendig ist. Denn es macht keinen Unterschied, wenn jemand nach Zufälligem fragt und dann | die Konklusion nennt. Man muss jedoch Fragen stellen, nicht als ob es notwendig wäre aufgrund des Gefragten, sondern weil es notwendig ist sie zu nennen für jemanden, der jene Dinge nennt, und zwar sie wahrheitsgemäß zu nennen, wenn sie wahrheitsgemäß zutreffen.

Da aber *dasjenige* mit Notwendigkeit auf jede einzelne Gattung zutrifft, was an sich zutrifft und als jedes einzelne,[69] so ist einleuchtend, dass es die | an sich zutreffenden Dinge sind, auf die sich die wissenschaftlichen Demonstrationen beziehen, und dass sie von derartigen Prämissen abhängen. Denn das Zufällige ist nicht notwendig, so dass man von der Konklusion nicht notwendigerweise weiß, warum sie zutrifft, nicht einmal wenn sie stets der Fall ist, ohne dass sie jedoch an sich zutrifft, wie etwa die Deduktionen durch Zeichen.[70] Denn das an sich Zutreffende wird man dann nicht an sich wissen, und auch nicht das Weshalb – | das Wissen des Weshalb ist aber das Wissen durch das Ursächliche.[71] Durch sich selbst folglich muss sowohl der Mittelbegriff auf den dritten Begriff als auch der erste Begriff auf den Mittelbegriff zutreffen.[72]

Kapitel 7. Es ist daher nicht möglich, aus einer anderen Gattung überzuwechseln und dadurch *etwas* zu beweisen,[73] wie etwa das Geometrische durch Arithmetik. Drei Dinge nämlich gibt es in den | Demonstrationen; eines: das Demonstrierte, die Konklusion – dies ist das, was auf eine gewisse Gattung an sich zutrifft; ein anderes: die Postulate – Postulate sind das, wovon *die Demonstration* abhängt; ein drittes: die Gattung, die zugrunde liegt, | deren Eigenschaften und das an sich *auf sie* zu- **75b**
treffende Zufällige die Demonstration klar macht.[74]

ἡ ἀπόδειξις. ἐξ ὧν μὲν οὖν ἡ ἀπόδειξις, ἐνδέχεται τὰ αὐτὰ εἶναι· ὧν δὲ τὸ γένος ἕτερον, ὥσπερ ἀριθμητικῆς καὶ γεωμετρίας, οὐκ ἔστι τὴν ἀριθμητικὴν ἀπόδειξιν ἐφαρμόσαι ἐπὶ τὰ τοῖς μεγέθεσι συμβεβηκότα, εἰ μὴ τὰ μεγέθη ἀριθμοί εἰσι· τοῦτο δ' ὡς ἐνδέχεται ἐπί τινων, ὕστερον λεχθήσεται. ἡ δ' ἀριθμητικὴ ἀπόδειξις ἀεὶ ἔχει τὸ γένος περὶ ὃ ἡ ἀπόδειξις, καὶ αἱ ἄλλαι ὁμοίως. ὥστ' ἢ ἁπλῶς ἀνάγκη τὸ αὐτὸ εἶναι γένος ἢ πῄ, εἰ μέλλει ἡ ἀπόδειξις μεταβαίνειν. ἄλλως δ' ὅτι ἀδύνατον, δῆλον· ἐκ γὰρ τοῦ αὐτοῦ γένους ἀνάγκη τὰ ἄκρα καὶ τὰ μέσα εἶναι. εἰ γὰρ μὴ καθ' αὐτά, συμβεβηκότα ἔσται. διὰ τοῦτο τῇ γεωμετρίᾳ οὐκ ἔστι δεῖξαι ὅτι τῶν ἐναντίων μία ἐπιστήμη, ἀλλ' οὐδ' ὅτι οἱ δύο κύβοι κύβος· οὐδ' ἄλλῃ ἐπιστήμῃ τὸ ἑτέρας, ἀλλ' ἢ ὅσα οὕτως ἔχει πρὸς ἄλληλα ὥστ' εἶναι θάτερον ὑπὸ θάτερον, οἷον τὰ ὀπτικὰ πρὸς γεωμετρίαν καὶ τὰ ἁρμονικὰ πρὸς ἀριθμητικήν. οὐδ' εἴ τι ὑπάρχει ταῖς γραμμαῖς μὴ ᾗ γραμμαὶ καὶ ᾗ ἐκ τῶν ἀρχῶν τῶν ἰδίων, οἷον εἰ καλλίστη τῶν γραμμῶν ἡ εὐθεῖα ἢ εἰ ἐναντίως ἔχει τῇ περιφερεῖ· οὐ γὰρ ᾗ τὸ ἴδιον γένος αὐτῶν, ὑπάρχει, ἀλλ' ᾗ κοινόν τι.

Φανερὸν δὲ καὶ ἐὰν ὦσιν αἱ προτάσεις καθόλου ἐξ ὧν ὁ **18**
συλλογισμός, ὅτι ἀνάγκη καὶ τὸ συμπέρασμα ἀΐδιον εἶναι τῆς τοιαύτης ἀποδείξεως καὶ τῆς ἁπλῶς εἰπεῖν ἀποδείξεως. οὐκ ἔστιν ἄρα ἀπόδειξις τῶν φθαρτῶν οὐδ' ἐπιστήμη ἁπλῶς, ἀλλ' οὕτως ὥσπερ κατὰ συμβεβηκός, ὅτι οὐ καθ'

Wovon nun die Demonstration abhängt, das kann dasselbe sein; wovon dagegen die Gattung verschieden ist,[75] wie von Arithmetik und Geometrie, da ist es nicht möglich, die arithmetische Demonstration auf | das Zufällige anzuwenden, das auf die Größen zutrifft, es sei denn die Größen sind Zahlen; wie das möglich ist bei gewissen Dingen, wird später gesagt werden. Die arithmetische Demonstration besitzt stets die Gattung, auf die sich die Demonstration bezieht, und die übrigen *Demonstrationen* in ähnlicher Weise. Daher muss die Gattung entweder schlechthin dieselbe sein oder in gewisser Weise, wenn die Demonstration überwechseln soll. | Dass es auf andere Weise unmöglich ist, ist klar, denn aus derselben Gattung müssen die Außenbegriffe und die Mittelbegriffe sein. Wenn sie nämlich nicht an sich zutreffen, werden sie zufällig sein. Aus diesem Grund ist es der Geometrie nicht möglich zu beweisen, dass es von den konträren Dingen eine einzige Wissenschaft gibt – und nicht einmal dass zwei Kubikzahlen eine Kubikzahl bilden[76] – noch *ist es* einer anderen Wissenschaft *möglich*, das *zu beweisen*, was einer von ihr verschiedenen *Wissenschaft* zugehört, außer *im Falle von Wissenschaften,* die sich so | zueinander verhalten, dass die eine der anderen untergeordnet ist, *so* wie *sich* die Optik zur Geometrie und die Harmonik zur Arithmetik *verhält.*[77] Und ebenfalls *ist es der Geometrie* nicht *möglich, etwas zu beweisen*, wenn es auf die Linien nicht als Linien zutrifft und nicht als abhängig von den spezifischen Prinzipien, wie etwa ob die schönste aller Linien die Gerade ist oder ob sie sich konträr verhält zum Kreisförmigen;[78] denn dies trifft auf sie nicht als | ihre spezifische Gattung zu, sondern als etwas Gemeinsames.

Kapitel 8. Es ist aber auch einleuchtend, dass wenn die Prämissen allgemein sind[79], von denen die Deduktion abhängt, notwendig auch die Konklusion einer derartigen Demonstration ewig[80] ist – und zwar der schlechthin zu nennenden Demonstration. Es gibt folglich keine Demonstration von den vergänglichen Dingen[81] und auch kein Wissen | schlechthin[82], sondern höchstens so wie auf zufällige Weise, weil sie nicht allge-

ὅλου αὐτοῦ ἐστιν ἀλλὰ ποτὲ καὶ πώς. ὅταν δ' ᾖ, ἀνάγκη τὴν ἑτέραν μὴ καθόλου εἶναι πρότασιν καὶ φθαρτήν – φθαρτὴν μὲν ὅτι ἔσται καὶ τὸ συμπέρασμα οὔσης, μὴ καθόλου δὲ ὅτι τῷ μὲν ἔσται τῷ δ' οὐκ ἔσται ἐφ' ὧν – ὥστ' οὐκ ἔστι συλλογίσασθαι καθόλου, ἀλλ' ὅτι νῦν. ὁμοίως δ' ἔχει καὶ περὶ ὁρισμούς, ἐπείπερ ἐστὶν ὁ ὁρισμὸς ἢ ἀρχὴ ἀποδείξεως ἢ ἀπόδειξις θέσει διαφέρουσα ἢ συμπέρασμά τι ἀποδείξεως. αἱ δὲ τῶν πολλάκις γινομένων ἀποδείξεις καὶ ἐπιστῆμαι, οἷον σελήνης ἐκλείψεως, δῆλον ὅτι ᾗ μὲν τοιοῦδ' εἰσίν, ἀεὶ εἰσίν, ᾗ δ' οὐκ ἀεί, κατὰ μέρος εἰσίν. ὥσπερ δ' ἡ ἔκλειψις, ὡσαύτως τοῖς ἄλλοις.

Ἐπεὶ δὲ φανερὸν ὅτι ἕκαστον ἀποδεῖξαι οὐκ ἔστιν ἀλλ' **19**
ἢ ἐκ τῶν ἑκάστου ἀρχῶν, ἂν τὸ δεικνύμενον ὑπάρχῃ ᾗ ἐκεῖνο, οὐκ ἔστι τὸ ἐπίστασθαι τοῦτο, ἂν ἐξ ἀληθῶν καὶ ἀναποδείκτων δειχθῇ καὶ ἀμέσων. ἔστι γὰρ οὕτω δεῖξαι, ὥσπερ Βρύσων τὸν τετραγωνισμόν. κατὰ κοινόν τε γὰρ δεικνύουσιν οἱ τοιοῦτοι λόγοι, ὃ καὶ ἑτέρῳ ὑπάρξει· διὸ καὶ ἐπ' ἄλλων ἐφαρ-
76a μόττουσιν οἱ λόγοι οὐ συγγενῶν. οὐκοῦν οὐχ ᾗ ἐκεῖνο ἐπίσταται, ἀλλὰ κατὰ συμβεβηκός· οὐ γὰρ ἂν ἐφήρμοττεν ἡ ἀπόδειξις καὶ ἐπ' ἄλλο γένος.

mein[A] von ihm gilt, sondern irgendwann und irgendwie. Wenn es dagegen *eine solche Demonstration* gibt, dann ist notwendig die eine Prämisse nicht-allgemein und vergänglich[83] – vergänglich, weil es auch die Konklusion sein wird, wenn die *eine Prämisse* es ist, und nicht-allgemein, weil das, was zugesprochen wird, für das eine der Fall sein wird, für das andere[B] dagegen nicht der Fall sein wird, so dass nicht | allgemein deduziert werden kann, sondern nur dass es jetzt der Fall ist.

Ähnlich verhält es sich auch mit Definitionen,[84] wenn denn die Definition entweder ein Prinzip einer Demonstration oder eine Demonstration, die sich durch Position unterscheidet, oder eine gewisse Konklusion einer Demonstration ist.[85] Die Demonstrationen und Wissenschaften von Dingen, die sich häufig ereignen,[86] wie etwa von einer Mondfinsternis,[87] gelten klarerweise, insofern sie von dieser so und so beschaffenen Sache gelten, immer, | insofern *sie* jedoch nicht immer *gelten*, gelten sie speziell. Und so wie die Verfinsterung, ebenso *verhält sich die Sache* auch in den anderen Fällen.

Kapitel 9. Da es einleuchtend ist, dass man eine jede Sache nicht demonstrieren kann außer aus den Prinzipien einer jeden Sache, wenn das Bewiesene als solches zutrifft,[88] so ist das Wissen nicht dies, wenn aus wahren und nicht-demonstrierbaren und | unvermittelten *Prämissen* bewiesen wurde. Es ist nämlich möglich, auf solche Weise zu beweisen, wie Bryson die Quadratur *des Kreises bewiesen hat.*[89] In Hinsicht auf etwas Gemeinsames nämlich beweisen derartige Argumente, was auch auf anderes zutreffen wird. Deshalb sind die Argumente auch auf andere Dinge | anwendbar, die nicht von der- **76a**
selben Gattung sind. Also wird es nicht als solches gewusst, sondern auf zufällige Weise, denn sonst wäre die Demonstration nicht auch auf eine andere Gattung *anwendbar.*

[A] [b 27] *καθόλου* mit codd. gegen die Konjektur *καθ' ὅλου* bei Ross.
[B] [b 29] *τῷ μὲν – τῷ δέ* (Konjektur Ross) gegen das grammatisch unverständliche *ᾧ μὲν - τῷ δέ* in codd.

Ἕκαστον δ' ἐπιστάμεθα μὴ κατὰ συμβεβηκός, ὅταν κατ' ἐκεῖνο γινώσκωμεν καθ' ὃ ὑπάρχει, ἐκ τῶν ἀρχῶν τῶν ἐκείνου ᾗ ἐκεῖνο, οἷον τὸ δυσὶν ὀρθαῖς ἴσας ἔχειν, ᾧ ὑπάρχει καθ' αὑτὸ τὸ εἰρημένον, ἐκ τῶν ἀρχῶν τῶν τούτου. ὥστ' εἰ καθ' αὑτὸ κἀκεῖνο ὑπάρχει ᾧ ὑπάρχει, ἀνάγκη τὸ μέσον ἐν τῇ αὐτῇ συγγενείαι εἶναι. εἰ δὲ μή, ἀλλ' ὡς τὰ ἁρμονικὰ δι' ἀριθμητικῆς. τὰ δὲ τοιαῦτα δείκνυται μὲν ὡσαύτως, διαφέρει δέ· τὸ μὲν γὰρ ὅτι ἑτέρας ἐπιστήμης (τὸ γὰρ ὑποκείμενον γένος ἕτερον), τὸ δὲ διότι τῆς ἄνω, ἧς καθ' αὑτὰ τὰ πάθη ἐστίν. ὥστε καὶ ἐκ τούτων φανερὸν ὅτι οὐκ ἔστιν ἀποδεῖξαι ἕκαστον ἁπλῶς ἀλλ' ἢ ἐκ τῶν ἑκάστου ἀρχῶν. ἀλλὰ τούτων αἱ ἀρχαὶ ἔχουσι τὸ κοινόν.

Εἰ δὲ φανερὸν τοῦτο, φανερὸν καὶ ὅτι οὐκ ἔστι τὰς ἑκάστου ἰδίας ἀρχὰς ἀποδεῖξαι· ἔσονται γὰρ ἐκεῖναι ἁπάντων ἀρχαί, καὶ ἐπιστήμη ἡ ἐκείνων κυρία πάντων. καὶ γὰρ ἐπίσταται μᾶλλον ὁ ἐκ τῶν ἀνώτερον αἰτίων εἰδώς· ἐκ τῶν προτέρων γὰρ οἶδεν, ὅταν ἐκ μὴ αἰτιατῶν εἰδῇ αἰτίων. ὥστ' εἰ μᾶλλον οἶδε καὶ μάλιστα, κἂν ἐπιστήμη ἐκείνη εἴη καὶ μᾶλλον καὶ μάλιστα. ἡ δ' ἀπόδειξις οὐκ ἐφαρμόττει ἐπ' ἄλλο γένος, ἀλλ' ἢ ὡς εἴρηται αἱ γεωμετρικαὶ ἐπὶ τὰς μηχανικὰς ἢ ὀπτικὰς καὶ αἱ ἀριθμητικαὶ ἐπὶ τὰς ἁρμονικάς.

Χαλεπὸν δ' ἐστὶ τὸ γνῶναι εἰ οἶδεν ἢ μή. χαλεπὸν γὰρ τὸ γνῶναι εἰ ἐκ τῶν ἑκάστου ἀρχῶν ἴσμεν ἢ μή· ὅπερ

Wir wissen eine jede Sache andererseits auf nicht-zufällige Weise,[90] wenn wir von ihr | in Hinsicht auf jenes Ding Kenntnis besitzen, in Hinsicht auf welches es zutrifft, aus den Prinzipien jedes Dinges als eines solchen – wie wir etwa das Haben von Winkeln gleich zwei Rechten wissen, wenn wir von ihm in Hinsicht auf jenes Ding Kenntnis besitzen, in Hinsicht auf welches das Gesagte an sich zutrifft, aus den Prinzipien dieses Dinges; so dass, wenn auch jenes an sich zutrifft auf dasjenige, auf das es zutrifft, notwendig der Mittelbegriff in derselben Gattung ist[91] – wenn nicht, dann *wird die Sache so bewiesen* wie | das Harmonische durch Arithmetik. Derartige Dinge werden zwar auf dieselbe Weise bewiesen, unterscheiden sich jedoch. Das Dass nämlich gehört zu einer anderen Wissenschaft (denn die zugrunde liegende Gattung ist eine andere), das Weshalb dagegen *gehört* zu einer höheren *Wissenschaft*, zu der die an sich zutreffenden Eigenschaften gehören.[92] Daher ist auch aus diesen Dingen einleuchtend, dass es nicht möglich ist, eine jede Sache schlechthin zu demonstrieren außer aus den | Prinzipien einer jeden Sache. Aber die Prinzipien dieser Dinge besitzen das Gemeinsame.

Wenn aber dies einleuchtend ist, dann ist auch einleuchtend, dass es nicht möglich ist, die für jede Sache spezifischen Prinzipien zu demonstrieren. Es würden nämlich jene *übergeordnete Prinzipien* für alle Dinge Prinzipien sein – und ihr Wissen maßgebend für alle Dinge. In der Tat nämlich weiß *derjenige* in höherem Grade, der aufgrund höherer Ursachen weiß; aufgrund der | vorrangigen Dinge nämlich weiß man, wenn man aufgrund nicht verursachter Ursachen weiß. Daher, wenn man in höherem Grade weiß und in höchstem Grade, so dürfte auch jenes Wissen von höherem und höchsten Grade sein.[93] Und die Demonstration ist nicht anwendbar auf eine andere Gattung – außer, wie gesagt, die geometrischen *Demonstrationen* auf die mechanischen oder optischen und die arithmetischen auf die | harmonischen.

Es ist freilich schwer, Kenntnis darüber zu gewinnen, ob man *etwas* weiß oder nicht. Schwer nämlich ist es, Kenntnis darüber zu gewinnen, ob wir *etwas* aufgrund der Prinzipien

ἐστὶ τὸ εἰδέναι. οἰόμεθα δ', ἂν ἔχωμεν ἐξ ἀληθινῶν τινῶν συλλογισμὸν καὶ πρώτων, ἐπίστασθαι. τὸ δ' οὐκ ἔστιν, ἀλλὰ συγγενῆ δεῖ εἶναι τοῖς πρώτοις.

Λέγω δ' ἀρχὰς ἐν ἑκάστῳ γένει ταύτας ἃς ὅτι ἔστι I 10 μὴ ἐνδέχεται δεῖξαι. τί μὲν οὖν σημαίνει καὶ τὰ πρῶτα καὶ τὰ ἐκ τούτων, λαμβάνεται, ὅτι δ' ἔστι, τὰς μὲν ἀρχὰς ἀνάγκη λαμβάνειν, τὰ δ' ἄλλα δεικνύναι· οἷον τί μονὰς ἢ τί τὸ εὐθὺ καὶ τρίγωνον, εἶναι δὲ τὴν μονάδα λαβεῖν καὶ μέγεθος, τὰ δ' ἕτερα δεικνύναι.

Ἔστι δ' ὧν χρῶνται ἐν ταῖς ἀποδεικτικαῖς ἐπιστήμαις τὰ μὲν ἴδια ἑκάστης ἐπιστήμης τὰ δὲ κοινά, κοινὰ δὲ κατ' ἀναλογίαν, ἐπεὶ χρήσιμόν γε ὅσον ἐν τῷ ὑπὸ τὴν ἐπιστήμην γένει· ἴδια μὲν οἷον γραμμὴν εἶναι τοιανδὶ καὶ τὸ εὐθύ, κοινὰ δὲ οἷον τὸ ἴσα ἀπὸ ἴσων ἂν ἀφέλῃ, ὅτι ἴσα τὰ λοιπά. ἱκανὸν δ' ἕκαστον τούτων ὅσον ἐν τῷ γένει· ταὐτὸ γὰρ ποιήσει, κἂν μὴ κατὰ πάντων λάβῃ ἀλλ' ἐπὶ μεγεθῶν μόνον, τῷ δ' ἀριθμητικῷ ἐπ' ἀριθμῶν.

Ἔστι δ' ἴδια μὲν καὶ ἃ λαμβάνεται εἶναι, περὶ ἃ ἡ ἐπιστήμη θεωρεῖ τὰ ὑπάρχοντα καθ' αὑτά, οἷον μονάδας ἡ ἀριθμητική, ἡ δὲ γεωμετρία σημεῖα καὶ γραμμάς. ταῦτα γὰρ λαμβάνουσι τὸ εἶναι καὶ τοδὶ εἶναι. τὰ δὲ τούτων πάθη καθ' αὑτά, τί μὲν σημαίνει ἕκαστον, λαμβάνουσιν, οἷον ἡ μὲν ἀριθ μητικὴ τί περιττὸν ἢ ἄρτιον ἢ τετράγωνον ἢ κύβος,

einer jeden Sache wissen oder nicht – was das Wissen wirklich ist. Wir glauben freilich, wenn wir aufgrund gewisser wahrer und ursprünglicher Dinge eine Deduktion besitzen, *etwas* zu wissen. Das aber ist nicht der Fall, sondern | *die gewussten Dinge* müssen in derselben Gattung sein wie die ursprünglichen Dinge.[94]

Kapitel 10. Ich nenne Prinzipien in einer jeden Gattung diejenigen, von denen es unmöglich ist zu beweisen, dass sie sind.[95] Was sie bezeichnen – und zwar sowohl die ursprünglichen Dinge als auch die von ihnen abhängigen Dinge –, wird angenommen; dass sie jedoch sind, muss man von den Prinzipien annehmen,[96] von den übrigen Dingen dagegen beweisen, wie zum Beispiel was eine Einheit ist | oder was das Gerade und Dreieck, aber auch dass die Einheit und Größe ist, muss man annehmen, das übrige dagegen beweisen.

Es sind aber von den *Prinzipien*, die sie benutzen in den demonstrativen Wissenschaften, einige spezifisch für jede einzelne Wissenschaft, andere dagegen gemeinsam – gemeinsam freilich nach Analogie, da nützlich nur in der unter die Wissenschaft fallenden | Gattung. Spezifisch ist etwa, dass eine Linie und das Gerade von der und der Art ist, gemeinsam etwa, dass wenn man Gleiches von Gleichem abzieht, das Übrige gleich ist.[97] Hinreichend freilich ist ein jedes dieser *Prinzipien*, soweit es in der Gattung gilt; dasselbe nämlich wird es zustande bringen, | auch wenn man es nicht für alle Dinge annimmt, **76b**
sondern für Größen allein und – für den Arithmetiker – für Zahlen allein.

Es sind aber spezifisch auch *Prinzipien* – von denen angenommen wird, dass sie sind –, bei denen die Wissenschaft das an sich Zutreffende betrachtet, wie etwa bei Einheiten die | Arithmetik, die Geometrie dagegen bei Punkten und Linien. Von diesen Dingen nämlich nehmen sie an, dass sie sind und dass sie dieses sind. *Was* jedoch die an sich zutreffenden Eigenschaften dieser Dinge *betrifft*, so nehmen sie an, was eine jede bezeichnet, wie etwa die Arithmetik, was ungerade oder gerade oder Quadratzahl oder Kubikzahl *ist*, und die Geome-

ἡ δὲ γεωμετρία τί τὸ ἄλογον ἢ τὸ κεκλάσθαι ἢ νεύειν, ὅτι δ' ἔστι, δεικνύουσι διά τε τῶν κοινῶν καὶ ἐκ τῶν ἀποδεδειγμένων. καὶ ἡ ἀστρολογία ὡσαύτως. πᾶσα γὰρ ἀποδεικτικὴ ἐπιστήμη περὶ τρία ἐστίν, ὅσα τε εἶναι τίθεται (ταῦτα δ' ἐστὶ τὸ γένος, οὗ τῶν καθ' αὑτὰ παθημάτων ἐστὶ θεωρητική), καὶ τὰ κοινὰ λεγόμενα ἀξιώματα, ἐξ ὧν πρώτων ἀποδεικνυσι, καὶ τρίτον τὰ πάθη, ὧν τί σημαίνει ἕκαστον λαμβάνει. ἐνίας μέντοι ἐπιστήμας οὐδὲν κωλύει ἔνια τούτων παρορᾶν, οἷον τὸ γένος μὴ ὑποτίθεσθαι εἶναι, ἂν ᾖ φανερὸν ὅτι ἔστιν (οὐ γὰρ ὁμοίως δῆλον ὅτι ἀριθμός ἐστι καὶ ὅτι ψυχρὸν καὶ θερμόν), καὶ τὰ πάθη μὴ λαμβάνειν τί σημαίνει, ἂν ᾖ δῆλα· ὥσπερ οὐδὲ τὰ κοινὰ οὐ λαμβάνει τί σημαίνει τὸ ἴσα ἀπὸ ἴσων ἀφελεῖν, ὅτι γνώριμον. ἀλλ' οὐδὲν ἧττον τῇ γε φύσει τρία ταῦτά ἐστι, περὶ ὅ τε δείκνυσι καὶ ἃ δείκνυσι καὶ ἐξ ὧν.

Οὐκ ἔστι δ' ὑπόθεσις οὐδ' αἴτημα, ὃ ἀνάγκη εἶναι δι' αὑτὸ καὶ δοκεῖν ἀνάγκη. οὐ γὰρ πρὸς τὸν ἔξω λόγον ἡ ἀπόδειξις, ἀλλὰ πρὸς τὸν ἐν τῇ ψυχῇ, ἐπεὶ οὐδὲ συλλογισμός. ἀεὶ γὰρ ἔστιν ἐνστῆναι πρὸς τὸν ἔξω λόγον, ἀλλὰ πρὸς τὸν ἔσω λόγον οὐκ ἀεί. ὅσα μὲν οὖν δεικτὰ ὄντα λαμβάνει αὐτὸς μὴ δείξας, ταῦτ', ἐὰν μὲν δοκοῦντα λαμβάνῃ τῷ μανθάνοντι, ὑποτίθεται, καὶ ἔστιν οὐχ ἁπλῶς ὑπόθεσις ἀλλὰ πρὸς ἐκεῖνον μόνον, ἂν δὲ ἢ μηδεμιᾶς ἐνούσης δόξης ἢ καὶ ἐναντίας ἐνούσης λαμβάνῃ τὸ αὐτό, αἰτεῖται. καὶ τούτῳ διαφέρει ὑπόθεσις καὶ αἴτημα· ἔστι γὰρ αἴτημα τὸ ὑπεναντίον

trie, was das Inkommensurable[98] oder das Bilden nicht-rechter oder rechter Winkel[99] *ist*; dass | sie dagegen sind, beweisen sie durch die gemeinsamen Postulate und aus den demonstrierten Dingen; und ebenso die Astronomie.

Jede demonstrative Wissenschaft nämlich ist auf drei Dinge gerichtet: *diejenigen*, von denen sie festsetzt, dass sie sind – diese aber bilden die Gattung, deren an sich zutreffende Eigenschaften sie betrachtet –, und die gemeinsamen sogenannten Postulate, aus denen, als ursprünglichen Dingen, sie demonstriert, | und als drittes die Eigenschaften, von denen sie das, was eine jede bezeichnet, annimmt.[100] Dass einige Wissenschaften freilich über einige dieser Dinge hinwegsehen, daran hindert nichts, wie etwa von der Gattung nicht vorauszusetzen, dass sie ist, wenn es einleuchtend ist, dass sie ist – denn nicht in ähnlicher Weise ist klar, dass *eine* Zahl ist und dass Kaltes und Warmes sind –, und von den Eigenschaften nicht anzunehmen, was sie bezeichnen, wenn sie klar sind, | sowie auch von den gemeinsamen Postulaten nicht anzunehmen, was sie bezeichnen – das Gleiches vom Gleichen Abziehen –, weil es bekannt ist. Aber nichtsdestoweniger sind es jedenfalls von Natur aus diese drei Dinge: worüber sie beweisen und was sie beweisen und woraus.

Es ist aber weder eine Hypothese noch eine Forderung, was notwendig durch sich selbst ist und notwendig zu sein scheint. Denn nicht auf das äußere Argument bezieht sich die | Demonstration, sondern auf das *Argument* in der Seele – da *das äußere Argument* nicht einmal eine Deduktion *ist*. Immer nämlich ist es möglich, Einwände vorzubringen gegen das äußere Argument, aber nicht immer gegen das innere Argument.[101] Was jemand nun, obgleich es beweisbar ist, annimmt, ohne es selbst zu beweisen, das setzt er, wenn er es als plausibel annimmt für den, der Wissen erwirbt, voraus, und es ist nicht schlechthin eine Hypothese, sondern | nur relativ zu jenem. Wenn er dagegen, ohne dass eine Meinung vorhanden ist oder wenn sogar eine konträre vorhanden ist, dasselbe annimmt, so stellt er eine Forderung auf. Und darin unterscheiden sich Hypothese und Forderung: eine Forderung ist nämlich das Konträre zu der

τοῦ μανθάνοντος τῇ δόξῃ, [...] ὃ ἄν τις ἀποδεικτὸν ὂν λαμβάνῃ καὶ χρῆται μὴ δείξας.

Οἱ μὲν οὖν ὅροι οὐκ εἰσὶν ὑποθέσεις (οὐδὲν γὰρ εἶναι ἢ μὴ λέγεται), ἀλλ' ἐν ταῖς προτάσεσιν αἱ ὑποθέσεις, τοὺς δ' ὅρους μόνον ξυνίεσθαι δεῖ· τοῦτο δ' οὐχ ὑπόθεσις (εἰ μὴ καὶ τὸ ἀκούειν ὑπόθεσίν τις εἶναι φήσει), ἀλλ' ὅσων ὄντων τῷ ἐκεῖνα εἶναι γίνεται τὸ συμπέρασμα. οὐδ' ὁ γεωμέτρης ψευδῆ ὑποτίθεται, ὥσπερ τινὲς ἔφασαν, λέγοντες ὡς οὐ δεῖ τῷ ψεύδει χρῆσθαι, τὸν δὲ γεωμέτρην ψεύδεσθαι λέγοντα ποδιαίαν τὴν οὐ ποδιαίαν ἢ εὐθεῖαν τὴν γεγραμμένην οὐκ εὐθεῖαν
77a οὖσαν. ὁ δὲ γεωμέτρης οὐδὲν συμπεραίνεται τῷ τήνδε εἶναι γραμμὴν ἣν αὐτὸς ἔφθεγκται, ἀλλὰ τὰ διὰ τούτων δηλούμενα. ἔτι τὸ αἴτημα καὶ ὑπόθεσις πᾶσα ἢ ὡς ὅλον ἢ ὡς ἐν μέρει, οἱ δ' ὅροι οὐδέτερον τούτων.

Εἴδη μὲν οὖν εἶναι ἢ ἕν τι παρὰ τὰ πολλὰ οὐκ ἀνάγκη, **I 11**
εἰ ἀπόδειξις ἔσται, εἶναι μέντοι ἓν κατὰ πολλῶν ἀληθὲς εἰπεῖν ἀνάγκη· οὐ γὰρ ἔσται τὸ καθόλου, ἂν μὴ τοῦτο ᾖ· ἐὰν δὲ τὸ καθόλου μὴ ᾖ, τὸ μέσον οὐκ ἔσται, ὥστ' οὐδ' ἀπόδειξις. δεῖ ἄρα τι ἓν καὶ τὸ αὐτὸ ἐπὶ πλειόνων εἶναι μὴ ὁμώνυμον. τὸ δὲ μὴ ἐνδέχεσθαι ἅμα φάναι καὶ ἀποφάναι οὐδεμία λαμβάνει ἀπόδειξις, ἀλλ' ἢ ἐὰν δέῃ δεῖξαι καὶ τὸ συμπέ-

Meinung desjenigen, der Wissen erwirbt: *etwas*, was[A] jemand, obgleich es demonstrierbar ist, annimmt und benutzt, ohne es bewiesen zu haben.

| Die Begriffe sind nicht Hypothesen – denn in keiner Weise wird gesagt, dass sie sind oder nicht –, sondern die Hypothesen gehören zu den Prämissen, die Begriffe dagegen muss man nur verstehen.[102] *Dieses Verstehen* aber ist nicht eine Hypothese – es sei denn jemand will behaupten, dass auch das Hören eine Hypothese ist –, sondern *Hypothesen sind diejenigen Dinge*, durch die, wenn sie bestehen, dadurch dass jene Dinge bestehen, die Konklusion zustande kommt. Auch setzt der Geometer nichts Falsches | voraus, wie einige behauptet haben, indem sie sagen, dass man nicht das Falsche benutzen darf, dass aber der Geometer falsch redet, wenn er die Linie, die nicht einen Fuß lang ist, einen Fuß lang nennt, oder die gezeichnete Linie Gerade, obgleich sie nicht gerade | ist. Aber der Geometer fol- **77a**
gert nicht daraus, dass diese Linie hier existiert, die er selbst beschrieben hat, sondern *daraus*, was durch diese Dinge klargemacht wird.[103] Ferner ist die Forderung und jede Hypothese entweder wie ein Ganzes oder wie ein Spezielles, die Begriffe dagegen sind keines von beiden.

Kapitel 11. | Dass es Formen oder ein gewisses Eines neben den vielen Dingen gibt, ist nicht notwendig, wenn Demonstration möglich sein soll.[104] Dass es jedoch ein Eines gibt, das auf viele Dinge zutrifft – dass dies wahr ist zu sagen, ist notwendig. Denn es wird kein Allgemeines geben, wenn dies nicht der Fall ist. Wenn es aber das Allgemeine nicht gibt, wird es den Mittelbegriff nicht geben, und daher auch keine Demonstration. Es muss folglich ein gewisses Eines und Identisches bei mehreren Dingen geben, das nicht mehrdeutig ist.[105]

| Dass es nicht möglich ist, zugleich zu bejahen und zu verneinen,[106] nimmt keine Demonstration an, es sei denn es ist nötig zu beweisen, dass auch die Konklusion von dieser Art

[A] [b33] Streichung von ἤ in codd. und bei Ross nach dem Vorschlag von Hayduck und Barnes.

ρασμα οὕτως. δείκνυται δὲ λαβοῦσι τὸ πρῶτον κατὰ τοῦ μέσου, ὅτι ἀληθές, ἀποφάναι δ' οὐκ ἀληθές. τὸ δὲ μέσον οὐδὲν διαφέρει εἶναι καὶ μὴ εἶναι λαβεῖν, ὡς δ' αὕτως καὶ τὸ τρίτον. εἰ γὰρ ἐδόθη, καθ' οὗ ἄνθρωπον ἀληθὲς εἰπεῖν, εἰ καὶ μὴ ἄνθρωπον ἀληθές, ἀλλ' εἰ μόνον ἄνθρωπον, ζῷον εἶναι, μὴ ζῷον δὲ μή, ἔσται [...] ἀληθὲς εἰπεῖν Καλλίαν, εἰ καὶ μὴ Καλλίαν, ὅμως ζῷον, μὴ ζῷον δ' οὔ. αἴτιον δ' ὅτι τὸ πρῶτον οὐ μόνον κατὰ τοῦ μέσου λέγεται ἀλλὰ καὶ κατ' ἄλλου διὰ τὸ εἶναι ἐπὶ πλειόνων, ὥστ' οὐδ' εἰ τὸ μέσον καὶ αὐτό ἐστι καὶ μὴ αὐτό, πρὸς τὸ συμπέρασμα οὐδὲν διαφέρει. τὸ δ' ἅπαν φάναι ἢ ἀποφάναι ἡ εἰς τὸ ἀδύνατον ἀπόδειξις λαμβάνει, καὶ ταῦτα οὐδ' ἀεὶ καθόλου, ἀλλ' ὅσον ἱκανόν, ἱκανὸν δ' ἐπὶ τοῦ γένους. λέγω δ' ἐπὶ τοῦ γένους οἷον περὶ ὃ γένος τὰς ἀποδείξεις φέρει, ὥσπερ εἴρηται καὶ πρότερον.

Ἐπικοινωνοῦσι δὲ πᾶσαι αἱ ἐπιστῆμαι ἀλλήλαις κατὰ τὰ κοινά (κοινὰ δὲ λέγω οἷς χρῶνται ὡς ἐκ τούτων ἀποδεικνύντες, ἀλλ' οὐ περὶ ὧν δεικνύουσιν οὐδ' ὃ δεικνύουσιν), καὶ ἡ διαλεκτικὴ πάσαις, καὶ εἴ τις καθόλου πειρῷτο δεικνύναι τὰ κοινά, οἷον ὅτι ἅπαν φάναι ἢ ἀποφάναι, ἢ ὅτι ἴσα ἀπὸ ἴσων, ἢ τῶν τοιούτων ἄττα. ἡ δὲ διαλεκτικὴ οὐκ ἔστιν οὕτως ὡρισμένων τινῶν, οὐδὲ γένους τινὸς ἑνός. οὐ γὰρ ἂν ἠρώτα· ἀποδεικνύντα γὰρ οὐκ ἔστιν ἐρωτᾶν διὰ τὸ τῶν ἀντικειμένων

ist. Es wird aber bewiesen, wenn man annimmt, dass das Ursprüngliche auf den Mittelbegriff zutrifft – dass dies wahr ist –, und *dass* es zu verneinen nicht wahr *ist*. Was jedoch den Mittelbegriff betrifft, so macht es keinen Unterschied anzunehmen, dass er zutrifft und dass er nicht zutrifft, ebenso auch *was* | den dritten *Begriff angeht*. Wenn nämlich eingeräumt wird, dass das, wovon Mensch zu sagen wahr ist – selbst wenn es auch von einem Nicht-Menschen wahr ist, aber wenn nur vom Menschen – Lebewesen ist, Nicht-Lebewesen jedoch nicht, so wird es wahr sein[A] zu sagen, dass Kallias, selbst wenn *es* auch *von einem* Nicht-Kallias *gilt*, dennoch Lebewesen ist, Nicht-Lebewesen jedoch nicht. Ursache dafür ist, dass das Ursprüngliche nicht nur vom Mittelbegriff gesagt wird, sondern auch von | anderem, weil es von mehreren Dingen gilt, sodass selbst wenn der Mittelbegriff es sowohl ist als auch nicht, es für die Konklusion keinen Unterschied macht.

Dass man aber alles bejaht oder verneint,[107] nimmt die auf das Unmögliche führende Demonstration an,[108] und dies nicht immer allgemein, sondern soweit ausreichend, und zwar ausreichend für die Gattung – ich sage für die Gattung wie in Bezug auf | die Gattung, für die man Demonstrationen vorbringt,[109] so wie auch früher gesagt wurde.[110]

Es vereinigen sich aber alle Wissenschaften miteinander in Hinsicht auf die gemeinsamen Postulate – gemeinsam nenne ich jene, die sie benutzen, um aus ihnen zu demonstrieren, aber nicht *jene Dinge*, über die sie beweisen und auch nicht *jene Dinge*, die sie beweisen. Und die Dialektik *vereinigt sich* mit allen *Wissenschaften*, und wenn sonst irgendeine *Wissenschaft* allgemein versuchte, | die gemeinsamen Postulate[111] zu beweisen, wie dass man alles bejaht oder verneint, oder dass Gleiches von Gleichem *abgezogen Gleiches ergibt*, oder von derartigen Dingen irgendetwas. Die Dialektik[112] aber ist nicht in dieser Weise auf bestimmte Dinge gerichtet und auch nicht auf irgendeine einzige Gattung. Denn dann würde sie keine Fragen stellen[113] – wer nämlich demonstriert, kann nicht Fragen

[A] [a 17] Streichung von γὰρ mit Ross.

ὄντων μὴ δείκνυσθαι τὸ αὐτό. δέδεικται δὲ τοῦτο ἐν τοῖς περὶ συλλογισμοῦ.

Εἰ δὲ τὸ αὐτό ἐστιν ἐρώτημα συλλογιστικὸν καὶ πρό- I 12
τασις ἀντιφάσεως, προτάσεις δὲ καθ' ἑκάστην ἐπιστήμην ἐξ ὧν ὁ συλλογισμὸς ὁ καθ' ἑκάστην, εἴη ἄν τι ἐρώτημα ἐπιστημονικόν, ἐξ ὧν ὁ καθ' ἑκάστην οἰκεῖος γίνεται συλλογισμός. δῆλον ἄρα ὅτι οὐ πᾶν ἐρώτημα γεωμετρικὸν ἂν εἴη οὐδ' ἰατρικόν, ὁμοίως δὲ καὶ ἐπὶ τῶν ἄλλων· ἀλλ' ἐξ
77b ὧν δείκνυταί τι περὶ ὧν ἡ γεωμετρία ἐστίν, ἢ ἃ ἐκ τῶν αὐτῶν δείκνυται τῇ γεωμετρίᾳ, ὥσπερ τὰ ὀπτικά. ὁμοίως δὲ καὶ ἐπὶ τῶν ἄλλων. καὶ περὶ μὲν τούτων καὶ λόγον ὑφεκτέον ἐκ τῶν γεωμετρικῶν ἀρχῶν καὶ συμπερασμάτων, περὶ δὲ τῶν ἀρχῶν λόγον οὐχ ὑφεκτέον τῷ γεωμέτρῃ ᾗ γεωμέτρης· ὁμοίως δὲ καὶ ἐπὶ τῶν ἄλλων ἐπιστημῶν. οὔτε πᾶν ἄρα ἕκαστον ἐπιστήμονα ἐρώτημα ἐρωτητέον, οὔθ' ἅπαν τὸ ἐρωτώμενον ἀποκριτέον περὶ ἑκάστου, ἀλλὰ τὰ κατὰ τὴν ἐπιστήμην διορισθέντα. εἰ δὲ διαλέξεται γεωμέτρῃ ᾗ γεωμέτρης οὕτως, φανερὸν ὅτι καὶ καλῶς, ἐὰν ἐκ τούτων τι δεικνύῃ· εἰ δὲ μή, οὐ καλῶς. δῆλον δ' ὅτι οὐδ' ἐλέγχει γεωμέτρην ἀλλ' ἢ κατὰ συμβεβηκός· ὥστ' οὐκ ἂν εἴη ἐν ἀγεωμετρήτοις περὶ γεωμετρίας διαλεκτέον· λήσει γὰρ ὁ φαύλως διαλεγόμενος. ὁμοίως δὲ καὶ ἐπὶ τῶν ἄλλων ἔχει ἐπιστημῶν.

stellen, weil, wenn Gegensätzliches der Fall ist, nicht dasselbe bewiesen wird. Bewiesen ist dies aber in der Schrift | über Deduktion.[114]

Kapitel 12. Wenn eine deduktive Frage dasselbe ist wie eine Prämisse in einer Kontradiktion[115] und Prämissen in jeder Wissenschaft *diejenigen Dinge sind*, aus denen die Deduktion in jeder Wissenschaft zustande kommt, dann dürfte es wohl eine Art wissenschaftlicher Frage geben, aus der die in jeder Wissenschaft angemessene Deduktion zustande kommt. | Es ist folglich klar, dass nicht jede Frage geometrisch sein dürfte oder medizinisch, und in ähnlicher Weise *verhält es sich* auch bei den übrigen Dingen – sondern *nur* jene *Fragen*, aus | denen etwas bewiesen wird über das, worauf die Geometrie sich richtet, oder *über das*, was aus denselben Dingen bewiesen wird[A] wie die Geometrie, wie zum Beispiel die optischen Dinge; in ähnlicher Weise *verhält es sich* auch bei den übrigen Dingen.[116] Und bei diesen Dingen muss auch ein Argument vorgelegt werden aus den geometrischen Prinzipien und Konklusionen, | über die Prinzipien dagegen muss der Geometer als Geometer kein Argument vorlegen;[117] und in ähnlicher Weise *verhält es sich* auch bei den übrigen Wissenschaften. Weder darf man folglich jede Frage jeden einzelnen Wissenden fragen, noch muss jedes Gefragte beantwortet werden über eine jede Sache, sondern nur das, was nach Maßgabe der Wissenschaft bestimmt worden ist. Und wenn man mit einem Geometer als Geometer | auf diese Weise sprechen wird, dann einleuchtenderweise auch angemessen, wann immer man etwas aus diesen Dingen beweist; wenn aber nicht, dann nicht angemessen, aber es ist klar, dass man dann den Geometer nicht widerlegt, es sei denn auf zufällige Weise. Daher sollte man unter ungeometrischen Menschen nicht über Geometrie reden; es wird nämlich verborgen bleiben, wer schlecht redet. In ähnlicher Weise verhält es sich auch bei den übrigen | Wissenschaften.

[A] [a41–b2] *ἐξ ὧν δείκνυταί τι ... ἢ ἃ ἐκ τῶν αὐτῶν* mit n und Ross gegen *ὧν ἢ δείκνυταί ... ἢ ἐκ τῶν αὐτῶν* bei ABd.

Ἐπεὶ δ' ἔστι γεωμετρικὰ ἐρωτήματα, ἆρ' ἔστι καὶ ἀγεωμέτρητα; καὶ παρ' ἑκάστην ἐπιστήμην τὰ κατὰ τὴν ἄγνοιαν τὴν ποίαν γεωμετρικά ἐστιν; καὶ πότερον ὁ κατὰ τὴν ἄγνοιαν συλλογισμὸς ὁ ἐκ τῶν ἀντικειμένων συλλογισμός; ἢ ὁ παραλογισμός, κατὰ γεωμετρίαν δέ, ἢ ὁ ἐξ ἄλλης τέχνης, οἷον τὸ μουσικόν ἐστιν ἐρώτημα ἀγεωμέτρητον περὶ γεωμετρίας, τὸ δὲ τὰς παραλλήλους συμπίπτειν οἴεσθαι γεωμετρικόν πως καὶ ἀγεωμέτρητον ἄλλον τρόπον; διττὸν γὰρ τοῦτο, ὥσπερ τὸ ἄρρυθμον, καὶ τὸ μὲν ἕτερον ἀγεωμέτρητον τῷ μὴ ἔχειν ὥσπερ τὸ ἄρρυθμον, τὸ δ' ἕτερον τῷ φαύλως ἔχειν· καὶ ἡ ἄγνοια αὕτη καὶ ἡ ἐκ τῶν τοιούτων ἀρχῶν ἐναντία. ἐν δὲ τοῖς μαθήμασιν οὐκ ἔστιν ὁμοίως ὁ παραλογισμός, ὅτι τὸ μέσον ἐστὶν ἀεὶ διττόν· κατά τε γὰρ τούτου παντός, καὶ τοῦτο πάλιν κατ' ἄλλου λέγεται παντός (τὸ δὲ κατηγορούμενον οὐ λέγεται πᾶν), ταῦτα δ' ἔστιν οἷον ὁρᾶν τῇ νοήσει, ἐν δὲ τοῖς λόγοις λανθάνει. ἆρα πᾶς κύκλος σχῆμα; ἂν δὲ γράψῃ, δῆλον. τί δέ; τὰ ἔπη κύκλος; φανερὸν ὅτι οὐκ ἔστιν.

Οὐ δεῖ δ' ἔνστασιν εἰς αὐτὸ φέρειν, ἂν ᾖ ἡ πρότασις ἐπακτική. ὥσπερ γὰρ οὐδὲ πρότασίς ἐστιν ἣ μὴ ἔστιν ἐπὶ πλειόνων (οὐ γὰρ ἔσται ἐπὶ πάντων, ἐκ τῶν καθόλου δ' ὁ συλλογισμός), δῆλον ὅτι οὐδ' ἔνστασις. αἱ αὐταὶ γὰρ προτάσεις καὶ ἐνστάσεις· ἣν γὰρ φέρει ἔνστασιν, αὕτη γένοιτ' ἂν πρότασις ἢ ἀποδεικτικὴ.

Da es geometrische Fragen gibt – gibt es auch ungeometrische? Und – mit Rücksicht auf jede einzelne Wissenschaft – in Hinsicht auf welche Art von Unwissenheit[118] sind sie *etwa* geometrisch? Und ist die unter Unwissenheit vollzogene Deduktion die aus Gegensätzen | vollzogene Deduktion oder *ein* Paralogismus,[119] freilich nach Maßgabe der Geometrie, oder die[A] aus einer anderen Kunst, wie etwa die musikalische Frage ungeometrisch ist über Geometrie, der Glaube dagegen, dass die Parallelen sich schneiden, ist irgendwie geometrisch und ungeometrisch in anderer Weise? Ein Doppeltes nämlich ist dieses *Ungeometrische*, so wie das Unrhythmische,[120] und zwar ist das | eine ungeometrisch dadurch, dass es etwas nicht besitzt, so wie das Unrhythmische,[B] das andere dagegen dadurch, dass es etwas schlecht besitzt. Und diese Unwissenheit,[121] und zwar diejenige aus derartigen Prinzipien, ist konträr. In den mathematischen Wissenschaften dagegen gibt es den Paralogismus nicht in ähnlicher Weise, weil der Mittelbegriff stets doppelt[C] ist, denn etwas wird von all diesem, und dies wiederum von all dem | anderen gesagt – vom Ausgesagten dagegen wird nicht gesagt: alles –, dieses aber ist wie ein Sehen durch die Einsicht;[122] in den Argumenten freilich bleibt es verborgen. Ist jeder Kreis eine Figur?[123] Wenn man zeichnet, ist es klar. Wie aber – ist das Epos ein Kreis? Es ist einleuchtend, dass das nicht der Fall ist.

Man sollte nicht einen Einwand[124] gegen *eine Prämisse* vorbringen, wenn die Prämisse | induktiv ist. Denn so wie es nicht einmal eine Prämisse ist, wenn sie nicht von mehreren Dingen gilt – denn dann wird sie nicht von allen Dingen gelten, vom Allgemeinen aber hängt die Deduktion ab[125] –, so klarerweise auch nicht ein Einwand. Dasselbe sind nämlich Prämissen und Einwände, denn was jemand als Einwand vorbringt, das könnte die demonstrative[D] Prämisse werden.

[A] [b21] Einfügen von *ὅ* mit Ross.

[B] [b25] Gegen die Streichung von *ὥσπερ τὸ ἄρρυθμον* bei Ross.

[C] [b28] *διττόν* mit C²d gegen *τὸ διττόν* bei den übrigen codd. und bei Ross.

[D] [b39] *ἀποδεικτική* mit n gegen *ἀποδεικτικὴ ἢ διαλεκτική* bei den übrigen codd. und bei Ross.

Συμβαίνει δ' ἐνίους ἀσυλλογίστως λέγειν διὰ τὸ λαμβάνειν ἀμφοτέροις τὰ ἑπόμενα, οἷον καὶ ὁ Καινεὺς ποιεῖ, **78a** ὅτι τὸ πῦρ ἐν τῇ πολλαπλασίᾳ ἀναλογίᾳ· καὶ γὰρ τὸ πῦρ ταχὺ γεννᾶται, ὥς φησι, καὶ αὕτη ἡ ἀναλογία. οὕτω δ' οὐκ ἔστι συλλογισμός· ἀλλ' εἰ τῇ ταχίστῃ ἀναλογίᾳ ἕπεται ἡ πολλαπλάσιος καὶ τῷ πυρὶ ἡ ταχίστη ἐν τῇ κινήσει ἀναλογία. ἐνίοτε μὲν οὖν οὐκ ἐνδέχεται συλλογίσασθαι ἐκ τῶν εἰλημμένων, ὁτὲ δ' ἐνδέχεται, ἀλλ' οὐχ ὁρᾶται.

Εἰ δ' ἦν ἀδύνατον ἐκ ψεύδους ἀληθὲς δεῖξαι, ῥᾴδιον ἂν ἦν τὸ ἀναλύειν· ἀντέστρεφε γὰρ ἂν ἐξ ἀνάγκης. ἔστω γὰρ τὸ Α ὄν· τούτου δ' ὄντος ταδὶ ἔστιν, ἃ οἶδα ὅτι ἔστιν, οἷον τὸ Β. ἐκ τούτων ἄρα δείξω ὅτι ἔστιν ἐκεῖνο. ἀντιστρέφει δὲ μᾶλλον τὰ ἐν τοῖς μαθήμασιν, ὅτι οὐδὲν συμβεβηκὸς λαμβάνουσιν (ἀλλὰ καὶ τούτῳ διαφέρουσι τῶν ἐν τοῖς διαλόγοις) ἀλλ' ὁρισμούς.

Αὔξεται δ' οὐ διὰ τῶν μέσων, ἀλλὰ τῷ προσλαμβάνειν, οἷον τὸ Α τοῦ Β, τοῦτο δὲ τοῦ Γ, πάλιν τοῦτο τοῦ Δ, καὶ τοῦτ' εἰς ἄπειρον· καὶ εἰς τὸ πλάγιον, οἷον τὸ Α καὶ κατὰ τοῦ Γ καὶ κατὰ τοῦ Ε, οἷον ἔστιν ἀριθμὸς ποσὸς ἢ καὶ ἄπειρος τοῦτο ἐφ' ᾧ Α, ὁ περιττὸς ἀριθμὸς ποσὸς ἐφ' οὗ Β, ἀριθμὸς περιττὸς ἐφ' οὗ Γ· ἔστιν ἄρα τὸ Α κατὰ τοῦ Γ. καὶ ἔστιν ὁ ἄρτιος ποσὸς ἀριθμὸς ἐφ' οὗ Δ, ὁ ἄρτιος ἀριθμὸς ἐφ' οὗ Ε· ἔστιν ἄρα τὸ Α κατὰ τοῦ Ε.

Τὸ δ' ὅτι διαφέρει καὶ τὸ διότι ἐπίστασθαι, πρῶτον I 13
μὲν ἐν τῇ αὐτῇ ἐπιστήμῃ, καὶ ἐν ταύτῃ διχῶς, ἕνα μὲν τρόπον ἐὰν μὴ δι' ἀμέσων γίνηται ὁ συλλογισμός (οὐ γὰρ λαμβάνεται τὸ πρῶτον αἴτιον, ἡ δὲ τοῦ διότι ἐπιστήμη κατὰ τὸ πρῶτον αἴτιον), ἄλλον δὲ εἰ δι' ἀμέσων μέν, ἀλλὰ

| Es kommt vor, dass einige nicht-deduktiv reden, weil sie annehmen, was beiden Begriffen folgt, wie es auch Kaineus[126] macht: | das Feuer verbreitet sich im mehrfachen Verhältnis, 78a
denn sowohl das Feuer wird schnell erzeugt, wie er sagt, als auch dieses Verhältnis. Auf diese Weise ist es aber nicht eine Deduktion,[127] sondern *nur dann*, wenn dem schnellsten Verhältnis das Mehrfache folgt und dem Feuer das in der Bewegung schnellste | Verhältnis. Zuweilen also ist es nicht möglich zu deduzieren aus dem Angenommenen, zuweilen dagegen ist es möglich, wird *aber* nicht gesehen.

Wenn es unmöglich wäre, aus Falschem Wahres zu beweisen,[128] so wäre das Analysieren leichter, denn *die Begriffe* würden mit Notwendigkeit konvertieren. Es sei nämlich das A der Fall, und wenn dieses der Fall ist, dann sind diese Dinge der Fall, von denen ich weiß, dass sie der Fall sind, etwa das B. Aus | diesen Dingen folglich werde ich beweisen, dass jenes der Fall ist. Es konvertieren aber in höherem Grade die *Begriffe* in den mathematischen Wissenschaften, weil sie nichts Zufälliges annehmen – auch darin unterscheiden sie sich von dem, was in den Gesprächen vorkommt –, sondern Definitionen.

Erweitert aber wird nicht durch die Mittelbegriffe, sondern durch das Hinzunehmen, | wie etwa das A auf das B zutrifft, dieses aber auf das C, wiederum dieses auf das D, und dies bis ins Unendliche; aber auch in das Breite *wird erweitert*, wie etwa das A sowohl auf das C als auch auf das E zutrifft, wie etwa es ist Zahl – bestimmte oder auch unbestimmte – A, die ungerade bestimmte Zahl B, ungerade Zahl C. Es gilt folglich das A vom | C. Und es ist die gerade bestimmte Zahl das D, die gerade Zahl das E. Es gilt folglich das A vom E.

Kapitel 13. Das Dass und das Weshalb zu wissen, macht einen Unterschied,[129] zuerst in derselben Wissenschaft, und in dieser auf doppelte Weise – auf eine Art, wenn die Deduktion nicht durch unvermittelte *Prämissen* zustande kommt, denn es wird nicht | das ursprünglich Ursächliche[130] angenommen, das Wissen des Weshalb jedoch ist bezogen auf das ursprüngliche Ursächliche; auf eine andere Art ferner, wenn *die Deduktion*

μὴ διὰ τοῦ αἰτίου ἀλλὰ τῶν ἀντιστρεφόντων διὰ τοῦ γνωριμωτέρου. κωλύει γὰρ οὐδὲν τῶν ἀντικατηγορουμένων γνωριμώτερον εἶναι ἐνίοτε τὸ μὴ αἴτιον, ὥστ' ἔσται διὰ τούτου ἡ ἀπόδειξις, οἷον ὅτι ἐγγὺς οἱ πλάνητες διὰ τοῦ μὴ στίλβειν. ἔστω ἐφ' ᾧ Γ πλάνητες, ἐφ' ᾧ Β τὸ μὴ στίλβειν, ἐφ' ᾧ Α τὸ ἐγγὺς εἶναι. ἀληθὲς δὴ τὸ Β κατὰ τοῦ Γ εἰπεῖν· οἱ γὰρ πλάνητες οὐ στίλβουσιν. ἀλλὰ καὶ τὸ Α κατὰ τοῦ Β· τὸ γὰρ μὴ στίλβον ἐγγύς ἐστι· τοῦτο δ' εἰλήφθω δι' ἐπαγωγῆς ἢ δι' αἰσθήσεως. ἀνάγκη οὖν τὸ Α τῷ Γ ὑπάρχειν, ὥστ' ἀποδέδεικται ὅτι οἱ πλάνητες ἐγγύς εἰσιν. οὗτος οὖν ὁ συλλογισμὸς οὐ τοῦ διότι ἀλλὰ τοῦ ὅτι ἐστίν· οὐ γὰρ διὰ τὸ μὴ στίλβειν ἐγγύς εἰσιν, ἀλλὰ διὰ τὸ ἐγγὺς εἶναι οὐ στίλβουσιν. ἐγχωρεῖ δὲ καὶ διὰ θατέρου θάτερον δειχθῆναι, καὶ ἔσται τοῦ διότι ἡ ἀπόδειξις, οἷον ἔστω τὸ Γ πλάνητες, ἐφ' ᾧ Β τὸ ἐγγὺς εἶναι, τὸ Α τὸ μὴ στίλβειν· ὑπάρχει δὴ καὶ τὸ Β τῷ Γ καὶ τὸ Α τῷ Β, ὥστε καὶ τῷ Γ τὸ Α, τὸ μὴ στίλβειν. καὶ ἔστι τοῦ διότι ὁ συλλογισμός· εἴληπται γὰρ τὸ πρῶτον αἴτιον. πάλιν ὡς τὴν σελήνην δεικνύουσιν ὅτι σφαιροειδής, διὰ τῶν αὐξήσεων – εἰ γὰρ τὸ αὐξανόμενον οὕτω σφαιροειδές, αὐξάνει δ' ἡ σελήνη, φανερὸν ὅτι σφαιροειδής – οὕτω μὲν οὖν τοῦ ὅτι γέγονεν ὁ συλλογισμός, ἀνάπαλιν δὲ τεθέντος τοῦ μέσου τοῦ διότι· οὐ γὰρ διὰ τὰς αὐξήσεις σφαιροειδής ἐστιν, ἀλλὰ διὰ τὸ σφαιροειδὴς εἶναι λαμβάνει τὰς αὐξήσεις τοιαύτας. σελήνη ἐφ' ᾧ Γ, σφαιροειδὴς ἐφ' ᾧ Β, αὔξησις ἐφ' ᾧ Α. ἐφ' ὧν δὲ τὰ μέσα μὴ ἀντιστρέφει καὶ ἔστι γνωριμώτερον τὸ ἀναίτιον, τὸ ὅτι μὲν δείκνυται, τὸ διότι δ' οὔ.

zwar durch unvermittelte *Prämissen* zustande kommt, aber nicht durch das Ursächliche, sondern, wenn die *Begriffe* konvertieren, durch das Bekanntere.[131] Es hindert nämlich nichts daran, dass, wenn sie wechselseitig voneinander ausgesagt werden, zuweilen das Nicht-Ursächliche bekannter ist, so dass durch dieses | die Demonstration zustande kommen wird, wie etwa dass die Planeten nahe sind durch das Nicht-Funkeln: es sei C Planeten, B das Nicht-Funkeln, A das Nahesein.[132] Wahr also ist es, das B vom C auszusagen, denn die Planeten funkeln nicht, aber auch das A vom B, denn das Nicht-Funkelnde ist nahe; dieses aber sei angenommen durch Induktion | oder durch Wahrnehmung.[133] Notwendig also trifft das A auf das C zu, so dass demonstriert ist, dass die Planeten nahe sind. Dieses nun ist die Deduktion nicht des Weshalb, sondern des Dass, denn nicht aufgrund des Nicht-Funkelns sind sie nahe, sondern aufgrund des Naheseins funkeln sie nicht. Es ist aber möglich, dass auch durch das Erstere das Letztere bewiesen wird, und es wird | die Demonstration des Weshalb sein: es sei etwa C Planeten, B | das Nahesein, das A das Nicht-Funkeln; **78b**
so trifft also das B auf das C zu und das A auf das B, so dass auch auf das C das A, das Nicht-Funkeln,[A] *zutrifft*. Und es ist die Deduktion des Weshalb; es wurde nämlich das ursprüngliche Ursächliche angenommen.

Wiederum, wie sie vom Mond beweisen, dass er | kugelförmig ist, durch die Zunahmen – wenn nämlich das so Zunehmende kugelförmig ist, der Mond aber zunimmt, so ist einleuchtend, dass er kugelförmig ist –, so ist auf diese Weise nun die Deduktion des Dass entstanden, wenn dagegen der Mittelbegriff umgekehrt festgesetzt ist, die des Weshalb. Denn nicht aufgrund der Zunahmen ist er kugelförmig, sondern aufgrund des Kugelförmig-Seins nimmt er | derartige Zunahmen an – Mond C, Kugelförmig B, Zunahme A.[134]

Bei denjenigen Dingen dagegen, bei denen die Mittelbegriffe nicht konvertieren und das Nicht-Ursächliche bekannter ist, wird das Dass bewiesen, das Weshalb jedoch nicht, und

[A] [b 2–3] Gegen die Streichung von τὸ μὴ στίλβειν bei Ross.

Ἔτι ἐφ’ ὧν τὸ μέσον ἔξω τίθεται. καὶ γὰρ ἐν τούτοις τοῦ ὅτι καὶ οὐ τοῦ διότι ἡ ἀπόδειξις· οὐ γὰρ λέγεται τὸ αἴτιον. οἷον διὰ τί οὐκ ἀναπνεῖ ὁ τοῖχος; ὅτι οὐ ζῷον. εἰ γὰρ τοῦτο τοῦ μὴ ἀναπνεῖν αἴτιον, ἔδει τὸ ζῷον εἶναι αἴτιον τοῦ ἀναπνεῖν, οἷον εἰ ἡ ἀπόφασις αἰτία τοῦ μὴ ὑπάρχειν, ἡ κατάφασις τοῦ ὑπάρχειν, ὥσπερ εἰ τὸ ἀσύμμετρα εἶναι τὰ θερμὰ καὶ τὰ ψυχρὰ τοῦ μὴ ὑγιαίνειν, τὸ σύμμετρα εἶναι τοῦ ὑγιαίνειν, – ὁμοίως δὲ καὶ εἰ ἡ κατάφασις τοῦ ὑπάρχειν, ἡ ἀπόφασις τοῦ μὴ ὑπάρχειν. ἐπὶ δὲ τῶν οὕτως ἀποδεδομένων οὐ συμβαίνει τὸ λεχθέν· οὐ γὰρ ἅπαν ἀναπνεῖ ζῷον. ὁ δὲ συλλογισμὸς γίνεται τῆς τοιαύτης αἰτίας ἐν τῷ μέσῳ σχήματι. οἷον ἔστω τὸ Α ζῷον, ἐφ’ ᾧ Β τὸ ἀναπνεῖν, ἐφ’ ᾧ Γ τοῖχος. τῷ μὲν οὖν Β παντὶ ὑπάρχει τὸ Α (πᾶν γὰρ τὸ ἀναπνέον ζῷον), τῷ δὲ Γ οὐθενί, ὥστε οὐδὲ τὸ Β τῷ Γ οὐθενί· οὐκ ἄρα ἀναπνεῖ ὁ τοῖχος. ἐοίκασι δ’ αἱ τοιαῦται τῶν αἰτιῶν τοῖς καθ’ ὑπερβολὴν εἰρημένοις· τοῦτο δ’ ἔστι τὸ πλέον ἀποστήσαντα τὸ μέσον εἰπεῖν, οἷον τὸ τοῦ Ἀναχάρσιος, ὅτι ἐν Σκύθαις οὐκ εἰσὶν αὐλητρίδες, οὐδὲ γὰρ ἄμπελοι.

Κατὰ μὲν δὴ τὴν αὐτὴν ἐπιστήμην καὶ κατὰ τὴν τῶν μέσων θέσιν αὗται διαφοραί εἰσι τοῦ ὅτι πρὸς τὸν τοῦ διότι συλλογισμόν· ἄλλον δὲ τρόπον διαφέρει τὸ διότι τοῦ ὅτι τῷ δι’ ἄλλης ἐπιστήμης ἑκάτερον θεωρεῖν. τοιαῦτα δ’ ἐστὶν ὅσα οὕτως ἔχει πρὸς ἄλληλα ὥστ’ εἶναι θάτερον ὑπὸ θάτερον, οἷον τὰ ὀπτικὰ πρὸς γεωμετρίαν καὶ τὰ μηχανικὰ πρὸς στερεομετρίαν καὶ τὰ ἁρμονικὰ πρὸς ἀριθμητικὴν καὶ τὰ φαινόμενα πρὸς ἀστρολογικήν. σχεδὸν δὲ συνώνυμοί εἰ-

außerdem bei denjenigen Dingen, bei denen der Mittelbegriff nach außen gesetzt wird.[135] Denn auch in diesen Fällen kommt die Demonstration des Dass, und nicht des Weshalb, zustande; es wird nämlich nicht | das Ursächliche genannt. Wie etwa: warum atmet die Mauer nicht? Weil *sie* kein Lebewesen *ist*. Wenn nämlich dieses für das Nicht-Atmen ursächlich wäre, so müsste das Lebewesen-Sein ursächlich sein für das Atmen, wie wenn die Verneinung Ursache des Nicht-Zutreffens, die Bejahung die des Zutreffens ist – zum Beispiel wenn das Nicht-im-Gleichgewicht-Sein des Warmen und des Kalten für das Nicht-Gesundsein *Ursache ist*, dann *auch* das | Im-Gleichgewicht-Sein für das Gesundsein; und in ähnlicher Weise auch wenn die Bejahung für das Zutreffen, so die Verneinung für das Nicht-Zutreffen.[136] Bei den auf diese Weise vorgegebenen Dingen jedoch folgt das Gesagte nicht: nicht jedes Lebewesen nämlich atmet. Die Deduktion kommt allerdings bei einer derartigen Ursache in der mittleren Figur zustande. Es sei etwa das A Lebewesen, das | B das Atmen, das C Mauer; auf jedes B folglich trifft das A zu – denn jedes Atmende ist Lebewesen –, aber auf kein C, so dass auch das B auf kein C *zutrifft*; es atmet folglich die Mauer nicht. Es gleichen aber diese Arten von Ursachen den überzogenen Argumenten – das ist das Nennen des weiter entfernt stehenden Mittelbegriffs –, | wie zum Beispiel das *Argument* des Anacharsis,[137] dass es bei den Skythen keine Flötenspielerinnen gibt, weil *es* keine Weinstöcke *gibt*.

In Hinsicht also auf dieselbe Wissenschaft und in Hinsicht auf die Position der Mittelbegriffe sind dies die Unterschiede der Deduktion des Dass zur Deduktion des Weshalb. Auf andere Weise dagegen unterscheidet sich das Weshalb vom Dass | durch das[A] Betrachten jedes von beiden durch eine jeweils andere Wissenschaft. Von solcher Art sind Dinge, die sich so zueinander verhalten, dass das eine dem anderen untergeordnet ist, wie die Optik zur Geometrie und die Mechanik zur Stereometrie und die Harmonik zur Arithmetik und die Himmelskunde zur Astronomie.[138] | Einige dieser Wissenschaften

[A] [b35] *τῷ* mit n und Ross gegen τὸ bei ABCcd und Barnes.

σιν ἔνιαι τούτων τῶν ἐπιστημῶν, οἷον ἀστρολογία ἥ τε μα-
79a θηματικὴ καὶ ἡ ναυτική, καὶ ἁρμονικὴ ἥ τε μαθηματικὴ καὶ ἡ κατὰ τὴν ἀκοήν. ἐνταῦθα γὰρ τὸ μὲν ὅτι τῶν αἰσθητικῶν εἰδέναι, τὸ δὲ διότι τῶν μαθηματικῶν· οὗτοι γὰρ ἔχουσι τῶν αἰτίων τὰς ἀποδείξεις, καὶ πολλάκις οὐκ ἴσασι τὸ ὅτι, καθάπερ οἱ τὸ καθόλου θεωροῦντες πολλάκις ἔνια τῶν καθ' ἕκαστον οὐκ ἴσασι δι' ἀνεπισκεψίαν. ἔστι δὲ ταῦτα ὅσα ἕτερόν τι ὄντα τὴν οὐσίαν κέχρηται τοῖς εἴδεσιν. τὰ γὰρ μαθήματα περὶ εἴδη ἐστίν· οὐ γὰρ καθ' ὑποκειμένου τινός· εἰ γὰρ καὶ καθ' ὑποκειμένου τινὸς τὰ γεωμετρικά ἐστιν, ἀλλ' οὐχ ᾗ γε καθ' ὑποκειμένου. ἔχει δὲ καὶ πρὸς τὴν ὀπτικήν, ὡς αὕτη πρὸς τὴν γεωμετρίαν, ἄλλη πρὸς ταύτην, οἷον τὸ περὶ τῆς ἴριδος· τὸ μὲν γὰρ ὅτι φυσικοῦ εἰδέναι, τὸ δὲ διότι ὀπτικοῦ, ἢ ἁπλῶς ἢ τοῦ κατὰ τὸ μάθημα. πολλαὶ δὲ καὶ τῶν μὴ ὑπ' ἀλλήλας ἐπιστημῶν ἔχουσιν οὕτως, οἷον ἰατρικὴ πρὸς γεωμετρίαν· ὅτι μὲν γὰρ τὰ ἕλκη τὰ περιφερῆ βραδύτερον ὑγιάζεται, τοῦ ἰατροῦ εἰδέναι, διότι δὲ τοῦ γεωμέτρου.

Τῶν δὲ σχημάτων ἐπιστημονικὸν μάλιστα τὸ πρῶτόν ἐστιν. αἵ τε γὰρ μαθηματικαὶ τῶν ἐπιστημῶν διὰ τούτου 114
φέρουσι τὰς ἀποδείξεις, οἷον ἀριθμητικὴ καὶ γεωμετρία καὶ ὀπτική, καὶ σχεδὸν ὡς εἰπεῖν ὅσαι τοῦ διότι ποιοῦνται τὴν σκέψιν· ἢ γὰρ ὅλως ἢ ὡς ἐπὶ τὸ πολὺ καὶ ἐν τοῖς πλείστοις διὰ τούτου τοῦ σχήματος ὁ τοῦ διότι συλλογισμός. ὥστε κἂν διὰ τοῦτ' εἴη μάλιστα ἐπιστημονικόν· κυριώτατον γὰρ τοῦ εἰδέναι τὸ διότι θεωρεῖν. εἶτα τὴν τοῦ τί ἐστιν ἐπιστήμην

sind nahezu gleichnamig,[139] wie etwa die mathematische und die | nautische Astronomie, und die mathematische und die 79a akustische Harmonik.[140] Hier nämlich ist das Dass zu wissen Sache der beobachtenden Wissenschaften, das Weshalb dagegen Sache der mathematischen Wissenschaften. Diese nämlich besitzen die Demonstrationen der Ursachen, und oft wissen sie nicht das Dass, geradeso wie | diejenigen, die das Allgemeine betrachten, häufig einiges vom Einzelnen nicht wissen, *und zwar* aufgrund mangelnder Beobachtung.[141] Es sind dies aber all jene, die, da sie ihrer Substanz nach etwas anderes sind, die Formen benutzen. Denn die mathematischen Dinge werden über Formen ausgesagt – nicht nämlich von einem Zugrundeliegenden; denn wenn die geometrischen Dinge auch von einem Zugrundeliegenden ausgesagt sind, so doch jedenfalls nicht als von einem Zugrundeliegenden.[142]

| Es verhält sich aber auch zur Optik, so wie diese zur Geometrie, eine andere Wissenschaft zu dieser – etwa die vom Regenbogen.[143] Das Dass nämlich zu wissen, ist Sache des Naturwissenschaftlers, das Weshalb dagegen Sache des Optikers, entweder schlechthin oder des mathematischen *Optikers*. Und auch viele von den nicht untereinander geordneten Wissenschaften verhalten sich in dieser Weise zueinander, wie Medizin zur Geometrie. | Zu wissen nämlich, dass die runden Wunden langsamer heilen, ist Sache des Arztes, zu wissen weshalb dagegen *ist* Sache des Geometers.[144]

Kapitel 14. Von den Figuren ist die erste[145] im höchsten Grade wissenschaftlich.[146] Denn sowohl die mathematischen unter den Wissenschaften bringen durch diese *Figur* die Demonstrationen vor, wie Arithmetik und Geometrie und | Optik, als auch sozusagen fast alle, die die Untersuchung des Weshalb zustande bringen. Entweder nämlich im Ganzen oder häufig und in den meisten Fällen kommt durch diese Figur die Deduktion des Weshalb zustande, so dass sie auch aus diesem Grunde im höchsten Grade wissenschaftlich sein dürfte. Am vorzüglichsten nämlich ist es für das Wissen, das Weshalb zu betrachten.[147]

διὰ μόνου τούτου θηρεῦσαι δυνατόν. ἐν μὲν γὰρ τῷ μέσῳ σχήματι οὐ γίνεται κατηγορικὸς συλλογισμός, ἡ δὲ τοῦ τί ἐστιν ἐπιστήμη καταφάσεως· ἐν δὲ τῷ ἐσχάτῳ γίνεται μὲν ἀλλ' οὐ καθόλου, τὸ δὲ τί ἐστι τῶν καθόλου ἐστίν· οὐ γὰρ πῇ ἐστι ζῷον δίπουν ὁ ἄνθρωπος. ἔτι τοῦτο μὲν ἐκείνων οὐδὲν προσδεῖται, ἐκεῖνα δὲ διὰ τούτου καταπυκνοῦται καὶ αὔξεται, ἕως ἂν εἰς τὰ ἄμεσα ἔλθῃ. φανερὸν οὖν ὅτι κυριώτατον τοῦ ἐπίστασθαι τὸ πρῶτον σχῆμα.

Ὥσπερ δὲ ὑπάρχειν τὸ Α τῷ Β ἐνεδέχετο ἀτόμως, οὕτω I15
καὶ μὴ ὑπάρχειν ἐγχωρεῖ. λέγω δὲ τὸ ἀτόμως ὑπάρχειν ἢ μὴ ὑπάρχειν τὸ μὴ εἶναι αὐτῶν μέσον· οὕτω γὰρ οὐκέτι ἔσται κατ' ἄλλο τὸ ὑπάρχειν ἢ μὴ ὑπάρχειν. ὅταν μὲν οὖν ἢ τὸ Α ἢ τὸ Β ἐν ὅλῳ τινὶ ᾖ, ἢ καὶ ἄμφω, οὐκ ἐνδέχεται τὸ Α τῷ Β πρώτως μὴ ὑπάρχειν. ἔστω γὰρ τὸ Α ἐν ὅλῳ τῷ Γ. οὐκοῦν εἰ τὸ Β μὴ ἔστιν ἐν ὅλῳ τῷ Γ (ἐγχωρεῖ γὰρ τὸ μὲν Α εἶναι ἔν τινι ὅλῳ, τὸ δὲ Β μὴ εἶναι ἐν τούτῳ), συλλογισμὸς ἔσται τοῦ μὴ ὑπάρχειν τὸ Α τῷ Β· εἰ γὰρ τῷ μὲν Α παντὶ τὸ Γ, τῷ δὲ Β μηδενί, οὐδενὶ τῷ Β τὸ Α. ὁμοίως δὲ καὶ εἰ τὸ Β ἐν ὅλῳ τινί ἐστιν, οἷον ἐν τῷ Δ· τὸ μὲν γὰρ Δ παντὶ τῷ Β ὑπάρχει, τὸ δὲ Α οὐδενὶ τῷ Δ, ὥστε τὸ Α οὐδενὶ τῷ Β ὑπάρξει διὰ συλλογισμοῦ. τὸν αὐτὸν δὲ τρόπον δειχθήσεται καὶ εἰ ἄμφω ἐν ὅλῳ τινί ἐστιν. ὅτι δ' ἐνδέχεται τὸ Β μὴ εἶναι ἐν ᾧ ὅλῳ ἐστὶ τὸ Α, ἢ πάλιν τὸ Α ἐν ᾧ τὸ Β, φανερὸν ἐκ τῶν συστοιχιῶν, ὅσαι μὴ ἐπαλλάττουσιν ἀλλήλαις. εἰ γὰρ μηδὲν τῶν ἐν τῇ Α Γ Δ συ-

Ferner, das Wissen des Was-es-ist[148] | kann allein durch diese Figur eingefangen werden. Denn in der mittleren Figur kommt eine bejahende Deduktion nicht zustande,[149] das Wissen des Was-es-ist dagegen ist das Wissen einer Bejahung. Und in der letzten *Figur* kommt zwar eine *bejahende Deduktion* zustande, aber nicht eine allgemeine,[150] das Was-es-ist dagegen gehört zum Allgemeinen – nicht nur in gewisser Weise nämlich ist der Mensch zweifüßiges Lebewesen.

Außerdem bedarf diese jener | nicht, jene dagegen werden durch diese verdichtet und erweitert, bis man zu den unvermittelten Dingen kommt.[151]

Es ist also einleuchtend: am vorzüglichsten für das Wissen ist die erste Figur.

Kapitel 15. So wie das A auf das B unmittelbar zutreffen kann, so kann es in dieser Weise auch nicht zutreffen. Ich verstehe unter dem Unmittelbar-Zutreffen oder | Nicht-Zutreffen, dass es zu ihnen keinen Mittelbegriff gibt.[152] So wird nämlich das Zutreffen oder Nicht-Zutreffen nicht mehr in Hinsicht auf anderes gelten.

Wenn also entweder das A oder das B in einem Ganzen ist[153], oder auch beide, dann ist es nicht möglich, dass das A auf das B ursprünglich nicht zutrifft[154]. Es sei nämlich das A im ganzen C; wenn also das B nicht im ganzen C ist – denn es ist möglich, dass das | A in einem Ganzen ist, dass jedoch das B nicht in diesem Ganzen ist –, so wird es eine Deduktion davon geben, dass das A nicht auf das B zutrifft; wenn nämlich auf
jedes | A das C *zutrifft*, aber auf kein B, so auch *das A* auf kein **79b**
B.[155] In ähnlicher Weise auch wenn das B in einem Ganzen ist, wie etwa im D: das D nämlich trifft auf jedes B zu, und das A auf kein D, so dass das A auf kein B zutreffen wird durch Deduktion.[156] Auf dieselbe | Weise wird es bewiesen werden auch dann, wenn beide in einem Ganzen sind.

Dass es möglich ist, dass das B nicht in einem Ganzen ist, in dem das A ist, oder umgekehrt das A *nicht in einem Ganzen*, in dem das B ist, ist einleuchtend aus den Begriffsreihen, die einander nicht überschneiden. Wenn nämlich keines der Dinge

στοιχίαι κατὰ μηδενὸς κατηγορεῖται τῶν ἐν τῇ Β Ε Ζ, τὸ δ' Α ἐν ὅλῳ ἐστὶ τῷ Θ συστοίχῳ ὄντι, φανερὸν ὅτι τὸ Β οὐκ ἔσται ἐν τῷ Θ· ἐπαλλάξουσι γὰρ αἱ συστοιχίαι. ὁμοίως δὲ καὶ εἰ τὸ Β ἐν ὅλῳ τινί ἐστιν. ἐὰν δὲ μηδέτερον ᾖ ἐν ὅλῳ μηδενί, μὴ ὑπάρχῃ δὲ τὸ Α τῷ Β, ἀνάγκη ἀτόμως μὴ ὑπάρχειν. εἰ γὰρ ἔσται τι μέσον, ἀνάγκη θάτερον αὐτῶν ἐν ὅλῳ τινὶ εἶναι. ἢ γὰρ ἐν τῷ πρώτῳ σχήματι ἢ ἐν τῷ μέσῳ ἔσται ὁ συλλογισμός. εἰ μὲν οὖν ἐν τῷ πρώτῳ, τὸ Β ἔσται ἐν ὅλῳ τινί (καταφατικὴν γὰρ δεῖ τὴν πρὸς τοῦτο γενέσθαι πρότασιν), εἰ δ' ἐν τῷ μέσῳ, ὁπότερον ἔτυχεν (πρὸς ἀμφοτέροις γὰρ ληφθέντος τοῦ στερητικοῦ γίνεται συλλογισμός· ἀμφοτέρων δ' ἀποφατικῶν οὐσῶν οὐκ ἔσται).

Φανερὸν οὖν ὅτι ἐνδέχεταί τε ἄλλο ἄλλῳ μὴ ὑπάρχειν ἀτόμως, καὶ πότ' ἐνδέχεται καὶ πῶς, εἰρήκαμεν.

Ἄγνοια δ' ἡ μὴ κατ' ἀπόφασιν ἀλλὰ κατὰ διάθε- **I16**
σιν λεγομένη ἔστι μὲν ἡ διὰ συλλογισμοῦ γινομένη ἀπάτη, αὕτη δ' ἐν μὲν τοῖς πρώτως ὑπάρχουσιν ἢ μὴ ὑπάρχουσι συμβαίνει διχῶς· ἢ γὰρ ὅταν ἁπλῶς ὑπολάβῃ ὑπάρχειν ἢ μὴ ὑπάρχειν, ἢ ὅταν διὰ συλλογισμοῦ λάβῃ τὴν ὑπόληψιν. τῆς μὲν οὖν ἁπλῆς ὑπολήψεως ἁπλῆ ἡ ἀπάτη, τῆς δὲ διὰ συλλογισμοῦ πλείους. μὴ ὑπαρχέτω γὰρ τὸ Α μηδενὶ τῷ Β ἀτόμως· οὐκοῦν ἐὰν συλλογίζηται ὑπάρχειν τὸ Α τῷ Β, μέσον λαβὼν τὸ Γ, ἠπατημένος ἔσται διὰ συλλογισμοῦ. ἐνδέχεται μὲν οὖν ἀμφοτέρας τὰς προτάσεις εἶναι ψευδεῖς, ἐνδέχεται δὲ τὴν ἑτέραν μόνον. εἰ γὰρ μήτε

in der A-C-D-Begriffsreihe[157] von keinem der Dinge in der B-E-F-*Begriffsreihe* ausgesagt wird, das | A aber im ganzen H ist, das in derselben Begriffsreihe ist, so ist einleuchtend, dass das B nicht im H sein wird, denn sonst werden sich die Begriffsreihen überschneiden; in ähnlicher Weise auch wenn das B in einem Ganzen ist.

Wenn aber keines in irgendeinem Ganzen ist, und das A auf das B nicht zutrifft, so trifft es notwendig unmittelbar nicht zu. Denn wenn es einen Mittelbegriff geben soll, ist notwendig das eine von ihnen | in einem Ganzen. Entweder nämlich in der ersten Figur oder in der mittleren wird die Deduktion zustande kommen.[158] Wenn in der ersten, so wird das B in einem Ganzen sein – bejahend nämlich muss die darauf bezogene Prämisse sein –, wenn dagegen in der mittleren, könnte es ein beliebiges sein, – denn bei beiden kommt, wenn das Verneinende angenommen worden ist, eine Deduktion zustande, | wenn dagegen beide verneinend sind, wird sie nicht zustande kommen.

Es ist also einleuchtend, dass es möglich ist, dass eines auf ein anderes unmittelbar nicht zutrifft; und auch wann es möglich ist und wie, haben wir gesagt.

Kapitel 16. Die Unwissenheit[159] *aber*, die nicht in Hinsicht auf eine Verneinung, sondern in Hinsicht auf eine Disposition so genannt wird, ist der durch Deduktion entstehende Irrtum.[160] | Dieser aber kommt bei den Dingen, die ursprünglich zutreffen und nicht zutreffen,[161] in doppelter Weise vor, entweder nämlich wenn man schlechthin annimmt, dass etwas zutrifft oder nicht zutrifft, oder wenn man die Annahme durch Deduktion erfasst. Bei der Annahme schlechthin nun ist der Irrtum schlechthin, bei der durch Deduktion dagegen gibt es mehrere *Irrtümer.*[162]

Es treffe nämlich das A auf kein | B unmittelbar zu; wenn man also deduziert, dass das A auf das B zutrifft, indem man als Mittelbegriff das C annimmt, so wird man im Irrtum durch Deduktion sein. Es ist nun möglich, dass beide Prämissen falsch sind, es ist aber auch möglich, dass es nur die eine ist.

τὸ Α μηδενὶ τῶν Γ ὑπάρχει μήτε τὸ Γ μηδενὶ τῶν Β, εἴληπται δ' ἑκατέρα ἀνάπαλιν, ἄμφω ψευδεῖς ἔσονται. ἐγχωρεῖ δ' οὕτως ἔχειν τὸ Γ πρὸς τὸ Α καὶ Β ὥστε μήτε ὑπὸ τὸ Α εἶναι μήτε καθόλου τῷ Β. τὸ μὲν γὰρ Β ἀδύνατον εἶναι ἐν ὅλῳ τινί (πρώτως γὰρ ἐλέγετο αὐτῷ τὸ Α μὴ ὑπάρχειν), τὸ δὲ Α οὐκ ἀνάγκη πᾶσι τοῖς οὖσιν εἶναι καθόλου, ὥστ' ἀμφότεραι ψευδεῖς. ἀλλὰ καὶ τὴν ἑτέραν ἐνδέχεται ἀληθῆ λαμβάνειν, οὐ μέντοι ὁποτέραν ἔτυχεν, ἀλλὰ τὴν Α Γ· ἡ γὰρ Γ Β πρότασις ἀεὶ ψευδὴς ἔσται διὰ τὸ ἐν μηδενὶ εἶναι τὸ Β, τὴν δὲ Α Γ ἐγχωρεῖ, οἷον εἰ τὸ Α καὶ τῷ Γ καὶ τῷ Β ὑπάρχει ἀτόμως (ὅταν γὰρ πρώτως κατηγορῆται ταὐτὸ πλειόνων, οὐδέτερον ἐν οὐδετέρῳ ἔσται). διαφέρει δ' οὐδέν, οὐδ' εἰ μὴ ἀτόμως ὑπάρχει.

Ἡ μὲν οὖν τοῦ ὑπάρχειν ἀπάτη διὰ τούτων τε καὶ οὕτω γίνεται μόνως (οὐ γὰρ ἦν ἐν ἄλλῳ σχήματι τοῦ ὑπάρχειν συλλογισμός), ἡ δὲ τοῦ μὴ ὑπάρχειν ἔν τε τῷ πρώτῳ καὶ ἐν τῷ μέσῳ σχήματι. πρῶτον οὖν εἴπωμεν ποσαχῶς ἐν τῷ πρώτῳ γίνεται, καὶ πῶς ἐχουσῶν τῶν προτάσεων. ἐνδέχεται μὲν οὖν ἀμφοτέρων ψευδῶν οὐσῶν, οἷον εἰ τὸ Α καὶ τῷ Γ καὶ τῷ Β ὑπάρχει ἀτόμως· ἐὰν γὰρ ληφθῇ τὸ μὲν Α τῷ Γ μηδενί, τὸ δὲ Γ παντὶ τῷ Β, ψευδεῖς αἱ προτάσεις. ἐνδέχεται δὲ καὶ τῆς ἑτέρας ψευδοῦς οὔσης, καὶ ταύτης ὁποτέρας ἔτυχεν. ἐγχωρεῖ γὰρ τὴν μὲν Α Γ ἀληθῆ εἶναι, τὴν δὲ Γ Β ψευδῆ, τὴν μὲν Α Γ ἀληθῆ ὅτι οὐ πᾶσι τοῖς οὖσιν ὑπάρχει τὸ Α, τὴν δὲ Γ Β ψευδῆ ὅτι ἀδύνατον ὑπάρχειν τῷ Β τὸ Γ, ᾧ μηδενὶ ὑπάρχει τὸ Α· οὐ γὰρ ἔτι ἀληθὴς ἔσται ἡ Α Γ πρότασις· ἅμα δέ, εἰ καὶ εἰσὶν ἀμφότεραι ἀληθεῖς, καὶ τὸ συμπέρασμα ἔσται ἀληθές.

Wenn nämlich weder das A auf irgendein C zutrifft noch das C auf irgendein B, | beides aber verkehrt angenommen worden ist, so werden beide *Prämissen* falsch sein. Ferner ist es möglich, dass sich das C so zum A und B verhält, dass es weder unter das A fällt noch allgemein auf B zutrifft. Das B nämlich kann unmöglich in einem Ganzen sein, denn es wurde gesagt, dass das A darauf ursprünglich nicht zutrifft; das A dagegen trifft nicht notwendig auf alle bestehenden Dinge allgemein zu, | so dass beide *Prämissen* falsch sein werden.[163] Aber es ist auch möglich, die eine *Prämisse* als wahr anzunehmen, nicht freilich eine beliebige, sondern die | AC-*Prämisse*, denn die **80a** CB-Prämisse wird stets falsch sein, weil das B in keinem *Begriff* ist, die AC-*Prämisse* dagegen kann es sein, wie zum Beispiel wenn das A sowohl auf das C als auch auf das B unmittelbar zutrifft; wenn nämlich dasselbe ursprünglich von mehreren Dingen ausgesagt wird, so wird keines im anderen sein.[164] Es macht allerdings | keinen Unterschied, selbst wenn es nicht unmittelbar zutrifft.

Der Irrtum über das Zutreffen entsteht also durch diese Dinge und auf diese Weise, und zwar einzig und allein, denn es gab in der anderen Figur keine Deduktion des Zutreffens. Der Irrtum über das Nicht-Zutreffen dagegen kommt sowohl in der ersten als auch in der mittleren Figur zustande.[165] Zuerst nun wollen wir sagen, auf wie viele Weisen | er in der ersten *Figur* zustande kommt und wie es sich mit den Prämissen verhält. Es ist jedenfalls möglich, wenn beide *Prämissen* falsch sind, wie etwa wenn das A sowohl auf das C als auch auf das B unmittelbar zutrifft; wenn nämlich angenommen worden ist, dass das A auf kein C und das C auf jedes B zutrifft,[166] sind die Prämissen falsch. Es ist aber auch möglich, wenn die eine von beiden falsch ist, | und diese ist beliebig. Denn es ist möglich, dass die AC-*Prämisse* wahr ist und die CB-*Prämisse* falsch – die AC-*Prämisse* wahr, weil das A nicht auf alle bestehenden Dinge zutrifft, und die CB-*Prämisse* falsch, weil es unmöglich ist, dass das C auf das B zutrifft, wenn das A auf kein C zutrifft; denn sonst wird die AC-Prämisse nicht mehr wahr sein, und zugleich wird, wenn sogar | beide wahr sind, auch die Konklu-

ἀλλὰ καὶ τὴν Γ Β ἐνδέχεται ἀληθῆ εἶναι τῆς ἑτέρας οὔσης ψευδοῦς, οἷον εἰ τὸ Β καὶ ἐν τῷ Γ καὶ ἐν τῷ Α ἐστίν· ἀνάγκη γὰρ θάτερον ὑπὸ θάτερον εἶναι, ὥστ' ἂν λάβῃ τὸ Α μηδενὶ τῷ Γ ὑπάρχειν, ψευδὴς ἔσται ἡ πρότασις. φανερὸν οὖν ὅτι καὶ τῆς ἑτέρας ψευδοῦς οὔσης καὶ ἀμφοῖν ἔσται ψευδὴς ὁ συλλογισμός.

Ἐν δὲ τῷ μέσῳ σχήματι ὅλας μὲν εἶναι τὰς προτάσεις ἀμφοτέρας ψευδεῖς οὐκ ἐνδέχεται· ὅταν γὰρ τὸ Α παντὶ τῷ Β ὑπάρχῃ, οὐδὲν ἔσται λαβεῖν ὃ τῷ μὲν ἑτέρῳ παντὶ θατέρῳ δ' οὐδενὶ ὑπάρξει· δεῖ δ' οὕτω λαμβάνειν τὰς προτάσεις ὥστε τῷ μὲν ὑπάρχειν τῷ δὲ μὴ ὑπάρχειν, εἴπερ ἔσται συλλογισμός. εἰ οὖν οὕτω λαμβανόμεναι ψευδεῖς, δῆλον ὡς ἐναντίως ἀνάπαλιν ἕξουσι· τοῦτο δ' ἀδύνατον. ἐπί τι δ' ἑκατέραν οὐδὲν κωλύει ψευδῆ εἶναι, οἷον εἰ τὸ Γ καὶ τῷ Α καὶ τῷ Β τινὶ ὑπάρχοι· ἂν γὰρ τῷ μὲν Α παντὶ ληφθῇ ὑπάρχον, τῷ δὲ Β μηδενί, ψευδεῖς μὲν ἀμφότεραι αἱ προτάσεις, οὐ μέντοι ὅλαι ἀλλ' ἐπί τι. καὶ ἀνάπαλιν δὲ τεθέντος τοῦ στερητικοῦ ὡσαύτως. τὴν δ' ἑτέραν εἶναι ψευδῆ καὶ ὁποτερανοῦν ἐνδέχεται. ὃ γὰρ ὑπάρχει τῷ Α παντί, καὶ τῷ Β ὑπάρχει· ἐὰν οὖν ληφθῇ τῷ μὲν Α ὅλῳ ὑπάρχειν τὸ Γ, τῷ δὲ Β ὅλῳ μὴ ὑπάρχειν, ἡ μὲν Γ Α ἀληθὴς ἔσται, ἡ δὲ Γ Β ψευδής. πάλιν ὃ τῷ Β μηδενὶ ὑπάρχει, οὐδὲ τῷ Α παντὶ ὑπάρξει· εἰ γὰρ τῷ Α, καὶ τῷ Β· ἀλλ' οὐχ ὑπῆρχεν. ἐὰν οὖν ληφθῇ τὸ Γ τῷ μὲν Α ὅλῳ ὑπάρχειν, τῷ δὲ Β μηδενί, ἡ μὲν Γ Β πρότασις ἀληθής, ἡ δ' ἑτέρα ψευδής. ὁμοίως δὲ καὶ μετατεθέντος τοῦ στερητικοῦ. ὃ γὰρ μηδενὶ ὑπάρχει τῷ Α, οὐδὲ τῷ Β οὐδενὶ ὑπάρξει· ἐὰν οὖν λη-

sion wahr sein. Aber auch die CB-*Prämisse* kann wahr sein, wenn die andere falsch ist, wie etwa wenn das B sowohl im C als auch im A ist; denn notwendig ist das eine unter dem anderen, so dass, wenn man annimmt, dass das A auf kein C zutrifft, die Prämisse falsch sein wird. | Es ist also einleuchtend, dass sowohl wenn die eine *Prämisse* falsch ist als auch wenn beide *falsch sind*, die Deduktion falsch[167] sein wird.

Dass aber in der mittleren Figur die Prämissen als ganze beide falsch sind, ist nicht möglich. Wenn nämlich das A auf jedes B zutrifft, wird man nichts annehmen können, was bei dem einen auf jedes und bei dem anderen auf | keines zutreffen wird. Es ist jedoch nötig, die Prämissen in der Weise anzunehmen, dass es auf das eine zutrifft, auf das andere dagegen nicht zutrifft, wenn eine Deduktion zustande kommen soll. Wenn *die Prämissen* nun, auf diese Weise angenommen, falsch sind, so ist klar, dass sie sich auf konträre Weise umgekehrt verhalten werden; das aber ist unmöglich.

Dass jedoch in Hinsicht auf ein gewisses Ding jede Prämisse falsch ist, daran hindert nichts, wie etwa wenn das C sowohl auf ein gewisses A als auch | auf ein gewisses B zutrifft. Wenn nämlich angenommen worden ist, dass es auf jedes A zutrifft und auf kein B, sind beide Prämissen falsch, nicht freilich als ganze, sondern in Hinsicht auf ein gewisses Ding;[168] und wenn das Verneinende umgekehrt festgesetzt wird, ebenso.[169] Und dass die eine der beiden *Prämissen* falsch ist, und zwar eine beliebige, ist ebenfalls möglich. Denn was auf jedes A zutrifft, | trifft auch auf das B zu; wenn also angenommen worden ist,
dass zwar auf das A als ganzes | das C zutrifft, auf das B als **80b**
ganzes jedoch nicht zutrifft, so wird die CA-*Prämisse* wahr sein, die CB-*Prämisse* dagegen falsch. Wiederum was auf kein B zutrifft, wird auch nicht auf jedes A zutreffen, denn wenn auf das A, dann auch auf das B, aber es traf nicht zu. Wenn also angenommen worden ist, dass das C auf das A als ganzes zutrifft und auf | kein B, so ist die CB-Prämisse wahr, die andere dagegen falsch; in ähnlicher Weise auch wenn das Verneinende umgesetzt wird. Was nämlich auf kein A zutrifft, wird auch nicht auf irgendein B zutreffen; wenn also angenommen

φθῇ τὸ Γ τῷ μὲν Α ὅλῳ μὴ ὑπάρχειν, τῷ δὲ Β ὅλῳ ὑπάρχειν, ἡ μὲν Γ Α πρότασις ἀληθὴς ἔσται, ἡ ἑτέρα δὲ ψευδής. καὶ πάλιν, ὃ παντὶ τῷ Β ὑπάρχει, μηδενὶ λαβεῖν τῷ Α ὑπάρχον ψεῦδος. ἀνάγκη γάρ, εἰ τῷ Β παντί, καὶ τῷ Α τινὶ ὑπάρχειν· ἐὰν οὖν ληφθῇ τῷ μὲν Β παντὶ ὑπάρχειν τὸ Γ, τῷ δὲ Α μηδενί, ἡ μὲν Γ Β ἀληθὴς ἔσται, ἡ δὲ Γ Α ψευδής. φανερὸν οὖν ὅτι καὶ ἀμφοτέρων οὐσῶν ψευδῶν καὶ τῆς ἑτέρας μόνον ἔσται συλλογισμὸς ἀπατητικὸς ἐν τοῖς ἀτόμοις.

Ἐν δὲ τοῖς μὴ ἀτόμως ὑπάρχουσιν, […] 117
ὅταν μὲν διὰ τοῦ οἰκείου μέσου γίνηται τοῦ ψεύδους ὁ συλλογισμός, οὐχ οἷόν τε ἀμφοτέρας ψευδεῖς εἶναι τὰς προτάσεις, ἀλλὰ μόνον τὴν πρὸς τῷ μείζονι ἄκρῳ. (λέγω δ᾽ οἰκεῖον μέσον δι᾽ οὗ γίνεται τῆς ἀντιφάσεως ὁ συλλογισμός.) ὑπαρχέτω γὰρ τὸ Α τῷ Β διὰ μέσου τοῦ Γ. ἐπεὶ οὖν ἀνάγκη τὴν Γ Β καταφατικὴν λαμβάνεσθαι συλλογισμοῦ γινομένου, δῆλον ὅτι ἀεὶ αὕτη ἔσται ἀληθής· οὐ γὰρ ἀντιστρέφεται. ἡ δὲ Α Γ ψευδής· ταύτης γὰρ ἀντιστρεφομένης ἐναντίος γίνεται ὁ συλλογισμός. ὁμοίως δὲ καὶ εἰ ἐξ ἄλλης συστοιχίας ληφθείη τὸ μέσον, οἷον τὸ Δ εἰ καὶ ἐν τῷ Α ὅλῳ ἐστὶ καὶ κατὰ τοῦ Β κατηγορεῖται παντός· ἀνάγκη γὰρ τὴν μὲν Δ Β πρότασιν μένειν, τὴν δ᾽ ἑτέραν ἀντιστρέφεσθαι, ὥσθ᾽ ἡ μὲν ἀεὶ ἀληθής, ἡ δ᾽ ἀεὶ ψευδής. καὶ σχεδὸν ἥ γε τοιαύτη ἀπάτη ἡ αὐτή ἐστι τῇ διὰ τοῦ οἰκείου μέσου. ἐὰν δὲ μὴ διὰ τοῦ οἰκείου μέσου γίνη-

worden ist, dass das C auf das A als ganzes nicht zutrifft, dagegen auf das B als ganzes zutrifft, so wird die CA-Prämisse wahr sein, die andere dagegen | falsch. Und wiederum, was auf jedes B zutrifft, von dem anzunehmen, dass es auf kein A zutrifft, ist falsch; denn es ist notwendig, dass es, wenn auf jedes B, so auch auf ein gewisses A zutrifft. Wenn also angenommen worden ist, dass auf jedes B das C zutrifft, aber auf kein A, so wird die CB-*Prämisse* wahr sein, die CA-*Prämisse* dagegen falsch.

Es ist also einleuchtend, dass sowohl wenn beide Prämissen | falsch sind als auch wenn nur die eine *Prämisse falsch ist*, eine irrtümliche Deduktion zustande kommen wird, und zwar bei den unmittelbaren Dingen.

Kapitel 17. Bei den nicht unmittelbar zutreffenden Dingen[A] – wenn die Deduktion des Falschen durch den angemessenen Mittelbegriff zustande kommt[170] – ist es nicht möglich, dass beide Prämissen falsch sind, | sondern nur die mit dem größeren Außenbegriff; ich nenne einen Mittelbegriff angemessen, durch den die Deduktion der Kontradiktion[171] zustande kommt. Es treffe nämlich das A auf das B durch den Mittelbegriff C zu; da es nun notwendig ist, die CB-Prämisse als bejahend anzunehmen, wenn eine Deduktion zustande kommt, so ist klar, dass stets diese wahr sein wird, | denn sie konvertiert nicht, die AC-*Prämisse* dagegen falsch, denn wenn diese konvertiert[172], kommt die konträre Deduktion zustande. Auf ähnliche Weise auch wenn der Mittelbegriff aus einer anderen Begriffsreihe genommen wird, wie etwa das D,[173] wenn es sowohl in dem A als ganzem ist als auch von jedem B ausgesagt wird; denn notwendig bleibt die DB-Prämisse bestehen, die | andere dagegen konvertiert, so dass die eine stets wahr ist, die andere dagegen stets falsch. Und ein derartiger Irrtum ist fast derselbe wie der durch den angemessenen Mittelbegriff.

Wenn dagegen die Deduktion nicht durch den angemessenen Mittelbegriff zustande kommt, dann sind, wenn der Mit-

[A] [b 17] Streichung von ἢ μὴ ὑπάρχουσιν mit ABn und Ross.

ται ὁ συλλογισμός, ὅταν μὲν ὑπὸ τὸ Α ᾖ τὸ μέσον, τῷ δὲ Β μηδενὶ ὑπάρχῃ, ἀνάγκη ψευδεῖς εἶναι ἀμφοτέρας. ληπτέαι γὰρ ἐναντίως ἢ ὡς ἔχουσιν αἱ προτάσεις, εἰ μέλλει συλλογισμὸς ἔσεσθαι· οὕτω δὲ λαμβανομένων ἀμφότεραι γίνονται ψευδεῖς. οἷον εἰ τὸ μὲν Α ὅλῳ τῷ Δ ὑπάρχει, τὸ δὲ Δ μηδενὶ τῶν Β· ἀντιστραφέντων γὰρ τούτων συλλογισμός τ' ἔσται καὶ αἱ προτάσεις ἀμφότεραι ψευδεῖς. ὅταν δὲ μὴ ᾖ ὑπὸ τὸ Α τὸ μέσον, οἷον τὸ Δ, ἡ
81a μὲν Α Δ ἀληθὴς ἔσται, ἡ δὲ Δ Β ψευδής. ἡ μὲν γὰρ Α Δ ἀληθής, ὅτι οὐκ ἦν ἐν τῷ Α τὸ Δ, ἡ δὲ Δ Β ψευδής, ὅτι εἰ ἦν ἀληθής, κἂν τὸ συμπέρασμα ἦν ἀληθές· ἀλλ' ἦν ψεῦδος.

Διὰ δὲ τοῦ μέσου σχήματος γινομένης τῆς ἀπάτης, ἀμφοτέρας μὲν οὐκ ἐνδέχεται ψευδεῖς εἶναι τὰς προτάσεις ὅλας (ὅταν γὰρ ᾖ τὸ Β ὑπὸ τὸ Α, οὐδὲν ἐνδέχεται τῷ μὲν παντὶ τῷ δὲ μηδενὶ ὑπάρχειν, καθάπερ ἐλέχθη καὶ πρότερον), τὴν ἑτέραν δ' ἐγχωρεῖ, καὶ ὁποτέραν ἔτυχεν. εἰ γὰρ τὸ Γ καὶ τῷ Α καὶ τῷ Β ὑπάρχει, ἐὰν ληφθῇ τῷ μὲν Α ὑπάρχειν τῷ δὲ Β μὴ ὑπάρχειν, ἡ μὲν Γ Α ἀληθὴς ἔσται, ἡ δ' ἑτέρα ψευδής. πάλιν δ' εἰ τῷ μὲν Β ληφθείη τὸ Γ ὑπάρχον, τῷ δὲ Α μηδενί, ἡ μὲν Γ Β ἀληθὴς ἔσται, ἡ δ' ἑτέρα ψευδής.

Ἐὰν μὲν οὖν στερητικὸς ᾖ τῆς ἀπάτης ὁ συλλογισμός, εἴρηται πότε καὶ διὰ τίνων ἔσται ἡ ἀπάτη· ἐὰν δὲ καταφατικός, ὅταν μὲν διὰ τοῦ οἰκείου μέσου, ἀδύνατον ἀμφοτέρας εἶναι ψευδεῖς· ἀνάγκη γὰρ τὴν Γ Β μένειν, εἴπερ ἔσται συλλογισμός, καθάπερ ἐλέχθη καὶ πρότερον. ὥστε ἡ Α Γ ἀεὶ ἔσται ψευδής· αὕτη γάρ ἐστιν ἡ ἀντιστρεφομένη. ὁμοίως δὲ καὶ εἰ ἐξ ἄλλης συστοιχίας λαμβάνοιτο τὸ μέσον, ὥσπερ ἐλέχθη καὶ ἐπὶ τῆς στερητικῆς ἀπάτης· ἀνάγκη γὰρ

telbegriff unter dem A ist und auf kein B zutrifft, notwendig beide *Prämissen* falsch. | Es müssen nämlich die Prämissen auf eine Weise angenommen werden, die konträr ist dazu, wie sie sich verhalten, wenn es eine Deduktion geben soll; so angenommen aber werden beide falsch, wie etwa wenn das A auf das ganze D zutrifft, das D aber auf keines der B. Wenn diese nämlich konvertiert sind, wird eine Deduktion zustande kommen und werden beide Prämissen falsch sein. | Wenn dagegen der Mittelbegriff nicht unter dem A ist, wie etwa das D, so wird die | AD-*Prämisse* wahr sein, die DB-*Prämisse* dagegen 81a
falsch – die AD-*Prämisse ist* nämlich wahr, weil das D nicht im A war, und die DB-*Prämisse ist* falsch, weil wenn sie wahr wäre, auch die Konklusion wahr wäre, aber sie war falsch.

| Wenn der Irrtum durch die mittlere Figur[174] zustande kommt, dann können nicht beide Prämissen als ganze falsch sein – wenn nämlich das B unter dem A ist, kann nichts bei dem einen auf jedes, bei dem anderen auf keines zutreffen, wie auch zuvor gesagt worden ist –, eine von beiden dagegen kann *als ganze falsch* sein, und zwar eine beliebige. Wenn nämlich | das C auf das A und auf das B zutrifft, so wird, wenn angenommen worden ist, dass es auf das A zutrifft, auf das B dagegen nicht zutrifft, die CA-*Prämisse* wahr sein, die andere dagegen falsch. Wiederum, wenn angenommen worden ist, dass auf das B das C zutrifft, jedoch auf kein A, so wird die CB-*Prämisse* wahr sein, die andere dagegen falsch.

| Wenn also die Deduktion des Irrtums verneinend ist, so ist gesagt worden, wann und durch welche Dinge der Irrtum zustande kommen wird. Wenn *sie* aber bejahend *ist*, so können, wenn *die Deduktion* durch den angemessenen Mittelbegriff *zustande kommt*, unmöglich beide *Prämissen* falsch sein.[175] Notwendig nämlich bleibt die CB-*Prämisse* bestehen, wenn wirklich eine Deduktion zustande kommen soll, wie auch zuvor gesagt worden ist.[176] Daher wird die AC-*Prämisse* | stets falsch sein, diese nämlich ist die Konvertierende. In ähnlicher Weise auch wenn der Mittelbegriff aus einer anderen Begriffsreihe genommen wird, wie auch bei dem verneinenden Irrtum gesagt worden ist. Notwendig nämlich bleibt die DB-*Prämisse*

τὴν μὲν Δ Β μένειν, τὴν δ' Α Δ ἀντιστρέφεσθαι, καὶ ἡ ἀπάτη ἡ αὐτὴ τῇ πρότερον. ὅταν δὲ μὴ διὰ τοῦ οἰκείου, ἐὰν μὲν ᾖ τὸ Δ ὑπὸ τὸ Α, αὕτη μὲν ἔσται ἀληθής, ἡ ἑτέρα δὲ ψευδής· ἐγχωρεῖ γὰρ τὸ Α πλείοσιν ὑπάρχειν ἃ οὐκ ἔστιν ὑπ' ἄλληλα. ἐὰν δὲ μὴ ᾖ τὸ Δ ὑπὸ τὸ Α, αὕτη μὲν ἀεὶ δῆλον ὅτι ἔσται ψευδής (καταφατικὴ γὰρ λαμβάνεται), τὴν δὲ Δ Β ἐνδέχεται καὶ ἀληθῆ εἶναι καὶ ψευδῆ· οὐδὲν γὰρ κωλύει τὸ μὲν Α τῷ Δ μηδενὶ ὑπάρχειν, τὸ δὲ Δ τῷ Β παντί, οἷον ζῷον ἐπιστήμῃ, ἐπιστήμη δὲ μουσικῇ. οὐδ' αὖ μήτε τὸ Α μηδενὶ τῶν Δ μήτε τὸ Δ μηδενὶ τῶν Β. [...]

Ποσαχῶς μὲν οὖν καὶ διὰ τίνων ἐγχωρεῖ γίνεσθαι τὰς κατὰ συλλογισμὸν ἀπάτας ἔν τε τοῖς ἀμέσοις καὶ ἐν τοῖς δι' ἀποδείξεως, φανερόν.

Φανερὸν δὲ καὶ ὅτι, εἴ τις αἴσθησις ἐκλέλοιπεν, ἀνάγκη 118
καὶ ἐπιστήμην τινὰ ἐκλελοιπέναι, ἣν ἀδύνατον λαβεῖν, εἴπερ μανθάνομεν ἢ ἐπαγωγῇ ἢ ἀποδείξει, ἔστι δ' ἡ μὲν ἀπόδει-
81b ξις ἐκ τῶν καθόλου, ἡ δ' ἐπαγωγὴ ἐκ τῶν κατὰ μέρος, ἀδύνατον δὲ τὰ καθόλου θεωρῆσαι μὴ δι' ἐπαγωγῆς (ἐπεὶ καὶ τὰ ἐξ ἀφαιρέσεως λεγόμενα ἔσται δι' ἐπαγωγῆς γνώριμα ποιεῖν, ὅτι ὑπάρχει ἑκάστῳ γένει ἔνια, καὶ εἰ μὴ χωριστά ἐστιν, ᾗ τοιονδὶ ἕκαστον), ἐπαχθῆναι δὲ μὴ ἔχοντας αἴσθησιν ἀδύνατον. τῶν γὰρ καθ' ἕκαστον ἡ αἴσθησις· οὐ γὰρ

bestehen, die AD-*Prämisse* dagegen konvertiert, und der Irrtum ist derselbe wie zuvor.

Wenn *die Deduktion* aber nicht durch den angemessenen Mittelbegriff *zustande kommt*, so wird, wenn | das D unter dem A ist, diese zwar wahr sein, die andere jedoch falsch. Es ist nämlich möglich, dass das A auf mehrere Dinge zutrifft, die nicht unter einander sind. Wenn aber das D nicht unter dem A ist, so wird diese *Prämisse* klarerweise stets falsch sein – denn als bejahend ist sie angenommen –, die DB-*Prämisse* jedoch kann sowohl wahr als auch falsch sein. Nichts | nämlich hindert daran, dass das A auf kein D zutrifft, das D aber auf jedes B; wie etwa Lebewesen auf Wissen, Wissen auf Musik –, noch wiederum das A auf keines der D und das D auf keines der B.[177]

|[A] Auf wie viele Weisen also und durch welche Dinge es möglich ist, dass die Irrtümer gemäß einer Deduktion zustande kommen, und zwar bei den unvermittelten Dingen und den durch Demonstration *bewiesenen Dingen*, ist einleuchtend.

Kapitel 18. Es ist auch einleuchtend, dass wenn eine bestimmte Wahrnehmung ausbleibt, notwendig auch ein bestimmtes Wissen ausbleibt,[178] welches unmöglich zu erwerben ist, wenn wir wirklich | Wissen erwerben entweder durch Induktion oder durch Demonstration und *wenn* die Demonstration | vom Allgemeinen abhängt, die Induktion dagegen vom **81b**
Speziellen,[179] und *wenn* es unmöglich ist, das Allgemeine zu betrachten außer durch Induktion – denn auch die sogenannten abstrakten Dinge[180] wird man durch Induktion bekannt machen können:[181] dass auf jede Gattung einige von ihnen zutreffen, auch wenn sie nicht | abgetrennt sind, insofern ein jedes von der und der Beschaffenheit ist –, und *wenn schließlich* eine Induktion durchzuführen ohne Wahrnehmung zu haben unmöglich ist. Die Wahrnehmung richtet sich nämlich auf das

[A] [a33] Streichung des Satzes *φανερὸν οὖν ὅτι μὴ ὄντος τοῦ μέσου ὑπὸ τὸ* A *καὶ ἀμφοτέρας ἐγχωρεῖ ψευδεῖς εἶναι καὶ ὁποτέραν ἔτυχεν* mit Ross und P.

ἐνδέχεται λαβεῖν αὐτῶν τὴν ἐπιστήμην· οὔτε γὰρ ἐκ τῶν καθόλου ἄνευ ἐπαγωγῆς, οὔτε δι' ἐπαγωγῆς ἄνευ τῆς αἰσθήσεως.

119 Ἔστι δὲ πᾶς συλλογισμὸς διὰ τριῶν ὅρων, καὶ ὁ μὲν δεικνύναι δυνάμενος ὅτι ὑπάρχει τὸ A τῷ Γ διὰ τὸ ὑπάρχειν τῷ B καὶ τοῦτο τῷ Γ, ὁ δὲ στερητικός, τὴν μὲν ἑτέραν πρότασιν ἔχων ὅτι ὑπάρχει τι ἄλλο ἄλλῳ, τὴν δ' ἑτέραν ὅτι οὐχ ὑπάρχει. φανερὸν οὖν ὅτι αἱ μὲν ἀρχαὶ καὶ αἱ λεγόμεναι ὑποθέσεις αὗταί εἰσι· λαβόντα γὰρ ταῦτα οὕτως ἀνάγκη δεικνύναι, οἷον ὅτι τὸ A τῷ Γ ὑπάρχει διὰ τοῦ B, πάλιν δ' ὅτι τὸ A τῷ B δι' ἄλλου μέσου, καὶ ὅτι τὸ B τῷ Γ ὡσαύτως. κατὰ μὲν οὖν δόξαν συλλογιζομένοις καὶ μόνον διαλεκτικῶς δῆλον ὅτι τοῦτο μόνον σκεπτέον, εἰ ἐξ ὧν ἐνδέχεται ἐνδοξοτάτων γίνεται ὁ συλλογισμός, ὥστ' εἰ καὶ μὴ ἔστι τι τῇ ἀληθείᾳ τῶν A B μέσον, δοκεῖ δὲ εἶναι, ὁ διὰ τούτου συλλογιζόμενος συλλελόγισται διαλεκτικῶς· πρὸς δ' ἀλήθειαν ἐκ τῶν ὑπαρχόντων δεῖ σκοπεῖν. ἔχει δ' οὕτως· ἐπειδὴ ἔστιν ὃ αὐτὸ μὲν κατ' ἄλλου κατηγορεῖται μὴ κατὰ συμβεβηκός – λέγω δὲ τὸ κατὰ συμβεβηκός, οἷον τὸ λευκόν ποτ' ἐκεῖνό φαμεν εἶναι ἄνθρωπον, οὐχ ὁμοίως λέγοντες καὶ τὸν ἄνθρωπον λευκόν· ὁ μὲν γὰρ οὐχ ἕτερόν τι ὢν λευκός ἐστι, τὸ δὲ λευκόν, ὅτι συμβέβηκε τῷ ἀνθρώπῳ εἶναι λευκῷ – ἔστιν οὖν ἔνια τοιαῦτα ὥστε καθ' αὑτὰ κατηγορεῖσθαι.

Ἔστω δὴ τὸ Γ τοιοῦτον ὃ αὐτὸ μὲν μηκέτι ὑπάρχει ἄλλῳ, τούτῳ δὲ τὸ B πρώτῳ, καὶ οὐκ ἔστιν ἄλλο μεταξύ. καὶ πάλιν τὸ E τῷ Z ὡσαύτως, καὶ τοῦτο τῷ B. ἆρ' οὖν τοῦτο ἀνάγκη στῆναι, ἢ ἐνδέχεται εἰς ἄπειρον ἰέναι; καὶ πάλιν εἰ

Einzelne,[182] denn man kann davon kein Wissen erwerben. Weder nämlich *kann es* aus dem Allgemeinen ohne Induktion *erworben werden* noch durch Induktion ohne die Wahrnehmung.[183]

Kapitel 19. | Es kommt aber jede Deduktion durch drei Begriffe zustande;[184] und die eine ist zu beweisen fähig, dass das A auf das C zutrifft, weil es auf das B zutrifft und dieses auf das C, die verneinende dagegen hat als die eine Prämisse: dass eines auf ein anderes zutrifft, und als die andere: dass es nicht zutrifft.[185] Es ist also einleuchtend, dass die Prinzipien und die | sogenannten Hypothesen[186] diese sind. Indem man nämlich diese Dinge auf diese Weise annimmt, muss man beweisen – wie etwa dass das A auf das C zutrifft durch das B, und wiederum das A auf das B durch einen anderen Mittelbegriff, und *ebenso* das B auf das C.[187]

Diejenigen nun, die mit Rücksicht auf Meinung deduzieren, und nur auf dialektische Weise, müssen klarerweise nur untersuchen, ob | die Deduktion aus möglichst allgemein anerkannten *Prämissen* zustande kommt,[188] so dass, wenn es auch in Wahrheit keinen Mittelbegriff für A und B gibt, aber doch zu geben scheint, der durch diesen *Begriff* Deduzierende auf dialektische Weise deduziert hat. In Bezug auf Wahrheit dagegen muss man vom Zutreffenden aus untersuchen.[189] Es verhält sich nun so: Da es etwas gibt, was selbst von anderem auf nicht-zufällige | Weise ausgesagt wird – ich meine auf zufällige Weise, wie wir etwa von jenem weißen Ding sagen, es sei ein Mensch, wobei wir nicht auf dieselbe Weise reden wie dass der Mensch weiß ist; dieser ist nämlich, ohne etwas anderes zu sein, weiß, das Weiße dagegen *ist ein Mensch*, weil es für den Menschen zufällig war, weiß zu sein –, so gibt es also einiges von der Art, dass es an sich ausgesagt wird.[190]

| Es sei also das C von der Art, dass es selbst nicht mehr auf anderes zutrifft, auf dieses *C* jedoch das B ursprünglich *zutrifft* und es nichts anderes dazwischen gibt, und wiederum das E auf das F ebenso, und dieses auf das B; kommt nun dies notwendig zum Stehen, oder kann es ins Unendliche gehen? Und

τοῦ μὲν A μηδὲν κατηγορεῖται καθ᾿ αὑτό, τὸ δὲ A τῷ Θ ὑπάρχει πρώτῳ, μεταξὺ δὲ μηδενὶ προτέρῳ, καὶ τὸ Θ τῷ H, καὶ τοῦτο τῷ B, ἆρα καὶ τοῦτο ἵστασθαι ἀνάγκη, ἢ καὶ τοῦτ᾿ ἐνδέχεται εἰς ἄπειρον ἰέναι; διαφέρει δὲ τοῦτο τοῦ πρότερον τοσοῦτον, ὅτι τὸ μέν ἐστιν, ἆρα ἐνδέχεται ἀρξαμένῳ ἀπὸ τοιούτου ὃ μηδενὶ ὑπάρχει ἑτέρῳ ἀλλ᾿ ἄλλο ἐκείνῳ, ἐπὶ τὸ ἄνω εἰς ἄπειρον ἰέναι, θάτερον δὲ ἀρξάμενον ἀπὸ τοιούτου ὃ αὐτὸ μὲν ἄλλου, ἐκείνου δὲ μηδὲν κατηγορεῖται, ἐπὶ τὸ κάτω σκοπεῖν εἰ ἐνδέχεται εἰς ἄπειρον ἰέναι.

Ἔτι τὰ μεταξὺ ἆρ᾿ ἐνδέχεται ἄπειρα εἶναι ὡρισμένων τῶν ἄκρων; λέγω δ᾿ οἷον εἰ τὸ A τῷ Γ ὑπάρχει, μέσον δ᾿ αὐτῶν τὸ B, τοῦ δὲ B καὶ τοῦ A ἕτερα, τούτων δ᾿ ἄλλα, ἆρα καὶ ταῦτα εἰς ἄπειρον ἐνδέχεται ἰέναι, ἢ ἀδύνατον; ἔστι δὲ τοῦτο σκοπεῖν ταὐτὸ καὶ εἰ αἱ ἀποδείξεις εἰς ἄπειρον ἔρχονται, καὶ εἰ ἔστιν ἀπόδειξις ἅπαντος, ἢ πρὸς ἄλληλα περαίνεται.

Ὁμοίως δὲ λέγω καὶ ἐπὶ τῶν στερητικῶν συλλογισμῶν καὶ προτάσεων, οἷον εἰ τὸ A μὴ ὑπάρχει τῷ B μηδενί, ἤτοι πρώτῳ, ἢ ἔσται τι μεταξὺ ᾧ προτέρῳ οὐχ ὑπάρχει (οἷον εἰ τῷ H, ὃ τῷ B ὑπάρχει παντί), καὶ πάλιν τούτου ἔτι ἄλλῳ προτέρῳ, οἷον εἰ τῷ Θ, ὃ τῷ H παντὶ ὑπάρχει. καὶ γὰρ ἐπὶ τούτων ἢ ἄπειρα οἷς ὑπάρχει προτέροις, ἢ ἵσταται.

Ἐπὶ δὲ τῶν ἀντιστρεφόντων οὐχ ὁμοίως ἔχει. οὐ γὰρ ἔστιν ἐν τοῖς ἀντικατηγορουμένοις οὗ πρώτου κατηγορεῖται ἢ τελευταίου· πάντα γὰρ πρὸς πάντα ταύτῃ γε ὁμοίως ἔχει, εἴτ᾿ ἐστὶν ἄπειρα τὰ κατ᾿ αὐτοῦ κατηγορούμενα, εἴτ᾿ ἀμφότερά ἐστι

wiederum wenn vom A nichts an sich ausgesagt wird, das A jedoch auf das H | ursprünglich zutrifft, und nicht dazwischen auf irgendetwas Vorrangiges, und das H auf das G und dieses auf das B, muss auch dieses zum Stehen kommen oder kann auch dieses ins Unendliche gehen? Es unterscheidet sich dies aber vom Vorigen insoweit, als das eine *die Frage* ist: Ist es möglich, wenn man beginnt mit einem solchen Ding, das auf nichts anderes zutrifft – wohl aber anderes auf jenes –, nach | oben bis ins Unendliche zu gehen? Das andere dagegen *ist die Frage*: Wenn man beginnt mit einem solchen Ding, | das selbst **82a**
von anderen – von jenem dagegen nichts – ausgesagt wird, ob es dann, wenn man nach unten sieht, möglich ist, bis ins Unendliche zu gehen.[191]

Ferner: Können die Dinge dazwischen unendlich viele sein, wenn die Außenbegriffe bestimmt sind? Ich meine zum Beispiel wenn das A auf das C zutrifft, und ihr Mittelbegriff das B ist, und es zum | B und zum A andere Mittelbegriffe gibt, und zu diesen andere, können auch diese bis ins Unendliche gehen, oder ist es unmöglich? Dieses zu untersuchen ist aber dasselbe wie ob die Demonstrationen bis ins Unendliche gehen, und ob es eine Demonstration von allem gibt, oder ob sie sich gegenseitig begrenzen.

In ähnlicher Weise meine ich es auch bei den verneinenden Deduktionen[192] | und Prämissen, wie etwa wenn das A auf kein B zutrifft, so entweder ursprünglich, oder es wird etwas Vorrangiges dazwischen geben, auf das es nicht zutrifft – wie etwa das G, das auf jedes B zutrifft –, und wiederum noch ein anderes, vorrangig gegenüber diesem, wie etwa das H, das auf jedes G zutrifft: denn auch bei diesen Dingen sind die vorrangigen *Begriffe*, auf die es zutrifft, entweder unendlich viele, oder kommen zum Stehen.

| Bei den konvertierenden *Begriffen*[193] aber verhält es sich nicht in ähnlicher Weise. Denn unter den wechselseitig voneinander ausgesagten *Begriffen* gibt es keinen, von dem etwas als erstem ausgesagt wird oder als Letztem. Alle nämlich verhalten sich zu allen in dieser Hinsicht jedenfalls auf ähnliche Weise, sei es dass die von etwas ausgesagten *Begriffe* unendlich

τὰ ἀπορηθέντα ἄπειρα· πλὴν εἰ μὴ ὁμοίως ἐνδέχεται ἀντιστρέφειν, ἀλλὰ τὸ μὲν ὡς συμβεβηκός, τὸ δ’ ὡς κατηγορίαν.

Ὅτι μὲν οὖν τὰ μεταξὺ οὐκ ἐνδέχεται ἄπειρα εἶναι, εἰ I20
ἐπὶ τὸ κάτω καὶ τὸ ἄνω ἵστανται αἱ κατηγορίαι, δῆλον. λέγω δ’ ἄνω μὲν τὴν ἐπὶ τὸ καθόλου μᾶλλον, κάτω δὲ τὴν ἐπὶ τὸ κατὰ μέρος. εἰ γὰρ τοῦ Α κατηγορουμένου κατὰ τοῦ Ζ ἄπειρα τὰ μεταξύ, ἐφ’ ὧν Β, δῆλον ὅτι ἐνδέχοιτ’ ἂν ὥστε καὶ ἀπὸ τοῦ Α ἐπὶ τὸ κάτω ἕτερον ἑτέρου κατηγορεῖσθαι εἰς ἄπειρον (πρὶν γὰρ ἐπὶ τὸ Ζ ἐλθεῖν, ἄπειρα τὰ μεταξύ) καὶ ἀπὸ τοῦ Ζ ἐπὶ τὸ ἄνω ἄπειρα, πρὶν ἐπὶ τὸ Α ἐλθεῖν. ὥστ’ εἰ ταῦτα ἀδύνατα, καὶ τοῦ Α καὶ Ζ ἀδύνατον ἄπειρα εἶναι μεταξύ. οὐδὲ γὰρ εἴ τις λέγοι ὅτι τὰ μέν ἐστι τῶν Α Β Ζ ἐχόμενα ἀλλήλων ὥστε μὴ εἶναι μεταξύ, τὰ δ’ οὐκ ἔστι λαβεῖν, οὐδὲν διαφέρει. ὃ γὰρ ἂν λάβω τῶν Β, ἔσται πρὸς τὸ Α ἢ πρὸς τὸ Ζ ἢ ἄπειρα τὰ μεταξὺ ἢ οὔ. ἀφ’ οὗ δὴ πρῶτον ἄπειρα, εἴτ’ εὐθὺς εἴτε μὴ εὐθύς, οὐδὲν διαφέρει· τὰ γὰρ μετὰ ταῦτα ἄπειρά ἐστιν.

Φανερὸν δὲ καὶ ἐπὶ τῆς στερητικῆς ἀποδείξεως ὅτι στή- I21
σεται, εἴπερ ἐπὶ τῆς κατηγορικῆς ἵσταται ἐπ’ ἀμφότερα. ἔστω γὰρ μὴ ἐνδεχόμενον μήτε ἐπὶ τὸ ἄνω ἀπὸ τοῦ ὑστάτου εἰς ἄπειρον ἰέναι (λέγω δ’ ὕστατον ὃ αὐτὸ μὲν ἄλλῳ
82b μηδενὶ ὑπάρχει, ἐκείνῳ δὲ ἄλλο, οἷον τὸ Ζ) μήτε ἀπὸ τοῦ
πρώτου ἐπὶ τὸ ὕστατον (λέγω δὲ πρῶτον ὃ αὐτὸ μὲν κατ’

viele sind, oder sei es dass beide diskutierten Dinge unendlich viele sind – es sei denn, es ist möglich, dass sie nicht auf ähnliche Weise | konvertieren, sondern teils wie ein Zufälliges, teils wie ein Prädikat.[194]

Kapitel 20. Dass nun die *Begriffe* dazwischen[195] nicht unendlich viele sein können, wenn die Prädikate nach unten und nach oben zum Stehen kommen, ist klar. Ich nenne nach oben den Weg zum Allgemeineren, nach unten den zum Speziellen.[196] Wenn nämlich, falls A ausgesagt wird | vom F, die *Begriffe* dazwischen unendlich viele sind – die B's –, so ist klar, dass es möglich wäre, sowohl vom A aus nach unten das eine vom anderen bis ins Unendliche auszusagen – denn bevor man zum F kommt, sind unendlich viele *Begriffe* dazwischen –, als auch dass es vom F aus nach oben unendlich viele sind, bevor man zum A kommt. Wenn daher dies unmöglich ist, so ist es auch unmöglich, dass es zwischen A und F | unendlich viele *Begriffe* sind.[197]

Denn selbst wenn jemand sagen sollte, dass einige der *Begriffe* A, B, F aneinander anschließen, so dass nichts dazwischen ist, die anderen dagegen nicht erfasst werden können, so macht das keinen Unterschied. Welches der B's ich nämlich auch immer erfasse, es werden in Richtung auf A oder in Richtung auf F entweder unendlich viele *Begriffe* dazwischen sein oder nicht. Von welchem aus sie also zuerst unendlich viele sind – sei es sofort oder nicht sofort –, macht keinen Unterschied, | denn danach sind es unendlich viele.

Kapitel 21. Es ist auch im Falle der verneinenden Demonstration[198] einleuchtend, dass es zum Stehen kommen wird, wenn es im Falle der bejahenden in beiden Richtungen zum Stehen kommt. Es sei nämlich weder möglich, nach oben hin vom letzten Ding aus bis ins Unendliche zu gehen – ich nenne letztes
Ding, was selbst auf | kein anderes zutrifft, während jedoch **82b**
anderes auf jenes zutrifft, wie etwas das F –, noch *sei es* vom ersten zum letzten *möglich* – ich nenne erstes, was selbst auf anderes zutrifft, während jedoch nichts anderes auf jenes zu-

ἄλλου, κατ' ἐκείνου δὲ μηδὲν ἄλλο). εἰ δὴ ταῦτ' ἔστι, καὶ ἐπὶ τῆς ἀποφάσεως στήσεται. τριχῶς γὰρ δείκνυται μὴ ὑπάρχον. ἢ γὰρ ᾧ μὲν τὸ Γ, τὸ Β ὑπάρχει παντί, ᾧ δὲ τὸ Β, οὐδενὶ τὸ Α. τοῦ μὲν τοίνυν Β Γ, καὶ ἀεὶ τοῦ ἑτέρου διαστήματος, ἀνάγκη βαδίζειν εἰς ἄμεσα· κατηγορικὸν γὰρ τοῦτο τὸ διάστημα. τὸ δ' ἕτερον δῆλον ὅτι εἰ ἄλλῳ οὐχ ὑπάρχει προτέρῳ, οἷον τῷ Δ, τοῦτο δεήσει τῷ Β παντὶ ὑπάρχειν. καὶ εἰ πάλιν ἄλλῳ τοῦ Δ προτέρῳ οὐχ ὑπάρχει, ἐκεῖνο δεήσει τῷ Δ παντὶ ὑπάρχειν. ὥστ' ἐπεὶ ἡ ἐπὶ τὸ ἄνω ἵσταται ὁδός, καὶ ἡ ἐπὶ τὸ Α στήσεται, καὶ ἔσται τι πρῶτον ᾧ οὐχ ὑπάρχει.

Πάλιν εἰ τὸ μὲν Β παντὶ τῷ Α, τῷ δὲ Γ μηδενί, τὸ Α τῶν Γ οὐδενὶ ὑπάρχει. πάλιν τοῦτο εἰ δεῖ δεῖξαι, δῆλον ὅτι ἢ διὰ τοῦ ἄνω τρόπου δειχθήσεται ἢ διὰ τούτου ἢ τοῦ τρίτου. ὁ μὲν οὖν πρῶτος εἴρηται, ὁ δὲ δεύτερος δειχθήσεται. οὕτω δ' ἂν δεικνύοι, οἷον τὸ Δ τῷ μὲν Β παντὶ ὑπάρχει, τῷ δὲ Γ οὐδενί, εἰ ἀνάγκη ὑπάρχειν τι τῷ Β. καὶ πάλιν εἰ τοῦτο τῷ Γ μὴ ὑπάρξει, ἄλλο τῷ Δ ὑπάρχει, ὃ τῷ Γ οὐχ ὑπάρχει. οὐκοῦν ἐπεὶ τὸ ὑπάρχειν ἀεὶ τῷ ἀνωτέρω ἵσταται, στήσεται καὶ τὸ μὴ ὑπάρχειν.

Ὁ δὲ τρίτος τρόπος ἦν· εἰ τὸ μὲν Α τῷ Β παντὶ ὑπάρχει, τὸ δὲ Γ μὴ ὑπάρχει, οὐ παντὶ ὑπάρχει τὸ Γ ᾧ τὸ Α. πάλιν δὲ τοῦτο ἢ διὰ τῶν ἄνω εἰρημένων ἢ ὁμοίως δειχθήσεται. ἐκείνως μὲν δὴ ἵσταται, εἰ δ' οὕτω, πάλιν λήψεται τὸ Β τῷ Ε ὑπάρχειν, ᾧ τὸ Γ μὴ παντὶ ὑπάρχει. καὶ τοῦτο πά-

trifft. Wenn also dies gilt, dann wird es auch bei der Verneinung zum Stehen kommen.

Auf dreifache Weise nämlich wird bewiesen, dass etwas nicht | zutrifft. Entweder nämlich trifft das B auf alles zu, auf das C zutrifft, und das A auf keines, auf das B zutrifft.[199] Bei der BC-Prämisse folglich, und stets beim zweiten Intervall, kommt man notwendig zu den unvermittelten Dingen; bejahend nämlich ist dieses Intervall. Wenn aber das andere auf etwas noch anderes nicht zutrifft, das vorrangig ist, etwa auf das D, dann wird es klarerweise auf jedes B zutreffen müssen. | Und wenn es wiederum auf ein anderes, dem D gegenüber vorrangiges Ding nicht zutrifft, so wird jenes auf jedes D zutreffen müssen. Wenn daher der Weg nach oben zum Stehen kommt, so wird auch der zum A hin zum Stehen kommen, und es wird ein Erstes geben, auf das es nicht zutrifft.

Wiederum, wenn das B auf jedes A und auf kein C zutrifft, so trifft das A auf kein C zu.[200] Wenn dieses wiederum bewiesen werden muss, | so ist klar, dass es entweder in der oben genannten Weise bewiesen werden wird oder durch diese oder die dritte *Weise*. Die erste nun ist genannt worden, die zweite wird bewiesen werden. Man könnte es etwa so beweisen: das D trifft auf jedes B zu, und auf kein C, wenn etwas notwendig auf das B zutrifft. Und wenn dieses wiederum auf das C nicht zutreffen soll, dann trifft ein anderes auf das D | zu, das auf das C nicht zutrifft. Weil daher das auf immer Höheres Zutreffende zum Stehen kommt, wird auch das Nicht-Zutreffen zum Stehen kommen.

Die dritte Weise aber war: wenn das A auf jedes B zutrifft, das C aber nicht *auf jedes B* zutrifft, dann trifft C nicht auf jedes A zu.[201] Wiederum wird dieses entweder durch die oben genannten Weisen oder auf ähnliche Weise bewiesen werden. | Wenn also auf jene *zuerst genannten* Weisen, so kommt es zum Stehen, wenn dagegen auf diese *letztere* Weise, so wird wiederum angenommen werden, dass das B auf das E zutrifft, von dem das C nicht auf jedes zutrifft; und dieses wiederum auf ähnliche Weise. Da aber zugrunde gelegt worden ist, dass es auch nach unten hin zum Stehen kommt,[202] so ist

λιν ὁμοίως. ἐπεὶ δ᾽ ὑπόκειται ἵστασθαι καὶ ἐπὶ τὸ κάτω, δῆλον ὅτι στήσεται καὶ τὸ Γ οὐχ ὑπάρχον.

Φανερὸν δ᾽ ὅτι καὶ ἐὰν μὴ μιᾷ ὁδῷ δεικνύηται ἀλλὰ πάσαις, ὁτὲ μὲν ἐκ τοῦ πρώτου σχήματος, ὁτὲ δὲ ἐκ τοῦ δευτέρου, [...] ὅτι καὶ οὕτω στήσεται· πεπερασμέναι γάρ εἰσιν αἱ ὁδοί, τὰ δὲ πεπερασμένα πεπερασμενάκις ἀνάγκη πεπεράνθαι πάντα.

Ὅτι μὲν οὖν ἐπὶ τῆς στερήσεως, εἴπερ καὶ ἐπὶ τοῦ ὑπάρχειν, ἵσταται, δῆλον. ὅτι δ᾽ ἐπ᾽ ἐκείνων, λογικῶς μὲν θεωροῦσιν ὧδε φανερόν.

Ἐπὶ μὲν οὖν τῶν ἐν τῷ τί ἐστι κατηγορουμένων δῆλον· I 22
εἰ γὰρ ἔστιν ὁρίσασθαι ἢ εἰ γνωστὸν τὸ τί ἦν εἶναι, τὰ δ᾽ ἄπειρα μὴ ἔστι διελθεῖν, ἀνάγκη πεπεράνθαι τὰ ἐν τῷ τί
83a ἐστι κατηγορούμενα. καθόλου δὲ ὧδε λέγομεν. ἔστι γὰρ εἰπεῖν ἀληθῶς τὸ λευκὸν βαδίζειν καὶ τὸ μέγα ἐκεῖνο ξύλον εἶναι, καὶ πάλιν τὸ ξύλον μέγα εἶναι καὶ τὸν ἄνθρωπον βαδίζειν. ἕτερον δή ἐστι τὸ οὕτως εἰπεῖν καὶ τὸ ἐκείνως. ὅταν μὲν γὰρ τὸ λευκὸν εἶναι φῶ ξύλον, τότε λέγω ὅτι ᾧ συμβέβηκε λευκῷ εἶναι ξύλον ἐστίν, ἀλλ᾽ οὐχ ὡς τὸ ὑποκείμενον τῷ ξύλῳ τὸ λευκόν ἐστι· καὶ γὰρ οὔτε λευκὸν ὂν οὔθ᾽ ὅπερ λευκόν τι ἐγένετο ξύλον, ὥστ᾽ οὐκ ἔστιν ἀλλ᾽ ἢ κατὰ συμβεβηκός. ὅταν δὲ τὸ ξύλον λευκὸν εἶναι φῶ, οὐχ ὅτι ἕτερόν τί ἐστι λευκόν, ἐκείνῳ δὲ συμβέβηκε ξύλῳ εἶναι, οἷον ὅταν τὸ μουσικὸν λευκὸν εἶναι φῶ (τότε γὰρ ὅτι ὁ ἄνθρωπος λευκός ἐστιν, ᾧ συμβέβηκεν εἶναι μουσικῷ, λέγω), ἀλλὰ τὸ ξύλον ἐστὶ τὸ ὑποκείμενον, ὅπερ καὶ ἐγένετο, οὐχ ἕτερόν

klar, dass auch das nicht-zutreffende C zum Stehen kommen wird.

Es ist also einleuchtend, dass auch wenn man nicht auf einem Weg beweist, sondern auf allen – | bald aus der ersten Figur, bald aus der zweiten[A] –, es auch so zum Stehen kommen wird. Begrenzt nämlich sind die Wege, und alles Begrenzte, begrenzt oft addiert, ist notwendig begrenzt. Dass es also bei der Verneinung, wenn wirklich auch beim Zutreffen, | zum Stehen kommt, ist klar; dass *es* aber auch *beim Zutreffen gilt,* ist, wenn man es auf allgemeine Weise betrachtet, folgendermaßen einleuchtend.[203]

Kapitel 22. Bei den Dingen nun, die im Was-es-ist[204] ausgesagt werden, ist es[205] klar. Wenn es nämlich möglich ist zu definieren, oder wenn das Was-es-hieß-dies-zu-sein[206] erkennbar ist, das Unendliche durchzugehen aber nicht möglich ist,[207] dann ist *dasjenige* notwendigerweise begrenzt, was im | Was-es-ist **83a**
ausgesagt wird.[208]

Allgemein aber reden wir folgendermaßen. Es ist ja möglich, wahrheitsgemäß zu sagen, dass das Weiße geht und das Große dort ein Stück Holz ist, und wiederum, dass das Stück Holz groß ist und dass der Mensch geht.[209] Das Reden auf diese Weise und das auf jene Weise ist doch wohl verschieden. Wenn | ich nämlich sage, dass das Weiße ein Stück Holz ist, dann sage ich, dass etwas, für das es zufällig war weiß zu sein, ein Stück Holz ist – aber nicht, dass das dem Holz zugrundeliegende Ding das Weiße ist. Denn weder insofern es weiß ist noch *insofern es das ist,* was ein weißes Ding wirklich ist[210], war es ein Stück Holz, so dass es nur zufälligerweise so ist. Wenn ich dagegen sage, dass das Stück Holz weiß ist, dann nicht insofern etwas anderes | weiß ist und es für jenes zufällig war, ein Stück Holz zu sein – wie wenn ich etwa sage, dass das Musikalische weiß ist: dann sage ich es, insofern der Mensch weiß ist, für den es zufällig war, musikalisch zu sein –, sondern das Stück Holz ist das zugrundeliegende Ding, was es auch wirklich war, ohne

[A] [b31] Streichung von *ἢ τρίτον.*

τι ὂν ἢ ὅπερ ξύλον ἢ ξύλον τί. εἰ δὴ δεῖ νομοθετῆσαι, ἔστω τὸ οὕτω λέγειν κατηγορεῖν, τὸ δ' ἐκείνως ἤτοι μηδαμῶς κατηγορεῖν, ἢ κατηγορεῖν μὲν μὴ ἁπλῶς, κατὰ συμβεβηκὸς δὲ κατηγορεῖν. ἔστι δ' ὡς μὲν τὸ λευκὸν τὸ κατηγορούμενον, ὡς δὲ τὸ ξύλον τὸ οὗ κατηγορεῖται. ὑποκείσθω δὴ τὸ κατηγορούμενον κατηγορεῖσθαι ἀεί, οὗ κατηγορεῖται, ἁπλῶς, ἀλλὰ μὴ κατὰ συμβεβηκός· οὕτω γὰρ αἱ ἀποδείξεις ἀποδεικνύουσιν. ὥστε ἢ ἐν τῷ τί ἐστιν ἢ ὅτι ποιὸν ἢ ποσὸν ἢ πρός τι ἢ ποιοῦν τι ἢ πάσχον ἢ ποὺ ἢ ποτέ, ὅταν ἓν καθ' ἑνὸς κατηγορηθῇ.

Ἔτι τὰ μὲν οὐσίαν σημαίνοντα ὅπερ ἐκεῖνο ἢ ὅπερ ἐκεῖνό τι σημαίνει καθ' οὗ κατηγορεῖται· ὅσα δὲ μὴ οὐσίαν σημαίνει, ἀλλὰ κατ' ἄλλου ὑποκειμένου λέγεται ὃ μὴ ἔστι μήτε ὅπερ ἐκεῖνο μήτε ὅπερ ἐκεῖνό τι, συμβεβηκότα, οἷον κατὰ τοῦ ἀνθρώπου τὸ λευκόν. οὐ γάρ ἐστιν ὁ ἄνθρωπος οὔτε ὅπερ λευκὸν οὔτε ὅπερ λευκόν τι, ἀλλὰ ζῷον ἴσως· ὅπερ γὰρ ζῷόν ἐστιν ὁ ἄνθρωπος. ὅσα δὲ μὴ οὐσίαν σημαίνει, δεῖ κατά τινος ὑποκειμένου κατηγορεῖσθαι, καὶ μὴ εἶναί τι λευκὸν ὃ οὐχ ἕτερόν τι ὂν λευκόν ἐστιν. τὰ γὰρ εἴδη χαιρέτω· τερετίσματά τε γάρ ἐστι, καὶ εἰ ἔστιν, οὐδὲν πρὸς τὸν λόγον ἐστίν· αἱ γὰρ ἀποδείξεις περὶ τῶν τοιούτων εἰσίν.

Ἔτι εἰ μὴ ἔστι τόδε τοῦδε ποιότης κἀκεῖνο τούτου, μηδὲ ποιότητος ποιότης, ἀδύνατον ἀντικατηγορεῖσθαι ἀλλήλων οὕτως, ἀλλ' ἀληθὲς μὲν ἐνδέχεται εἰπεῖν, ἀντικατηγορῆσαι

verschieden zu sein entweder von dem, was ein Stück Holz wirklich ist oder von einem bestimmten Stück Holz. Wenn es also nötig ist, eine Regelung vorzuschreiben, so sei | das Reden auf diese Weise ein Aussagen, das *Reden* auf jene Weise dagegen entweder auf keine Weise ein Aussagen, oder zwar ein Aussagen, aber nicht schlechthin, sondern ein Aussagen auf zufällige Weise. Es ist aber das Ausgesagte wie das Weiße und das, wovon es ausgesagt wird, wie das Stück Holz. Es sei also zugrunde gelegt, dass das Ausgesagte von dem, wovon es ausgesagt wird, stets schlechthin ausgesagt wird, | und nicht auf zufällige Weise. So nämlich demonstrieren die Demonstrationen, so dass es entweder im Was-es-ist ist oder insofern es qualitativ oder quantitativ oder relativ oder bewirkend oder erleidend oder irgendwo oder irgendwann ist, wenn eines vom anderen ausgesagt wird.[211]

Außerdem, die Dinge, die eine Substanz bezeichnen, | bezeichnen von jenem, von dem sie ausgesagt werden, was es wirklich ist oder was ein bestimmtes Ding wirklich ist. Die Dinge dagegen, die nicht eine Substanz bezeichnen, sondern über ein anderes zugrundeliegendes Ding ausgesagt werden, welches weder das ist, was jenes wirklich ist, noch das, was ein bestimmtes Ding wirklich ist, sind zufällig, wie *etwa* das Weiße vom Menschen *ausgesagt wird*. Denn der Mensch ist nicht das, was Weißes wirklich ist oder was ein bestimmtes weißes Ding wirklich ist, sondern vielleicht Lebewesen; | denn der Mensch ist das, was ein Lebewesen wirklich ist. Die Dinge dagegen, die nicht eine Substanz bezeichnen, müssen von einem zugrundeliegenden Ding ausgesagt werden, und es kann nichts Weißes geben, was nicht insofern es etwas anderes ist weiß ist. Denn die Formen mögen dahinfahren – sie sind nämlich nur Trällerei,[212] und wenn sie existieren, dann tun sie nichts zur Sache.[213] Denn die Demonstrationen richten sich auf | derartige Dinge.

Außerdem, wenn nicht dieses von diesem eine Qualität sein kann und jenes von diesem – eine Qualität von einer Qualität –, *so* ist es unmöglich, dass sie in dieser Weise wechselseitig voneinander ausgesagt werden, sondern es ist zwar möglich, Wahres zu sagen, aber wahrheitsgemäß wechselseitig auszu-

δ’ ἀληθῶς οὐκ ἐνδέχεται. ἢ γάρ τοι ὡς οὐσία κατηγορηθή-
83b σεται, οἷον ἢ γένος ὂν ἢ διαφορὰ τοῦ κατηγορουμένου. ταῦτα δὲ δέδεικται ὅτι οὐκ ἔσται ἄπειρα, οὔτ’ ἐπὶ τὸ κάτω οὔτ’ ἐπὶ τὸ ἄνω (οἷον ἄνθρωπος δίπουν, τοῦτο ζῷον, τοῦτο δ’ ἕτερον· οὐδὲ τὸ ζῷον κατ’ ἀνθρώπου, τοῦτο δὲ κατὰ Καλλίου, τοῦτο δὲ κατ’ ἄλλου ἐν τῷ τί ἐστιν), τὴν μὲν γὰρ οὐσίαν ἅπασαν ἔστιν ὁρίσασθαι τὴν τοιαύτην, τὰ δ’ ἄπειρα οὐκ ἔστι διεξελθεῖν νοοῦντα. ὥστ’ οὔτ’ ἐπὶ τὸ ἄνω οὔτ’ ἐπὶ τὸ κάτω ἄπειρα. ἐκείνην γὰρ οὐκ ἔστιν ὁρίσασθαι ἧς τὰ ἄπειρα κατηγορεῖται. ὡς μὲν δὴ γένη ἀλλήλων οὐκ ἀντικατηγορηθήσεται· ἔσται γὰρ αὐτὸ ὅπερ αὐτό τι. οὐδὲ μὴν τοῦ ποιοῦ ἢ τῶν ἄλλων οὐδέν, ἂν μὴ κατὰ συμβεβηκὸς κατηγορηθῇ· πάντα γὰρ ταῦτα συμβέβηκε καὶ κατὰ τῶν οὐσιῶν κατηγορεῖται. ἀλλὰ δῆλον ὅτι οὐδ’ εἰς τὸ ἄνω ἄπειρα ἔσται· ἑκάστου γὰρ κατηγορεῖται ὃ ἂν σημαίνῃ ἢ ποιόν τι ἢ ποσόν τι ἤ τι τῶν τοιούτων ἢ τὰ ἐν τῇ οὐσίᾳ· ταῦτα δὲ πεπέρανται, καὶ τὰ γένη τῶν κατηγοριῶν πεπέρανται· ἢ γὰρ ποιὸν ἢ ποσὸν ἢ πρός τι ἢ ποιοῦν ἢ πάσχον ἢ ποὺ ἢ ποτέ.

Ὑπόκειται δὴ ἓν καθ’ ἑνὸς κατηγορεῖσθαι, αὐτὰ δὲ αὑτῶν, ὅσα μὴ τί ἐστι, μὴ κατηγορεῖσθαι. συμβεβηκότα γάρ ἐστι πάντα, ἀλλὰ τὰ μὲν καθ’ αὑτά, τὰ δὲ καθ’ ἕτερον τρόπον· ταῦτα δὲ πάντα καθ’ ὑποκειμένου τινὸς κατηγορεῖσθαί φαμεν, τὸ δὲ συμβε-

sagen ist nicht möglich. Denn entweder werden sie wie eine Substanz ausgesagt werden, | zum Beispiel entweder als Gat- **83b** tung oder als Differenz des Ausgesagten – von diesen Dingen aber ist bereits bewiesen worden, dass sie nicht unendlich viele sein werden, und zwar weder nach unten noch nach oben, wie etwa der Mensch ist Zweifüßiges, dieses *ist* ein Lebewesen, und dieses *ist* etwas anderes; und auch nicht *wie etwa* Lebewesen über Mensch, dieses über Kallias, und dieses | über ein anderes *Ding* im Was-es-ist; denn jede derartige Substanz kann definiert werden,[214] das Unendliche aber durchzugehen ist nicht möglich, wenn man es einsieht. Daher sind sie weder nach oben noch nach unten unendlich viele, denn diejenige Substanz, von der unendlich Vieles ausgesagt wird, kann nicht definiert werden. Als Gattungen also werden sie nicht wechselseitig voneinander ausgesagt werden – es wird | nämlich sonst dasjenige, was etwas Bestimmtes wirklich ist, es selbst sein. Aber auch nichts vom Qualitativen oder von den anderen Dingen *wird wechselseitig voneinander ausgesagt*, es sei denn, es wird auf zufällige Weise ausgesagt. Alle diese Dinge nämlich treffen zufälligerweise zu und werden von Substanzen ausgesagt. Aber es ist klar,[A] dass es auch nach oben nicht unendlich viele sein werden. Von jedem nämlich wird ausgesagt, was entweder ein Qualitatives bezeichnet oder ein Quantitatives oder eines von derartigen Dingen | oder die Dinge in der Substanz. Diese Dinge aber sind begrenzt, und die Gattungen der Prädikate sind begrenzt, da *sie* entweder Qualitatives oder Quantitatives oder Relatives oder Bewirkendes oder Erleidendes oder *ein* Irgendwo oder *ein* Irgendwann *sind*.

Es liegt also[B] zugrunde, dass eines vom anderen ausgesagt wird, dass sie aber von sich selbst, soweit sie nicht das sind, was etwas ist, nicht ausgesagt werden. Denn sie sind alle zufällig, allerdings einige | an sich, andere auf andere Weise.[215] Und alle diese Dinge werden von einem Zugrundeliegenden ausgesagt – so sagen wir –, das Zufällige aber ist kein Zugrunde-

[A] [b 13] *δῆλον ὅτι* mit n gegen *δὴ ὅτι* bei Ross.

[B] [b 17] Mit der Konjektur *δὴ* von Ross gegen *δὲ* bei den codd.

βηκὸς οὐκ εἶναι ὑποκείμενόν τι· οὐδὲν γὰρ τῶν τοιούτων τίθεμεν εἶναι ὃ οὐχ ἕτερόν τι ὂν λέγεται ὃ λέγεται, ἀλλ' αὐτὸ ἄλλοις. [...] οὔτ' εἰς τὸ ἄνω ἄρα ἓν καθ' ἑνὸς οὔτ' εἰς τὸ κάτω ὑπάρχειν λεχθήσεται. καθ' ὧν μὲν γὰρ λέγεται τὰ συμβεβηκότα, ὅσα ἐν τῇ οὐσίᾳ ἑκάστου, ταῦτα δὲ οὐκ ἄπειρα· ἄνω δὲ ταῦτά τε καὶ τὰ συμβεβηκότα, ἀμφότερα οὐκ ἄπειρα. ἀνάγκη ἄρα εἶναί τι οὗ πρῶτόν τι κατηγορεῖται καὶ τούτου ἄλλο, καὶ τοῦτο ἵστασθαι καὶ εἶναί τι ὃ οὐκέτι οὔτε κατ' ἄλλου προτέρου οὔτε κατ' ἐκείνου ἄλλο πρότερον κατηγορεῖται.

Εἷς μὲν οὖν τρόπος λέγεται ἀποδείξεως οὗτος, ἔτι δ' ἄλλος, εἰ ὧν πρότερα ἄττα κατηγορεῖται, ἔστι τούτων ἀπόδειξις, ὧν δ' ἔστιν ἀπόδειξις, οὔτε βέλτιον ἔχειν ἐγχωρεῖ πρὸς αὐτὰ τοῦ εἰδέναι, οὔτ' εἰδέναι ἄνευ ἀποδείξεως, εἰ δὲ τόδε διὰ τῶνδε γνώριμον, τάδε δὲ μὴ ἴσμεν μηδὲ βέλτιον ἔχομεν πρὸς αὐτὰ τοῦ εἰδέναι, οὐδὲ τὸ διὰ τούτων γνώριμον ἐπιστησόμεθα. εἰ οὖν ἔστι τι εἰδέναι δι' ἀποδείξεως ἁπλῶς καὶ μὴ ἐκ τινῶν μηδ' ἐξ ὑποθέσεως, ἀνάγκη ἵστασθαι τὰς
84a κατηγορίας τὰς μεταξύ. εἰ γὰρ μὴ ἵστανται, ἀλλ' ἔστιν ἀεὶ τοῦ ληφθέντος ἐπάνω, ἁπάντων ἔσται ἀπόδειξις· ὥστ' εἰ τὰ ἄπειρα μὴ ἐγχωρεῖ διελθεῖν, ὧν ἔστιν ἀπόδειξις, ταῦτ' οὐκ

liegendes. Von keinem solcher Dinge nämlich setzen wir fest, dass es etwas ist, was nicht, insofern es etwas anderes ist, *das* genannt wird, was es genannt wird, sondern es selbst kommt anderen Dingen zu.[A]

Weder nach oben | folglich noch nach unten wird gesagt werden, dass eines auf anderes zutrifft. Die Dinge nämlich, von denen gesagt wird, dass das Zufällige auf sie zutrifft – die in der Substanz eines jeden Dinges sind –, diese sind nicht unendlich viele;[216] nach oben aber sind sowohl diese Dinge als auch das Zufällige – beide – nicht unendlich viele. Es ist folglich notwendig, dass es etwas gibt, von dem etwas Ursprüngliches ausgesagt wird und von diesem ein anderes, und dass dieses | zum Stehen kommt und es etwas gibt, was nicht mehr von einem anderen Vorrangigen und von dem auch nicht mehr ein anderes Vorrangiges ausgesagt wird.

Als eine Weise der Demonstration also wird diese genannt, noch eine andere *liegt* aber *dann vor*, wenn es von denjenigen Dingen, von denen einiges Vorrangige ausgesagt wird, eine Demonstration gibt, und es denjenigen Dingen gegenüber, von denen es eine Demonstration gibt, weder möglich ist, besser disponiert zu sein | als sie zu wissen, *noch es möglich ist,* sie ohne Demonstration zu wissen, und wir ferner, falls dieses durch jene Dinge bekannt ist und wir jene Dinge nicht wissen und ihnen gegenüber auch nicht besser disponiert sind als sie zu wissen, auch das durch diese Dinge Bekannte nicht wissen werden.[217] Wenn es also möglich ist, etwas zu wissen durch Demonstration schlechthin und nicht abhängig von gewissen Dingen oder abhängig von einer Hypothese, so kommen notwendig die | Prädikate dazwischen zum Stehen. Wenn sie nämlich nicht zum Stehen kommen, sondern es stets eines gibt oberhalb des angenommenen, so wird es von allem eine Demonstration geben. Daher, wenn es nicht möglich ist, das Unendliche durchzugehen, von dem es eine Demonstration gibt, so werden wir diese Dinge nicht durch Demonstration wissen. Wenn wir

[A] [b24] *ἄλλοις* mit den codd. statt *ἄλλου* bei Ross und Streichung des sachlich sinnlosen *καὶ τοῦτο καθ' ἑτέρου* mit Barnes gegen codd. und Ross.

εἰσόμεθα δι' ἀποδείξεως. εἰ οὖν μηδὲ βέλτιον ἔχομεν πρὸς αὐτὰ τοῦ εἰδέναι, οὐκ ἔσται οὐδὲν ἐπίστασθαι δι' ἀποδείξεως ἁπλῶς, ἀλλ' ἐξ ὑποθέσεως.

Λογικῶς μὲν οὖν ἐκ τούτων ἄν τις πιστεύσειε περὶ τοῦ λεχθέντος, ἀναλυτικῶς δὲ διὰ τῶνδε φανερὸν συντομώτερον, ὅτι οὔτ' ἐπὶ τὸ ἄνω οὔτ' ἐπὶ τὸ κάτω ἄπειρα τὰ κατηγορούμενα ἐνδέχεται εἶναι ἐν ταῖς ἀποδεικτικαῖς ἐπιστήμαις, περὶ ὧν ἡ σκέψις ἐστίν. ἡ μὲν γὰρ ἀπόδειξίς ἐστι τῶν ὅσα ὑπάρχει καθ' αὑτὰ τοῖς πράγμασιν. καθ' αὑτὰ δὲ διττῶς· ὅσα τε γὰρ ἐν ἐκείνοις ἐνυπάρχει ἐν τῷ τί ἐστι, καὶ οἷς αὐτὰ ἐν τῷ τί ἐστιν ὑπάρχουσιν αὐτοῖς· οἷον τῷ ἀριθμῷ τὸ περιττόν, ὃ ὑπάρχει μὲν ἀριθμῷ, ἐνυπάρχει δ' αὐτὸς ὁ ἀριθμὸς ἐν τῷ λόγῳ αὐτοῦ, καὶ πάλιν πλῆθος ἢ τὸ διαιρετὸν ἐν τῷ λόγῳ τῷ τοῦ ἀριθμοῦ ἐνυπάρχει. τούτων δ' οὐδέτερα ἐνδέχεται ἄπειρα εἶναι, οὔθ' ὡς τὸ περιττὸν τοῦ ἀριθμοῦ (πάλιν γὰρ ἂν τῷ περιττῷ ἄλλο εἴη ᾧ ἐνυπῆρχεν ὑπάρχοντι· τοῦτο δ' εἰ ἔστι, πρῶτον ὁ ἀριθμὸς ἐνυπάρξει ὑπάρχουσιν αὐτῷ· εἰ οὖν μὴ ἐνδέχεται ἄπειρα τοιαῦτα ὑπάρχειν ἐν τῷ ἑνί, οὐδ' ἐπὶ τὸ ἄνω ἔσται ἄπειρα· ἀλλὰ μὴν ἀνάγκη γε πάντα ὑπάρχειν τῷ πρώτῳ, οἷον τῷ ἀριθμῷ, κἀκείνοις τὸν ἀριθμόν, ὥστ' ἀντιστρέφοντα ἔσται, ἀλλ' οὐχ ὑπερτείνοντα)· οὐδὲ μὴν ὅσα ἐν τῷ τί ἐστιν ἐνυπάρχει, οὐδὲ ταῦτα ἄπειρα· οὐδὲ γὰρ ἂν εἴη ὁρίσασθαι. ὥστ' εἰ τὰ μὲν κατηγορούμενα καθ' αὑτὰ πάντα λέγεται, ταῦτα δὲ μὴ ἄπειρα, ἵσταιτο ἂν τὰ ἐπὶ τὸ ἄνω, ὥστε καὶ ἐπὶ τὸ κάτω.

also ihnen gegenüber nicht besser disponiert sind | als sie zu wissen, so wird es nicht möglich sein, irgendetwas durch Demonstration schlechthin zu wissen, sondern *nur* abhängig von einer Hypothese.[218]

Auf allgemeine Weise[219] nun dürfte man sich aufgrund dieser Dinge vom Gesagten überzeugen. Auf analytische Weise[220] dagegen wird aufgrund folgender Dinge bündiger einleuchtend, dass die ausgesagten Dinge weder nach oben noch nach unten unendlich viele | sein können in den demonstrativen Wissenschaften, auf die *unsere* Untersuchung gerichtet ist. Die Demonstration richtet sich nämlich auf diejenigen Dinge, die an sich auf die Sachen zutreffen – an sich jedoch *trifft etwas zu* auf doppelte Weise: nämlich sowohl das, was in[A] jenen Dingen, *auf die es zutrifft*, im Was-es-ist vorkommt, als auch das, bei dem diejenigen Dinge, auf die es zutrifft, selbst im Was-es-ist vorkommen, wie etwa bei der Zahl das Ungerade, | was zwar auf Zahl zutrifft, aber die Zahl selbst kommt in seiner Bestimmung vor, und wiederum Menge oder das Teilbare kommt in der Bestimmung der Zahl vor.[221] Von diesen Dingen können keine unendlich viele sein, weder *was* wie das Ungerade auf die Zahl *zutrifft* – denn es gäbe wiederum ein anderes, in welchem das Ungerade vorkäme *und* das auf das Ungerade zutrifft; | und wenn dieses der Fall ist, dann wird die Zahl ursprünglich in den Dingen vorkommen, die auf sie zutreffen. Wenn es also nicht möglich ist, dass unendlich viele derartige Dinge in dem Einen vorkommen,[222] so werden sie auch nach oben nicht unendlich viele sein; aber tatsächlich treffen notwendig alle auf das Ursprüngliche zu, wie etwa auf die Zahl, und auf jene die Zahl, so dass sie konvertieren werden und nicht | hinausragen – noch auch diejenigen Dinge, die im Was-es-ist vorkommen, auch diese sind nicht unendlich viele; sonst wäre es nämlich nicht zu definieren. Daher, wenn die ausgesagten Dinge alle an sich gesagt werden, diese aber nicht unendlich viele sind, so dürften die Dinge nach oben zum Stehen kommen, daher auch nach unten.

[A] [a 13] Beibehalten von ἐν mit codd. gegen die Streichung bei Ross.

Εἰ δ' οὕτω, καὶ τὰ ἐν τῷ μεταξὺ δύο ὅρων ἀεὶ πεπερασμένα. εἰ δὲ τοῦτο, δῆλον ἤδη καὶ τῶν ἀποδείξεων ὅτι
ἀνάγκη ἀρχάς τε εἶναι, καὶ μὴ πάντων εἶναι ἀπόδειξιν,
ὅπερ ἔφαμέν τινας λέγειν κατ' ἀρχάς. εἰ γὰρ εἰσὶν ἀρχαί,
οὔτε πάντ' ἀποδεικτὰ οὔτ' εἰς ἄπειρον οἷόν τε βαδίζειν· τὸ
γὰρ εἶναι τούτων ὁποτερονοῦν οὐδὲν ἄλλο ἐστὶν ἢ τὸ εἶναι μηδὲν διάστημα ἄμεσον καὶ ἀδιαίρετον, ἀλλὰ πάντα διαιρετά.
τῷ γὰρ ἐντὸς ἐμβάλλεσθαι ὅρον, ἀλλ' οὐ τῷ προσλαμ-
βάνεσθαι ἀποδείκνυται τὸ ἀποδεικνύμενον, ὥστ' εἰ τοῦτ' εἰς
ἄπειρον ἐνδέχεται ἰέναι, ἐνδέχοιτ' ἂν δύο ὅρων ἄπειρα μεταξὺ εἶναι μέσα. ἀλλὰ τοῦτ' ἀδύνατον, εἰ ἵστανται αἱ κατ-
84b ηγορίαι ἐπὶ τὸ ἄνω καὶ τὸ κάτω. ὅτι δὲ ἵστανται, δέδεικται λογικῶς μὲν πρότερον, ἀναλυτικῶς δὲ νῦν.

Δεδειγμένων δὲ τούτων φανερὸν ὅτι, ἐάν τι τὸ αὐτὸ **I23**
δυσὶν ὑπάρχῃ, οἷον τὸ Α τῷ τε Γ καὶ τῷ Δ, μὴ κατηγορουμένου θατέρου κατὰ θατέρου, ἢ μηδαμῶς ἢ μὴ κατὰ
παντός, ὅτι οὐκ ἀεὶ κατὰ κοινόν τι ὑπάρξει. οἷον τῷ ἰσοσκελεῖ καὶ τῷ σκαληνεῖ τὸ δυσὶν ὀρθαῖς ἴσας ἔχειν κατὰ
κοινόν τι ὑπάρχει (ᾗ γὰρ σχῆμά τι, ὑπάρχει, καὶ οὐχ
ᾗ ἕτερον), τοῦτο δ' οὐκ ἀεὶ οὕτως ἔχει. ἔστω γὰρ τὸ Β καθ'
ὃ τὸ Α τῷ Γ Δ ὑπάρχει. δῆλον τοίνυν ὅτι καὶ τὸ Β τῷ
Γ καὶ Δ κατ' ἄλλο κοινόν, κἀκεῖνο καθ' ἕτερον, ὥστε
δύο ὅρων μεταξὺ ἄπειροι ἂν ἐμπίπτοιεν ὅροι. ἀλλ' ἀδύνατον. κατὰ μὲν τοίνυν κοινόν τι ὑπάρχειν οὐκ ἀνάγκη ἀεὶ

Wenn *es* aber so ist, dann sind auch die Dinge zwischen zwei Begriffen stets | begrenzt. Und wenn dieses *gilt*, dann ist bereits klar, dass es auch von den Demonstrationen notwendigerweise Prinzipien gibt und dass es nicht von allem eine Demonstration gibt, was, wie wir am Anfang gesagt haben, einige behaupten.[223] Denn wenn es Prinzipien gibt, dann ist weder alles demonstrierbar noch kann es ins Unendliche gehen – denn dass irgendein beliebiges dieser Dinge der Fall ist, ist nichts anderes als dass es kein | unvermitteltes und unteilbares Intervall gibt, sondern alles teilbar ist. Denn dadurch, dass ein Begriff innen eingeschoben wird, und nicht dadurch, dass er hinzugenommen wird, wird das Demonstrierte demonstriert.[224] Wenn daher dies bis ins Unendliche gehen kann, dann könnte es zwischen zwei Begriffen unendlich viele Mittelbegriffe geben. Aber dies ist unmöglich, wenn die | Prädikate nach oben und unten zum Stehen kom- **84b**
men. Dass sie aber zum Stehen kommen, ist sie bewiesen worden – auf allgemeine Weise zuvor,[225] auf analytische Weise jetzt.[226]

Kapitel 23. Nachdem diese Dinge bewiesen worden sind,[227] ist einleuchtend, dass wenn dasselbe auf zwei Dinge zutrifft, wie etwa das A auf das C und das D, ohne dass | das eine vom anderen ausgesagt wird – entweder auf keine Weise oder nicht von jedem –, dass es dann nicht stets in Hinsicht auf etwas Gemeinsames zutreffen wird, wie etwa das Haben von Winkeln gleich zwei Rechten auf das Gleichschenklige und das Ungleichschenklige in Hinsicht auf etwas Gemeinsames zutrifft: es trifft nämlich auf sie als bestimmte Figur und nicht als Verschiedenes zu. Dies aber verhält sich nicht immer so. Es sei nämlich das B dasjenige, in Hinsicht | auf welches das A auf das C, D zutrifft; es ist folglich klar, dass auch das B auf das C und D in Hinsicht auf ein anderes Gemeinsames zutrifft und dieses in Hinsicht auf noch ein anderes, so dass zwischen zwei Begriffe unendlich viele Begriffe hineinfallen würden.[228] Aber das ist unmöglich. In Hinsicht auf etwas Gemeinsames also trifft nicht notwendig stets dasselbe auf mehrere Dinge

τὸ αὐτὸ πλείοσιν, εἴπειπερ ἔσται ἄμεσα διαστήματα. ἐν μέντοι τῷ αὐτῷ γένει καὶ ἐκ τῶν αὐτῶν ἀτόμων ἀνάγκη τοὺς ὅρους εἶναι, εἴπερ τῶν καθ' αὑτὸ ὑπαρχόντων ἔσται τὸ κοινόν· οὐ γὰρ ἦν ἐξ ἄλλου γένους εἰς ἄλλο διαβῆναι τὰ δεικνύμενα.

Φανερὸν δὲ καὶ ὅτι, ὅταν τὸ Α τῷ Β ὑπάρχῃ, εἰ μὲν ἔστι τι μέσον, ἔστι δεῖξαι ὅτι τὸ Α τῷ Β ὑπάρχει, καὶ στοιχεῖα τούτου ἔστι ταῦτα καὶ τοσαῦθ' ὅσα μέσα ἐστίν· αἱ γὰρ ἄμεσοι προτάσεις στοιχεῖα, ἢ πᾶσαι ἢ αἱ καθόλου. εἰ δὲ μὴ ἔστιν, οὐκέτι ἔστιν ἀπόδειξις, ἀλλ' ἡ ἐπὶ τὰς ἀρχὰς ὁδὸς αὕτη ἐστίν. ὁμοίως δὲ καὶ εἰ τὸ Α τῷ Β μὴ ὑπάρχει, εἰ μὲν ἔστιν ἢ μέσον ἢ πρότερον ᾧ οὐχ ὑπάρχει, ἔστιν ἀπόδειξις, εἰ δὲ μή, οὐκ ἔστιν, ἀλλ' ἀρχή, καὶ στοιχεῖα τοσαῦτ' ἔστιν ὅσοι ὅροι· αἱ γὰρ τούτων προτάσεις ἀρχαὶ τῆς ἀποδείξεώς εἰσιν. καὶ ὥσπερ ἔνιαι ἀρχαί εἰσιν ἀναπόδεικτοι, ὅτι ἐστὶ τόδε τοδὶ καὶ ὑπάρχει τόδε τῳδί, οὕτω καὶ ὅτι οὐκ ἔστι τόδε τοδὶ οὐδ' ὑπάρχει τόδε τῳδί, ὥσθ' αἱ μὲν εἶναί τι, αἱ δὲ μὴ εἶναί τι ἔσονται ἀρχαί.

ὅταν δὲ δέῃ δεῖξαι, ληπτέον ὃ τοῦ Β πρῶτον κατηγορεῖται. ἔστω τὸ Γ, καὶ τούτου ὁμοίως τὸ Δ. καὶ οὕτως ἀεὶ βαδίζοντι οὐδέποτ' ἐξωτέρω πρότασις οὐδ' ὑπάρχον λαμβάνεται τοῦ Α ἐν τῷ δεικνύναι, ἀλλ' ἀεὶ τὸ μέσον πυκνοῦται, ἕως ἀδιαίρετα γένηται καὶ ἕν. ἔστι δ'

zu, denn es wird doch[A] unvermittelte[B] Intervalle geben.[229] In | derselben Gattung freilich müssen die Begriffe sein und von denselben unteilbaren Dingen abhängig, wenn wirklich das Gemeinsame zu den an sich zutreffenden Dingen gehören soll. Denn es war nicht möglich, dass das Bewiesene aus einer Gattung in eine andere überwechselt.[230]

Einleuchtend ist aber auch, dass wenn das A auf das B zutrifft, es *dann*, falls | es einen Mittelbegriff gibt, möglich ist zu beweisen, dass das A auf das B zutrifft, und die Elemente dieser Sache diese[C] sind, und zwar so viele, wie es Mittelbegriffe gibt.[231] Die unvermittelten Prämissen nämlich sind Elemente, entweder alle oder die allgemeinen *Prämissen*.[232] Wenn es dagegen keinen *Mittelbegriff* gibt, dann ist keine Demonstration mehr möglich; vielmehr ist dies der Weg zu den Prinzipien.[233] In ähnlicher Weise auch wenn das A auf das B nicht zutrifft, | so ist, wenn es entweder einen Mittelbegriff oder etwas Vorrangiges gibt, auf das es nicht zutrifft, eine Demonstration möglich,[234] wenn dagegen nicht, dann *ist sie* unmöglich, sondern es ist ein Prinzip, und die Elemente sind so viele wie die Begriffe. Denn die Prämissen dieser Dinge sind Prinzipien der Demonstration, und so wie einige nicht-demonstrierbare Prinzipien besagen, dass dieses dieses ist und dieses auf dieses zutrifft, so *besagen* auch *einige*, dass dieses nicht | dieses ist und dieses nicht auf dieses zutrifft, so dass die einen *Prinzipien* besagen werden, dass etwas der Fall ist, die anderen Prinzipien dagegen, dass etwas nicht der Fall ist.

Wenn man beweisen soll, so muss etwas angenommen werden, was vom B ursprünglich ausgesagt wird – es sei das C – und von diesem in ähnlicher Weise das D; und wenn man stets auf diese Weise vorgeht, wird niemals eine Prämisse oder ein Zutreffendes außerhalb des A angenommen beim Beweisen, sondern stets | wird der Mittelbegriff verdichtet,[235] bis *die*

[A] [b 14] *εἴπειπερ* mit codd. gegen *εἴπερ* nach der Konjektur von Jaeger und Ross.

[B] [b 14] *ἄμεσα* mit ACd und Ross gegen *μέσα* bei B, *ἄμεσα τὰ* bei n, und *ἄπειρα* bei C^2.

[C] [b 21] ταῦτα mit codd. gegen *ταὐτὰ* bei Ross.

ἓν ὅταν ἄμεσον γένηται, καὶ μία πρότασις ἁπλῶς ἡ ἄμεσος. καὶ ὥσπερ ἐν τοῖς ἄλλοις ἡ ἀρχὴ ἁπλοῦν, τοῦτο δ' οὐ ταὐτὸ πανταχοῦ, ἀλλ' ἐν βάρει μὲν μνᾶ, ἐν δὲ μέλει δίεσις, ἄλλο δ' ἐν ἄλλῳ, οὕτως ἐν συλλογισμῷ τὸ ἓν
85a πρότασις ἄμεσος, ἐν δ' ἀποδείξει καὶ ἐπιστήμῃ ὁ νοῦς. ἐν μὲν οὖν τοῖς δεικτικοῖς συλλογισμοῖς τοῦ ὑπάρχοντος οὐδὲν ἔξω πίπτει, ἐν δὲ τοῖς στερητικοῖς, ἔνθα μὲν ὃ δεῖ μὴ ὑπάρχειν, οὐδὲν τούτου ἔξω πίπτει, οἷον εἰ τὸ A τῷ B διὰ τοῦ Γ μή (εἰ γὰρ τῷ μὲν B παντὶ τὸ Γ, τῷ δὲ Γ μηδενὶ τὸ A)· πάλιν ἂν δέῃ ὅτι τῷ Γ τὸ A οὐδενὶ ὑπάρχει, μέσον ληπτέον τοῦ A καὶ Γ, καὶ οὕτως ἀεὶ πορεύσεται. ἐὰν δὲ δέῃ δεῖξαι ὅτι τὸ Δ τῷ E οὐχ ὑπάρχει τῷ τὸ Γ τῷ μὲν Δ παντὶ ὑπάρχειν, τῷ δὲ E μηδενί [...], τοῦ E οὐδέποτ' ἔξω πεσεῖται· τοῦτο δ' ἐστὶν ᾧ δεῖ ὑπάρχειν. ἐπὶ δὲ τοῦ τρίτου τρόπου, οὔτε ἀφ' οὗ δεῖ οὔτε ὃ δεῖ στερῆσαι οὐδέποτ' ἔξω βαδιεῖται.

Οὔσης δ' ἀποδείξεως τῆς μὲν καθόλου τῆς δὲ κατὰ I24
μέρος, καὶ τῆς μὲν κατηγορικῆς τῆς δὲ στερητικῆς, ἀμφισβητεῖται ποτέρα βελτίων· ὡς δ' αὔτως καὶ περὶ τῆς ἀποδεικνύναι λεγομένης καὶ τῆς εἰς τὸ ἀδύνατον ἀγούσης ἀποδείξεως. πρῶτον μὲν οὖν ἐπισκεψώμεθα περὶ τῆς καθόλου καὶ τῆς κατὰ μέρος· δηλώσαντες δὲ τοῦτο, καὶ περὶ τῆς δεικνύναι λεγομένης καὶ τῆς εἰς τὸ ἀδύνατον εἴπωμεν.

Prämissen unteilbar werden und Eines.[236] Es ist aber Eines, wenn es unvermittelt wird, und die unvermittelte Prämisse ist schlechthin Eine. Und so wie bei den übrigen Dingen das Prinzip einfach ist, dieses jedoch nicht überall dasselbe ist, sondern beim Gewicht die Mine, beim Gesang der Halbton, und anderes bei anderem,[237] so ist bei der Deduktion das Eine | die un- **85a**
vermittelte Prämisse[238] und bei der Demonstration und dem Wissen die Einsicht.[239]

Bei den Deduktionen also, die das Zutreffende beweisen, fällt nichts außerhalb *der Außenbegriffe*. Bei den verneinenden *Deduktionen* dagegen fällt in einem Fall, was das Ding betrifft, das nicht zutreffen soll,[A] nichts außerhalb dieses Dinges, wie etwa wenn das A auf das B durch das C nicht zutrifft – | wenn nämlich auf jedes B das C, und auf kein C das A *zutrifft*. Wenn es wiederum so sein soll, dass das A auf kein C zutrifft, muss ein Mittelbegriff für das A und C angenommen werden, und auf diese Weise wird man stets fortfahren.[240] Wenn man dagegen beweisen soll, dass das D auf das E nicht zutrifft dadurch, dass das C auf jedes D zutrifft und auf kein E[B], so wird es niemals außerhalb des E | fallen; dieses aber ist das, worauf es zutreffen soll.[241] Und bei der dritten Art[242] wird man niemals, weder bei dem wovon *man verneinen soll*, noch *bei dem*, was man verneinen soll, nach außen gehen.

Kapitel 24. Eine Demonstration ist teils allgemein, teils speziell,[243] und teils bejahend, teils verneinend,[244] und es wird darüber gestritten, | welche besser ist – ebenso auch über die *Demonstration*, von der man sagt, sie weise auf, und über die zum Unmöglichen führende Demonstration.[245] Zuerst nun wollen wir eine Untersuchung anstellen über die allgemeine und die spezielle *Demonstration*. Und nachdem wir dies geklärt haben, wollen wir auch über die *Demonstration*, von der man sagt, sie weise auf, und über die zum Unmöglichen *führende Demonstration* sprechen.

[A] [a 3] *ὃ δεῖ μὴ ὑπάρχειν* mit B2 gegen *ὃ δεῖ ὑπάρχειν* bei den übrigen codd. und bei Ross.

[B] [a 9] Streichung von *ἢ μὴ παντί* mit Ross gegen codd.

Δόξειε μὲν οὖν τάχ' ἄν τισιν ὡδὶ σκοποῦσιν ἡ κατὰ μέρος εἶναι βελτίων. εἰ γὰρ καθ' ἣν μᾶλλον ἐπιστάμεθα ἀπόδειξιν βελτίων ἀπόδειξις (αὕτη γὰρ ἀρετὴ ἀποδείξεως), μᾶλλον δ' ἐπιστάμεθα ἕκαστον ὅταν αὐτὸ εἰδῶμεν καθ' αὑτὸ ἢ ὅταν κατ' ἄλλο (οἷον τὸν μουσικὸν Κορίσκον ὅταν ὅτι ὁ Κορίσκος μουσικὸς ἢ ὅταν ὅτι ἄνθρωπος μουσικός· ὁμοίως δὲ καὶ ἐπὶ τῶν ἄλλων), ἡ δὲ καθόλου ὅτι ἄλλο, οὐχ ὅτι αὐτὸ τετύχηκεν ἐπιδείκνυσιν (οἷον ὅτι τὸ ἰσοσκελὲς οὐχ ὅτι ἰσοσκελὲς ἀλλ' ὅτι τρίγωνον), ἡ δὲ κατὰ μέρος ὅτι αὐτό· – εἰ δὴ βελτίων μὲν ἡ καθ' αὑτό, τοιαύτη δ' ἡ κατὰ μέρος τῆς καθόλου μᾶλλον, καὶ βελτίων ἂν ἡ κατὰ μέρος ἀπόδειξις εἴη. ἔτι εἰ τὸ μὲν καθόλου μὴ ἔστι τι παρὰ τὰ καθ' ἕκαστα, ἡ δ' ἀπόδειξις δόξαν ἐμποιεῖ εἶναί τι τοῦτο καθ' ὃ ἀποδείκνυσι, καί τινα φύσιν ὑπάρχειν ἐν τοῖς οὖσι ταύτην, οἷον τριγώνου παρὰ τὰ τινὰ καὶ σχήματος παρὰ τὰ τινὰ καὶ ἀριθμοῦ παρὰ τοὺς τινὰς ἀριθμούς, βελτίων δ' ἡ περὶ ὄντος ἢ μὴ ὄντος καὶ δι' ἣν μὴ ἀπατηθήσεται ἢ δι' ἥν, ἔστι δ' ἡ μὲν καθόλου τοιαύτη (προϊόντες γὰρ δεικνύουσιν ὥσπερ περὶ τοῦ ἀνὰ λόγον, οἷον ὅτι ὃ ἂν ᾖ τι τοιοῦτον ἔσται ἀνὰ λόγον ὃ οὔτε γραμμὴ οὔτ' ἀριθμὸς οὔτε στερεὸν οὔτ' ἐπί-
85b πεδον, ἀλλὰ παρὰ ταῦτά τι)· – εἰ οὖν καθόλου μὲν μᾶλλον

| Es könnte nun vielleicht Leuten, die auf folgende Weise untersuchen, so vorkommen, als sei die spezielle *Demonstration* besser. Wenn nämlich eine Demonstration, gemäß der wir in höherem Grade wissen,[246] besser ist – dieses nämlich ist der Vorzug einer Demonstration –, und wir jede Sache in höherem Grade wissen, wenn wir sie selbst an sich wissen, als wenn in Hinsicht auf anderes – wie *wir* etwa den musikalischen Koriskos[247] in höherem Grade *wissen*, wenn | wir wissen, dass Koriskos musikalisch ist, als wenn wir wissen, dass ein Mensch musikalisch ist; in ähnlicher Weise *verhält es sich* auch bei den anderen Dingen[248] –, und *wenn* ferner die allgemeine Demonstration beweist, dass anderes, nicht es selbst so ist – wie etwa dass das Gleichschenklige so ist nicht als Gleichschenkliges, sondern als Dreieck –, die spezielle *Demonstration* dagegen *beweist*, dass es selbst so ist; wenn also die an sich beweisende *Demonstration* besser ist, die spezielle *Demonstration* jedoch in höherem Grade von dieser Art ist als | die allgemeine, dann dürfte die spezielle Demonstration auch besser sein.

Ferner, wenn das Allgemeine nicht irgendetwas neben den einzelnen Dingen ist,[249] die Demonstration aber die Meinung hervorbringt, dass es dasjenige gibt, in Hinsicht auf das sie demonstriert, und dass es als eine bestimmte Natur unter den Dingen[250] vorkommt, wie etwa *die Natur* vom Dreieck neben den einzelnen Dreiecken und von der Figur neben den einzelnen Figuren und von der | Zahl neben den einzelnen Zahlen, und wenn die Demonstration über Seiendes besser ist als über Nichtseiendes,[251] und die *Demonstration*, aufgrund deren man sich nicht irren wird, besser als die *Demonstration*, aufgrund deren man sich irren wird, die allgemeine Demonstration jedoch von dieser Art ist – denn wenn sie vorangehen, beweisen sie wie über die Proportion, wie etwa dass was auch immer ein solches Ding ist, proportional sein wird, und zwar was weder Linie noch Zahl noch dreidimensionaler Körper noch Fläche | ist, sondern etwas neben diesen[252] –: wenn also **85b**
die allgemeine Demonstration in höherem Grade diese ist und sich in geringerem Grade auf Seiendes richtet als die spezielle *Demonstration* und eine falsche Meinung hervorbringt, dann

αὕτη, περὶ ὄντος δ' ἧττον τῆς κατὰ μέρος καὶ ἐμποιεῖ δόξαν ψευδῆ, χείρων ἂν εἴη ἡ καθόλου τῆς κατὰ μέρος.

Ἢ πρῶτον μὲν οὐδὲν μᾶλλον ἐπὶ τοῦ καθόλου ἢ τοῦ κατὰ μέρος ἅτερος λόγος ἐστίν; εἰ γὰρ τὸ δυσὶν ὀρθαῖς ὑπάρχει μὴ ᾗ ἰσοσκελὲς ἀλλ' ᾗ τρίγωνον, ὁ εἰδὼς ὅτι ἰσοσκελὲς ἧττον οἶδεν ᾗ αὐτὸ ἢ ὁ εἰδὼς ὅτι τρίγωνον. ὅλως τε, εἰ μὲν μὴ ὄντος ᾗ τρίγωνον εἶτα δείκνυσιν, οὐκ ἂν εἴη ἀπόδειξις, εἰ δὲ ὄντος, ὁ εἰδὼς ἕκαστον ᾗ ἕκαστον ὑπάρχει μᾶλλον οἶδεν. εἰ δὴ τὸ τρίγωνον ἐπὶ πλέον ἐστί, καὶ ὁ αὐτὸς λόγος, καὶ μὴ καθ' ὁμωνυμίαν τὸ τρίγωνον, καὶ ὑπάρχει παντὶ τριγώνῳ τὸ δύο, οὐκ ἂν τὸ τρίγωνον ᾗ ἰσοσκελές, ἀλλὰ τὸ ἰσοσκελὲς ᾗ τρίγωνον, ἔχοι τοιαύτας τὰς γωνίας. ὥστε ὁ καθόλου εἰδὼς μᾶλλον οἶδεν ᾗ ὑπάρχει ἢ ὁ κατὰ μέρος. βελτίων ἄρα ἡ καθόλου τῆς κατὰ μέρος. ἔτι εἰ μὲν εἴη τις λόγος εἷς καὶ μὴ ὁμωνυμία τὸ καθόλου, εἴη τ' ἂν οὐδὲν ἧττον ἐνίων τῶν κατὰ μέρος, ἀλλὰ καὶ μᾶλλον, ὅσῳ τὰ ἄφθαρτα ἐν ἐκείνοις ἐστί, τὰ δὲ κατὰ μέρος φθαρτὰ μᾶλλον, ἔτι τε οὐδεμία ἀνάγκη ὑπολαμβάνειν τι εἶναι τοῦτο παρὰ ταῦτα, ὅτι ἓν δηλοῖ, οὐδὲν μᾶλλον ἢ ἐπὶ τῶν ἄλλων ὅσα μὴ τὶ σημαίνει ἀλλ' ἢ ποιὸν ἢ πρός τι ἢ ποιεῖν. εἰ δὲ ἄρα, οὐχ ἡ ἀπόδειξις αἰτία ἀλλ' ὁ ἀκούων.

Ἔτι εἰ ἡ ἀπόδειξις μέν ἐστι συλλογισμὸς δεικτικὸς αἰτίας καὶ τοῦ διὰ τί, τὸ καθόλου δ' αἰτιώτερον (ᾧ γὰρ καθ'

dürfte die allgemeine *Demonstration* schlechter sein als die spezielle.

Oder trifft, erstens, das erste Argument in nicht höherem Grade auf das Allgemeine zu als auf das | Spezielle? Wenn nämlich das Haben von *Winkeln gleich* zwei Rechten *auf etwas* zutrifft nicht insofern es gleichschenklig ist, sondern insofern *es* Dreieck *ist*, so wird derjenige, der es vom Gleichschenkligen weiß, es in geringerem Grade als solches wissen als derjenige, der es vom Dreieck weiß. Und im Ganzen, wenn es nicht *von ihm* gilt insofern es Dreieck ist, und daraufhin beweist es jemand, dann dürfte es nicht eine Demonstration sein. Wenn es dagegen gilt, so weiß derjenige, der ein jedes Ding weiß, insofern ein jedes zutrifft, in höherem Grade. Wenn also | das Dreieck sich auf mehr bezieht und die Bestimmung dieselbe ist und das Dreieck nicht durch Mehrdeutigkeit vorliegt und das *Haben von Winkeln gleich* zwei Rechte auf jedes Dreieck zutrifft, dann dürfte nicht das Dreieck als gleichschenkliges, sondern das Gleichschenklige als Dreieck derartige Winkel besitzen.[253] Wer daher das Allgemeine weiß, der weiß in höherem Grade, insofern etwas zutrifft, als wer das Spezielle *weiß*. Folglich ist die allgemeine Demonstration | besser als die spezielle.[254]

Ferner, wenn es eine einzige Bestimmung gibt und das Allgemeine nicht eine Mehrdeutigkeit ist, so dürfte es in nicht geringerem Grade existieren als einige spezielle Dinge, sondern sogar in höherem Grade, insofern als das Unvergängliche unter *dem Allgemeinen* vorkommt, die speziellen Dinge dagegen in höherem Grade vergänglich sind.[255] Und ferner besteht keine Notwendigkeit anzunehmen, dass *das Allgemeine* etwas neben diesen Dingen ist, weil es Eines klar macht – | nicht in höherem Grade als bei den übrigen Dingen, die nicht ein Was bezeichnen, sondern ein Qualitatives oder ein Relatives oder ein Bewirken.[256] Wenn *dies* aber doch *angenommen wird*, so ist folglich nicht die Demonstration, sondern der Zuhörer die Ursache *dafür*.

Ferner, wenn die Demonstration eine Deduktion ist, die eine Ursache und das Warum aufweist,[257] das Allgemeine jedoch ursächlicher ist – auf was nämlich etwas an | sich zutrifft,

αὐτὸ ὑπάρχει τι, τοῦτο αὐτὸ αὐτῷ αἴτιον· τὸ δὲ καθόλου πρῶτον· αἴτιον ἄρα τὸ καθόλου)· ὥστε καὶ ἡ ἀπόδειξις βελ-
27 τίων· μᾶλλον γὰρ τοῦ αἰτίου καὶ τοῦ διὰ τί ἐστιν.

27 Ἔτι μέχρι
τούτου ζητοῦμεν τὸ διὰ τί, καὶ τότε οἰόμεθα εἰδέναι, ὅταν μὴ ᾖ ὅτι τι ἄλλο τοῦτο ἢ γινόμενον ἢ ὄν· τέλος γὰρ καὶ πέρας τὸ ἔσχατον ἤδη οὕτως ἐστίν. οἷον τίνος ἕνεκα ἦλθεν; ὅπως λάβῃ τἀργύριον, τοῦτο δ' ὅπως ἀποδῷ ὃ ὤφειλε, τοῦτο δ' ὅπως μὴ ἀδικήσῃ· καὶ οὕτως ἰόντες, ὅταν μηκέτι δι' ἄλλο μηδ' ἄλλου ἕνεκα, διὰ τοῦτο ὡς τέλος φαμὲν ἐλθεῖν καὶ εἶναι καὶ γίνεσθαι, καὶ τότε εἰδέναι μάλιστα διὰ τί ἦλθεν. εἰ δὴ ὁμοίως ἔχει ἐπὶ πασῶν τῶν αἰτιῶν καὶ τῶν διὰ τί, ἐπὶ δὲ τῶν ὅσα αἴτια οὕτως ὡς οὗ ἕνεκα οὕτως ἴσμεν μάλιστα, καὶ ἐπὶ τῶν ἄλλων ἄρα τότε μάλιστα ἴσμεν, ὅταν μηκέτι ὑπάρχῃ τοῦτο ὅτι ἄλλο. ὅταν μὲν οὖν γινώσκωμεν ὅτι τέτταρσιν αἱ ἔξω ἴσαι ὅτι ἰσοσκελές, ἔτι λείπεται διὰ
86a τί τὸ ἰσοσκελές – ὅτι τρίγωνον, καὶ τοῦτο, ὅτι σχῆμα εὐθύγραμμον. εἰ δὲ τοῦτο μηκέτι διότι ἄλλο, τότε μάλιστα
3 ἴσμεν. καὶ καθόλου δὲ τότε· ἡ καθόλου ἄρα βελτίων.

3 Ἔτι
ὅσῳ ἂν μᾶλλον κατὰ μέρος ᾖ, εἰς τὰ ἄπειρα ἐμπίπτει, ἡ δὲ καθόλου εἰς τὸ ἁπλοῦν καὶ τὸ πέρας. ἔστι δ', ᾗ μὲν ἄπειρα, οὐκ ἐπιστητά, ᾗ δὲ πεπέρανται, ἐπιστητά. ᾗ ἄρα καθόλου, μᾶλλον ἐπιστητὰ ἢ ᾗ κατὰ μέρος. ἀποδεικτὰ ἄρα

dieses ist selbst für es[A] ursächlich,[258] und das Allgemeine ist ursprünglich; also ist das Allgemeine ursächlich –, so ist auch die entsprechende Demonstration besser, denn sie bezieht sich in höherem Grade auf das Ursächliche und das Warum.[259]

Ferner, bis zu demjenigen Punkt untersuchen wir das Warum, und dann glauben wir *etwas* zu wissen, wenn dieses nicht deshalb, weil etwas anderes der Fall ist, entweder geschieht oder der Fall ist. Ziel nämlich und | Grenze ist das äußerste Ding bereits auf diese Weise, wie etwa: weswegen kam er? Um das Geld in Empfang zu nehmen, und dies um zurückzugeben, was er schuldete, und dies um nicht Unrecht zu tun;[260] und so fortfahrend, wenn *es* nicht mehr aufgrund eines anderen oder wegen eines anderen *besteht*, sagen wir, dass er aufgrund dieser Sache als eines Zieles kommt – und dass es der Fall ist und geschieht –, und dass wir dann im höchsten Grade wissen, warum er | kam.[261] Wenn es sich also in ähnlicher Weise bei allen Ursachen und dem Warum verhält und wir bei den Dingen, die in der Weise ursächlich sind wie ein Weswegen, in der Weise *auch* im höchsten Grade wissen, so wissen wir folglich auch bei den anderen Dingen dann im höchsten Grade, wenn dieses nicht mehr zutrifft, weil ein anderes *zutrifft.*[262] Wenn wir also Kenntnis davon besitzen, dass die Außenwinkel *eines Dreiecks* vier Rechten gleich sind,[263] insofern es gleichschenklig ist, so bleibt noch *zu fragen* übrig, warum | das Gleichschenklige *so ist* **86a**
– insofern es *ein* Dreieck *ist*, und dieses, insofern es *eine* geradlinige Figur ist. Wenn aber dies nicht mehr *zutrifft*, weil anderes *zutrifft*, dann wissen wir in höchstem Grade, und zwar dann allgemein; die allgemeine *Demonstration* folglich ist besser.

Ferner, je spezieller *die Demonstration* ist, desto mehr fällt sie ins Unendliche, die | allgemeine *Demonstration* dagegen *fällt* in das Einfache und die Grenze.[264] Man kann aber Dinge, insofern sie unendlich sind, nicht wissen,[265] insofern sie jedoch begrenzt sind, *kann man sie* wissen. Als allgemeine folglich kann man sie in höherem Grade wissen denn als spezielle. Demonstrierbar in höherem Grade sind folglich die allgemeinen

[A] [b25] *αὐτῷ* mit A und n gegen *αὑτῷ* bei B, d und Ross.

μᾶλλον τὰ καθόλου. τῶν δ' ἀποδεικτῶν μᾶλλον μᾶλλον ἀπόδειξις· ἅμα γὰρ μᾶλλον τὰ πρός τι. βελτίων ἄρα ἡ καθόλου, ἐπείπερ καὶ μᾶλλον ἀπόδειξις.

Ἔτι εἰ αἱρετωτέρα καθ' ἣν τοῦτο καὶ ἄλλο ἢ καθ' ἣν τοῦτο μόνον οἶδεν· ὁ δὲ τὸ καθόλου ἔχων οἶδε καὶ τὸ κατὰ μέρος, οὗτος δὲ τὸ καθόλου οὐκ οἶδεν· ὥστε κἂν οὕτως αἱρετωτέρα εἴη.

Ἔτι δὲ ὧδε. τὸ γὰρ καθόλου μᾶλλον δεικνύναι ἐστὶ τὸ διὰ μέσου δεικνύναι ἐγγυτέρω ὄντος τῆς ἀρχῆς. ἐγγυτάτω δὲ τὸ ἄμεσον· τοῦτο δ' ἀρχή. εἰ οὖν ἡ ἐξ ἀρχῆς τῆς μὴ ἐξ ἀρχῆς, ἡ μᾶλλον ἐξ ἀρχῆς τῆς ἧττον ἀκριβεστέρα ἀπόδειξις. ἔστι δὲ τοιαύτη ἡ καθόλου μᾶλλον· κρείττων ἂν εἴη ἡ καθόλου. οἷον εἰ ἔδει ἀποδεῖξαι τὸ Α κατὰ τοῦ Δ· μέσα τὰ ἐφ' ὧν Β Γ· ἀνωτέρω δὴ τὸ Β, ὥστε ἡ διὰ τούτου καθόλου μᾶλλον.

Ἀλλὰ τῶν μὲν εἰρημένων ἔνια λογικά ἐστι· μάλιστα δὲ δῆλον ὅτι ἡ καθόλου κυριωτέρα, ὅτι τῶν προτάσεων τὴν μὲν προτέραν ἔχοντες ἴσμεν πως καὶ τὴν ὑστέραν καὶ ἔχομεν δυνάμει, οἷον εἴ τις οἶδεν ὅτι πᾶν τρίγωνον δυσὶν ὀρθαῖς, οἶδέ πως καὶ τὸ ἰσοσκελὲς ὅτι δύο ὀρθαῖς, δυνάμει, καὶ εἰ μὴ οἶδε τὸ ἰσοσκελὲς ὅτι τρίγωνον· ὁ δὲ ταύτην ἔχων

Dinge. Und auf die in höherem Grade demonstrierbaren Dinge richtet sich eine Demonstration in höherem Grade, denn die relativen Dinge bestehen in höherem Grade zugleich. Besser folglich ist die | allgemeine *Demonstration*, da *sie* in der Tat auch in höherem Grade eine Demonstration *ist*.

Ferner, wenn eher eine Demonstration zu wählen ist, aufgrund deren man dieses und anderes, als aufgrund deren man nur dieses weiß, und *wenn* derjenige, der das[A] Allgemeine besitzt, auch das Spezielle weiß, dieser aber das Allgemeine nicht weiß: *so* dürfte *die allgemeine Demonstration* auch auf diese Weise eher zu wählen sein – außerdem aber auch auf folgende Weise.

Das Allgemeinere nämlich zu beweisen ist das Beweisen durch den Mittelbegriff, | der dem Prinzip näher ist. Das Nächste aber ist das Unvermittelte, und dieses ist ein Prinzip. Wenn also die von einem Prinzip abhängende *Demonstration* gegenüber der nicht von einem Prinzip abhängenden *Demonstration*, und die in höherem Grade von einem Prinzip abhängende *Demonstration* gegenüber der in geringerem Grade *abhängenden Demonstration* eine genauere Demonstration ist[266] und eine solche allgemeiner ist, dann dürfte[B] die allgemeine *Demonstration* überlegen sein, wie etwa falls das A vom D demonstriert werden sollte, die Mittelbegriffe | B, C sind und das B höher ist – so dass die Demonstration durch dieses allgemeiner ist.

Aber von den gesagten Dingen sind einige allgemein.[267] Am klarsten aber ist die Tatsache, dass die allgemeine *Demonstration* vorzüglicher ist, weil wenn wir von den Prämissen die vorrangige wissen, wir in gewisser Weise auch die nachrangige wissen und besitzen, | der Möglichkeit nach, wie etwa wenn jemand weiß, dass jedes Dreieck Winkel gleich zwei Rechten hat, er in gewisser Weise auch weiß, dass das Gleichschenklige Winkel gleich zwei Rechten hat, der Möglichkeit nach, auch wenn er vom Gleichschenkligen nicht weiß, dass es ein Drei-

[A] [a 11] *τὸ* mit ABd statt *τὴν* bei n und Ross.

[B] [a 18] Ohne Einfügung von *ἄρ'* bei Bekker und Ross.

τὴν πρότασιν τὸ καθόλου οὐδαμῶς οἶδεν, οὔτε δυνάμει οὔτ᾽
ἐνεργείᾳ. καὶ ἡ μὲν καθόλου νοητή, ἡ δὲ κατὰ μέρος εἰς
αἴσθησιν τελευτᾷ.

Ὅτι μὲν οὖν ἡ καθόλου βελτίων τῆς κατὰ μέρος, το- 125
σαῦθ᾽ ἡμῖν εἰρήσθω· ὅτι δ᾽ ἡ δεικτικὴ τῆς στερητικῆς, ἐντεῦθεν δῆλον. ἔστω γὰρ αὕτη ἡ ἀπόδειξις βελτίων τῶν ἄλλων
τῶν αὐτῶν ὑπαρχόντων, ἡ ἐξ ἐλαττόνων αἰτημάτων ἢ ὑπο-
θέσεων ἢ προτάσεων. εἰ γὰρ γνώριμοι ὁμοίως, τὸ θᾶττον
γνῶναι διὰ τούτων ὑπάρξει· τοῦτο δ᾽ αἱρετώτερον. λόγος δὲ
τῆς προτάσεως, ὅτι βελτίων ἡ ἐξ ἐλαττόνων, καθόλου ὅδε·
εἰ γὰρ ὁμοίως εἴη τὸ γνώριμα εἶναι τὰ μέσα, τὰ δὲ πρότερα γνωριμώτερα, ἔστω ἡ μὲν διὰ μέσων ἀπόδειξις τῶν
86b Β Γ Δ ὅτι τὸ Α τῷ Ε ὑπάρχει, ἡ δὲ διὰ τῶν Ζ Η ὅτι
τὸ Α τῷ Ε. ὁμοίως δὴ ἔχει τὸ ὅτι τὸ Α τῷ Δ ὑπάρχει
καὶ τὸ Α τῷ Ε. τὸ δ᾽ ὅτι τὸ Α τῷ Δ πρότερον καὶ γνωριμώτερον ἢ ὅτι τὸ Α τῷ Ε· διὰ γὰρ τούτου ἐκεῖνο ἀποδείκνυται, πιστότερον δὲ τὸ δι᾽ οὗ. καὶ ἡ διὰ τῶν ἐλαττόνων ἄρα ἀπόδειξις βελτίων τῶν ἄλλων τῶν αὐτῶν ὑπαρχόντων. ἀμφότεραι μὲν οὖν διά τε ὅρων τριῶν καὶ προτάσεων δύο δείκνυνται, ἀλλ᾽ ἡ μὲν εἶναί τι λαμβάνει, ἡ δὲ
καὶ εἶναι καὶ μὴ εἶναί τι· διὰ πλειόνων ἄρα, ὥστε χείρων.

Ἔτι ἐπειδὴ δέδεικται ὅτι ἀδύνατον ἀμφοτέρων οὐσῶν
στερητικῶν τῶν προτάσεων γενέσθαι συλλογισμόν, ἀλλὰ τὴν

eck ist.[268] Wer dagegen diese *letztere* Prämisse benutzt, weiß das Allgemeine auf keine Weise, weder der Möglichkeit noch der Wirklichkeit nach.

Und die allgemeine *Demonstration* ist einsichtig, die spezielle dagegen | endet in der Wahrnehmung.

Kapitel 25. Dass also die allgemeine Demonstration besser ist als die spezielle, darüber sei soviel von uns gesagt; dass aber die aufweisende *Demonstration*[269] besser ist als die verneinende, wird aus Folgendem klar.

Es sei diejenige Demonstration besser – wenn alle übrigen Dinge dieselben bleiben –, die von weniger Forderungen oder | Hypothesen oder Prämissen abhängt.[270] Denn wenn sie auf ähnliche Weise bekannt sind, so wird das schnellere Gewinnen von Kenntnis durch *die von weniger Prämissen abhängende Demonstration* zustande kommen, und dieses ist eher zu wählen. Ein Argument für die Prämisse, dass die von weniger *Prämissen* abhängende *Demonstration* besser ist, ist allgemein das folgende. Wenn nämlich die Mittelbegriffe auf ähnliche Weise bekannt und die vorrangigen *Begriffe* bekannter sind, so sei die Demonstration durch die Mittelbegriffe | B, C, D gegeben, **86b**
und zwar so, dass das A auf das E zutrifft; und die *Demonstration* durch die *Mittelbegriffe* F, G *sei so gegeben*, dass das A auf E zutrifft.[271] Dann verhält es sich auf ähnliche Weise, dass das A auf D zutrifft, wie dass das A auf E *zutrifft*, aber dass das A auf D *zutrifft*, ist vorrangig und bekannter als dass das A auf E *zutrifft*. Denn durch dieses wird jenes | demonstriert, überzeugender aber ist das, durch was *etwas bewiesen wird.*[272] Und die durch weniger *Prämissen* zustande kommende Demonstration ist folglich besser, wenn alle übrigen Dinge dieselben bleiben. Beide nun beweisen durch drei Begriffe und zwei Prämissen,[273] aber die eine nimmt an, dass etwas der Fall ist, die andere dagegen dass etwas der Fall ist und etwas nicht der Fall ist[274] – folglich *beweist die letztere Demonstration* durch mehr Dinge und ist daher schlechter.

| Ferner, da bewiesen worden ist, dass, wenn beide Prämissen verneinend sind, unmöglich eine Deduktion zustande

μὲν δεῖ τοιαύτην εἶναι, τὴν δ' ὅτι ὑπάρχει, ἔτι πρὸς τούτῳ δεῖ τόδε λαβεῖν. τὰς μὲν γὰρ κατηγορικὰς αὐξανομένης τῆς ἀποδείξεως ἀναγκαῖον γίνεσθαι πλείους, τὰς δὲ στερητικὰς ἀδύνατον πλείους εἶναι μιᾶς ἐν ἅπαντι συλλογισμῷ. ἔστω γὰρ μηδενὶ ὑπάρχον τὸ Α ἐφ' ὅσων τὸ Β, τῷ δὲ Γ ὑπάρχον παντὶ τὸ Β. ἂν δὴ δέῃ πάλιν αὔξειν ἀμφοτέρας τὰς προτάσεις, μέσον ἐμβλητέον. τοῦ μὲν Α Β ἔστω τὸ Δ, τοῦ δὲ Β Γ τὸ Ε. τὸ μὲν δὴ Ε φανερὸν ὅτι κατηγορικόν, τὸ δὲ Δ τοῦ μὲν Β κατηγορικόν, πρὸς δὲ τὸ Α στερητικὸν κεῖται. τὸ μὲν γὰρ Δ παντὸς τοῦ Β, τὸ δὲ Α οὐδενὶ δεῖ τῶν Δ ὑπάρχειν. γίνεται οὖν μία στερητικὴ πρότασις ἡ τὸ Α Δ. ὁ δ' αὐτὸς τρόπος καὶ ἐπὶ τῶν ἑτέρων συλλογισμῶν. ἀεὶ γὰρ τὸ μέσον τῶν κατηγορικῶν ὅρων κατηγορικὸν ἐπ' ἀμφότερα· τοῦ δὲ στερητικοῦ ἐπὶ θάτερα στερητικὸν ἀναγκαῖον εἶναι, ὥστε αὕτη μία τοιαύτη γίνεται πρότασις, αἱ δ' ἄλλαι κατηγορικαί. εἰ δὴ γνωριμώτερον δι' οὗ δείκνυται καὶ πιστότερον, δείκνυται δ' ἡ μὲν στερητικὴ διὰ τῆς κατηγορικῆς, αὕτη δὲ δι' ἐκείνης οὐ δείκνυται, προτέρα καὶ γνωριμωτέρα οὖσα καὶ πιστοτέρα βελτίων ἂν εἴη. ἔτι εἰ ἀρχὴ συλλογισμοῦ ἡ καθόλου πρότασις ἄμεσος, ἔστι δ' ἐν μὲν τῇ δεικτικῇ καταφατικὴ ἐν δὲ τῇ στερητικῇ ἀποφατικὴ ἡ καθόλου πρότασις, ἡ δὲ καταφατικὴ τῆς ἀποφατικῆς προτέρα καὶ γνωριμωτέρα (διὰ γὰρ τὴν κατάφασιν ἡ ἀπόφασις γνώριμος, καὶ προτέρα ἡ κατάφασις, ὥσπερ καὶ τὸ εἶναι τοῦ μὴ εἶναι)· ὥστε βελτίων ἡ ἀρχὴ τῆς δεικτικῆς ἢ τῆς στερη τικῆς· ἡ δὲ βελτίοσιν ἀρχαῖς χρωμένη βελτίων. ἔτι

kommt,[275] sondern dass die eine *Prämisse* zwar von dieser Art ist, die andere dagegen von der Art, dass es zutrifft, so ist es nötig, zusätzlich zu diesem das folgende anzunehmen: dass nämlich die bejahenden Prämissen, wenn die Demonstration erweitert wird, notwendig mehr werden, dass die verneinenden *Prämissen* dagegen | unmöglich mehr als eine in jeder Deduktion sein können. Es treffe nämlich das A auf keines der B zu und das B auf jedes C; wenn es also nötig ist, wiederum beide Prämissen zu erweitern, so muss ein Mittelbegriff eingeschoben werden.[276]

Für das AB sei es das D, für das BC das E; dann ist einleuchtend, dass das E bejahend, das D jedoch | vom B bejahend, in Bezug auf das A dagegen verneinend zugrunde liegt. Denn das D muss auf jedes B und das A auf keines der D zutreffen. Es kommt also eine einzige verneinende Prämisse zustande – die AD-*Prämisse.* Und auf dieselbe Weise *verhält es sich* auch bei den anderen Deduktionen, denn stets ist der Mittelbegriff von bejahenden Begriffen in Bezug auf beide bejahend, | beim verneinenden *Begriff* dagegen ist er notwendigerweise in Bezug auf das eine von beiden verneinend, so dass diese die einzige derartige Prämisse wird, die anderen *Prämissen* dagegen bejahend *sind.* Wenn daher bekannter und überzeugender ist, wodurch etwas bewiesen wird,[277] und die verneinende *Demonstration* durch die bejahende beweist, diese aber nicht durch jene beweist, *so dürfte die bejahende Demonstration,* vorrangig und bekannter und überzeugender wie sie ist, | besser sein.

Ferner, wenn die allgemeine unvermittelte Prämisse Prinzip einer Deduktion ist, und zwar in der aufweisenden *Demonstration* die bejahende, in der verneinenden dagegen die verneinende allgemeine Prämisse, und die bejahende *Prämisse* gegenüber der verneinenden vorrangig und bekannter ist – aufgrund der Bejahung nämlich wird die Verneinung bekannt, | und vorrangig ist die Bejahung,[278] so wie auch das Sein gegenüber dem Nichtsein –, so ist daher das Prinzip der aufweisenden Demonstration besser als das der verneinenden; diejenige *Demonstration* aber, die bessere Prinzipien benutzt, ist besser.

ἀρχοειδεστέρα· ἄνευ γὰρ τῆς δεικνυούσης οὐκ ἔστιν ἡ στερητική.

87a Ἐπεὶ δ' ἡ κατηγορικὴ τῆς στερητικῆς βελτίων, δῆλον 126
ὅτι καὶ τῆς εἰς τὸ ἀδύνατον ἀγούσης. δεῖ δ' εἰδέναι τίς ἡ διαφορὰ αὐτῶν. ἔστω δὴ τὸ Α μηδενὶ ὑπάρχον τῷ Β, τῷ δὲ Γ τὸ Β παντί· ἀνάγκη δὴ τῷ Γ μηδενὶ ὑπάρχειν τὸ Α. οὕτω μὲν οὖν ληφθέντων δεικτικὴ ἡ στερητικὴ ἂν εἴη ἀπόδειξις ὅτι τὸ Α τῷ Γ οὐχ ὑπάρχει. ἡ δ' εἰς τὸ ἀδύνατον ὧδ' ἔχει. εἰ δέοι δεῖξαι ὅτι τὸ Α τῷ Β οὐχ ὑπάρχει, ληπτέον ὑπάρχειν, καὶ τὸ Β τῷ Γ, ὥστε συμβαίνει τὸ Α τῷ Γ ὑπάρχειν. τοῦτο δ' ἔστω γνώριμον καὶ ὁμολογούμενον ὅτι ἀδύνατον. οὐκ ἄρα οἷόν τε τὸ Α τῷ Β ὑπάρχειν. εἰ οὖν τὸ Β τῷ Γ ὁμολογεῖται ὑπάρχειν, τὸ Α τῷ Β ἀδύνατον ὑπάρχειν. οἱ μὲν οὖν ὅροι ὁμοίως τάττονται, διαφέρει δὲ τὸ ὁποτέρα ἂν ᾖ γνωριμωτέρα ἡ πρότασις ἡ στερητική, πότερον ὅτι τὸ Α τῷ Β οὐχ ὑπάρχει ἢ ὅτι τὸ Α τῷ Γ. ὅταν μὲν οὖν ᾖ τὸ συμπέρασμα γνωριμώτερον ὅτι οὐκ ἔστιν, ἡ εἰς τὸ ἀδύνατον γίνεται ἀπόδειξις, ὅταν δ' ἡ ἐν τῷ συλλογισμῷ, ἡ ἀποδεικτική. φύσει δὲ προτέρα ἡ ὅτι τὸ Α τῷ Β ἢ ὅτι τὸ Α τῷ Γ. πρότερα γάρ ἐστι τοῦ συμπεράσματος ἐξ ὧν τὸ συμπέρασμα· ἔστι δὲ τὸ μὲν Α τῷ Γ μὴ ὑπάρχειν συμπέρασμα, τὸ δὲ Α τῷ Β ἐξ οὗ τὸ συμπέρασμα. οὐ γὰρ εἰ συμβαίνει ἀναιρεῖσθαί τι, τοῦτο συμπέρασμά ἐστιν, ἐκεῖνα δὲ ἐξ ὧν, ἀλλὰ τὸ μὲν ἐξ οὗ συλλογισμός ἐστιν ὃ ἂν οὕτως ἔχῃ ὥστε ἢ ὅλον πρὸς μέρος ἢ μέρος πρὸς ὅλον ἔχειν,

Ferner ist *die aufweisende Prämisse* eher von der Form eines Prinzips, denn ohne die aufweisende gibt es keine verneinende Prämisse.

Kapitel 26. | Da die bejahende *Demonstration* besser ist als die verneinende, so *ist sie* klarerweise auch *besser* als die zum Unmöglichen führende *Demonstration.*[279] Es ist jedoch nötig zu wissen, welches der Unterschied zwischen ihnen ist. **87a**

Es treffe also das A auf kein B zu, das B aber auf jedes C; notwendig trifft dann das A auf kein C zu.[280] | Wenn die Dinge also so angenommen worden sind, so ist die negative Demonstration, dass das A auf das C nicht zutrifft, aufweisend. Die zum Unmöglichen führende *Demonstration* dagegen ist folgendermaßen angeordnet. Wenn man beweisen soll, dass das A auf das B nicht zutrifft, so muss angenommen werden, dass es zutrifft, und auch das B auf das C, so dass folgt, dass das A auf das C zutrifft. Von diesem aber sei bekannt und eingestanden, dass es | unmöglich ist. Folglich ist es nicht möglich, dass das A auf das B zutrifft. Wenn nun zugestanden wird, dass das B auf das C zutrifft, dann ist es unmöglich, dass das A auf das B zutrifft. Die Begriffe also sind auf ähnliche Weise angeordnet, aber es macht einen Unterschied aus, welche negative Prämisse bekannter ist – dass das A auf das B nicht zutrifft, oder dass das A auf das C *nicht zutrifft.* Wenn | nun die Konklusion, dass es nicht der Fall ist, bekannter ist, so kommt die zum Unmöglichen führende Demonstration zustande, wenn dagegen die *Prämisse* in der Deduktion *bekannter ist,* so *kommt* die aufweisende *Demonstration zustande.*[281] Von Natur aus vorrangig aber ist die *Prämisse,* dass das A auf das B zutrifft, gegenüber der *Konklusion,* dass das A auf das C *zutrifft.* Denn vorrangig gegenüber der Konklusion sind die Dinge, von denen die Konklusion abhängt. Es ist aber das Nicht-Zutreffen von A auf C Konklusion, | das *Nicht-Zutreffen* von A auf B dagegen das, wovon die Konklusion abhängt. Nicht nämlich ist, wenn etwas aufgehoben ist, dieses eine Konklusion und jenes das, wovon sie abhängt. Vielmehr ist das, wovon eine Deduktion abhängt, dasjenige, was sich so verhält wie entweder ein Ganzes zum

αἱ δὲ τὸ Α Γ καὶ Β Γ προτάσεις οὐκ ἔχουσιν οὕτω πρὸς ἀλλήλας. εἰ οὖν ἡ ἐκ γνωριμωτέρων καὶ προτέρων κρείττων, εἰσὶ δ' ἀμφότεραι ἐκ τοῦ μὴ εἶναί τι πισταί, ἀλλ' ἡ μὲν ἐκ προτέρου ἡ δ' ἐξ ὑστέρου, βελτίων ἁπλῶς ἂν εἴη τῆς εἰς τὸ ἀδύνατον ἡ στερητικὴ ἀπόδειξις, ὥστε καὶ ἡ ταύτης βελτίων ἡ κατηγορικὴ δῆλον ὅτι καὶ τῆς εἰς τὸ ἀδύνατόν ἐστι βελτίων.

Ἀκριβεστέρα δ' ἐπιστήμη ἐπιστήμης καὶ προτέρα ἥ τε **I27**
τοῦ ὅτι καὶ διότι ἡ αὐτή, ἀλλὰ μὴ χωρὶς τοῦ ὅτι τῆς τοῦ διότι, καὶ ἡ μὴ καθ' ὑποκειμένου τῆς καθ' ὑποκειμένου, οἷον ἀριθμητικὴ ἁρμονικῆς, καὶ ἡ ἐξ ἐλαττόνων τῆς ἐκ προσθέσεως, οἷον γεωμετρίας ἀριθμητική. λέγω δ' ἐκ προσθέσεως, οἷον μονὰς οὐσία ἄθετος, στιγμὴ δὲ οὐσία θετός· ταύτην ἐκ προσθέσεως.

Μία δ' ἐπιστήμη ἐστὶν ἡ ἑνὸς γένους, ὅσα ἐκ τῶν πρώ- **I28**
των σύγκειται καὶ μέρη ἐστὶν ἢ πάθη τούτων καθ' αὑτά. ἑτέρα δ' ἐπιστήμη ἐστὶν ἑτέρας, ὅσων αἱ ἀρχαὶ μήτ' ἐκ τῶν αὐ-
87b τῶν μήθ' ἅτεραι ἐκ τῶν ἑτέρων. τούτου δὲ σημεῖον, ὅταν εἰς

Teil oder ein Teil zum Ganzen;[282] die AC- und BC-Prämissen[A] jedoch verhalten sich nicht so | zueinander.

Wenn also die von bekannteren und vorrangigen Dingen abhängige *Demonstration* überlegen ist und beide zwar aufgrund dessen, dass etwas nicht der Fall ist, überzeugend sind, aber die eine aufgrund eines vorrangigen, die andere dagegen aufgrund eines nachrangigen *Satzes*, dann dürfte die schlechthin verneinende Demonstration besser als die zum Unmöglichen führende *Demonstration* sein,[283] so dass auch die bejahende *Demonstration*, die besser ist als *die schlechthin verneinende Demonstration*, klarerweise auch gegenüber der zum Unmöglichen führenden | *Demonstration* besser ist.

Kapitel 27. Genauer[284] und vorrangig ist eine Wissenschaft gegenüber einer anderen Wissenschaft, *wenn sie* sich als dieselbe sowohl auf das Dass als auch auf das Weshalb[285] richtet und nicht nur auf das Dass, getrennt von der auf das Weshalb gerichteten *Wissenschaft*;[286] und *wenn sie* nicht von einem Zugrundeliegenden ausgesagt wird, gegenüber der von einem Zugrundeliegenden *ausgesagten Wissenschaft*, wie etwa die Arithmetik gegenüber der Harmonik;[287] und *wenn sie* von weniger Dingen abhängt, gegenüber der von einem Zusatz abhängenden *Wissenschaft*, | wie etwa die Arithmetik gegenüber der Geometrie.[288] Ich sage: von einem Zusatz, wie etwa: Einheit ist eine Substanz ohne Position, Punkt dagegen eine Substanz mit Position[289] – diese hängt von einem Zusatz ab.

Kapitel 28. Eine einzige aber ist eine Wissenschaft, *wenn sie* sich auf eine einzige Gattung richtet[290] – auf alle Dinge, die aus den ursprünglichen Dingen[291] zusammengesetzt sind und deren Teile oder an sich zutreffende Eigenschaften sind.[292] Verschieden | dagegen ist eine Wissenschaft von einer anderen, *wenn* deren Prinzipien weder von denselben Dingen abhängen | noch die einen von den anderen.[293] Ein Zeichen dafür **87b**

[A] [a 24] B Γ *προτάσεις* mit C^2 und Ross gegen A B *προτάσεις* bei ABCdn.

τὰ ἀναπόδεικτα ἔλθῃ· δεῖ γὰρ αὐτὰ ἐν τῷ αὐτῷ γένει εἶναι τοῖς ἀποδεδειγμένοις. σημεῖον δὲ καὶ τούτου, ὅταν τὰ δεικνύμενα δι' αὐτῶν ἐν ταὐτῷ γένει ὦσι καὶ συγγενῆ.

Πλείους δ' ἀποδείξεις εἶναι τοῦ αὐτοῦ ἐγχωρεῖ οὐ μόνον **129**
ἐκ τῆς αὐτῆς συστοιχίας λαμβάνοντι μὴ τὸ συνεχὲς μέσον, οἷον τῶν Α Β τὸ Γ καὶ Δ καὶ Ζ, ἀλλὰ καὶ ἐξ ἑτέρας. οἷον ἔστω τὸ Α μεταβάλλειν, τὸ δ' ἐφ' ᾧ Δ κινεῖσθαι, τὸ δὲ Β ἥδεσθαι, καὶ πάλιν τὸ Η ἠρεμίζεσθαι. ἀληθὲς οὖν καὶ τὸ Δ τοῦ Β καὶ τὸ Α τοῦ Δ κατηγορεῖν· ὁ γὰρ ἡδόμενος κινεῖται καὶ τὸ κινούμενον μεταβάλλει. πάλιν τὸ Α τοῦ Η καὶ τὸ Η τοῦ Β ἀληθὲς κατηγορεῖν· πᾶς γὰρ ὁ ἡδόμενος ἠρεμίζεται καὶ ὁ ἠρεμιζόμενος μεταβάλλει. ὥστε δι' ἑτέρων μέσων καὶ οὐκ ἐκ τῆς αὐτῆς συστοιχίας ὁ συλλογισμός. οὐ μὴν ὥστε μηδέτερον κατὰ μηδετέρου λέγεσθαι τῶν μέσων· ἀνάγκη γὰρ τῷ αὐτῷ τινι ἄμφω ὑπάρχειν. ἐπισκέψασθαι δὲ καὶ διὰ τῶν ἄλλων σχημάτων ὁσαχῶς ἐνδέχεται τοῦ αὐτοῦ γενέσθαι συλλογισμόν.

Τοῦ δ' ἀπὸ τύχης οὐκ ἔστιν ἐπιστήμη δι' ἀποδείξεως. **130**
οὔτε γὰρ ὡς ἀναγκαῖον οὔθ' ὡς ἐπὶ τὸ πολὺ τὸ ἀπὸ τύχης ἐστίν, ἀλλὰ τὸ παρὰ ταῦτα γινόμενον· ἡ δ' ἀπόδειξις θατέρου τούτων. πᾶς γὰρ συλλογισμὸς ἢ δι' ἀναγκαίων ἢ διὰ τῶν ὡς ἐπὶ τὸ πολὺ προτάσεων· καὶ εἰ μὲν αἱ προτάσεις ἀναγκαῖαι, καὶ τὸ συμπέρασμα ἀναγκαῖον, εἰ δ' ὡς ἐπὶ τὸ πολύ, καὶ τὸ συμπέρασμα τοιοῦτον. ὥστ' εἰ τὸ ἀπὸ τύχης μήθ' ὡς ἐπὶ τὸ πολὺ μήτ' ἀναγκαῖον, οὐκ ἂν εἴη αὐτοῦ ἀπόδειξις.

ist, wenn man zu den nicht-demonstrierbaren Dingen kommt, denn *diese* müssen in derselben Gattung sein wie die demonstrierten Dinge.[294] Und ein Zeichen für *das letztere* ist, wenn die durch sie bewiesenen Dinge in derselben Gattung und von derselben Gattung sind.

Kapitel 29. | Dass es mehrere Demonstrationen derselben Sache gibt,[295] ist möglich nicht nur, wenn man den nicht anschließenden Mittelbegriff aus derselben Begriffsreihe[296] nimmt, wie etwa für das AB das C und D und F, sondern auch wenn *man einen Mittelbegriff* aus einer anderen *Begriffsreihe nimmt.* Zum Beispiel sei das A: sich ändern, das D: sich bewegen, das B: Lust empfinden,[297] und wiederum das G: zur Ruhe kommen; es ist dann wahr, sowohl das D | vom B als auch das A vom D auszusagen, denn wer Lust empfindet, bewegt sich,[298] und was sich bewegt, ändert sich. Wiederum, das A vom G und das G vom B auszusagen, ist wahr; jeder nämlich, der Lust empfindet, kommt zur Ruhe,[299] und wer zur Ruhe kommt, ändert sich[300] – so dass die Deduktion durch verschiedene Mittelbegriffe, und zwar nicht aus derselben Begriffsreihe, zustande kommt, allerdings nicht so, dass | keiner vom anderen ausgesagt wird, denn notwendig treffen beide auf dieselbe Sache zu.

Man kann aber auch untersuchen, auf wie viele Weisen durch die anderen Figuren eine Deduktion von derselben Sache zustande kommt.[301]

Kapitel 30. Vom Zufälligen gibt es kein Wissen durch Demonstration.[302] | Das Zufällige ist nämlich weder notwendig noch häufig, sondern kommt abweichend von diesen Dingen vor.[303] Die Demonstration dagegen richtet sich auf eines dieser Dinge. Jede Deduktion nämlich kommt entweder durch notwendige oder durch häufig zutreffende Prämissen zustande,[304] und wenn die Prämissen notwendig sind, dann ist auch die Konklusion notwendig, wenn aber | häufig zutreffend, dann ist auch die Konklusion von dieser Art. Daher, wenn das Zufällige weder häufig noch notwendig ist,[305] so dürfte es von ihm keine Demonstration geben.

Οὐδὲ δι' αἰσθήσεως ἔστιν ἐπίστασθαι. εἰ γὰρ καὶ ἔστιν 131
ἡ αἴσθησις τοῦ τοιοῦδε καὶ μὴ τοῦδέ τινος, ἀλλ' αἰσθάνεσθαί γε ἀναγκαῖον τόδε τι καὶ πού καὶ νῦν. τὸ δὲ καθόλου καὶ ἐπὶ πᾶσιν ἀδύνατον αἰσθάνεσθαι· οὐ γὰρ τόδε οὐδὲ νῦν· οὐ γὰρ ἂν ἦν καθόλου· τὸ γὰρ ἀεὶ καὶ πανταχοῦ καθόλου φαμὲν εἶναι. ἐπεὶ οὖν αἱ μὲν ἀποδείξεις καθόλου, ταῦτα δ' οὐκ ἔστιν αἰσθάνεσθαι, φανερὸν ὅτι οὐδ' ἐπίστασθαι δι' αἰσθήσεως ἔστιν, ἀλλὰ δῆλον ὅτι καὶ εἰ ἦν αἰσθάνεσθαι τὸ τρίγωνον ὅτι δυσὶν ὀρθαῖς ἴσας ἔχει τὰς γωνίας, ἐζητοῦμεν ἂν ἀπόδειξιν καὶ οὐχ ὥσπερ φασί τινες ἠπιστάμεθα· αἰσθάνεσθαι μὲν γὰρ ἀνάγκη καθ' ἕκαστον, ἡ δ' ἐπιστήμη τὸ τὸ καθόλου γνωρίζειν ἐστίν. διὸ καὶ εἰ ἐπὶ τῆς σελήνης ὄντες ἑωρῶμεν ἀντιφράττουσαν τὴν γῆν, οὐκ ἂν ᾔδειμεν τὴν αἰτίαν
88a τῆς ἐκλείψεως. ᾐσθανόμεθα γὰρ ἂν ὅτι νῦν ἐκλείπει, καὶ οὐ διότι ὅλως· οὐ γὰρ ἦν τοῦ καθόλου αἴσθησις. οὐ μὴν ἀλλ' ἐκ τοῦ θεωρεῖν τοῦτο πολλάκις συμβαῖνον τὸ καθόλου ἂν θηρεύσαντες ἀπόδειξιν εἴχομεν· ἐκ γὰρ τῶν καθ' ἕκαστα πλειόνων τὸ καθόλου δῆλον. τὸ δὲ καθόλου τίμιον, ὅτι δηλοῖ τὸ αἴτιον· ὥστε περὶ τῶν τοιούτων ἡ καθόλου τιμιωτέρα τῶν αἰσθήσεων καὶ τῆς νοήσεως, ὅσων ἕτερον τὸ αἴτιον· περὶ δὲ τῶν πρώτων ἄλλος λόγος.

Φανερὸν οὖν ὅτι ἀδύνατον τῷ αἰσθάνεσθαι ἐπίστασθαί τι τῶν ἀποδεικτῶν, εἰ μή τις τὸ αἰσθάνεσθαι τοῦτο λέγει, τὸ ἐπιστήμην ἔχειν δι' ἀποδείξεως. ἔστι μέντοι ἔνια ἀναγόμενα εἰς αἰσθήσεως ἔκλειψιν ἐν τοῖς προβλήμασιν. ἔνια γὰρ εἰ

Kapitel 31. Auch durch Wahrnehmung ist es nicht möglich, *etwas* zu wissen.[306] Auch wenn nämlich die Wahrnehmung sich auf das Quale und nicht auf ein Dieses richtet – wahrgenommen wird doch jedenfalls | notwendigerweise ein Dieses, und zwar irgendwo und jetzt.[307] *Was* allgemein *ist* und auf alles zutrifft, kann dagegen nicht wahrgenommen werden, denn es ist kein Dieses und auch nicht jetzt; sonst wäre es nicht allgemein. Denn was immer und überall ist, nennen wir allgemein.

Da nun die Demonstrationen allgemein sind,[308] *das Allgemeine* aber nicht wahrgenommen werden kann, ist es einleuchtend, dass man durch Wahrnehmung auch nicht wissen | kann. Vielmehr ist klar, dass selbst wenn man wahrnehmen könnte, dass das Dreieck Winkel gleich zwei Rechten hat, wir nach einer Demonstration suchen und *es* nicht *schon*, wie einige behaupten,[309] wissen würden.[310] Wahrgenommen nämlich wird notwendig das Einzelne, das Wissen dagegen ist das Kennen des Allgemeinen.[311] Auch wenn wir daher auf dem Mond wären | und sähen, wie die Erde dazwischentritt, so würden wir
noch nicht die Ursache | der Verfinsterung wissen.[312] Denn wir **88a**
würden wahrnehmen, dass er sich jetzt verfinstert, und nicht weshalb im Ganzen, denn die Wahrnehmung richtete sich nicht auf das Allgemeine. Allerdings, *wenn wir* aufgrund der Betrachtung, dass dies oft geschieht, das Allgemeine einfingen, würden wir eine Demonstration besitzen, denn aus mehreren einzelnen Dingen | wird das Allgemeine klar.[313]

Das Allgemeine aber ist wertvoll, weil es das Ursächliche klar macht.[314] Daher ist bei solchen Dingen, deren Ursache von ihnen *selbst* verschieden ist,[315] das allgemeine Wissen wertvoller als die Wahrnehmungen und die Einsicht.[316] Über die ursprünglichen Dinge dagegen gibt es eine andere Bestimmung.

Es ist also einleuchtend, dass es unmöglich ist, eines | der demonstrierbaren Dinge durch das Wahrnehmen zu wissen, es sei denn jemand nennt das Wahrnehmen dies: das Besitzen von Wissen durch Demonstration.[317] Es gibt freilich einige unter den Problemen,[318] die auf ein Ausbleiben von Wahrnehmung zurückgeführt werden. Einige Dinge nämlich würden

ἑωρῶμεν οὐκ ἂν ἐζητοῦμεν, οὐχ ὡς εἰδότες τῷ ὁρᾶν, ἀλλ' ὡς ἔχοντες τὸ καθόλου ἐκ τοῦ ὁρᾶν. οἷον εἰ τὴν ὕαλον τετρυπημένην ἑωρῶμεν καὶ τὸ φῶς διιόν, δῆλον ἂν ἦν καὶ διὰ τί, καὶ εἰ διὰ τὸ ὁρᾶν μὲν χωρὶς ἐφ' ἑκάστης, νοῆσαι δ' ἅμα ὅτι ἐπὶ πασῶν οὕτως.

Τὰς δ' αὐτὰς ἀρχὰς ἁπάντων εἶναι τῶν συλλογισμῶν ἀδύνα- 132
τον, πρῶτον μὲν λογικῶς θεωροῦσιν. οἱ μὲν γὰρ ἀληθεῖς εἰσι τῶν συλλογισμῶν, οἱ δὲ ψευδεῖς. καὶ γὰρ εἰ ἔστιν ἀληθὲς ἐκ ψευδῶν συλλογίσασθαι, ἀλλ' ἅπαξ τοῦτο γίνεται, οἷον εἰ τὸ A κατὰ τοῦ Γ ἀληθές, τὸ δὲ μέσον τὸ B ψεῦδος· οὔτε γὰρ τὸ A τῷ B ὑπάρχει οὔτε τὸ B τῷ Γ. ἀλλ' ἐὰν τούτων μέσα λαμβάνηται τῶν προτάσεων, ψευδεῖς ἔσονται διὰ τὸ πᾶν συμπέρασμα ψεῦδος ἐκ ψευδῶν εἶναι, τὰ δ' ἀληθῆ ἐξ ἀληθῶν, ἕτερα δὲ τὰ ψευδῆ καὶ τἀληθῆ. εἶτα οὐδὲ τὰ ψευδῆ ἐκ τῶν αὐτῶν ἑαυτοῖς· ἔστι γὰρ ψευδῆ ἀλλήλοις καὶ ἐναντία καὶ ἀδύνατα ἅμα εἶναι, οἷον τὸ τὴν δικαιοσύνην εἶναι ἀδικίαν ἢ δειλίαν, καὶ τὸν ἄνθρωπον ἵππον ἢ βοῦν, ἢ τὸ ἴσον μεῖζον ἢ ἔλαττον.

Ἐκ δὲ τῶν κειμένων ὧδε· οὐδὲ γὰρ τῶν ἀληθῶν αἱ αὐταὶ ἀρχαὶ πάντων. ἕτεραι γὰρ πολλῶν τῷ γένει αἱ ἀρχαί, καὶ οὐδ' ἐφαρμόττουσαι, οἷον αἱ μονάδες ταῖς στιγμαῖς οὐκ ἐφαρμόττουσιν· αἱ μὲν γὰρ οὐκ ἔχουσι θέσιν, αἱ δὲ ἔχουσιν. ἀνάγκη δέ γε ἢ εἰς

wir, wenn wir sie sähen, nicht untersuchen – nicht weil wir sie durch das Sehen wüssten, sondern weil wir infolge des Sehens das Allgemeine besitzen, wie etwa wenn wir das Glas durchbrochen | und das Licht hindurchgehen sähen,[319] dann auch klar wäre warum – wenn auch nur dadurch,[A] dass wir es getrennt bei jedem einzelnen sähen, dann jedoch zugleich einsähen, dass es bei allen so ist.

Kapitel 32. Dass die Prinzipien aller Deduktionen dieselben sind,[320] ist unmöglich, wenn man es zuerst auf allgemeine Weise[321] betrachtet.

Einige | der Deduktionen nämlich sind wahr, andere falsch.[322] Denn auch wenn es möglich ist, Wahres aus *Falschem* zu deduzieren,[323] so geschieht dies doch nur einmal, wie etwa wenn es wahr ist, dass das A auf das C zutrifft, der Mittelbegriff dagegen, das B, falsch *ist* – weder nämlich trifft das A auf das B zu noch das B auf das C. Aber wenn von diesen Prämissen Mittelbegriffe angenommen werden, so werden sie falsch | sein, weil jede falsche Konklusion von *Falschem* abhängt,[324] *Wahres* dagegen von *Wahrem*,[325] und *weil Wahres* und *Falsches* verschieden sind.

Ferner, nicht einmal *Falsches* hängt von Dingen ab, die miteinander identisch sind. Es gibt nämlich falsche Dinge, die zueinander konträr sind und nicht zugleich bestehen können, wie etwa dass die Gerechtigkeit Unrecht oder Feigheit ist und der Mensch Pferd | oder Rind, oder das Gleiche größer oder kleiner.

Aufgrund der Dinge jedoch, die zugrunde liegen,[326] betrachte man es folgendermaßen. Nicht einmal für *alles Wahre* sind die Prinzipien dieselben. Die Prinzipien vieler Dinge sind nämlich verschieden der Gattung nach und nicht *aufeinander* anwendbar,[327] wie etwa die Einheiten nicht auf die Punkte anzuwenden sind, denn die *ersteren* haben keine Position, die *letzteren* haben eine. Aber es ist notwendig, dass sie entweder

[A] [a 16] *καὶ εἰ διὰ τὸ* mit n und C^2 gegen *καίει τῷ* bei B^2 und Ross, *καὶ εἰ τὸ* bei Barnes und *καὶ* bei A.

μέσα ἁρμόττειν ἢ ἄνωθεν ἢ κάτωθεν, ἢ τοὺς μὲν εἴσω ἔχειν τοὺς δ' ἔξω τῶν ὅρων. ἀλλ' οὐδὲ τῶν κοινῶν ἀρχῶν οἷόν τ' εἶναί τινας ἐξ ὧν ἅπαντα δειχθήσεται· λέγω δὲ κοινὰς **88b** οἷον τὸ πᾶν φάναι ἢ ἀποφάναι. τὰ γὰρ γένη τῶν ὄντων ἕτερα, καὶ τὰ μὲν τοῖς ποσοῖς τὰ δὲ τοῖς ποιοῖς ὑπάρχει μόνοις, μεθ' ὧν δείκνυται διὰ τῶν κοινῶν. ἔτι αἱ ἀρχαὶ οὐ πολλῷ ἐλάττους τῶν συμπερασμάτων· ἀρχαὶ μὲν γὰρ αἱ προτάσεις, αἱ δὲ προτάσεις ἢ προσλαμβανομένου ὅρου ἢ ἐμβαλλομένου εἰσίν. ἔτι τὰ συμπεράσματα ἄπειρα, οἱ δ' ὅροι πεπερασμένοι. ἔτι αἱ ἀρχαὶ αἱ μὲν ἐξ ἀνάγκης, αἱ δ' ἐνδεχόμεναι.

Οὕτω μὲν οὖν σκοπουμένοις ἀδύνατον τὰς αὐτὰς εἶναι πεπερασμένας, ἀπείρων ὄντων τῶν συμπερασμάτων. εἰ δ' ἄλλως πως λέγοι τις, οἷον ὅτι αἱδὶ μὲν γεωμετρίας αἱδὶ δὲ λογισμῶν αἱδὶ δὲ ἰατρικῆς, τί ἂν εἴη τὸ λεγόμενον ἄλλο πλὴν ὅτι εἰσὶν ἀρχαὶ τῶν ἐπιστημῶν; τὸ δὲ τὰς αὐτὰς φάναι γελοῖον, ὅτι αὐταὶ αὑταῖς αἱ αὐταί· πάντα γὰρ οὕτω γίγνεται ταὐτά. ἀλλὰ μὴν οὐδὲ τὸ ἐξ ἁπάντων δείκνυσθαι ὁτιοῦν, τοῦτ' ἐστὶ τὸ ζητεῖν ἁπάντων εἶναι τὰς αὐτὰς ἀρχάς· λίαν γὰρ εὔηθες. οὔτε γὰρ ἐν τοῖς φανεροῖς μαθήμασι τοῦτο γίνεται, οὔτ' ἐν τῇ ἀναλύσει δυνατόν· αἱ γὰρ ἄμεσοι προτάσεις ἀρχαί, ἕτερον δὲ συμπέρασμα προσληφθείσης γίνεται προτάσεως ἀμέσου. εἰ δὲ λέγοι τις τὰς πρώτας ἀμέσους προτάσεις, ταύτας εἶναι ἀρχάς, μία ἐν ἑκάστῳ γένει ἐστίν. εἰ

auf | Mittelbegriffe anzuwenden sind – entweder von oben oder von unten – oder einige der Begriffe innen haben und andere außen.[328] Aber es kann auch unter den gemeinsamen Prinzipien *keine* geben, aus denen alle Dinge bewiesen werden können – ich sage: gemeinsame, | wie etwa dass man alles bejaht **88b**
oder verneint.[329] Denn die Gattungen der existierenden Dinge sind verschieden, und einige treffen nur auf die quantitativen, andere nur auf die qualitativen Dinge zu, mit deren Hilfe *Beweise* durch die gemeinsamen Postulate *geführt werden*.

Ferner sind die Prinzipien nicht viel weniger zahlreich als die Konklusionen.[330] Prinzipien nämlich sind die | Prämissen, die Prämissen aber kommen zustande entweder wenn ein Begriff hinzugenommen oder wenn er eingeschoben wird.[331]

Ferner sind die Konklusionen unendlich viele[332], die Begriffe dagegen begrenzt.

Ferner sind einige Prinzipien notwendig, andere dagegen möglich.[333]

Wenn man also auf diese Weise untersucht, ist es unmöglich, dass *die Prinzipien* dieselben sind, | da *sie* begrenzt *sind*, während die Konklusionen unendlich viele sind. Wenn aber jemand auf eine gewisse andere Weise redet, wie etwa dass diese die Prinzipien der Geometrie, diese die der Rechnungen[334], diese die der Medizin sind, was würde er dann anderes sagen als dass es Prinzipien der Wissenschaften gibt? Sie jedoch dieselben zu nennen, insofern sie dieselben wie sie selbst sind, ist lächerlich; alle Dinge würden nämlich auf diese Weise | dieselben werden.

Auch ist das Beweisen von Beliebigem aus allen Dingen nicht dasselbe wie das Suchen nach denselben Prinzipien für alle Dinge, denn das ist zu einfältig. Weder kommt dieses nämlich bei den einleuchtenden Lehrsätzen vor, noch ist es in der Analyse möglich. Denn die unvermittelten Prämissen sind Prinzipien, und eine andere Konklusion kommt zustande, wenn eine | unvermittelte Prämisse hinzugenommen wird. Wenn aber jemand von den ursprünglichen unvermittelten Prämissen sagen würde, diese seien Prinzipien, dann gibt es eine einzige *dieser Prämissen* in jeder Gattung.

δὲ μήτ' ἐξ ἁπασῶν ὡς δέον δείκνυσθαι ὁτιοῦν μήθ' οὕτως ἑτέρας ὥσθ' ἑκάστης ἐπιστήμης εἶναι ἑτέρας, λείπεται εἰ συγγενεῖς αἱ ἀρχαὶ πάντων, ἀλλ' ἐκ τωνδὶ μὲν ταδί, ἐκ δὲ τωνδὶ ταδί. φανερὸν δὲ καὶ τοῦθ' ὅτι οὐκ ἐνδέχεται· δέδεικται γὰρ ὅτι ἄλλαι ἀρχαὶ τῷ γένει εἰσὶν αἱ τῶν διαφόρων τῷ γένει. αἱ γὰρ ἀρχαὶ διτταί, ἐξ ὧν τε καὶ περὶ ὅ· αἱ μὲν οὖν ἐξ ὧν κοιναί, αἱ δὲ περὶ ὃ ἴδιαι, οἷον ἀριθμός, μέγεθος.

Τὸ δ' ἐπιστητὸν καὶ ἐπιστήμη διαφέρει τοῦ δοξαστοῦ καὶ I33
δόξης, ὅτι ἡ μὲν ἐπιστήμη καθόλου καὶ δι' ἀναγκαίων, τὸ δ' ἀναγκαῖον οὐκ ἐνδέχεται ἄλλως ἔχειν. ἔστι δέ τινα ἀληθῆ μὲν καὶ ὄντα, ἐνδεχόμενα δὲ καὶ ἄλλως ἔχειν. δῆλον οὖν ὅτι περὶ μὲν ταῦτα ἐπιστήμη οὐκ ἔστιν· εἴη γὰρ ἂν ἀδύνατα ἄλλως ἔχειν τὰ δυνατὰ ἄλλως ἔχειν. ἀλλὰ μὴν οὐδὲ νοῦς (λέγω γὰρ νοῦν ἀρχὴν ἐπιστήμης) οὐδ' ἐπιστήμη ἀναπόδεικτος· τοῦτο δ' ἐστὶν ὑπόληψις τῆς ἀμέσου προτάσεως. ἀληθὴς δ'
89a ἐστὶ νοῦς καὶ ἐπιστήμη καὶ δόξα καὶ τὸ διὰ τούτων λεγόμενον· ὥστε λείπεται δόξαν εἶναι περὶ τὸ ἀληθὲς μὲν ἢ ψεῦδος, ἐνδεχόμενον δὲ καὶ ἄλλως ἔχειν. τοῦτο δ' ἐστὶν ὑπόληψις τῆς ἀμέσου προτάσεως καὶ μὴ ἀναγκαίας. καὶ ὁμολογούμενον δ' οὕτω τοῖς φαινομένοις· ἥ τε γὰρ δόξα ἀβέβαιον, καὶ ἡ φύσις ἡ τοιαύτη. πρὸς δὲ τούτοις οὐδεὶς οἴεται δοξάζειν, ὅταν οἴηται ἀδύνατον ἄλλως ἔχειν, ἀλλ' ἐπίστασθαι· ἀλλ' ὅταν εἶναι μὲν οὕτως, οὐ μὴν ἀλλὰ καὶ ἄλλως

Wenn aber weder aus allen *Prinzipien* Beliebiges bewiesen werden soll noch *die Prinzipien* in der Weise verschieden sein sollen, dass sie für jede einzelne Wissenschaft verschieden sind, so bleibt übrig zu betrachten, ob die Prinzipien aller Dinge zwar in derselben Gattung sind, aber von diesen *Prinzipien* diese *Dinge*, von | jenen *Prinzipien* jene *Dinge* abhängen. Es ist aber einleuchtend, dass auch dies nicht möglich ist, denn es ist bewiesen worden, dass diejenigen Prinzipien der Gattung nach verschieden sind, die Prinzipien von Dingen sind, die der Gattung nach unterschiedlich sind.[335] Denn Prinzipien sind von doppelter Art: *diejenigen,* aus welchen *bewiesen wird,* und *diejenigen Dinge,* über die *bewiesen wird* – die *Prinzipien*, aus welchen *bewiesen wird*, sind gemeinsam, die *Dinge*, über die *bewiesen wird, sind* spezifisch, wie Zahl, Größe.[336]

Kapitel 33. | Das Gewusste, und Wissen, unterscheidet sich vom Gemeinten, und Meinung, insofern das Wissen allgemein ist[337] und durch notwendige *Prämissen* zustande kommt und das Notwendige sich nicht anders verhalten kann.[338] Es gibt jedoch Dinge, die wahr sind und existieren, die aber auch anders sein können.[339] Es ist also klar, dass sich Wissen nicht auf diese Dinge bezieht – es wäre sonst unmöglich, | dass sich die Dinge, die sich anders verhalten können, anders verhalten – und erst recht nicht Einsicht – ich nenne nämlich Einsicht: Prinzip von Wissen[340] – noch auch nicht-demonstrierbares Wissen; dieses aber ist die Annahme der unvermittelten Prämisse. | *Es* ist aber Einsicht und Wissen und Meinung und **89a**
das durch diese Dinge Gesagte wahr, sodass übrig bleibt, dass sich Meinung auf das Wahre oder Falsche bezieht, was sich auch anders verhalten kann.[341] Dieses aber ist eine Annahme der unvermittelten und nicht-notwendigen Prämisse. Und dies stimmt | mit den Phänomenen[342] überein; denn die Meinung ist unsicher,[343] und die Natur *dieser Dinge* ist von dieser Art. Außerdem glaubt niemand zu meinen, wenn er glaubt, dass es sich nicht anders verhalten kann, sondern zu wissen.[344] Wenn *er* dagegen *glaubt*, dass es so ist, es hindere aber nichts daran, dass es sich auch anders verhält –, dann *glaubt er* nur zu mei-

οὐδὲν κωλύειν, τότε δοξάζειν, ὡς τοῦ μὲν τοιούτου δόξαν οὖσαν, τοῦ δ' ἀναγκαίου ἐπιστήμην.

Πῶς οὖν ἔστι τὸ αὐτὸ δοξάσαι καὶ ἐπίστασθαι, καὶ διὰ τί οὐκ ἔσται ἡ δόξα ἐπιστήμη, εἴ τις θήσει ἅπαν ὃ οἶδεν ἐνδέχεσθαι δοξάζειν; ἀκολουθήσει γὰρ ὁ μὲν εἰδὼς ὁ δὲ δοξάζων διὰ τῶν μέσων, ἕως εἰς τὰ ἄμεσα ἔλθῃ, ὥστ' εἴπερ ἐκεῖνος οἶδε, καὶ ὁ δοξάζων οἶδεν. ὥσπερ γὰρ καὶ τὸ ὅτι δοξάζειν ἔστι, καὶ τὸ διότι· τοῦτο δὲ τὸ μέσον. ἢ εἰ μὲν οὕτως ὑπολήψεται τὰ μὴ ἐνδεχόμενα ἄλλως ἔχειν ὥσπερ ἔχει τοὺς ὁρισμοὺς δι' ὧν αἱ ἀποδείξεις, οὐ δοξάσει ἀλλ' ἐπιστήσεται· εἰ δ' ἀληθῆ μὲν εἶναι, οὐ μέντοι ταῦτά γε αὐτοῖς ὑπάρχειν κατ' οὐσίαν καὶ κατὰ τὸ εἶδος, δοξάσει καὶ οὐκ ἐπιστήσεται ἀληθῶς, καὶ τὸ ὅτι καὶ τὸ διότι, ἐὰν μὲν διὰ τῶν ἀμέσων δοξάσῃ· ἐὰν δὲ μὴ διὰ τῶν ἀμέσων, τὸ ὅτι μόνον δοξάσει; τοῦ δ' αὐτοῦ δόξα καὶ ἐπιστήμη οὐ πάντως ἐστίν, ἀλλ' ὥσπερ καὶ ψευδὴς καὶ ἀληθὴς τοῦ αὐτοῦ τρόπον τινά, οὕτω καὶ ἐπιστήμη καὶ δόξα τοῦ αὐτοῦ. καὶ γὰρ δόξαν ἀληθῆ καὶ ψευδῆ ὡς μέν τινες λέγουσι τοῦ αὐτοῦ εἶναι, ἄτοπα συμβαίνει αἱρεῖσθαι ἄλλα τε καὶ μὴ δοξάζειν ὃ δοξάζει ψευδῶς· ἐπεὶ δὲ τὸ αὐτὸ πλεοναχῶς λέγεται, ἔστιν ὡς ἐνδέχεται, ἔστι δ' ὡς οὔ. τὸ μὲν γὰρ σύμμετρον εἶναι τὴν διάμετρον ἀληθῶς δοξάζειν ἄτοπον· ἀλλ' ὅτι ἡ διάμετρος, περὶ ἣν αἱ δόξαι, τὸ αὐτό, οὕτω τοῦ αὐτοῦ, τὸ δὲ τί ἦν εἶναι ἑκατέρῳ κατὰ τὸν λόγον οὐ τὸ αὐτό.

nen, da auf ein solches sich die Meinung richte, | auf Notwendiges dagegen Wissen.[345]

Wie also ist es möglich, dasselbe zu meinen und zu wissen, und warum wird nicht die Meinung Wissen sein, wenn jemand festsetzt, dass man alles, was man weiß, meinen kann? Denn es werden der Wissende und der Meinende einander folgen durch die Mittelbegriffe, bis man zu den unvermittelten Dingen kommt, so dass wenn wirklich | jener weiß, auch der Meinende weiß. So wie man nämlich das Daß meinen kann, so auch das Weshalb, dieses aber ist der Mittelbegriff.

Oder wenn man die Dinge, die sich nicht anders verhalten können, so annimmt wie man die Definitionen besitzt[A], durch welche die Demonstrationen *zustande kommen* – wird man dann nicht meinen, sondern wissen?[346] Wenn *man die Dinge* dagegen so *annimmt*, dass sie zwar wahr sind, aber freilich nicht, dass diese Dinge auf sie | zutreffen gemäß einer Substanz und gemäß der Art, so wird man meinen und nicht wahrhaft wissen, und zwar sowohl das Dass als auch das Weshalb,[347] wenn man aufgrund der unvermittelten Dinge meint, wenn dagegen nicht aufgrund der unvermittelten Dinge, wird man nur das Dass meinen?

Auf dasselbe nun richten sich Meinung und Wissen nicht auf jede Weise, sondern so wie falsche und wahre Meinung *sich* in gewisser Weise auf dasselbe *richten*,[348] | so *richten sich* auch Wissen und Meinung auf dasselbe. Wenn freilich wahre und falsche Meinung sich in der Weise, wie es einige sagen, auf dasselbe beziehen,[349] so folgt, dass man sich an andere Absurditäten bindet und auch *an die Absurdität*, dass man nicht meint, was man falsch meint.[350] Da aber Dasselbe auf vielfache Weise gesagt wird,[351] ist es auf eine Weise möglich, auf andere Weise dagegen nicht. Dass nämlich | die Diagonale kommensurabel ist, dies wahrheitsgemäß zu meinen ist unsinnig. Aber insofern die Diagonale, auf die sich die Meinungen beziehen, dasselbe ist, beziehen sie sich in dieser Weise auf dasselbe; aber das Was-es-hieß-dies-zu-sein ist für jede der beiden Sachen ihrer

[A] [a 18] Beibehaltung von ἔχει mit codd. gegen die Streichung bei Ross.

ὁμοίως δὲ καὶ ἐπιστήμη καὶ δόξα τοῦ αὐτοῦ. ἡ μὲν γὰρ οὕτως τοῦ ζῴου ὥστε μὴ ἐνδέχεσθαι μὴ εἶναι ζῷον, ἡ δ' ὥστ' ἐνδέχεσθαι, οἷον εἰ ἡ μὲν ὅπερ ἀνθρώπου ἐστίν, ἡ δ' ἀνθρώπου μέν, μὴ ὅπερ δ' ἀνθρώπου. τὸ αὐτὸ γὰρ ὅτι ἄνθρωπος, τὸ δ' ὡς οὐ τὸ αὐτό.

Φανερὸν δ' ἐκ τούτων ὅτι οὐδὲ δοξάζειν ἅμα τὸ αὐτὸ καὶ ἐπίστασθαι ἐνδέχεται. ἅμα γὰρ ἂν ἔχοι ὑπόληψιν τοῦ
89b ἄλλως ἔχειν καὶ μὴ ἄλλως τὸ αὐτό· ὅπερ οὐκ ἐνδέχεται. ἐν ἄλλῳ μὲν γὰρ ἑκάτερον εἶναι ἐνδέχεται τοῦ αὐτοῦ ὡς εἴρηται, ἐν δὲ τῷ αὐτῷ οὐδ' οὕτως οἷόν τε· ἕξει γὰρ ὑπόληψιν ἅμα, οἷον ὅτι ὁ ἄνθρωπος ὅπερ ζῷον (τοῦτο γὰρ ἦν τὸ μὴ ἐνδέχεσθαι εἶναι μὴ ζῷον) καὶ μὴ ὅπερ ζῷον· τοῦτο γὰρ ἔστω τὸ ἐνδέχεσθαι.

Τὰ δὲ λοιπὰ πῶς δεῖ διανεῖμαι ἐπί τε διανοίας καὶ νοῦ καὶ ἐπιστήμης καὶ τέχνης καὶ φρονήσεως καὶ σοφίας, τὰ μὲν φυσικῆς τὰ δὲ ἠθικῆς θεωρίας μᾶλλόν ἐστιν.

Ἡ δ' ἀγχίνοιά ἐστιν εὐστοχία τις ἐν ἀσκέπτῳ χρόνῳ **I34**
τοῦ μέσου, οἷον εἴ τις ἰδὼν ὅτι ἡ σελήνη τὸ λαμπρὸν ἀεὶ ἔχει πρὸς τὸν ἥλιον, ταχὺ ἐνενόησε διὰ τί τοῦτο, ὅτι διὰ τὸ λάμπειν ἀπὸ τοῦ ἡλίου· ἢ διαλεγόμενον πλουσίῳ ἔγνω διότι δανείζεται· ἢ διότι φίλοι, ὅτι ἐχθροὶ τοῦ αὐτοῦ. πάντα γὰρ τὰ αἴτια τὰ μέσα ἰδὼν τὰ ἄκρα ἐγνώρισεν. τὸ λαμπρὸν εἶναι τὸ πρὸς τὸν ἥλιον ἐφ' οὗ Α, τὸ λάμπειν ἀπὸ τοῦ ἡλίου

Bestimmung nach nicht dasselbe. In ähnlicher Weise richten sich auch Wissen und Meinung auf dasselbe – das erstere nämlich so auf das Lebewesen, dass es nicht möglich ist nicht Lebewesen zu sein, die letztere dagegen | so, dass es möglich ist *nicht Lebewesen zu sein*, wie etwa wenn das erstere *sich* darauf *richtet*, was Mensch wirklich ist, die letztere dagegen zwar auf Mensch, aber nicht darauf, was Mensch wirklich ist. Es ist nämlich dasselbe, insofern es Mensch ist, das Wie dagegen ist nicht dasselbe.[352]

Es ist aber daraus deutlich, dass es nicht möglich ist, dasselbe zugleich zu meinen und zu wissen. Man würde nämlich zugleich die Annahmen haben, | dass dasselbe sich anders ver- **89b**
halten kann und nicht anders – was nicht möglich ist. In einem jeweils anderen *Menschen* kann jedes von beiden sich auf dasselbe richten, wie gesagt worden ist;[353] in demselben *Menschen* jedoch ist es so nicht möglich, sonst wird er nämlich zugleich die Annahme haben, z. B. dass was der Mensch wirklich ist, Lebewesen ist – das nämlich war es, | unmöglich nicht Mensch sein zu können – und *dass* was *der Mensch* nicht wirklich ist, Lebewesen *ist*– denn dieses sei das Möglichsein.

Wie aber das übrige aufgeteilt werden soll zwischen Verstand und Einsicht und Wissen und Kunst und Klugheit und Weisheit, ist mehr Sache teils der physikalischen, teils der ethischen Betrachtung.[354]

Kapitel 34. | Der Scharfsinn[355] ist eine Treffsicherheit *in Hinsicht auf* den Mittelbegriff in unmerklich kurzer Zeit, wie etwa wenn jemand sieht, dass der Mond das Leuchtende stets gegen die Sonne gerichtet hat, und schnell eingesehen hat, warum dies so ist – weil er von der Sonne her leuchtet; oder wenn er erkennt, dass jemand mit einem Reichen spricht, weil er sich Geld leiht; oder warum sie Freunde sind: weil *sie* Feinde desselben Menschen *sind*. Denn alle | Ursachen – die Mittelbegriffe – erkennt er unmittelbar, indem er auf die Außenbegriffe blickt.[A] Das Leuchtende gegen die Sonne richten A, das

[A] [b 15] Streichung von ὅ mit Ross gegen codd.

Β, σελήνη τὸ Γ. ὑπάρχει δὴ τῇ μὲν σελήνῃ τῷ Γ τὸ Β, τὸ λάμπειν ἀπὸ τοῦ ἡλίου· τῷ δὲ Β τὸ Α, τὸ πρὸς τοῦτ' εἶναι τὸ λαμπρόν, ἀφ' οὗ λάμπει· ὥστε καὶ τῷ Γ τὸ Α διὰ τοῦ Β.

Leuchten von der Sonne her B, Mond C; es trifft also auf den Mond, das C, das B zu, das Leuchten von der Sonne her;[356] auf das B aber das A, das gegen dasjenige das Leuchtende richten, von dem her es leuchtet; so dass auch auf das C das A zutrifft | durch das B.

B

II 1 Τὰ ζητούμενά ἐστιν ἴσα τὸν ἀριθμὸν ὅσαπερ ἐπιστάμεθα. ζητοῦμεν δὲ τέτταρα, τὸ ὅτι, τὸ διότι, εἰ ἔστι, τί ἐστιν. ὅταν μὲν γὰρ πότερον τόδε ἢ τόδε ζητῶμεν, εἰς ἀριθμὸν θέντες, οἷον πότερον ἐκλείπει ὁ ἥλιος ἢ οὔ, τὸ ὅτι ζητοῦμεν. σημεῖον δὲ τούτου· εὑρόντες γὰρ ὅτι ἐκλείπει πεπαύμεθα· καὶ ἐὰν ἐξ ἀρχῆς εἰδῶμεν ὅτι ἐκλείπει, οὐ ζητοῦμεν πότερον. ὅταν δὲ εἰδῶμεν τὸ ὅτι, τὸ διότι ζητοῦμεν, οἷον εἰδότες ὅτι ἐκλείπει καὶ ὅτι κινεῖται ἡ γῆ, τὸ διότι ἐκλείπει ἢ διότι κινεῖται ζητοῦμεν. ταῦτα μὲν οὖν οὕτως, ἔνια δ' ἄλλον τρόπον ζητοῦμεν, οἷον εἰ ἔστιν ἢ μὴ ἔστι κένταυρος ἢ θεός· τὸ δ' εἰ ἔστιν ἢ μὴ ἁπλῶς λέγω, ἀλλ' οὐκ εἰ λευκὸς ἢ μή. γνόντες δὲ ὅτι ἔστι, τί ἐστι ζητοῦμεν, οἷον τί οὖν ἐστι θεός, ἢ τί ἐστιν ἄνθρωπος;

II 2 Ἃ μὲν οὖν ζητοῦμεν καὶ ἃ εὑρόντες ἴσμεν, ταῦτα καὶ τοσαῦτά ἐστιν. ζητοῦμεν δέ, ὅταν μὲν ζητῶμεν τὸ ὅτι ἢ τὸ εἰ ἔστιν ἁπλῶς, ἆρ' ἔστι μέσον αὐτοῦ ἢ οὐκ ἔστιν· ὅταν δὲ γνόντες ἢ τὸ ὅτι ἢ εἰ ἔστιν, ἢ τὸ ἐπὶ μέρους ἢ τὸ ἁπλῶς, πάλιν τὸ διὰ τί ζητῶμεν ἢ τὸ τί ἐστι, τότε ζητοῦμεν τί τὸ μέσον. λέγω δὲ τὸ ὅτι ἔστιν ἐπὶ μέρους καὶ ἁπλῶς, ἐπὶ μέρους μέν, ἆρ' ἐκλείπει ἡ σελήνη ἢ αὔξεται; εἰ γάρ ἐστι τὶ ἢ μὴ ἔστι τί, ἐν τοῖς τοιούτοις ζητοῦμεν· ἁπλῶς δ', εἰ ἔστιν

BUCH II

Kapitel 1. Die untersuchten Dinge sind an Zahl denjenigen gleich, die wir wissen. Wir untersuchen aber vier *Dinge*: das Daß, das Weshalb,[357] ob es ist, was | es ist. Wenn wir nämlich untersuchen, ob etwas dieses oder jenes ist, indem wir es in eine Zahl setzen, wie etwa ob die Sonne sich verfinstert oder nicht, so untersuchen wir das Dass.

Ein Zeichen dafür *ist*: wenn wir nämlich entdeckt haben, dass *die Sonne* sich verfinstert, kommen wir zur Ruhe; und wenn wir von Anfang an wissen, dass *die Sonne* sich verfinstert, untersuchen wir nicht, ob *sie sich verfinstert*. Wenn wir dagegen das Dass wissen, untersuchen wir das Weshalb, wie etwa | wenn wir wissen, dass *die Sonne* sich verfinstert und dass sich die Erde bewegt, so untersuchen wir, weshalb *die Sonne* sich verfinstert oder weshalb *die Erde* sich bewegt.[358]

Diese Dinge also untersuchen wir auf diese Weise, einige dagegen auf andere Weise, wie etwa ob ein Kentaur oder ein Gott ist oder nicht ist; das ob-er-ist-oder-nicht-ist meine ich schlechthin, nicht jedoch ob er weiß ist oder nicht.[359] Wenn wir erkannt haben, dass er ist, untersuchen wir, was er ist, wie etwa was also ein Gott ist, oder | was ein Mensch ist.[360]

Kapitel 2. Was wir also untersuchen und was wir, wenn wir es entdeckt haben, wissen, sind diese und so viele Dinge. Wir untersuchen aber, wann immer wir das Dass untersuchen oder das Ob-es-ist schlechthin,[361] ob es von ihm einen Mittelbegriff gibt oder nicht gibt.[362] Und wann immer wir, nachdem wir das Dass erkannt haben oder das Ob-es-ist – entweder das spezielle *Ob-es-ist*[363] oder das *Ob-es-ist* schlechthin –, wiederum | das Warum untersuchen oder das Was-es-ist, dann untersuchen wir, was der Mittelbegriff ist. Ich meine das Dass-es-ist speziell und schlechthin so: speziell, verfinstert sich der Mond oder nimmt er zu? Ob es nämlich etwas ist oder nicht etwas ist, untersuchen wir in derartigen Fällen; schlechthin dagegen,

ἢ μὴ σελήνη ἢ νύξ. συμβαίνει ἄρα ἐν ἁπάσαις ταῖς ζητήσεσι ζητεῖν ἢ εἰ ἔστι μέσον ἢ τί ἐστι τὸ μέσον. τὸ μὲν γὰρ αἴτιον τὸ μέσον, ἐν ἅπασι δὲ τοῦτο ζητεῖται. ἆρ' ἐκλείπει; ἆρ' ἔστι τι αἴτιον ἢ οὔ; μετὰ ταῦτα γνόντες ὅτι ἔστι τι, τί οὖν τοῦτ' ἔστι ζητοῦμεν. τὸ γὰρ αἴτιον τοῦ εἶναι μὴ τοδὶ ἢ τοδὶ ἀλλ' ἁπλῶς τὴν οὐσίαν, ἢ τοῦ μὴ ἁπλῶς ἀλλά τι τῶν καθ' αὑτὸ ἢ κατὰ συμβεβηκός, τὸ μέσον ἐστίν. λέγω δὲ τὸ μὲν ἁπλῶς τὸ ὑποκείμενον, οἷον σελήνην ἢ γῆν ἢ ἥλιον ἢ τρίγωνον, τὸ δὲ τὶ ἔκλειψιν, ἰσότητα ἀνισότητα, εἰ ἐν μέσῳ ἢ μή. ἐν ἅπασι γὰρ τούτοις φανερόν ἐστιν ὅτι τὸ αὐτό ἐστι τὸ τί ἐστι καὶ διὰ τί ἔστιν. τί ἐστιν ἔκλειψις; στέρησις φωτὸς ἀπὸ σελήνης ὑπὸ γῆς ἀντιφράξεως. διὰ τί ἔστιν ἔκλειψις, ἢ διὰ τί ἐκλείπει ἡ σελήνη; διὰ τὸ ἀπολείπειν τὸ φῶς ἀντιφραττούσης τῆς γῆς. τί ἐστι συμφωνία; λόγος ἀριθμῶν ἐν ὀξεῖ καὶ βαρεῖ. διὰ τί συμφωνεῖ τὸ ὀξὺ τῷ βαρεῖ; διὰ τὸ λόγον ἔχειν ἀριθμῶν τὸ ὀξὺ καὶ τὸ βαρύ. ἆρ' ἔστι συμφωνεῖν τὸ ὀξὺ καὶ τὸ βαρύ; ἆρ' ἐστὶν ἐν ἀριθμοῖς ὁ λόγος αὐτῶν; λαβόντες δ' ὅτι ἔστι, τίς οὖν ἐστιν ὁ λόγος;

Ὅτι δ' ἐστὶ τοῦ μέσου ἡ ζήτησις, δηλοῖ ὅσων τὸ μέσον αἰσθητόν. ζητοῦμεν γὰρ μὴ ᾐσθημένοι, οἷον τῆς ἐκλείψεως, εἰ ἔστιν ἢ μή. εἰ δ' ἦμεν ἐπὶ τῆς σελήνης, οὐκ ἂν ἐζητοῦμεν οὔτ' εἰ γίνεται οὔτε διὰ τί, ἀλλ' ἅμα δῆλον ἂν ἦν. ἐκ γὰρ τοῦ αἰσθέσθαι καὶ τὸ καθόλου ἐγένετο ἂν ἡμῖν εἰδέναι. ἡ μὲν γὰρ αἴσθησις ὅτι νῦν ἀντιφράττει (καὶ γὰρ δῆλον ὅτι νῦν ἐκλείπει)· ἐκ δὲ τούτου τὸ καθόλου ἂν ἐγένετο.

ist | oder ist nicht Mond oder Nacht?[364] Es folgt demnach, dass wir in allen Untersuchungen entweder untersuchen, ob es einen Mittelbegriff gibt, oder was der Mittelbegriff ist.[365]

Denn die Ursache ist der Mittelbegriff, und in allem wird diese untersucht. Verfinstert sich *der Mond*? Gibt es irgendeine Ursache *dafür* oder nicht? Danach, wenn wir erkannt haben, dass es so ist, untersuchen wir, was dieses also ist.[366] Die Ursache nämlich dafür, dass etwas ist, nicht | dieses oder jenes sondern schlechthin, oder dafür, dass etwas *ist,* nicht schlechthin, sondern etwas von den an sich oder auf zufällige Weise zutreffenden Dingen, ist der Mittelbegriff. Ich nenne das schlechthin Seiende das Zugrundeliegende, wie etwa Mond oder Erde oder Sonne oder Dreieck, das Was dagegen Verfinsterung, Gleichheit, Ungleichheit, ob in der Mitte oder nicht.[367] In all diesen Dingen nämlich ist deutlich, dass | das Was-es-ist und *das* Warum-es-ist dasselbe ist.[368] Was ist eine Verfinsterung? Wegnahme des Lichts vom Mond infolge *des* Dazwischentretens der Erde. Warum gibt es eine Verfinsterung, oder warum verfinstert sich der Mond? Weil das Licht fehlt, wenn die Erde dazwischentritt. Was ist eine Harmonie? Eine Proportion von Zahlen im Hohen und Tiefen. Warum harmoniert | das Hohe mit dem Tiefen? Weil das Hohe und das Tiefe zueinander eine Proportion von Zahlen haben. Gibt es ein Harmonieren des Hohen und Tiefen? Gibt es unter den Zahlen eine Proportion von ihnen? Wenn wir annehmen, dass es sie gibt – was also ist die Proportion?

Dass sich die Untersuchung aber auf den Mittelbegriff richtet, machen jene Dinge klar, deren Mittelbegriff | wahrnehmbar ist. Wir untersuchen *etwas* nämlich, wenn wir *es* nicht wahrgenommen haben – wie *wir* etwa bei der Verfinsterung *untersuchen*, ob sie ist oder nicht. Wenn wir aber auf dem Mond wären, würden wir *es* nicht untersuchen – weder ob es sie gibt noch warum *es sie gibt*, sondern *beides* wäre zugleich klar; aus dem Wahrnehmen nämlich käme auch unser Wissen des Allgemeinen zustande. Es gäbe nämlich die Wahrnehmung, dass *die Erde* jetzt dazwischentritt, und es wäre auch klar, | dass *der Mond* sich jetzt verfinstert; aus diesem aber würde das Allgemeine zustande kommen.[369]

Ὥσπερ οὖν λέγομεν, τὸ τί ἐστιν εἰδέναι ταὐτό ἐστι καὶ διὰ τί ἔστιν, τοῦτο δ' ἢ ἁπλῶς καὶ μὴ τῶν ὑπαρχόντων τι, ἢ τῶν ὑπαρχόντων, οἷον ὅτι δύο ὀρθαί, ἢ ὅτι μεῖζον ἢ ἔλαττον.

II 3

Ὅτι μὲν οὖν πάντα τὰ ζητούμενα μέσου ζήτησίς ἐστι, δῆλον· πῶς δὲ τὸ τί ἐστι δείκνυται, καὶ τίς ὁ τρόπος τῆς ἀναγωγῆς, καὶ τί ἐστιν ὁρισμὸς καὶ τίνων, εἴπωμεν, διαπορήσαντες πρῶτον περὶ αὐτῶν. ἀρχὴ δ' ἔστω τῶν μελλόντων ἥπερ ἐστὶν οἰκειοτάτη τῶν ἐχομένων λόγων. ἀπορήσειε γὰρ ἄν τις, ἆρ' ἔστι τὸ αὐτὸ καὶ κατὰ τὸ αὐτὸ ὁρισμῷ εἰδέναι καὶ ἀποδείξει, ἢ ἀδύνατον; ὁ μὲν γὰρ ὁρισμὸς τοῦ τί ἐστιν εἶναι δοκεῖ, τὸ δὲ τί ἐστιν ἅπαν καθόλου καὶ κατηγορικόν· συλλογισμοὶ δ' εἰσὶν οἱ μὲν στερητικοί, οἱ δ' οὐ καθόλου, οἷον οἱ μὲν ἐν τῷ δευτέρῳ σχήματι στερητικοὶ πάντες, οἱ δ' ἐν τῷ τρίτῳ οὐ καθόλου. εἶτα οὐδὲ τῶν ἐν τῷ πρώτῳ σχήματι κατηγορικῶν ἁπάντων ἔστιν ὁρισμός, οἷον ὅτι πᾶν τρίγωνον δυσὶν ὀρθαῖς ἴσας ἔχει. τούτου δὲ λόγος, ὅτι τὸ ἐπίστασθαί ἐστι τὸ ἀποδεικτὸν τὸ ἀπόδειξιν ἔχειν, ὥστ' ἐπεὶ τῶν τοιούτων ἀπόδειξις ἔστι, δῆλον ὅτι οὐκ ἂν εἴη αὐτῶν καὶ ὁρισμός· ἐπίσταιτο γὰρ ἄν τις καὶ κατὰ τὸν ὁρισμόν, οὐκ ἔχων τὴν ἀπόδειξιν· οὐδὲν γὰρ κωλύει μὴ ἅμα ἔχειν. ἱκανὴ δὲ πίστις καὶ ἐκ τῆς ἐπαγωγῆς· οὐδὲν γὰρ πώποτε ὁρισάμενοι ἔγνωμεν, οὔτε τῶν καθ' αὑτὸ ὑπαρχόντων οὔτε τῶν συμ-

Wie wir also sagen: das Was-es-ist zu wissen ist dasselbe wie das Warum-es-ist, und dieses entweder schlechthin und nicht als etwas von den zutreffenden Dingen, oder von den zutreffenden Dingen, wie etwa dass *das Dreieck Winkel gleich* zwei Rechten hat oder dass es größer oder kleiner ist.

Kapitel 3. | Dass also alles, was untersucht wird, eine Untersuchung eines Mittelbegriffs ist, ist klar. Wie aber das Was-es-ist bewiesen wird und welches die Weise der Zurückführung[370] ist, und was eine Definition ist und von welchen Dingen *es eine Definition gibt*, das wollen wir sagen,[371] indem wir zuerst die Probleme durcharbeiten,[372] die es damit gibt. Der Anfang der Dinge, die gesagt werden sollten, sei derjenige, | der am ange- **90b**
messensten ist für die anschließenden Argumente.

Es könnte nämlich jemand das Problem aufwerfen, ob es möglich ist, dasselbe und in derselben Hinsicht durch Definition und durch Demonstration zu wissen. Oder ist es unmöglich? Denn die Definition scheint sich auf das Was-es-ist zu richten, das Was-es-ist jedoch ist in jedem Fall allgemein und bejahend.[373] | Deduktionen dagegen sind teils verneinend, teils nicht allgemein,[374] wie etwa die *Deduktionen* in der zweiten Figur alle verneinend sind,[375] die *Deduktionen* in der dritten *Figur* dagegen nicht allgemein.[376] Ferner, nicht einmal von allen bejahenden Aussagen in der ersten Figur gibt es eine Definition, wie etwa dass jedes Dreieck *Winkel* gleich zwei Rechten hat. Ein Argument dafür ist, dass das Wissen | des Demonstrierbaren das Besitzen einer Demonstration ist,[377] so dass, da es von derartigen Dingen eine Demonstration gibt, es klarerweise von ihnen nicht auch noch eine Definition geben dürfte; sonst würde nämlich jemand *derartige Dinge* auch gemäß der Definition wissen, ohne die Demonstration zu besitzen. Nichts nämlich hindert daran, nicht *beides* zugleich zu besitzen.

Hinreichende Überzeugung entsteht auch aus der Induktion.[378] Von nichts nämlich haben wir jemals dadurch, dass wir definiert haben, | Kenntnis erhalten – weder von den an sich zutreffenden Dingen noch von den zufälligen Dingen.

βεβηκότων. ἔτι εἰ ὁ ὁρισμὸς οὐσίας τινὸς γνωρισμός, τά γε τοιαῦτα φανερὸν ὅτι οὐκ οὐσίαι.

Ὅτι μὲν οὖν οὐκ ἔστιν ὁρισμὸς ἅπαντος οὗπερ καὶ ἀπόδειξις, δῆλον. τί δαί, οὗ ὁρισμός, ἆρα παντὸς ἀπόδειξις ἔστιν ἢ οὔ; εἷς μὲν δὴ λόγος καὶ περὶ τούτου ὁ αὐτός. τοῦ γὰρ ἑνός, ᾗ ἕν, μία ἐπιστήμη. ὥστ' εἴπερ τὸ ἐπίστασθαι τὸ ἀποδεικτόν ἐστι τὸ τὴν ἀπόδειξιν ἔχειν, συμβήσεταί τι ἀδύνατον· ὁ γὰρ τὸν ὁρισμὸν ἔχων ἄνευ τῆς ἀποδείξεως ἐπιστήσεται. ἔτι αἱ ἀρχαὶ τῶν ἀποδείξεων ὁρισμοί, ὧν ὅτι οὐκ ἔσονται ἀποδείξεις δέδεικται πρότερον – ἢ ἔσονται αἱ ἀρχαὶ ἀποδεικταὶ καὶ τῶν ἀρχῶν ἀρχαί, καὶ τοῦτ' εἰς ἄπειρον βαδιεῖται, ἢ τὰ πρῶτα ὁρισμοὶ ἔσονται ἀναπόδεικτοι.

Ἀλλ' ἆρα, εἰ μὴ παντὸς τοῦ αὐτοῦ, ἀλλὰ τινὸς τοῦ αὐτοῦ ἔστιν ὁρισμὸς καὶ ἀπόδειξις; ἢ ἀδύνατον; οὐ γὰρ ἔστιν ἀπόδειξις οὗ ὁρισμός. ὁρισμὸς μὲν γὰρ τοῦ τί ἐστι καὶ οὐσίας· αἱ δ' ἀποδείξεις φαίνονται πᾶσαι ὑποτιθέμεναι καὶ λαμβάνουσαι τὸ τί ἐστιν, οἷον αἱ μαθηματικαὶ τί μονὰς καὶ τί τὸ περιττόν, καὶ αἱ ἄλλαι ὁμοίως. ἔτι πᾶσα ἀπόδειξις τὶ κατὰ τινὸς δείκνυσιν, οἷον ὅτι ἔστιν ἢ οὐκ ἔστιν· ἐν δὲ τῷ ὁρισμῷ οὐδὲν ἕτερον ἑτέρου κατηγορεῖται, οἷον οὔτε τὸ ζῷον κατὰ τοῦ δίποδος οὔτε τοῦτο κατὰ τοῦ ζώιου, οὐδὲ δὴ κατὰ τοῦ ἐπιπέδου τὸ σχῆμα· οὐ γάρ ἐστι τὸ ἐπίπεδον σχῆμα, οὐδὲ

Ferner, wenn die Definition eine Kenntnis einer gewissen Substanz[379] ist, so ist einleuchtend, dass derartige Dinge jedenfalls keine Substanzen sind.

Dass es also nicht von allem eine Definition gibt, wovon *es* auch eine Demonstration *gibt*, ist klar. Wie aber, wovon *es* eine Definition *gibt*, gibt es von dem allem *auch* eine Demonstration | oder nicht? Nun, ein bestimmtes Argument ist auch zu dieser Sache dasselbe. Denn von einem einzigen Ding, als einem, gibt es ein einziges Wissen, so dass, wenn wirklich das Wissen des Demonstrierbaren das Besitzen der Demonstration ist, etwas Unmögliches folgen wird; wer nämlich eine Definition *des Demonstrierbaren* besitzt, wird *das Demonstrierbare* ohne die Demonstration wissen.

Ferner sind die Prinzipien der Demonstrationen Definitionen, von denen früher bewiesen worden ist, dass es von ihnen keine | Demonstrationen geben wird – entweder werden die Prinzipien demonstrierbar sein und es gibt Prinzipien der Prinzipien, und dies wird bis ins Unendliche gehen, oder die ursprünglichen *Prämissen* werden nicht-demonstrierbare Definitionen sein.[380]

Aber wenn nicht jedes Ding dasselbe ist, auf das sich Definition und Demonstration richten, ist dann nicht wenigstens einiges dasselbe? Oder ist es unmöglich? Denn es gibt keine | Demonstration von dem, wovon es eine Definition gibt. Eine Definition nämlich richtet sich auf das Was-es-ist und eine Substanz; die Demonstrationen dagegen scheinen alle das Was-es-ist vorauszusetzen und anzunehmen, wie etwa die mathematischen *Demonstrationen anzunehmen scheinen*, was eine Einheit und was das Ungerade ist, und die anderen auf ähnliche Weise.[381]

Ferner, jede Demonstration beweist etwas von etwas, wie etwa dass es so ist oder nicht ist; in der | Definition dagegen wird in keiner Weise eines vom anderen ausgesagt; zum Beispiel weder das Lebewesen vom Zweifüßigen noch dieses vom Lebewesen, und auch nicht die Figur von der Fläche; die Fläche ist nämlich nicht Figur und die Figur *ist* auch nicht Fläche.

τὸ σχῆμα ἐπίπεδον. ἔτι ἕτερον τὸ τί ἐστι καὶ ὅτι ἔστι δεῖξαι.
91a ὁ μὲν οὖν ὁρισμὸς τί ἐστι δηλοῖ, ἡ δὲ ἀπόδειξις ὅτι ἔστι τόδε κατὰ τοῦδε ἢ οὐκ ἔστιν. ἑτέρου δὲ ἑτέρα ἀπόδειξις, ἐὰν μὴ ὡς μέρος ᾖ τι τῆς ὅλης. τοῦτο δὲ λέγω, ὅτι δέδεικται τὸ ἰσοσκελὲς δύο ὀρθαί, εἰ πᾶν τρίγωνον δέδεικται· μέρος γάρ, τὸ δ' ὅλον. ταῦτα δὲ πρὸς ἄλληλα οὐκ ἔχει οὕτως, τὸ ὅτι ἔστι καὶ τί ἐστιν· οὐ γάρ ἐστι θατέρου θάτερον μέρος.

Φανερὸν ἄρα ὅτι οὔτε οὗ ὁρισμός, τούτου παντὸς ἀπόδειξις, οὔτε οὗ ἀπόδειξις, τούτου παντὸς ὁρισμός, οὔτε ὅλως τοῦ αὐτοῦ οὐδενὸς ἐνδέχεται ἄμφω ἔχειν. ὥστε δῆλον ὡς οὐδὲ ὁρισμὸς καὶ ἀπόδειξις οὔτε τὸ αὐτὸ ἂν εἴη οὔτε θάτερον ἐν θατέρῳ· καὶ γὰρ ἂν τὰ ὑποκείμενα ὁμοίως εἶχεν.

Ταῦτα μὲν οὖν μέχρι τούτου διηπορήσθω· τοῦ δὲ τί II 4
ἐστι πότερον ἔστι συλλογισμὸς καὶ ἀπόδειξις ἢ οὐκ ἔστι, καθάπερ νῦν ὁ λόγος ὑπέθετο; ὁ μὲν γὰρ συλλογισμὸς τὶ κατὰ τινὸς δείκνυσι διὰ τοῦ μέσου· τὸ δὲ τί ἐστιν ἴδιόν τε, καὶ ἐν τῷ τί ἐστι κατηγορεῖται. ταῦτα δ' ἀνάγκη ἀντιστρέφειν. εἰ γὰρ τὸ Α τοῦ Γ ἴδιον, δῆλον ὅτι καὶ τοῦ Β καὶ τοῦτο τοῦ Γ, ὥστε πάντα ἀλλήλων. ἀλλὰ μὴν καὶ εἰ τὸ Α ἐν τῷ τί ἐστιν ὑπάρχει παντὶ τῷ Β, καὶ καθόλου τὸ Β παντὸς τοῦ Γ ἐν τῷ τί ἐστι λέγεται, ἀνάγκη καὶ τὸ Α ἐν τῷ τί ἐστι τοῦ Γ λέγεσθαι. εἰ δὲ μὴ οὕτω τις λήψεται διπλώσας, οὐκ ἀνάγκη ἔσται τὸ Α τοῦ Γ κατηγορεῖσθαι ἐν τῷ τί ἐστιν, εἰ τὸ μὲν Α

Ferner, es ist verschieden, das Was-es-ist und das Dass-es-ist zu beweisen. | Die Definition macht das Was-es-ist klar, die 91a
Demonstration dagegen *macht klar*, dass dieses von diesem gilt oder nicht gilt. Von *jeweils* Verschiedenem aber ist *auch die jeweilige* Demonstration verschieden,[382] wenn etwas nicht gleichsam Teil des Ganzen ist. Damit meine ich, dass bewiesen worden ist, dass das gleichschenklige *Dreieck Winkel gleich* zwei Rechten hat, wenn es von jedem Dreieck bewiesen worden ist, denn *jenes* ist ein Teil, | letzteres aber das Ganze. Jene Dinge dagegen – das Dass-es-ist und das Was-es-ist – verhalten sich zueinander nicht auf diese Weise, denn das eine ist nicht Teil des anderen.

Es ist folglich einleuchtend, dass es weder *von allem*, wovon es eine Definition gibt, eine Demonstration gibt, noch *dass es von allem,* wovon es eine Demonstration gibt, *auch* eine Definition *gibt*, noch dass es im Ganzen möglich ist, von irgend ein- und derselben Sache beide zu besitzen; so dass klar ist, dass | Definition und Demonstration weder dasselbe sein dürften[383] noch das eine *von beiden* im anderen *enthalten sein dürfte*,[384] denn sonst würden sich die zugrunde liegenden Dinge auf ähnliche Weise verhalten.

Kapitel 4. Diese Probleme seien nun bis zu diesem Punkt durchgearbeitet; gibt es aber vom Was-es-ist eine Deduktion und Demonstration, oder gibt es sie nicht, wie das Argument soeben vorausgesetzt hat?[385] Die Deduktion nämlich beweist etwas von | etwas durch den Mittelbegriff; das Was-es-ist dagegen ist spezifisch[386] und wird im Was-es-ist ausgesagt. Diese *spezifischen Begriffe* konvertieren jedoch notwendigerweise. Denn wenn das A spezifisch ist für das C, dann klarerweise auch für das B und dieses für das C, so dass alle es füreinander sind. Aber auch wenn das A im Was-es-ist auf jedes B zutrifft und allgemein das B von jedem C im | Was-es-ist ausgesagt wird[387], so wird notwendig auch das A im Was-es-ist vom C ausgesagt. Wenn man es dagegen nicht auf diese Weise annimmt, dass man es verdoppelt, wird es nicht notwendig sein, dass das A vom C im Was-es-ist ausgesagt wird – wenn das A vom B

τοῦ Β ἐν τῷ τί ἐστι, μὴ καθ' ὅσων δὲ τὸ Β, ἐν τῷ τί ἐστιν. τὸ δὲ τί ἐστιν ἄμφω ταῦτα ἕξει· ἔσται ἄρα καὶ τὸ Β κατὰ τοῦ Γ τὸ τί ἐστιν. εἰ δὴ τὸ τί ἐστι καὶ τὸ τί ἦν εἶναι ἄμφω ἔχει, ἐπὶ τοῦ μέσου ἔσται πρότερον τὸ τί ἦν εἶναι. ὅλως τε, εἰ ἔστι δεῖξαι τί ἐστιν ἄνθρωπος, ἔστω τὸ Γ ἄνθρωπος, τὸ δὲ Α τὸ τί ἐστιν, εἴτε ζῷον δίπουν εἴτ' ἄλλο τι. εἰ τοίνυν συλλογιεῖται, ἀνάγκη κατὰ τοῦ Β τὸ Α παντὸς κατηγορεῖσθαι. τούτου δ' ἔσται ἄλλος λόγος μέσος, ὥστε καὶ τοῦτο ἔσται τί ἐστιν ἄνθρωπος. λαμβάνει οὖν ὃ δεῖ δεῖξαι· καὶ γὰρ τὸ Β ἔσται τί ἐστιν ἄνθρωπος.

Δεῖ δ' ἐν ταῖς δυσὶ προτάσεσι καὶ τοῖς πρώτοις καὶ ἀμέσοις σκοπεῖν· μάλιστα γὰρ φανερὸν τὸ λεγόμενον γίνεται. οἱ μὲν οὖν διὰ τοῦ ἀντιστρέφειν δεικνύντες τί ἐστι ψυχή, ἢ τί ἐστιν ἄνθρωπος ἢ ἄλλο ὁτιοῦν τῶν ὄντων, τὸ ἐξ ἀρχῆς αἰτοῦνται, οἷον εἴ τις ἀξιώσειε ψυχὴν εἶναι τὸ αὐτὸ αὑτῷ αἴτιον τοῦ ζῆν, τοῦτο δ' ἀριθμὸν αὐτὸν αὑτὸν κινοῦντα· ἀνάγκη γὰρ αἰτῆσαι τὴν ψυχὴν ὅπερ ἀριθμὸν εἶναι αὐτὸν αὑτὸν κινοῦντα, **91b** οὕτως ὡς τὸ αὐτὸ ὄν. οὐ γὰρ εἰ ἀκολουθεῖ τὸ Α τῷ Β καὶ τοῦτο τῷ Γ, ἔσται τῷ Γ τὸ Α τὸ τί ἦν εἶναι, ἀλλ' ἀληθὲς εἰπεῖν ἔσται μόνον· οὐδ' εἰ ἔστι τὸ Α ὅπερ τι καὶ κατὰ τοῦ Β κατηγορεῖται παντός. καὶ γὰρ τὸ ζῴῳ εἶναι κατηγορεῖται κατὰ τοῦ ἀνθρώπῳ εἶναι (ἀληθὲς γὰρ πᾶν τὸ ἀνθρώπῳ εἶναι ζῴῳ εἶναι, ὥσπερ καὶ πάντα ἄνθρωπον ζῷον), ἀλλ' οὐχ οὕτως ὥστε ἓν εἶναι. ἐὰν μὲν οὖν μὴ οὕτω

im Was-es-ist ausgesagt wird, nicht aber von den Dingen, von denen B im Was-es-ist ausgesagt wird. Vielmehr werden beide Dinge das Was-es-ist enthalten; es wird also auch das B | das Was-es-ist vom C sein. Wenn also beide das Was-es-ist und das Was-es-hieß-dies-zu-sein[388] enthalten, dann wird das Was-es-hieß-dies-zu-sein zuvor beim Mittelbegriff vorkommen.

Und im Ganzen, wenn es möglich ist zu beweisen, was ein Mensch ist, so sei das C Mensch und das A das Was-es-ist, sei es zweifüßiges Lebewesen oder etwas anderes; wenn nun deduziert wird, so wird notwendig das A von jedem B ausgesagt, | und es wird diesem gegenüber[A] eine andere Mittelbestimmung geben, so dass auch diese das sein wird, was ein Mensch ist. Man nimmt also an, was bewiesen werden soll, denn auch das B wird das sein, was ein Mensch ist.

Man sollte *dies* an zwei Prämissen – und zwar *an* ursprünglichen und unvermittelten *Prämissen*– untersuchen, denn so wird das Gesagte am einleuchtendsten. | Diejenigen nun, die durch das Konvertieren beweisen,[389] was eine Seele ist oder was ein Mensch ist oder irgendetwas anderes von den existierenden Dingen, fordern es von Anfang an, wie etwa wenn jemand postulierte, dass die Seele dasjenige ist, *was* für sich selbst Ursache des Lebens ist, und dass dieses eine Zahl ist, die *sich* selbst bewegt.[390] Dann ist es nämlich notwendig zu fordern, dass die Seele das ist, was ein Zahl, die sich selbst bewegt, wirklich ist – | in der Weise, dass es dasselbe ist. Nicht **91b**
nämlich wird, wenn das A dem B folgt und dieses dem C, das A das Was-es-hieß-dies-zu-sein für das C sein, sondern es wird nur wahr sein es zu sagen, selbst wenn das A das ist, was B wirklich ist[391] und von jedem B ausgesagt wird. Denn was es heißt ein Lebewesen zu sein, | wird auch von dem ausgesagt, was es heißt ein Mensch zu sein – wahr ist es nämlich, dass in jedem Falle das, was es heißt ein Mensch zu sein, auch das ist, was es heißt ein Lebewesen zu sein, so wie *es* auch *wahr ist,* dass jeder Mensch ein Lebewesen ist, aber nicht so, dass sie

[A] [a30] *τούτου* mit codd. gegen die Konjektur *τοῦτο* von Bonitz und Ross.

λάβῃ, οὐ συλλογιεῖται ὅτι τὸ Α ἐστὶ τῷ Γ τὸ τί ἦν εἶναι καὶ ἡ οὐσία· ἐὰν δὲ οὕτω λάβῃ, πρότερον ἔσται εἰληφὼς τῷ Γ τί ἐστι τὸ τί ἦν εἶναι τὸ Β. ὥστ' οὐκ ἀποδέδεικται· τὸ γὰρ ἐν ἀρχῇ εἴληφεν.

II5 Ἀλλὰ μὴν οὐδ' ἡ διὰ τῶν διαιρέσεων ὁδὸς συλλογίζεται, καθάπερ ἐν τῇ ἀναλύσει τῇ περὶ τὰ σχήματα εἴρηται. οὐδαμοῦ γὰρ ἀνάγκη γίνεται τὸ πρᾶγμα ἐκεῖνο εἶναι τωνδὶ ὄντων, ἀλλ' ὥσπερ οὐδ' ὁ ἐπάγων ἀποδείκνυσιν. οὐ γὰρ δεῖ τὸ συμπέρασμα ἐρωτᾶν, οὐδὲ τῷ δοῦναι εἶναι, ἀλλ' ἀνάγκη εἶναι ἐκείνων ὄντων, κἂν μὴ φῇ ὁ ἀποκρινόμενος. ἆρ' ὁ ἄνθρωπος ζῷον ἢ ἄψυχον; εἶτ' ἔλαβε ζῷον, οὐ συλλελόγισται. πάλιν ἅπαν ζῷον ἢ πεζὸν ἢ ἔνυδρον· ἔλαβε πεζόν. καὶ τὸ εἶναι τὸν ἄνθρωπον τὸ ὅλον, ζῷον πεζόν, οὐκ ἀνάγκη ἐκ τῶν εἰρημένων, ἀλλὰ λαμβάνει καὶ τοῦτο. διαφέρει δ' οὐδὲν ἐπὶ πολλῶν ἢ ὀλίγων οὕτω ποιεῖν· τὸ αὐτὸ γάρ ἐστιν. (ἀσυλλόγιστος μὲν οὖν καὶ ἡ χρῆσις γίνεται τοῖς οὕτω μετιοῦσι καὶ τῶν ἐνδεχομένων συλλογισθῆναι.) τί γὰρ κωλύει τοῦτο ἀληθὲς μὲν τὸ πᾶν εἶναι κατὰ τοῦ ἀνθρώπου, μὴ μέντοι τὸ τί ἐστι μηδὲ τὸ τί ἦν εἶναι δηλοῦν; ἔτι τί κωλύει ἢ προσθεῖναί τι ἢ ἀφελεῖν ἢ ὑπερβεβηκέναι τῆς οὐσίας;

Ταῦτα μὲν οὖν παρίεται μέν, ἐνδέχεται δὲ λῦσαι τῷ λαμβάνειν ἐν τῷ τί ἐστι πάντα, καὶ τὸ ἐφεξῆς τῇ διαιρέσει ποιεῖν, αἰτούμενον τὸ πρῶτον, καὶ μηδὲν παραλείπειν. τοῦτο δ' ἀναγκαῖον, εἰ ἅπαν εἰς τὴν διαίρεσιν ἐμπίπτει καὶ μηδὲν

eines sind. Wenn man es also nicht in dieser Weise annimmt, wird man nicht deduzieren, dass das A für das | C das Was-es-hieß-dies-zu-sein und die Substanz ist; wenn man *es* dagegen in dieser Weise annimmt, so wird man zuvor angenommen haben, was das Was-es-hieß-dies-zu-sein *für das C* ist – das B; sodass es nicht demonstriert worden ist, denn man hat es am Anfang angenommen.[392]

Kapitel 5. Aber auch der Weg durch die Begriffsteilungen[393] deduziert nicht, wie in der Analyse, die sich auf die Figuren bezieht, gesagt worden ist.[394] Nirgendwo nämlich wird es notwendig, dass jene Sache so ist, wenn | diese *Prämissen* so sind, so wie auch jemand, der eine Induktion durchführt, nicht demonstriert. *Weder* darf man nämlich zur Konklusion Fragen stellen[395] noch darf *die Konklusion* durch Einräumen gegeben sein, sondern sie muss notwendig sein, wenn jene *Prämissen* so sind, auch wenn es der Antwortende verneint. Ist der Mensch Lebewesen oder unbeseelt? Darauf nimmt man an: Lebewesen; es ist nicht deduziert. Wiederum, jedes Lebewesen hat entweder Füße oder lebt im Wasser; man nimmt an: | es hat Füße. Und dass der Mensch das Ganze ist, ein Lebewesen mit Füßen, *folgt* nicht notwendig aus dem Gesagten, sondern man nimmt auch dieses an. Und es macht keinen Unterschied, es auf diese Weise bei vielen oder wenigen Dingen zustande zu bringen; denn es ist dasselbe. Nicht-deduktiv also wird, wenn man so vorgeht, der Gebrauch sogar von den Dingen, die deduziert werden können. Was nämlich | hindert daran, dass dieses Ganze vom Menschen zwar wahr ist, *dass es* aber nicht das Was-es-ist oder das Was-es-hieß-dies-zu-sein klar macht? Ferner, was hindert daran, dass es etwas hinzusetzt oder abstrahiert[396] oder über die Substanz hinausgeht?[397]

Diese Dinge nun werden übergangen,[398] können aber dadurch gelöst werden, dass man alles im Was-es-ist annimmt und das der Reihe nach Folgende[399] durch die Begriffsteilung | zustande bringt, indem man das Ursprüngliche fordert und nichts auslässt.[400] Dieses aber ist – wenn alles in die Begriffsteilung hineinfällt und nichts fehlt – notwendigerweise bereits

ἐλλείπει, […] ἄτομον γὰρ ἤδη εἶναι. ἀλλὰ συλλογισμὸς ὅμως οὐκ ἔστι, ἀλλ᾽ εἴπερ, ἄλλον τρόπον γνωρίζειν ποιεῖ. καὶ τοῦτο μὲν οὐδὲν ἄτοπον· οὐδὲ γὰρ ὁ ἐπάγων ἴσως ἀποδείκνυσιν, ἀλλ᾽ ὅμως δηλοῖ τι. συλλογισμὸν δ᾽ οὐ λέγει ὁ ἐκ τῆς διαιρέσεως λέγων τὸν ὁρισμόν. ὥσπερ γὰρ ἐν τοῖς συμπεράσμασι τοῖς ἄνευ τῶν μέσων, ἐάν τις εἴπῃ ὅτι τούτων ὄντων ἀνάγκη τοδὶ εἶναι, ἐνδέχεται ἐρωτῆσαι διὰ τί, οὕτως καὶ ἐν τοῖς διαιρετικοῖς ὅροις. τί ἐστιν
92a ἄνθρωπος; ζῷον θνητόν, ὑπόπουν, δίπουν, ἄπτερον. διὰ τί, παρ᾽ ἑκάστην πρόσθεσιν; ἐρεῖ γάρ, καὶ δείξει τῇ διαιρέσει, ὡς οἴεται, ὅτι πᾶν ἢ θνητὸν ἢ ἀθάνατον. ὁ δὲ τοιοῦτος λόγος ἅπας οὐκ ἔστιν ὁρισμός, ὥστ᾽ εἰ καὶ ἀπεδείκνυτο τῇ διαιρέσει, ἀλλ᾽ ὅ γ᾽ ὁρισμὸς οὐ συλλογισμὸς γίνεται.

Ἀλλ᾽ ἆρα ἔστι καὶ ἀποδεῖξαι τὸ τί ἐστι κατ᾽ οὐσίαν, **II6**
ἐξ ὑποθέσεως δέ, λαβόντα τὸ μὲν τί ἦν εἶναι τὸ ἐκ τῶν ἐν τῷ τί ἐστιν ἴδιον, ταδὶ δὲ ἐν τῷ τί ἐστι μόνα, καὶ ἴδιον τὸ πᾶν; τοῦτο γάρ ἐστι τὸ εἶναι ἐκείνῳ. ἢ πάλιν εἴληφε τὸ τί ἦν εἶναι καὶ ἐν τούτῳ; ἀνάγκη γὰρ διὰ τοῦ μέσου δεῖξαι. ἔτι ὥσπερ οὐδ᾽ ἐν συλλογισμῷ λαμβάνεται τί ἐστι τὸ συλλελογίσθαι (ἀεὶ γὰρ ὅλη ἢ μέρος ἡ πρότασις, ἐξ ὧν ὁ συλλογισμός), οὕτως οὐδὲ τὸ τί ἦν εἶναι δεῖ ἐνεῖναι ἐν τῷ συλ-

unteilbar.[A] Aber eine Deduktion ist es dennoch nicht, sondern wenn überhaupt so bringt man auf andere Weise eine Kenntnis *des Was-es-ist* zustande. Und dies ist in keiner Weise abwegig, denn auch wer | eine Induktion durchführt, demonstriert vielleicht nicht, macht aber dennoch etwas klar.[401] Eine Deduktion jedoch benennt nicht *bereits derjenige, der* aufgrund einer Begriffsteilung die Definition benennt. So wie nämlich bei den Konklusionen ohne die Mittelbegriffe, wann immer jemand sagt, dass wenn diese *Prämissen* der Fall sind, dieses notwendig ist, es möglich ist zu fragen warum,[402] so auch bei den auf Begriffsteilungen beruhenden Definitionen. Was ist | ein Mensch? Lebewesen, sterblich, mit Füßen versehen, zweifüßig, ohne Flügel; warum, in Hinsicht auf jeden Zusatz? Man wird nämlich sagen und durch die Begriffsteilung beweisen, wie man glaubt, dass alles entweder sterblich oder unsterblich ist. Eine derartige Bestimmung ist jedoch insgesamt keine Definition mehr, sodass, selbst wenn *diese Bestimmung* durch die Begriffsteilung demonstriert wird, | die Definition jedenfalls *nicht zu einer* Deduktion wird.

Kapitel 6. Aber ist es vielleicht möglich, das Was-es-ist in Hinsicht auf eine Substanz zu demonstrieren, jedoch aufgrund einer Hypothese, indem man annimmt, dass das Was-es-hieß-dies-zu-sein das Spezifische ist, das aus den Dingen im Was-es-ist besteht,[403] und dass diese Dinge allein im Was-es-ist sind, und dass das Ganze spezifisch ist?[404] Denn dies ist es, was es heißt jenes zu sein.[405]

Oder hat man wiederum[406] das Was-es-|hieß-dies-zu-sein auch in diesem Fall angenommen? Es ist nämlich notwendig, durch den Mittelbegriff zu beweisen.

Ferner, so wie in einer Deduktion nicht angenommen wird, was das Deduziertsein ist – stets nämlich ist die Prämisse ganz oder speziell, wovon die Deduktion abhängt –, so darf auch

[A] [b32] *τοῦτο δ' ἀναγκαῖον, εἰ ἅπαν εἰς τὴν διαίρεσιν ἐμπίπτει καὶ μηδὲν ἐλλείπει, ἄτομον γὰρ ἤδη εἶναι* (unter Streichung, wie bei Waitz und Ross, des zweiten *τοῦτο δ' ἀναγκαῖον* und unter Streichung des *δεῖ* wie in Ad).

λογισμῷ, ἀλλὰ χωρὶς τοῦτο τῶν κειμένων εἶναι, καὶ πρὸς τὸν ἀμφισβητοῦντα εἰ συλλελόγισται ἢ μή, τοῦτο ἀπαντᾶν ὅτι „τοῦτο γὰρ ἦν συλλογισμός“, καὶ πρὸς τὸν ὅτι οὐ τὸ τί ἦν εἶναι συλλελόγισται, ὅτι „ναί· τοῦτο γὰρ ἔκειτο ἡμῖν τὸ τί ἦν εἶναι“. ὥστε ἀνάγκη καὶ ἄνευ τοῦ τί συλλογισμὸς ἢ τὸ τί ἦν εἶναι συλλελογίσθαι τι.

Κἂν ἐξ ὑποθέσεως δὲ δεικνύῃ, οἷον εἰ τὸ κακῷ ἐστὶ τὸ διαιρετῷ εἶναι, τὸ δ' ἐναντίῳ τὸ τῷ ἐναντίῳ ἐναντίῳ εἶναι, ὅσοις ἔστι τι ἐναντίον· τὸ δ' ἀγαθὸν τῷ κακῷ ἐναντίον καὶ τὸ ἀδιαίρετον τῷ διαιρετῷ· ἔστιν ἄρα τὸ ἀγαθῷ εἶναι τὸ ἀδιαιρέτῳ εἶναι. καὶ γὰρ ἐνταῦθα λαβὼν τὸ τί ἦν εἶναι δείκνυσι· λαμβάνει δ' εἰς τὸ δεῖξαι τὸ τί ἦν εἶναι. „ἕτερον μέντοι“. ἔστω· καὶ γὰρ ἐν ταῖς ἀποδείξεσιν, ὅτι ἐστὶ τόδε κατὰ τοῦδε· ἀλλὰ μὴ αὐτό, μηδὲ οὗ ὁ αὐτὸς λόγος, καὶ ἀντιστρέφει. πρὸς ἀμφοτέρους δέ, τόν τε κατὰ διαίρεσιν δεικνύντα καὶ πρὸς τὸν οὕτω συλλογιζόμενον, τὸ αὐτὸ ἀπόρημα· διὰ τί ἔσται ὁ ἄνθρωπος ζῷον πεζὸν δίπουν, ἀλλ' οὐ ζῷον καὶ πεζόν [...]; ἐκ γὰρ τῶν λαμβανομένων οὐδεμία ἀνάγκη ἐστὶν ἓν γίνεσθαι τὸ κατηγορούμενον, ἀλλ' ὥσπερ ἂν ἄνθρωπος ὁ αὐτὸς εἴη μουσικὸς καὶ γραμματικός.

das Was-es-hieß-dies-zu-sein nicht in der Deduktion sein, sondern dieses muss von den zugrunde gelegten Dingen getrennt sein. Und, | demjenigen, der zweifelt, ob deduziert worden ist oder nicht, muss man entgegenhalten: dieses war doch eine Deduktion; und demjenigen, der sagt, dass nicht das Was-es-hieß-dies-zu-sein deduziert ist, *muss man entgegenhalten*: doch, denn es liegt für uns zugrunde, dass dieses das Was-es-hieß-dies-zu-sein ist. Daher ist es notwendig, etwas ohne das *Voraussetzen*, was eine Deduktion ist, oder das *Voraussetzen*, was das Was-es-hieß-dies-zu-sein ist, zu deduzieren.

| Und auch wenn man aufgrund einer Hypothese beweist – wie etwa: wenn das, was es heißt schlecht zu sein, das ist, was es heißt teilbar zu sein, und das, was es heißt konträr zu sein, das ist was es heißt, zu einem Konträren konträr zu sein – bei den Dingen, zu denen es etwas Konträres gibt[407] – und wenn das Gute zum Schlechten konträr ist[408] und das Unteilbare zum Teilbaren, so ist folglich das, was es heißt gut zu sein, genau das, was es heißt unteilbar zu sein[409] –, so beweist man auch hier, indem man das Was-es-hieß-dies-zu-sein angenommen hat, und man nimmt | es an, um das Was-es-hieß-dies-zu-sein zu beweisen. Ein anderes *Was-es-hieß-dies-zu-sein* freilich; es sei so – ebenso nämlich *verhält es sich* in den Demonstrationen, *die aufweisen*, dass dieses von diesem gilt, aber nicht *dasselbe wie letzteres*, und nicht etwas, dessen Bestimmung dieselbe ist *wie bei letzterem* und das *mit ihm* konvertiert.

Und in Bezug auf beide – sowohl den, der gemäß einer Begriffsteilung beweist, als auch den, der auf diese Weise deduziert[A] – gibt es dasselbe Problem: warum wird der Mensch | ein zweifüßiges auf dem Land lebendes Tier sein und nicht ein Tier und auf dem Land lebend?[B][410] Aus den angenommenen *Prämissen* nämlich ergibt sich keine Notwendigkeit, dass das Ausgesagte Eines wird – sondern *es wird Eines allenfalls* so wie etwa derselbe Mensch musikalisch und sprachkundig ist.[411]

[A] [a 29] *συλλογιζόμενον* mit n^2 gegen *συλλογισμόν* bei den meisten codd. und bei Ross.

[B] [a 30] *ζῷον καὶ πεζόν* mit codd. gegen *ζῷον καὶ πεζόν καὶ δίπουν* (Konjektur von Ross).

Πῶς οὖν δὴ ὁ ὁριζόμενος δείξει τὴν οὐσίαν ἢ τὸ τί II 7
ἐστιν; οὔτε γὰρ ὡς ἀποδεικνὺς ἐξ ὁμολογουμένων εἶναι δῆλον ποιήσει ὅτι ἀνάγκη ἐκείνων ὄντων ἕτερόν τι εἶναι (ἀπόδειξις γὰρ τοῦτο), οὔθ' ὡς ὁ ἐπάγων διὰ τῶν καθ' ἕκαστα δήλων ὄντων, ὅτι πᾶν οὕτως τῷ μηδὲν ἄλλως· οὐ γὰρ τί
92b ἐστι δείκνυσιν, ἀλλ' ὅτι ἢ ἔστιν ἢ οὐκ ἔστιν. τίς οὖν ἄλλος τρόπος λοιπός; οὐ γὰρ δὴ δείξει γε τῇ αἰσθήσει ἢ τῷ δακτύλῳ.

Ἔτι πῶς δείξει τὸ τί ἐστιν; ἀνάγκη γὰρ τὸν εἰδότα τὸ τί ἐστιν ἄνθρωπος ἢ ἄλλο ὁτιοῦν, εἰδέναι καὶ ὅτι ἔστιν (τὸ γὰρ μὴ ὂν οὐδεὶς οἶδεν ὅ τι ἐστίν, ἀλλὰ τί μὲν σημαίνει ὁ λόγος ἢ τὸ ὄνομα, ὅταν εἴπω τραγέλαφος, τί δ' ἐστὶ τραγέλαφος ἀδύνατον εἰδέναι). ἀλλὰ μὴν εἰ δείξει τί ἐστι καὶ ὅτι ἔστι, πῶς τῷ αὐτῷ λόγῳ δείξει; ὅ τε γὰρ ὁρισμὸς ἕν τι δηλοῖ καὶ ἡ ἀπόδειξις· τὸ δὲ τί ἐστιν ἄνθρωπος καὶ τὸ εἶναι ἄνθρωπον ἄλλο.

Εἶτα καὶ δι' ἀποδείξεώς φαμεν ἀναγκαῖον εἶναι δείκνυσθαι ἅπαν ὅ τι ἐστίν, εἰ μὴ οὐσία εἴη. τὸ δ' εἶναι οὐκ οὐσία οὐδενί· οὐ γὰρ γένος τὸ ὄν. ἀπόδειξις ἄρ' ἔσται ὅτι ἔστιν. ὅπερ καὶ νῦν ποιοῦσιν αἱ ἐπιστῆμαι. τί μὲν γὰρ σημαίνει τὸ τρίγωνον, ἔλαβεν ὁ γεωμέτρης, ὅτι δ' ἔστι, δείκνυσιν. τί οὖν δείξει ὁ ὁριζόμενος τί ἐστιν ἢ τὸ τρίγωνον; εἰδὼς ἄρα τις ὁρισμῷ τί ἐστιν, εἰ ἔστιν οὐκ εἴσεται. ἀλλ' ἀδύνατον.

Kapitel 7. Wie also wird der Definierende die Substanz oder das Was-es-ist[412] beweisen? | Denn weder wird er, so wie wenn er demonstriert, aufgrund eingestandener *Prämissen* klar machen, dass wenn jene *Prämissen* der Fall sind, etwas anderes notwendig ist – denn dies ist eine Demonstration –, noch *wird er* – so wie wenn er eine Induktion durchführt dadurch, dass die einzelnen Dinge klar sind – *zeigen*, dass alles so ist dadurch, dass nichts anders ist; denn nicht das | Was-es-ist beweist er, **92b**
sondern dass es *der Fall* ist oder nicht *der Fall* ist.[413] Welche andere Weise also bleibt übrig?[414] Denn man wird jedenfalls nicht durch die Wahrnehmung beweisen oder mit dem Finger.

Ferner, wie wird man das Was-es-ist beweisen? Wer nämlich weiß, | was ein Mensch ist oder irgendetwas anderes, der weiß notwendigerweise auch, dass er ist[415] – denn von dem, was nicht ist, weiß niemand, was es ist, sondern *allenfalls* was die Bestimmung oder der Name bezeichnet,[416] wenn ich *etwa* sage: Ziegenhirsch;[417] was jedoch ein Ziegenhirsch ist, ist unmöglich zu wissen. Aber wenn man beweisen soll, was es ist und dass es ist, wie wird man es durch dasselbe Argument beweisen? Denn sowohl die Definition macht ein einziges Ding | klar als auch die Demonstration; was aber ein Mensch ist und dass ein Mensch ist, ist verschieden.

Ferner behaupten wir auch, dass es notwendig ist, durch Demonstration alles zu beweisen, was etwas ist,[A] es sei denn *es ist seine* Substanz ist. Das Sein aber ist nicht eine Substanz für irgendetwas, denn das Seiende ist nicht eine Gattung.[418] Es wird folglich eine Demonstration geben, dass | etwas ist, was die Wissenschaften auch *ohnehin schon* zustande bringen. Was nämlich das Dreieck bezeichnet, nimmt der Geometer an, dass es dagegen ist, beweist er.[419] Was also wird derjenige beweisen, der definiert, was es ist – oder *etwa* das Dreieck?[B] Es wird folglich jemand durch Definition wissen, was es ist; ob es ist, wird er nicht wissen. Aber das ist unmöglich.

[A] [b 13] *ὅ τι* (Konjektur von Ross) gegen *ὅτι* in den codd.

[B] [b 17] *τί ἐστιν ἢ τὸ τρίγωνον* mit codd. gegen *ἢ τί ἐστι τὸ τρίγωνον* (Konjektur von Ross).

Φανερὸν δὲ καὶ κατὰ τοὺς νῦν τρόπους τῶν ὅρων ὡς οὐ δεικνύουσιν οἱ ὁριζόμενοι ὅτι ἔστιν. εἰ γὰρ καὶ ἔστιν ἐκ τοῦ μέσου τι ἴσον, ἀλλὰ διὰ τί ἔστι τὸ ὁρισθέν; καὶ διὰ τί τοῦτ' ἔστι κύκλος; εἴη γὰρ ἂν καὶ ὀρειχάλκου φάναι εἶναι αὐτόν. οὔτε γὰρ ὅτι δυνατὸν εἶναι τὸ λεγόμενον προσδηλοῦσιν οἱ ὅροι, οὔτε ὅτι ἐκεῖνο οὗ φασὶν εἶναι ὁρισμοί, ἀλλ' ἀεὶ ἔξεστι λέγειν τὸ διὰ τί.

Εἰ ἄρα ὁ ὁριζόμενος δείκνυσιν ἢ τί ἐστιν ἢ τί σημαίνει τοὔνομα, εἰ μὴ ἔστι μηδαμῶς τοῦ τί ἐστιν, εἴη ἂν ὁ ὁρισμὸς λόγος ὀνόματι τὸ αὐτὸ σημαίνων. ἀλλ' ἄτοπον. πρῶτον μὲν γὰρ καὶ μὴ οὐσιῶν ἂν εἴη καὶ τῶν μὴ ὄντων· σημαίνειν γὰρ ἔστι καὶ τὰ μὴ ὄντα. ἔτι πάντες οἱ λόγοι ὁρισμοὶ ἂν εἶεν· εἴη γὰρ ἂν ὄνομα θέσθαι ὁποιῳοῦν λόγῳ, ὥστε ὅρους ἂν διαλεγοίμεθα πάντες καὶ ἡ Ἰλιὰς ὁρισμὸς ἂν εἴη. ἔτι οὐδεμία ἀπόδειξις ἀποδείξειεν ἂν ὅτι τοῦτο τοὔνομα τουτὶ δηλοῖ· οὐδ' οἱ ὁρισμοὶ τοίνυν τοῦτο προσδηλοῦσιν.

Ἐκ μὲν τοίνυν τούτων οὔτε ὁρισμὸς καὶ συλλογισμὸς φαίνεται ταὐτὸν ὄν, οὔτε ταὐτοῦ συλλογισμὸς καὶ ὁρισμός· πρὸς δὲ τούτοις, ὅτι οὔτε ὁ ὁρισμὸς οὐδὲν οὔτε ἀποδείκνυσιν οὔτε δείκνυσιν, οὔτε τὸ τί ἐστιν οὔθ' ὁρισμῷ οὔτ' ἀποδείξει ἔστι γνῶναι.

93a Πάλιν δὲ σκεπτέον τί τούτων λέγεται καλῶς καὶ τί οὐ **II 8**
καλῶς, καὶ τί ἐστιν ὁ ὁρισμός, καὶ τοῦ τί ἐστιν ἆρά πως ἔστιν ἀπόδειξις καὶ ὁρισμὸς ἢ οὐδαμῶς. ἐπεὶ δ' ἐστίν, ὡς ἔφαμεν,

Es ist einleuchtend, dass auch in Hinsicht auf die jetzt üblichen Arten der Definitionen die | Definierenden nicht beweisen, dass etwas ist. Auch wenn nämlich etwas das vom Mittelpunkt gleich weit Entfernte ist[420] – warum ist aber das Definierte? Und warum ist dieses ein Kreis? Es wäre nämlich auch möglich zu sagen, es wäre aus Messing.[421] Weder nämlich machen die Definitionen zusätzlich klar, dass das Gesagte sein kann, noch dass es jenes ist, dessen Definitionen, wie sie behaupten, sie sind; vielmehr ist es immer möglich, | *die Warum-Frage zu stellen.*[422]

Wenn folglich der Definierende entweder beweist, was es ist, oder was der Name bezeichnet, dann dürfte die Definition, wenn sie sich auf keine Weise auf das Was-es-ist richtet, eine Bestimmung sein, die dasselbe wie ein Name bezeichnet.[423] Aber das ist abwegig. Erstens nämlich würde es auch von Dingen, die nicht Substanzen sind, und von Dingen, die nicht sind, eine Definition geben;[424] bezeichnen | nämlich kann man auch Dinge, die nicht sind. Ferner würden alle Darlegungen Definitionen sein, denn es wäre möglich, einen Namen festzusetzen für eine beliebige Art von Darlegung, so dass wir alle einander Definitionen erzählen würden und die Ilias eine Definition wäre.[425] Ferner dürfte keine Demonstration demonstrieren, dass dieser Name dieses klar macht; auch die Definitionen also machen dies nicht zusätzlich klar.

| Aufgrund dieser Dinge also scheint weder Definition und Deduktion dasselbe zu sein noch sich Deduktion und Definition auf dasselbe zu richten,[426] und außerdem *scheint sich zu ergeben,* dass weder die Definition etwas demonstriert oder beweist noch es möglich ist, durch Definition oder Demonstration vom Was-es-ist Kenntnis zu gewinnen.[427]

Kapitel 8. | Noch einmal aber muss untersucht werden, wel- **93a**
ches von diesen Dingen angemessen und welches nicht angemessen gesagt ist, und was die Definition ist, und ob es vom Was-es-ist in irgendeiner Weise eine Demonstration und eine Definition gibt oder in keiner Weise.

Da es nun, wie wir sagten, dasselbe ist, das Was-es-ist zu

ταὐτὸν τὸ εἰδέναι τί ἐστι καὶ τὸ εἰδέναι τὸ αἴτιον τοῦ εἰ ἔστι (λόγος δὲ τούτου, ὅτι ἔστι τι τὸ αἴτιον, καὶ τοῦτο ἢ τὸ αὐτὸ ἢ ἄλλο, κἂν ᾖ ἄλλο, ἢ ἀποδεικτὸν ἢ ἀναπόδεικτον) – εἰ τοίνυν ἐστὶν ἄλλο καὶ ἐνδέχεται ἀποδεῖξαι, ἀνάγκη μέσον εἶναι τὸ αἴτιον καὶ ἐν τῷ σχήματι τῷ πρώτῳ δείκνυσθαι· καθόλου τε γὰρ καὶ κατηγορικὸν τὸ δεικνύμενον. εἷς μὲν δὴ τρόπος ἂν εἴη ὁ νῦν ἐξητασμένος, τὸ δι' ἄλλου του τί ἐστι δείκνυσθαι. τῶν τε γὰρ τί ἐστιν ἀνάγκη τὸ μέσον εἶναι τί ἐστι, καὶ τῶν ἰδίων ἴδιον. ὥστε τὸ μὲν δείξει, τὸ δ' οὐ δείξει τῶν τί ἦν εἶναι τῷ αὐτῷ πράγματι.

Οὗτος μὲν οὖν ὁ τρόπος ὅτι οὐκ ἂν εἴη ἀπόδειξις, εἴρηται πρότερον. ἀλλ' ἔστι λογικὸς συλλογισμὸς τοῦ τί ἐστιν. ὃν δὲ τρόπον ἐνδέχεται, λέγωμεν, εἰπόντες πάλιν ἐξ ἀρχῆς. ὥσπερ γὰρ τὸ διότι ζητοῦμεν ἔχοντες τὸ ὅτι, ἐνίοτε δὲ καὶ ἅμα δῆλα γίνεται, ἀλλ' οὔτι πρότερόν γε τὸ διότι δυνατὸν γνωρίσαι τοῦ ὅτι, δῆλον ὅτι ὁμοίως καὶ τὸ τί ἦν εἶναι οὐκ ἄνευ τοῦ ὅτι ἔστιν· ἀδύνατον γὰρ εἰδέναι τί ἐστιν, ἀγνοοῦντας εἰ ἔστιν. τὸ δ' εἰ ἔστιν ὁτὲ μὲν κατὰ συμβεβηκὸς ἔχομεν, ὁτὲ δ' ἔχοντές τι αὐτοῦ τοῦ πράγματος, οἷον βροντήν, ὅτι ψόφος τις νεφῶν, καὶ ἔκλειψιν, ὅτι στέρησίς τις φωτός, καὶ ἄνθρωπον, ὅτι ζῷόν τι, καὶ ψυχήν, ὅτι αὐτὸ αὑτὸ κινοῦν. ὅσα μὲν οὖν κατὰ συμβεβηκὸς οἴδαμεν ὅτι ἔστιν, ἀναγκαῖον μηδαμῶς ἔχειν πρὸς τὸ τί ἐστιν· οὐδὲ γὰρ ὅτι ἔστιν ἴσμεν· τὸ δὲ ζητεῖν

wissen und die Ursache des Ob-es-ist zu wissen[428] – | eine *nähere* Bestimmung *dieses Faktums* ist, dass irgendetwas *seine* Ursache ist und dieses entweder dasselbe *wie die Ursache* oder *etwas* anderes ist,[429] und wenn *etwas* anderes, entweder demonstrierbar oder nicht demonstrierbar – wenn es also *etwas* anderes ist und demonstriert werden kann, so ist notwendig die Ursache ein Mittelbegriff und es wird in der ersten Figur bewiesen; allgemein nämlich und bejahend ist das Bewiesene.[430] Eine | Weise also wäre die jetzt untersuchte, das Beweisen des Was-es-ist durch etwas anderes. Vom Was-es-ist nämlich ist der Mittelbegriff notwendig ein Was-es-ist, und von spezifischen Dingen *ist er* spezifisch; so dass man *von einer Sache* das eine beweisen, das andere jedoch nicht beweisen wird von *demjenigen*, was es für dieselbe Sache hieß, dies zu sein. Dass nun diese Vorgehensweise keine Demonstration sein dürfte, ist zuvor gesagt worden.[431]

| Aber es gibt eine allgemeine Deduktion[432] des Was-es-ist. Auf welche Weise sie möglich ist, das wollen wir sagen, indem wir noch einmal von Anfang an *beginnen*.

So wie wir nämlich das Weshalb untersuchen, wenn wir das Dass besitzen – zuweilen *wird beides* aber auch zugleich klar; allerdings ist es jedenfalls nicht möglich, vom Weshalb früher Kenntnis zu gewinnen als vom Dass[433] –, in ähnlicher Weise *untersuchen wir* offenbar auch nicht das Was-es-hieß-dies-zu-sein ohne | das Dass-es-ist. Es ist nämlich unmöglich zu wissen, was *etwas* ist, ohne zu wissen, ob es ist. Das Ob-es-ist jedoch besitzen wir zuweilen auf zufällige Weise,[434] zuweilen aber auch indem wir etwas von der Sache selbst besitzen,[435] wie etwa vom Donner, dass er ein gewisses Geräusch in den Wolken ist,[436] und von der Verfinsterung, dass sie eine gewisse Wegnahme des Lichtes ist, und vom Menschen, dass er ein gewisses Lebewesen ist,[437] und von der Seele, dass sie etwas *sich selbst* Bewegendes ist.[438] Diejenigen Dinge nun, von denen | wir auf zufällige Weise wissen, dass sie *der Fall* sind, besitzen unmöglich auf irgendeine Weise eine Verbindung zum Was-es-ist; denn wir wissen nicht einmal, dass sie *der Fall* sind. Zu untersuchen jedoch, was etwas ist, ohne davon Kenntnis zu be-

τί ἐστι μὴ ἔχοντας ὅτι ἔστι, μηδὲν ζητεῖν ἐστιν. καθ' ὅσων δ' ἔχομέν τι, ῥᾴδιον. ὥστε ὡς ἔχομεν ὅτι ἔστιν, οὕτως ἔχομεν καὶ πρὸς τὸ τί ἐστιν. ὧν οὖν ἔχομέν τι τοῦ τί ἐστιν, ἔστω πρῶτον μὲν ὧδε· ἔκλειψις ἐφ' οὗ τὸ Α, σελήνη ἐφ' οὗ Γ, ἀντίφραξις γῆς ἐφ' οὗ Β. τὸ μὲν οὖν πότερον ἐκλείπει ἢ οὔ, τὸ Β ζητεῖν ἔστιν, ἆρ' ἔστιν ἢ οὔ. τοῦτο δ' οὐδὲν διαφέρει ζητεῖν ἢ εἰ ἔστι λόγος αὐτοῦ· καὶ ἐὰν ᾖ τοῦτο, κἀκεῖνό φαμεν εἶναι. ἢ ποτέρας τῆς ἀντιφάσεώς ἐστιν ὁ λόγος, πότερον τοῦ ἔχειν δύο ὀρθὰς ἢ τοῦ μὴ ἔχειν. ὅταν δ' εὕρωμεν, ἅμα τὸ ὅτι καὶ τὸ διότι ἴσμεν, ἂν διὰ μέσων ᾖ· εἰ δὲ μή, τὸ ὅτι, τὸ διότι δ' οὔ. σελήνη Γ, ἔκλειψις Α, τὸ πανσελήνου σκιὰν μὴ δύνασθαι ποιεῖν μηδενὸς ἡμῶν μεταξὺ ὄντος φανεροῦ, ἐφ' οὗ Β. εἰ τοίνυν τῷ Γ ὑπάρχει τὸ Β τὸ μὴ δύνασθαι ποιεῖν σκιὰν μηδενὸς μεταξὺ ἡμῶν ὄντος, τούτῳ δὲ τὸ Α τὸ ἐκλελοιπέναι, ὅτι μὲν ἐκλείπει δῆλον, διότι δ' οὔπω, καὶ ὅτι μὲν ἔστιν ἔκλειψις ἴσμεν, τί δ' ἐστὶν οὐκ ἴσμεν. δήλου δ' ὄντος ὅτι τὸ Α τῷ Γ ὑπάρχει, ἀλλὰ διὰ τί ὑπάρχει, τὸ ζητεῖν τὸ Β τί ἐστι, πότερον ἀντίφραξις ἢ στροφὴ τῆς σελήνης ἢ ἀπόσβεσις. τοῦτο δ' ἐστὶν ὁ λόγος τοῦ ἑτέρου ἄκρου, οἷον ἐν τούτοις τοῦ Α· ἔστι γὰρ ἡ ἔκλειψις ἀντίφραξις ὑπὸ γῆς. τί ἐστι βροντή; πυρὸς ἀπόσβεσις ἐν νέφει. διὰ τί βροντᾷ; διὰ τὸ ἀποσβέννυσθαι τὸ πῦρ ἐν τῷ νέφει. νέφος Γ, βροντὴ Α,

sitzen, dass es *der Fall* ist, heißt nichts zu untersuchen. Bei den Dingen jedoch, von denen wir etwas *vom Was-es-ist* besitzen, ist es leicht[A].[439] In welcher Weise wir also Kenntnis davon besitzen, dass es *der Fall* ist, in der Weise besitzen wir auch eine Verbindung zum Was-es-ist.

Die Dinge also, von denen wir etwas vom Was-es-ist besitzen, seien zunächst | folgendermaßen gegeben: Verfinsterung das worauf A zutrifft, Mond worauf C *zutrifft*, Dazwischentreten der Erde worauf B *zutrifft*; ob *der Mond* verfinstert ist oder nicht, heißt vom B zu untersuchen, ob es ist oder nicht. Dieses aber unterscheidet sich in nichts davon zu untersuchen, ob es eine Bestimmung davon gibt; und wenn es sie gibt, sagen wir, dass es auch jenes gibt. Oder: von welchem Teil der Kontradiktion gibt es eine Bestimmung, vom *Winkel gleich* zwei Rechten Haben | oder vom Nicht-Haben?[440] Wenn wir es aber entdeckt haben, wissen wir zugleich das Dass und das Weshalb, wenn es durch Mittelbegriffe[B] zustande kommt. Andernfalls *besitzen wir* das Dass, das Weshalb dagegen nicht: Mond C, Verfinsterung A, nicht fähig sein einen Schatten zustande zu bringen, wobei nichts Deutliches zwischen uns *und dem Mond* ist, B. Wenn also auf das C das B zutrifft, das Nicht-Fähig-Sein einen Schatten zustande zu bringen, | wobei nichts zwischen uns *und dem Mond* ist, auf dieses aber das A, das Verfinstert-Sein, so ist klar, dass er verfinstert ist, weshalb *er es ist, ist* dagegen noch nicht *klar*; und dass es eine Verfinsterung gibt, wissen wir, was sie jedoch ist, wissen wir nicht. Und wenn es klar ist, dass das A auf das C zutrifft, dann ist freilich das Untersuchen, warum es zutrifft, das Untersuchen, | was das B ist – ob ein Dazwischentreten oder eine Drehung des Mondes oder ein Erlöschen.[441] Dieses aber ist die Bestimmung des einen Außenbegriffs, wie etwa *in den angeführten Umständen* das A; es ist nämlich eine Verfinsterung ein Dazwischentreten von Seiten der Erde. Was ist Donner? Erlöschen von Feuer in einer Wolke. Warum donnert es? Aufgrund des Erlöschens von Feuer in der Wolke.

[A] [a 28] *ῥᾴδιον* mit n statt *ῥᾷον* mit den übrigen codd.

[B] [a 36] *διὰ μέσων* mit den codd. gegen *δι' ἀμέσων* bei Ross.

ἀπόσβεσις πυρὸς τὸ Β. τῷ δὴ Γ τῷ νέφει ὑπάρχει τὸ Β (ἀποσβέννυται γὰρ ἐν αὐτῷ τὸ πῦρ), τούτῳ δὲ τὸ Α, ψόφος· καὶ ἔστι γε λόγος τὸ Β τοῦ Α τοῦ πρώτου ἄκρου. ἂν δὲ πάλιν τούτου ἄλλο μέσον ᾖ, ἐκ τῶν παραλοίπων ἔσται λόγων.

Ὡς μὲν τοίνυν λαμβάνεται τὸ τί ἐστι καὶ γίνεται γνώριμον, εἴρηται, ὥστε συλλογισμὸς μὲν τοῦ τί ἐστιν οὐ γίνεται οὐδ' ἀπόδειξις, δῆλον μέντοι διὰ συλλογισμοῦ καὶ δι' ἀποδείξεως· ὥστ' οὔτ' ἄνευ ἀποδείξεως ἔστι γνῶναι τὸ τί ἐστιν, οὗ ἔστιν αἴτιον ἄλλο, οὔτ' ἔστιν ἀπόδειξις αὐτοῦ, ὥσπερ καὶ ἐν τοῖς διαπορήμασιν εἴπομεν.

Ἔστι δὲ τῶν μὲν ἕτερόν τι αἴτιον, τῶν δ' οὐκ ἔστιν. ὥστε **II 9**
δῆλον ὅτι καὶ τῶν τί ἐστι τὰ μὲν ἄμεσα καὶ ἀρχαί εἰσιν, ἃ καὶ εἶναι καὶ τί ἐστιν ὑποθέσθαι δεῖ ἢ ἄλλον τρόπον φανερὰ ποιῆσαι (ὅπερ ὁ ἀριθμητικὸς ποιεῖ· καὶ γὰρ τί ἐστι τὴν μονάδα ὑποτίθεται, καὶ ὅτι ἔστιν)· τῶν δ' ἐχόντων μέσον, καὶ ὧν ἔστι τι ἕτερον αἴτιον τῆς οὐσίας, ἔστι δι' ἀποδείξεως, ὥσπερ εἴπομεν, δηλῶσαι, μὴ τὸ τί ἐστιν ἀποδεικνύντας.

Ὁρισμὸς δ' ἐπειδὴ λέγεται εἶναι λόγος τοῦ τί ἐστι, φα- **II 10**
νερὸν ὅτι ὁ μέν τις ἔσται λόγος τοῦ τί σημαίνει τὸ ὄνομα ἢ λόγος ἕτερος ὀνοματώδης, οἷον τὸ τί σημαίνει τί ἐστι τρί-

Wolke C, Donner A, | Erlöschen von Feuer das B. Auf das C also, die Wolke, trifft das B zu – es erlischt nämlich in ihr das Feuer –, auf dieses aber das A, Geräusch;[442] und es ist das B eine Bestimmung des A, des ersten Außenbegriffs.[443] Und wenn es wiederum für dieses einen anderen Mittelbegriff gibt, wird er unter den restlichen Bestimmungen sein.[444]

| Wie also das Was-es-ist angenommen und bekannt wird, ist gesagt worden, so dass *auf der einen Seite* eine Deduktion des Was-es-ist zwar nicht zustande kommt – und auch keine Demonstration –, *auf der anderen Seite das Was-es-ist* aber durch Deduktion und durch Demonstration klar wird.[445] *Daher ist* es weder ohne Demonstration möglich, Kenntnis zu gewinnen vom Was-es-ist eines Dinges, dessen Ursache etwas anderes ist *als es selbst*,[446] noch gibt es eine Demonstration von ihm, so wie wir auch | im Durcharbeiten der Probleme gesagt haben.[447]

Kapitel 9. Von einigen Dingen nun ist *die* Ursache etwas anderes, von anderen dagegen nicht.[448] Daher ist klar, dass auch vom Was-es-ist einige Dinge unvermittelt und Prinzipien sind, von denen man voraussetzen[449] oder auf andere Weise einleuchtend machen muss, dass sie sind und auch was sie sind[450] – was *etwa* der Arithmetiker *auch* wirklich macht, denn | *zum Beispiel* von der Einheit setzt er voraus, was sie ist, und auch dass sie ist.[451] Von denjenigen Dingen dagegen, die einen Mittelbegriff haben und von denen etwas anderes *die* Ursache der Substanz ist, kann man es, so wie wir es gesagt haben, durch Demonstration klar machen, ohne dass man das Was-es-ist demonstriert.[452]

Kapitel 10. Da eine Definition nun eine Bestimmung des Was-es-ist genannt wird,[453] | ist einleuchtend, dass die eine Art *von Definition* eine Bestimmung dessen sein wird, was der Name bezeichnet, oder eine andere namensähnliche Bestimmung, wie etwa *die Angabe:*[A] was es bezeichnet, was ein Dreieck

[A] [b31] *τὸ τί σημαίνει τί ἐστι τρίγωνον* mit ABdn², gegen *τί σημαίνει τί ἐστι τρίγωνον* bei n und *τί σημαίνει τρίγωνον* nach der Konjektur von Ross.

γωνον. ὅπερ ἔχοντες ὅτι ἔστι, ζητοῦμεν διὰ τί ἔστιν· χαλεπὸν δ' οὕτως ἐστὶ λαβεῖν ἃ μὴ ἴσμεν ὅτι ἔστιν. ἡ δ' αἰτία εἴρηται πρότερον τῆς χαλεπότητος, ὅτι οὐδ' εἰ ἔστιν ἢ μὴ ἴσμεν, ἀλλ' ἢ κατὰ συμβεβηκός. (λόγος δ' εἷς ἐστὶ διχῶς, ὁ μὲν συνδέσμῳ, ὥσπερ ἡ Ἰλιάς, ὁ δὲ τῷ ἓν καθ' ἑνὸς δηλοῦν μὴ κατὰ συμβεβηκός.)

Εἷς μὲν δὴ ὅρος ἐστὶν ὅρου ὁ εἰρημένος, ἄλλος δ' ἐστὶν ὅρος λόγος ὁ δηλῶν διὰ τί ἔστιν. ὥστε ὁ μὲν πρότερος σημαί-
94a νει μέν, δείκνυσι δ' οὔ, ὁ δ' ὕστερος φανερὸν ὅτι ἔσται οἷον ἀπόδειξις τοῦ τί ἐστι, τῇ θέσει διαφέρων τῆς ἀποδείξεως. διαφέρει γὰρ εἰπεῖν διὰ τί βροντᾷ καὶ τί ἐστι βροντή· ἐρεῖ γὰρ οὕτω μὲν „διότι ἀποσβέννυται τὸ πῦρ ἐν τοῖς νέφεσι“· τί δ' ἐστὶ βροντή; ψόφος ἀποσβεννυμένου πυρὸς ἐν νέφεσιν. ὥστε ὁ αὐτὸς λόγος ἄλλον τρόπον λέγεται, καὶ ὡδὶ μὲν ἀπόδειξις συνεχής, ὡδὶ δὲ ὁρισμός. (ἔτι ἐστὶν ὅρος βροντῆς ψόφος ἐν νέφεσι· τοῦτο δ' ἐστὶ τῆς τοῦ τί ἐστιν ἀποδείξεως συμπέρασμα.) ὁ δὲ τῶν ἀμέσων ὁρισμὸς θέσις ἐστὶ τοῦ τί ἐστιν ἀναπόδεικτος.

Ἔστιν ἄρα ὁρισμὸς εἷς μὲν λόγος τοῦ τί ἐστιν ἀναπόδεικτος, εἷς δὲ συλλογισμὸς τοῦ τί ἐστι, πτώσει διαφέρων τῆς ἀποδείξεως, τρίτος δὲ τῆς τοῦ τί ἐστιν ἀποδείξεως συμπέρασμα. φανερὸν οὖν ἐκ τῶν εἰρημένων καὶ πῶς ἔστι τοῦ τί ἐστιν ἀπόδειξις καὶ πῶς οὐκ ἔστι, καὶ τίνων ἔστι καὶ τίνων οὐκ

ist.[454] Und wenn wir davon Kenntnis besitzen, dass es *der Fall* ist, so untersuchen wir, warum es *der Fall* ist.[455] Allerdings ist es schwierig, auf diese Weise Dinge zu erfassen, von denen wir nicht wissen, dass sie *der Fall* sind. Die Ursache dieser Schwierigkeit ist zuvor genannt worden: dass wir nicht einmal wissen, ob sie *der Fall* sind oder nicht, | es sei denn auf zufällige Weise.[456] Eine Bestimmung ist eine einzige auf doppelte Weise – die eine durch einen Zusammenhang, wie die Ilias,[457] die andere dadurch, dass sie eines vom anderen klar macht, auf nicht-zufällige Weise.

Die eine Definition einer Definition ist also die genannte; eine andere Definition aber ist eine Bestimmung, die klar macht, warum *etwas der Fall* ist, so dass die erstere zwar bezeichnet, | aber nicht beweist, von der letzteren dagegen ein- 94a
leuchtend ist, dass sie gleichsam eine Demonstration des Was-es-ist sein wird, *aber* durch Position unterschieden von der Demonstration. Es macht nämlich einen Unterschied zu sagen, warum es donnert, und was Donner ist. Man wird nämlich einerseits sagen: weil das Feuer in den Wolken erlischt; | was aber ist Donner? Ein Geräusch von erlöschendem Feuer in Wolken; sodass dieselbe Bestimmung auf verschiedene Weise gesagt wird und auf die *erstere* Weise eine zusammenhängende Demonstration ist und auf diese *letztere* andere Weise eine Definition.[458]

Ferner ist eine Definition von Donner: Geräusch in Wolken. Dieses aber ist die Konklusion der Demonstration des Was-es-ist. Die Definition dagegen, die aus unvermittelten *Sätzen* besteht, ist eine Festsetzung des Was-es-ist, | die nicht demonstrierbar ist.[459]

Es ist folglich die eine Definition eine Bestimmung des Was-es-ist, die nicht demonstrierbar ist. Eine andere *Definition ist* eine Deduktion des Was-es-ist, der Form nach unterschieden von der Demonstration. Und eine dritte *Definition ist* eine Konklusion der Demonstration des Was-es-ist.[460]

Es ist also aus dem Gesagten[461] deutlich, inwiefern es vom Was-es-ist | eine Demonstration gibt und inwiefern es sie nicht gibt,[462] und von welchen Dingen es sie gibt und von welchen

ἔστιν, ἔτι δ' ὁρισμὸς ποσαχῶς τε λέγεται καὶ πῶς τὸ τί ἐστι δείκνυσι καὶ πῶς οὔ, καὶ τίνων ἔστι καὶ τίνων οὔ, ἔτι δὲ πρὸς ἀπόδειξιν πῶς ἔχει, καὶ πῶς ἐνδέχεται τοῦ αὐτοῦ εἶναι καὶ πῶς οὐκ ἐνδέχεται.

II 11

Ἐπεὶ δὲ ἐπίστασθαι οἰόμεθα ὅταν εἰδῶμεν τὴν αἰτίαν, αἰτίαι δὲ τέτταρες, μία μὲν τὸ τί ἦν εἶναι, μία δὲ τὸ τίνων ὄντων ἀνάγκη τοῦτ' εἶναι, ἑτέρα δὲ ἡ τί πρῶτον ἐκίνησε, τετάρτη δὲ τὸ τίνος ἕνεκα, πᾶσαι αὗται διὰ τοῦ μέσου δείκνυνται. τό τε γὰρ οὗ ὄντος τοδὶ ἀνάγκη εἶναι μιᾶς μὲν προτάσεως ληφθείσης οὐκ ἔστι, δυοῖν δὲ τοὐλάχιστον· τοῦτο δ' ἐστίν, ὅταν ἓν μέσον ἔχωσιν. τούτου οὖν ἑνὸς ληφθέντος τὸ συμπέρασμα ἀνάγκη εἶναι. δῆλον δὲ καὶ ὧδε. διὰ τί ὀρθὴ ἡ ἐν ἡμικυκλίῳ; τίνος ὄντος ὀρθή; ἔστω δὴ ὀρθὴ ἐφ' ἧς Α, ἡμίσεια δυοῖν ὀρθαῖν ἐφ' ἧς Β, ἡ ἐν ἡμικυκλίῳ ἐφ' ἧς Γ. τοῦ δὴ τὸ Α τὴν ὀρθὴν ὑπάρχειν τῷ Γ τῇ ἐν τῷ ἡμικυκλίῳ αἴτιον τὸ Β. αὕτη μὲν γὰρ τῇ Α ἴση, ἡ δὲ τὸ Γ τῇ Β· δύο γὰρ ὀρθῶν ἡμίσεια. τοῦ Β οὖν ὄντος ἡμίσεος δύο ὀρθῶν τὸ Α τῷ Γ ὑπάρχει (τοῦτο δ' ἦν τὸ ἐν ἡμικυκλίῳ ὀρθὴν εἶναι). τούτῳ δὲ ταὐτόν ἐστι τὸ τί ἦν εἶναι, τῷ τοῦτο σημαίνειν τὸν λόγον. ἀλλὰ μὴν καὶ τὸ τί ἦν εἶναι αἴτιον δέδεικται τὸ μέσον ὄν.

Τὸ δὲ διὰ τί ὁ Μηδικὸς πόλεμος ἐγένετο Ἀθηναίοις; τίς αἰτία τοῦ πολεμεῖσθαι Ἀθηναίους; ὅτι

Dingen es sie nicht gibt,[463] ferner auf wie viele Weisen man von einer Definition spricht[464] und inwiefern man das Was-es-ist beweist und inwiefern nicht[465] und von welchen Dingen *man es beweist* und von welchen nicht,[466] und ferner wie sie sich zur Demonstration verhält und inwiefern sie sich auf dasselbe beziehen kann und inwiefern sie es nicht kann.[467]

Kapitel 11. | Da wir nun *etwas* zu wissen glauben, wann immer wir die Ursache wissen,[468] und es vier Ursachen gibt – eine das Was-es-hieß-dies-zu-sein,[469] eine weitere dass wenn gewisse Dinge so sind, dieses notwendig so ist[470], eine andere das, was *etwas* zuerst in Bewegung brachte, und eine vierte das Weswegen[471] – so werden alle diese durch den Mittelbegriff bewiesen.[472] Denn dass, wenn etwas so ist, dieses notwendig so ist, *gilt nicht*, wenn eine einzige | Prämisse angenommen worden ist, sondern *nur* wenn es mindestens zwei *Prämissen* sind.[473] Dieses aber ist der Fall, wenn *die Sätze* einen Mittelbegriff besitzen; und wenn dieser eine *Mittelbegriff* angenommen worden ist, so ist die Konklusion notwendig.[474] *Dies* ist klar auch auf folgende Weise: Warum ist der Winkel im Halbkreis ein rechter?[475] Wenn was so ist, ist er ein rechter? Es sei ein Rechter[476] A, eine Hälfte von zwei Rechten B, der Winkel im Halbkreis | C. Dafür also, dass das A, der Rechte, auf das C, den Winkel im Halbkreis zutrifft, ist das B Ursache. Dieser Winkel nämlich ist dem A gleich, und das C *ist* dem B *gleich*, denn er ist eine Hälfte von zwei Rechten. Wenn also das B eine Hälfte von zwei Rechten ist, trifft das A auf das C zu – dies aber hieß es, ein Rechter im Halbkreis zu sein.[477] Mit diesem aber ist das[A] Was-es-hieß-dies-zu-sein identisch, | insofern die Bestimmung dieses bezeichnet.

Aber vom Was-es-hieß-dies-zu-sein ist auch bewiesen *worden*, dass es als Ursache der Mittelbegriff ist.

Und ferner, warum brach der Persische Krieg gegen die Athener aus? Welches war die Ursache dafür, dass die Athe-

[A] [a34] *τούτῳ ... τὸ* mit n1 und Barnes gegen *τοῦτο... τῷ* nach der Konjektur von Ross.

94b εἰς Σάρδεις μετ' Ἐρετριέων ἐνέβαλον· τοῦτο γὰρ ἐκίνησε πρῶτον. πόλεμος ἐφ' οὗ Α, προτέρους εἰσβαλεῖν Β, Ἀθηναῖοι τὸ Γ. ὑπάρχει δὴ τὸ Β τῷ Γ, τὸ προτέροις ἐμβαλεῖν τοῖς Ἀθηναίοις, τὸ δὲ Α τῷ Β· πολεμοῦσι γὰρ τοῖς πρότερον ἀδικήσασιν. ὑπάρχει ἄρα τῷ μὲν Β τὸ Α, τὸ πολεμεῖσθαι τοῖς προτέροις ἄρξασι· τοῦτο δὲ τὸ Β τοῖς Ἀθηναίοις· πρότεροι γὰρ ἦρξαν. μέσον ἄρα καὶ ἐνταῦθα τὸ αἴτιον, τὸ πρῶτον κινῆσαν.

Ὅσων δ' αἴτιον τὸ ἕνεκα τίνος – οἷον διὰ τί περιπατεῖ; ὅπως ὑγιαίνῃ· διὰ τί οἰκία ἔστιν; ὅπως σῴζηται τὰ σκεύη – τὸ μὲν ἕνεκα τοῦ ὑγιαίνειν, τὸ δ' ἕνεκα τοῦ σῴζεσθαι. διὰ τί δὲ ἀπὸ δείπνου δεῖ περιπατεῖν, καὶ ἕνεκα τίνος δεῖ, οὐδὲν διαφέρει. περίπατος ἀπὸ δείπνου Γ, τὸ μὴ ἐπιπολάζειν τὰ σιτία ἐφ' οὗ Β, τὸ ὑγιαίνειν ἐφ' οὗ Α. ἔστω δὴ τῷ ἀπὸ δείπνου περιπατεῖν ὑπάρχον τὸ ποιεῖν μὴ ἐπιπολάζειν τὰ σιτία πρὸς τῷ στόματι τῆς κοιλίας, καὶ τοῦτο ὑγιεινόν. δοκεῖ γὰρ ὑπάρχειν τῷ περιπατεῖν τῷ Γ τὸ Β τὸ μὴ ἐπιπολάζειν τὰ σιτία, τούτῳ δὲ τὸ Α τὸ ὑγιεινόν. τί οὖν αἴτιον τῷ Γ τοῦ τὸ Α ὑπάρχειν τὸ οὗ ἕνεκα; τὸ Β τὸ μὴ ἐπιπολάζειν. τοῦτο δ' ἐστὶν ὥσπερ ἐκείνου λόγος· τὸ γὰρ Α οὕτως ἀποδοθήσεται. διὰ τί δὲ τὸ Β τῷ Γ ἔστιν; ὅτι τοῦτ' ἔστι τὸ ὑγιαίνειν, τὸ οὕτως ἔχειν. δεῖ δὲ μεταλαμβάνειν τοὺς λόγους, καὶ οὕτως μᾶλλον ἕκαστα φανεῖται. αἱ δὲ γενέσεις ἀνάπαλιν ἐνταῦθα καὶ ἐπὶ τῶν κατὰ κίνησιν αἰτίων· ἐκεῖ μὲν γὰρ τὸ μέσον δεῖ γενέσθαι πρῶτον, ἐνταῦθα δὲ τὸ Γ, τὸ ἔσχατον, τελευταῖον δὲ τὸ οὗ ἕνεκα.

Ἐνδέχεται δὲ τὸ αὐτὸ καὶ ἕνεκά τινος εἶναι καὶ ἐξ ἀνάγκης, οἷον διὰ τοῦ λαμπτῆρος τὸ φῶς· καὶ γὰρ ἐξ ἀνάγ-

ner bekriegt wurden? Weil sie | zusammen mit den Eretriern in 94b
Sardis einfielen; dieses nämlich brachte *die Sache* zuerst in Bewegung. Krieg A, als erste einfallen B, Athener das C; es trifft also das B auf das C zu – das als erste einfallen auf die Athener – und das A auf das B; *die Menschen* bekriegen nämlich diejenigen, | die als erste Unrecht tun. Es trifft folglich das A auf das B zu – das bekriegt werden auf die, die als erste beginnen – und dieses, das B, auf die Athener – denn sie begannen als erste.[478] Auch hier ist folglich ein Mittelbegriff die Ursache: das was *die Sache* zuerst in Bewegung brachte.

Von welchen Dingen aber ist das Weswegen *die* Ursache – wie etwa: warum geht man spazieren? Damit man gesund bleibt. Warum ist dort ein Haus? | Damit die Geräte aufbewahrt werden:[479] das eine *ist* wegen des Gesundbleibens *der Fall*, das andere wegen des Aufbewahrtwerdens. Warum man nach dem Essen spazieren gehen soll, und weswegen man es soll, macht keinen Unterschied. Spaziergang nach dem Essen C, dass die Speisen nicht unverdaut bleiben B, das Gesundbleiben A; es treffe also auf das Spazierengehen nach dem Essen zu, dass es dazu führt, | dass die Speisen nicht unverdaut am Eingang des Magens bleiben, und dieses sei gesund. Es scheint nämlich auf das Spazierengehen, das C, das B, dass die Speisen nicht unverdaut bleiben, zuzutreffen, und auf dieses das A, das Gesunde. Was also ist Ursache dafür, dass das A auf das C zutrifft, das Weswegen? Das B, das Nicht-Unverdaut-Bleiben. Dieses aber ist gleichsam eine Bestimmung für jenes, | denn auf diese Weise wird das A ausgelegt werden. Warum also trifft das B auf das C zu? Weil das Gesundbleiben dieses ist: sich auf *die genannte* Weise zu verhalten.[480] Es ist jedoch nötig die Bestimmungen zu vertauschen, und dann werden die einzelnen Dinge in höherem Grade einleuchtend sein.[481] Die Erzeugung ist hier jedoch umgekehrt wie bei den Bewegungsursachen, denn dort muss der Mittelbegriff zuerst da sein, | hier dagegen das C, der Außenbegriff, und das Weswegen *kommt* als letztes.

Es ist möglich, dass dasselbe sowohl wegen einer Sache so ist als auch aus Notwendigkeit, wie etwa das durch die Laterne

κης διέρχεται τὸ μικρομερέστερον διὰ τῶν μειζόνων πόρων, εἴπερ φῶς γίνεται τῷ διιέναι, καὶ ἕνεκά τινος, ὅπως μὴ πταίωμεν. ἆρ' οὖν εἰ εἶναι ἐνδέχεται, καὶ γίνεσθαι ἐνδέχεται· ὥσπερ εἰ βροντᾷ ἀποσβεννυμένου τε τοῦ πυρὸς ἀνάγκη σίζειν καὶ ψοφεῖν καί, εἰ ὡς οἱ Πυθαγόρειοί φασιν, ἀπειλῆς ἕνεκα τοῖς ἐν τῷ ταρτάρῳ, ὅπως φοβῶνται; πλεῖστα δὲ τοιαῦτ' ἔστι, καὶ μάλιστα ἐν τοῖς κατὰ φύσιν συνισταμένοις καὶ συνεστῶσιν· ἡ μὲν γὰρ ἕνεκά του ποιεῖ φύσις, ἡ δ' ἐξ ἀνάγκης. ἡ δ' ἀνάγκη διττή· ἡ μὲν γὰρ κατὰ φύ- **95a** σιν καὶ τὴν ὁρμήν, ἡ δὲ βίᾳ ἡ παρὰ τὴν ὁρμήν, ὥσπερ λίθος ἐξ ἀνάγκης καὶ ἄνω καὶ κάτω φέρεται, ἀλλ' οὐ διὰ τὴν αὐτὴν ἀνάγκην. ἐν δὲ τοῖς ἀπὸ διανοίας τὰ μὲν οὐδέποτε ἀπὸ τοῦ αὐτομάτου ὑπάρχει, οἷον οἰκία ἢ ἀνδριάς, οὐδ' ἐξ ἀνάγκης, ἀλλ' ἕνεκά του, τὰ δὲ καὶ ἀπὸ τύχης, οἷον ὑγίεια καὶ σωτηρία. μάλιστα δὲ ἐν ὅσοις ἐνδέχεται καὶ ὧδε καὶ ἄλλως, ὅταν, μὴ ἀπὸ τύχης, ἡ γένεσις ᾖ ὥστε τὸ τέλος ἀγαθόν, ἕνεκά του γίνεται, καὶ ἢ φύσει ἢ τέχνῃ. ἀπὸ τύχης δ' οὐδὲν ἕνεκά του γίνεται.

II 12 Τὸ δ' αὐτὸ αἴτιόν ἐστι τοῖς γινομένοις καὶ τοῖς γεγενημένοις καὶ τοῖς ἐσομένοις ὅπερ καὶ τοῖς οὖσι (τὸ γὰρ μέσον αἴτιον), πλὴν τοῖς μὲν οὖσιν ὄν, τοῖς δὲ γινομένοις γινό-

tretende Licht. Denn sowohl aus Notwendigkeit tritt das Ding mit feineren Teilen durch die größeren Poren – | wenn durch das Hindurchgehen wirklich Licht zustande kommt – als auch wegen einer Sache: damit wir nicht straucheln.[482] Wenn es also möglich ist, dass *etwas aufgrund verschiedener Ursachen der Fall* ist – ist es dann auch möglich, dass *etwas auf diese doppelte Weise* geschieht? So wie etwa, wenn es donnert,[A] das Feuer erlischt und es daher notwendigerweise zischt und kracht, aber auch, wie die Pythagoreer sagen, wegen einer Drohung gegenüber denen im Tartarus, damit sie sich fürchten? Es gibt *in der Tat* sehr viele | derartige Dinge,[483] und zwar vor allem unter den Dingen, die naturgemäß zusammengesetzt werden und zusammengesetzt sind.[484] Denn die eine Art von Natur bringt sie einer Sache wegen zustande, die andere dagegen aus Notwendigkeit. Die Notwendigkeit ist jedoch zweifach:[485] die eine gemäß *einer* Natur | und dem inneren Drang, die an- **95a**
dere durch Gewalt und gegen den inneren Drang,[486] so wie ein Stein aus Notwendigkeit sowohl nach oben als auch nach unten getragen wird, aber nicht aufgrund derselben Notwendigkeit.

Unter den vom Verstand zustande gebrachten Dingen kommen einige niemals spontan vor, wie etwa ein Haus oder eine Statue, *und auch nicht* aus | Notwendigkeit, sondern wegen einer Sache. Andere *Dinge* dagegen *kommen* auch durch Zufall *vor*, wie Gesundheit und Erhaltung.[487] Vor allem aber bei den Dingen, die sowohl so als auch anders sein können, geschieht es, wenn die Entstehung nicht durch Zufall geschieht, sondern so, dass das Ziel gut ist, wegen einer Sache, und zwar entweder durch Natur oder durch Kunst.[488] Nichts jedoch, *was* durch Zufall *geschieht*, geschieht *zugleich* wegen einer Sache.

Kapitel 12. | Ursache für die entstehenden und die entstandenen und die zukünftigen Dinge ist dasselbe, was es auch für die bestehenden Dinge ist: *diese* Ursache ist nämlich der Mittelbegriff – außer dass er für die bestehenden Dinge bestehend ist,

[A] [b32] Gegen die Einfügung von ὅτι bei Ross.

μενον, τοῖς δὲ γεγενημένοις γεγενημένον καὶ ἐσομένοις ἐσόμενον. οἷον διὰ τί γέγονεν ἔκλειψις; διότι ἐν μέσῳ γέγονεν ἡ γῆ· γίνεται δὲ διότι γίνεται, ἔσται δὲ διότι ἔσται ἐν μέσῳ, καὶ ἔστι διότι ἔστιν. τί ἐστι κρύσταλλος; εἰλήφθω δὴ ὅτι ὕδωρ πεπηγός. ὕδωρ ἐφ' οὗ Γ, πεπηγὸς ἐφ' οὗ Α, αἴτιον τὸ μέσον ἐφ' οὗ Β, ἔκλειψις θερμοῦ παντελής. ὑπάρχει δὴ τῷ Γ τὸ Β, τούτῳ δὲ τὸ πεπηγέναι τὸ ἐφ' οὗ Α. γίνεται δὲ κρύσταλλος γινομένου τοῦ Β, γεγένηται δὲ γεγενημένου, ἔσται δ' ἐσομένου.

Τὸ μὲν οὖν οὕτως αἴτιον καὶ οὗ αἴτιον ἅμα γίνεται, ὅταν γίνηται, καὶ ἔστιν, ὅταν ᾖ· καὶ ἐπὶ τοῦ γεγονέναι καὶ ἔσεσθαι ὡσαύτως. ἐπὶ δὲ τῶν μὴ ἅμα ἆρ' ἔστιν ἐν τῷ συνεχεῖ χρόνῳ, ὥσπερ δοκεῖ ἡμῖν, ἄλλα ἄλλων αἴτια εἶναι, τοῦ τόδε γενέσθαι ἕτερον γενόμενον, καὶ τοῦ ἔσεσθαι ἕτερον ἐσόμενον, καὶ τοῦ γίνεσθαι δέ, εἴ τι ἔμπροσθεν ἐγένετο; ἔστι δὴ ἀπὸ τοῦ ὕστερον γεγονότος ὁ συλλογισμός (ἀρχὴ δὲ καὶ τούτων τὰ γεγονότα)· διὸ καὶ ἐπὶ τῶν γινομένων ὡσαύτως. ἀπὸ δὲ τοῦ προτέρου οὐκ ἔστιν, οἷον ἐπεὶ τόδε γέγονεν, ὅτι τόδ' ὕστερον γέγονεν· καὶ ἐπὶ τοῦ ἔσεσθαι ὡσαύτως. οὔτε γὰρ ἀορίστου οὔθ' ὁρισθέντος ἔσται τοῦ χρόνου ὥστ' ἐπεὶ τοῦτ' ἀληθὲς εἰπεῖν γεγονέναι, τόδ' ἀληθὲς εἰπεῖν γεγονέναι τὸ ὕστερον. ἐν γὰρ τῷ μεταξὺ ψεῦδος ἔσται τὸ εἰπεῖν τοῦτο, ἤδη θατέρου γεγονότος. ὁ δ' αὐτὸς λόγος καὶ ἐπὶ τοῦ ἐσομένου, οὐδ' ἐπεὶ τόδε γέγονε, τόδ' ἔσται. τὸ γὰρ μέσον ὁμόγονον δεῖ εἶναι, τῶν γενομένων γενόμενον, τῶν ἐσομένων

für die entstehenden entstehend, für die entstandenen entstanden und für die zukünftigen zukünftig,[489] wie etwa: warum ist eine Verfinsterung *des Mondes* entstanden? Weil die Erde in die Mitte geraten ist; | und *die Verfinsterung* entsteht, weil *die Erde* dorthin gerät, sie wird zustande kommen, weil *die Erde* in die Mitte geraten wird, und sie kommt zustande, weil *die Erde* dort ist. Was ist Eis? Es sei angenommen: Wasser, das hart geworden ist.[490] Wasser C, hart geworden A, der Mittelbegriff als Ursache B: gänzliches Ausbleiben des Warmen. Es trifft also auf das C das B zu, und auf dieses das Hartsein, das A; und es entsteht | Eis, wenn das B entsteht, es ist entstanden, wenn *das B* entstanden ist, und es wird bestehen, wenn *das B* bestehen wird.

Dasjenige also, was auf diese Weise Ursache ist, und dasjenige, dessen Ursache es ist, entstehen zugleich, wenn sie entstehen, und bestehen zugleich, wenn sie bestehen; und beim Entstandensein und zukünftigen Sein *verhält es sich* ebenso.

Bei den nicht zugleich bestehenden Dingen aber – ist es da möglich, dass, wie es uns scheint, die einen Dinge in der | kontinuierlichen Zeit[491] Ursachen von anderen *Dingen* sind – vom Entstehen dieses Dinges ein anderes entstehendes Ding, und von seinem zukünftigen Sein ein anderes zukünftiges Ding, und vom Entstehen, wenn etwas zuvor entstand? Die Deduktion geht doch wohl vom später Entstandenen aus – Prinzip auch dieser Dinge aber ist das *zuvor* Entstandene –, weshalb *dies* auch ebenso bei den entstehenden Dingen *gilt.* | Vom Früheren dagegen geht *die Deduktion* nicht aus, wie etwa dass, weil dieses geschehen ist, dieses spätere geschehen ist, und beim zukünftigen Sein ebenso. Weder nämlich wenn die Zeit unbestimmt ist noch wenn sie bestimmt ist, wird es so sein, dass, da es wahr ist zu sagen, dass dieses entstanden ist, es wahr ist zu sagen, dass dieses, das Spätere, entstanden ist. Denn dazwischen wird es falsch sein, dieses zu sagen – | nachdem das eine der beiden bereits entstanden ist. Dasselbe Argument gilt auch für das Zukünftige – nicht einmal da dieses entstanden ist, wird dieses bestehen.[492] Denn der Mittelbegriff muss gleichartig sein: von entstandenen Dingen entstanden, von zukünftigen zukünftig,

ἐσόμενον, τῶν γινομένων γινόμενον, τῶν ὄντων ὄν· τοῦ δὲ γέγονε καὶ τοῦ ἔσται οὐκ ἐνδέχεται εἶναι ὁμόγονον. ἔτι οὔτε ἀόριστον ἐνδέχεται εἶναι τὸν χρόνον τὸν μεταξὺ οὔθ' ὡρι-
95b σμένον· ψεῦδος γὰρ ἔσται τὸ εἰπεῖν ἐν τῷ μεταξύ. ἐπισκεπτέον δὲ τί τὸ συνέχον ὥστε μετὰ τὸ γεγονέναι τὸ γίνεσθαι ὑπάρχειν ἐν τοῖς πράγμασιν. ἢ δῆλον ὅτι οὐκ ἔστιν ἐχόμενον γεγονότος γινόμενον; οὐδὲ γὰρ γενόμενον γενομένου· πέρατα γὰρ καὶ ἄτομα· ὥσπερ οὖν οὐδὲ στιγμαί εἰσιν ἀλλήλων ἐχόμεναι, οὐδὲ γενόμενα· ἄμφω γὰρ ἀδιαίρετα. οὐδὲ δὴ γινόμενον γεγενημένου διὰ τὸ αὐτό· τὸ μὲν γὰρ γινόμενον διαιρετόν, τὸ δὲ γεγονὸς ἀδιαίρετον. ὥσπερ οὖν γραμμὴ πρὸς στιγμὴν ἔχει, οὕτω τὸ γινόμενον πρὸς τὸ γεγονός· ἐνυπάρχει γὰρ ἄπειρα γεγονότα ἐν τῷ γινομένῳ. μᾶλλον δὲ φανερῶς ἐν τοῖς καθόλου περὶ κινήσεως δεῖ λεχθῆναι περὶ τούτων.

Περὶ μὲν οὖν τοῦ πῶς ἂν ἐφεξῆς γινομένης τῆς γενέσεως ἔχοι τὸ μέσον τὸ αἴτιον ἐπὶ τοσοῦτον εἰλήφθω. ἀνάγκη γὰρ καὶ ἐν τούτοις τὸ μέσον καὶ τὸ πρῶτον ἄμεσα εἶναι. οἷον τὸ Α γέγονεν, ἐπεὶ τὸ Γ γέγονεν (ὕστερον δὲ τὸ Γ γέγονεν, ἔμπροσθεν δὲ τὸ Α· ἀρχὴ δὲ τὸ Γ διὰ τὸ ἐγγύτερον τοῦ νῦν εἶναι, ὅ ἐστιν ἀρχὴ τοῦ χρόνου). τὸ δὲ Γ γέγονεν, εἰ τὸ Δ γέγονεν. τοῦ δὴ Δ γενομένου ἀνάγκη τὸ Α γεγονέναι. αἴτιον δὲ τὸ Γ· τοῦ γὰρ Δ γενομένου τὸ Γ ἀνάγκη γεγονέναι, τοῦ δὲ Γ γεγονότος ἀνάγκη πρότερον τὸ Α γεγονέναι. οὕτω δὲ λαμβάνοντι τὸ μέσον στήσεταί που εἰς ἄμεσον, ἢ ἀεὶ παρεμπεσεῖται διὰ τὸ ἄπειρον; οὐ γάρ ἐστιν ἐχόμενον

von entstehenden entstehend, von bestehenden bestehend; *als Mittelbegriff* vom: es ist entstanden, und vom: es wird bestehen kann er jedoch nicht gleichartig sein. Ferner | kann die Zeit dazwischen weder unbestimmt sein noch bestimmt, | denn da- **95b**
zwischen wird es falsch sein, es zu sagen.

Man muss auch untersuchen, was das Kontinuierliche ist – sodass nach dem Entstandensein unter den Dingen *auch* das Entstehen vorkommt. Oder ist klar, dass das Entstehende nicht an das Entstandene anschließt?[493] Denn *es schließt* auch nicht das Entstandene an das Entstandene *an*; | sie sind nämlich Grenzen und unteilbar. So wie also die Punkte nicht aneinander anschließen, so auch nicht entstandene Dinge, denn beide sind unteilbar; aber aus demselben Grund *schließt* auch Entstehendes nicht an Entstandenes *an*: das Entstehende ist nämlich teilbar, das Entstandene dagegen *ist* unteilbar.[494] Wie sich also Linie zu Punkt verhält, so das Entstehende zum Entstandenen; | es kommen nämlich unendlich viele entstandene Dinge im Entstehenden vor.[495] In einleuchtenderer Weise aber muss über diese Dinge in den allgemeinen Untersuchungen über die Veränderung[496] gesprochen werden.

Darüber nun, wie es sich, wenn die Entstehung kontinuierlich zustande kommt, mit dem Mittelbegriff – der Ursache – verhält, sei soviel angenommen. Es ist nämlich notwendig, | dass auch in diesen Dingen der Mittelbegriff und das Ursprüngliche unvermittelt sind. Beispielsweise: das A ist entstanden, weil das C entstanden ist – später entstanden ist aber das C, früher dagegen das A, und Prinzip ist das C, weil es dem Jetzt näher ist, welches *das* Prinzip der Zeit ist[497] –; das C aber ist entstanden, wenn das D entstanden ist. Wenn also das D entstanden ist, ist notwendig das A entstanden. | Ursache aber ist das C, denn wenn das D entstanden ist, so ist notwendig das C entstanden, und wenn das C entstanden ist, so ist notwendig früher das A entstanden.[498]

Wenn man es in dieser Weise annimmt – wird dann der Mittelbegriff irgendwo an einem Unvermittelten zum Stehen kommen oder wird stets *ein Mittelbegriff* dazwischen fallen aufgrund des Unendlichen?[499] Denn Entstandenes schließt

γεγονὸς γεγονότος, ὥσπερ ἐλέχθη. ἀλλ' ἄρξασθαί γε ὅμως ἀνάγκη ἀπ' ἀμέσου καὶ ἀπὸ τοῦ νῦν πρώτου. ὁμοίως δὲ καὶ ἐπὶ τοῦ ἔσται. εἰ γὰρ ἀληθὲς εἰπεῖν ὅτι ἔσται τὸ Δ, ἀνάγκη πρότερον ἀληθὲς εἰπεῖν ὅτι τὸ Α ἔσται. τούτου δ' αἴτιον τὸ Γ· εἰ μὲν γὰρ τὸ Δ ἔσται, πρότερον τὸ Γ ἔσται· εἰ δὲ τὸ Γ ἔσται, πρότερον τὸ Α ἔσται. ὁμοίως δ' ἄπειρος ἡ τομὴ καὶ ἐν τούτοις· οὐ γὰρ ἔστιν ἐσόμενα ἐχόμενα ἀλλήλων. ἀρχὴ δὲ καὶ ἐν τούτοις ἄμεσος ληπτέα. ἔχει δὲ οὕτως ἐπὶ τῶν ἔργων· εἰ γέγονεν οἰκία, ἀνάγκη τετμῆσθαι λίθους καὶ γεγονέναι. τοῦτο διὰ τί; ὅτι ἀνάγκη θεμέλιον γεγονέναι, εἴπερ καὶ οἰκία γέγονεν· εἰ δὲ θεμέλιον, πρότερον λίθους γεγονέναι ἀνάγκη. πάλιν εἰ ἔσται οἰκία, ὡσαύτως πρότερον ἔσονται λίθοι. δείκνυται δὲ διὰ τοῦ μέσου ὁμοίως· ἔσται γὰρ θεμέλιος πρότερον.

Ἐπεὶ δ' ὁρῶμεν ἐν τοῖς γινομένοις κύκλῳ τινὰ γένεσιν οὖσαν, ἐνδέχεται τοῦτο εἶναι, εἴπερ ἕποιντο ἀλλήλοις τὸ μέσον καὶ οἱ ἄκροι· ἐν γὰρ τούτοις τὸ ἀντιστρέφειν ἐστίν. δέδεικται δὲ τοῦτο ἐν τοῖς πρώτοις, ὅτι ἀντιστρέφει τὰ συμπεράσματα· τὸ δὲ κύκλῳ τοῦτό ἐστιν. ἐπὶ δὲ τῶν ἔργων φαίνεται ὧδε· βεβρεγμένης τῆς γῆς ἀνάγκη ἀτμίδα γενέσθαι, τούτου δὲ γενομένου νέφος, τούτου δὲ γενομένου ὕδωρ· τούτου δὲ γενομένου ἀνάγκη βεβρέχθαι τὴν γῆν· τοῦτο δ' ἦν τὸ ἐξ ἀρχῆς, ὥστε κύκλῳ περιελήλυθεν· ἑνὸς γὰρ αὐτῶν ὁτουοῦν ὄντος ἕτερον ἔστι, κἀκείνου ἄλλο, καὶ τούτου τὸ πρῶτον.

nicht an Entstandenes an, wie gesagt worden ist. Aber beginnen | muss man jedenfalls dennoch bei einem Unvermittelten und einem vom Jetzt her Ursprünglichen; auf ähnliche Weise *verhält es sich* auch bei dem: es wird bestehen. Wenn es nämlich wahr ist zu sagen, dass das D bestehen wird, so ist es wahr zu sagen, dass notwendig früher das A bestehen wird. Ursache dafür aber ist das C; wenn nämlich das D bestehen wird, so wird früher das C bestehen, und wenn das C bestehen wird, so wird früher das A bestehen. Und auf ähnliche Weise ist | der Schnitt auch in diesen Dingen unendlich,[500] denn die zukünftigen Dinge schließen nicht aneinander an. Und auch in diesen Dingen muss ein unvermitteltes Prinzip angenommen werden.

Es verhält sich aber auf diese Weise auch bei den wirklichen Dingen. Wenn ein Haus entstanden ist, so sind | notwendig Steine geschnitten worden und entstanden. Warum dies? Weil notwendig ein Fundament entstanden ist, wenn wirklich auch ein Haus entstanden ist, und wenn ein Fundament, so sind notwendig früher Steine entstanden. Wiederum, wenn ein Haus bestehen wird, so werden ebenso früher Steine bestehen. Und es wird auf ähnliche Weise durch den Mittelbegriff bewiesen; denn es wird früher ein Fundament bestehen.[501]

Da wir nun sehen, dass es unter den entstehenden Dingen eine Erzeugung im Kreis gibt, so kann dies dann der Fall sein, wenn der Mittelbegriff | und die Außenbegriffe einander folgen; in diesen Fällen nämlich gibt es das Konvertieren.[502] | Bewiesen worden ist dies in den ersten Untersuchungen – dass die Konklusionen konvertieren[503] –, und das heißt es, *ein Herumgehen* im Kreis zu sein. Bei den wirklichen Dingen gibt es Phänomene der folgenden Art. Wenn die Erde feucht geworden ist, entsteht notwendig Dunst, und wenn dieser entstanden ist, *entsteht* Bewölkung, und wenn diese entstanden ist, *entsteht* Regen; | und wenn dieser entstanden ist, wird die Erde notwendig[504] feucht. Dieses aber war das am Anfang *Stehende*, so dass man im Kreis herumgegangen ist. Wenn nämlich eines von ihnen, welches auch immer, besteht, so besteht ein anderes, und wenn jenes, ein noch anderes, und wenn dieses, das erste.[505]

Ἔστι δ' ἔνια μὲν γινόμενα καθόλου (ἀεί τε γὰρ καὶ ἐπὶ παντὸς οὕτως ἢ ἔχει ἢ γίνεται), τὰ δὲ ἀεὶ μὲν οὔ, ὡς ἐπὶ τὸ πολὺ δέ, οἷον οὐ πᾶς ἄνθρωπος ἄρρην τὸ γένειον τριχοῦται, ἀλλ' ὡς ἐπὶ τὸ πολύ. τῶν δὴ τοιούτων ἀνάγκη καὶ τὸ μέσον ὡς ἐπὶ τὸ πολὺ εἶναι. εἰ γὰρ τὸ Α κατὰ τοῦ Β καθόλου κατηγορεῖται, καὶ τοῦτο κατὰ τοῦ Γ καθόλου, ἀνάγκη καὶ τὸ Α κατὰ τοῦ Γ ἀεὶ καὶ ἐπὶ παντὸς κατηγορεῖσθαι· τοῦτο γάρ ἐστι τὸ καθόλου, τὸ ἐπὶ παντὶ καὶ ἀεί. ἀλλ' ὑπέκειτο ὡς ἐπὶ τὸ πολύ· ἀνάγκη ἄρα καὶ τὸ μέσον ὡς ἐπὶ τὸ πολὺ εἶναι τὸ ἐφ' οὗ τὸ Β. ἔσονται τοίνυν καὶ τῶν ὡς ἐπὶ τὸ πολὺ ἀρχαὶ ἄμεσοι, ὅσα ὡς ἐπὶ τὸ πολὺ οὕτως ἔστιν ἢ γίνεται.

Πῶς μὲν οὖν τὸ τί ἐστιν εἰς τοὺς ὅρους ἀποδίδοται, καὶ **II 13**
τίνα τρόπον ἀπόδειξις ἢ ὁρισμὸς ἔστιν αὐτοῦ ἢ οὐκ ἔστιν, εἴρηται πρότερον· πῶς δὲ δεῖ θηρεύειν τὰ ἐν τῷ τί ἐστι κατηγορούμενα, νῦν λέγωμεν.

Τῶν δὴ ὑπαρχόντων ἀεὶ ἑκάστῳ ἔνια ἐπεκτείνει ἐπὶ πλέον, οὐ μέντοι ἔξω τοῦ γένους. λέγω δὲ ἐπὶ πλέον ὑπάρχειν ὅσα ὑπάρχει μὲν ἑκάστῳ καθόλου, οὐ μὴν ἀλλὰ καὶ ἄλλῳ. οἷον ἔστι τι ὃ πάσῃ τριάδι ὑπάρχει, ἀλλὰ καὶ μὴ τριάδι, ὥσπερ τὸ ὂν ὑπάρχει τῇ τριάδι, ἀλλὰ καὶ μὴ ἀριθμῷ, ἀλλὰ καὶ τὸ περιττὸν ὑπάρχει τε πάσῃ τριάδι καὶ ἐπὶ πλέον ὑπάρχει (καὶ γὰρ τῇ πεντάδι ὑπάρχει), ἀλλ' οὐκ ἔξω τοῦ γένους· ἡ μὲν γὰρ πεντὰς ἀριθμός, οὐδὲν δὲ ἔξω ἀριθμοῦ περιττόν. τὰ δὴ τοιαῦτα ληπτέον μέχρι τούτου, ἕως τοσαῦτα ληφθῇ πρῶτον ὧν ἕκαστον μὲν ἐπὶ πλέον ὑπάρξει, ἅπαντα δὲ μὴ ἐπὶ πλέον· ταύτην γὰρ ἀνάγκη οὐσίαν εἶναι τοῦ πράγματος. οἷον τριάδι ὑπάρχει πάσῃ ἀριθμός, τὸ πε-

Es sind aber einige entstehende Dinge allgemein, denn immer und bei jedem verhalten sie sich oder entstehen auf diese Weise, andere dagegen *kommen* zwar nicht immer, aber | häufig *vor*, wie etwa nicht jeder männliche Mensch am Kinn behaart ist, aber *dies* doch häufig *vorkommt*.[506] Von derartigen Dingen ist notwendig auch der Mittelbegriff häufig.[507] Wenn nämlich das A vom B allgemein ausgesagt wird und dieses vom C allgemein, dann wird notwendig auch das A vom C immer und bei jedem ausgesagt; | dieses nämlich ist das Allgemeine, das bei jedem und immer *Vorkommende*. Aber es lag zugrunde: *dass es* häufig *vorkommt*; notwendig ist folglich auch der Mittelbegriff häufig – das B.[508] Es wird also auch von den häufigen Dingen unvermittelte Prinzipien geben, die auf diese Weise häufig bestehen oder entstehen.

Kapitel 13. | Wie nun das Was-es-ist in die Begriffe ausgelegt wird[509] und auf welche Weise es eine Demonstration oder Definition von ihm gibt oder nicht gibt, ist früher gesagt worden.[510] Wie man aber die im Was-es-ist ausgesagten Dinge einfangen soll, das wollen wir jetzt sagen.[511]

Von denjenigen *Begriffen* also, die stets auf jedes einzelne Ding zutreffen, erstrecken sich einige auf | mehr, allerdings nicht außerhalb der Gattung. Ich sage: auf mehr zutreffen, wenn etwas auf jedes Einzelne allgemein zutrifft, aber auch auf anderes; wie es etwa etwas gibt, was auf jede Dreiheit zutrifft, aber auch auf *etwas, was* nicht Dreiheit *ist*, so wie das Seiende auf die Dreiheit zutrifft, aber auch auf *etwas, was* nicht Zahl *ist*; und auch das Ungerade trifft auf jede Dreiheit | und auf mehr zu – denn es trifft auch auf die Fünfheit zu –, aber nicht außerhalb der Gattung; die Fünfheit nämlich ist eine Zahl, und nichts außerhalb von Zahl ist ungerade.[512]

Derartige *Begriffe* also müssen solange angenommen werden, bis zuerst so viele angenommen worden sind, dass von ihnen zwar jedes einzelne auf mehr zutrifft, alle *zusammen genommen* jedoch nicht auf mehr *zutreffen*; dies nämlich ist notwendig die Substanz | der Sache. So trifft etwa auf jede Dreiheit zu: Zahl, das Ungerade, das Prim auf beide Weisen –

ριττόν, τὸ πρῶτον ἀμφοτέρως, καὶ ὡς μὴ μετρεῖσθαι ἀριθμῷ καὶ ὡς μὴ συγκεῖσθαι ἐξ ἀριθμῶν. τοῦτο τοίνυν ἤδη ἐστὶν ἡ τριάς, ἀριθμὸς περιττὸς πρῶτος καὶ ὡδὶ πρῶτος. τούτων γὰρ ἕκαστον, τὰ μὲν καὶ τοῖς περιττοῖς πᾶσιν ὑπάρχει, **96b** τὸ δὲ τελευταῖον καὶ τῇ δυάδι, πάντα δὲ οὐδενί. ἐπεὶ δὲ δεδήλωται ἡμῖν ἐν τοῖς ἄνω ὅτι ἀναγκαῖα μέν ἐστι τὰ ἐν τῷ τί ἐστι κατηγορούμενα (τὰ καθόλου δὲ ἀναγκαῖα), τῇ δὲ τριάδι, καὶ ἐφ' οὗ ἄλλου οὕτω λαμβάνεται, ἐν τῷ τί ἐστι τὰ λαμβανόμενα, οὕτως ἐξ ἀνάγκης μὲν ἂν εἴη τριὰς ταῦτα. ὅτι δ' οὐσία, ἐκ τῶνδε δῆλον. ἀνάγκη γάρ, εἰ μὴ τοῦτο ἦν τριάδι εἶναι, οἷον γένος τι εἶναι τοῦτο, ἢ ὠνομασμένον ἢ ἀνώνυμον. ἔσται τοίνυν ἐπὶ πλέον ἢ τῇ τριάδι ὑπάρχον. ὑποκείσθω γὰρ τοιοῦτον εἶναι τὸ γένος ὥστε ὑπάρχειν κατὰ δύναμιν ἐπὶ πλέον. εἰ τοίνυν μηδενὶ ὑπάρχει ἄλλῳ ἢ ταῖς ἀτόμοις τριάσι, τοῦτ' ἂν εἴη τὸ τριάδι εἶναι (ὑποκείσθω γὰρ καὶ τοῦτο, ἡ οὐσία ἡ ἑκάστου εἶναι ἡ ἐπὶ τοῖς ἀτόμοις ἔσχατος τοιαύτη κατηγορία)· ὥστε ὁμοίως καὶ ἄλλῳ ὁτῳοῦν τῶν οὕτω δειχθέντων τὸ αὐτῷ εἶναι ἔσται.

Χρὴ δέ, ὅταν ὅλον τι πραγματεύηταί τις, διελεῖν τὸ γένος εἰς τὰ ἄτομα τῷ εἴδει τὰ πρῶτα, οἷον ἀριθμὸν εἰς τριάδα καὶ δυάδα, εἶθ' οὕτως ἐκείνων ὁρισμοὺς πειρᾶσθαι λαμβάνειν, οἷον εὐθείας γραμμῆς καὶ κύκλου, καὶ ὀρθῆς γωνίας, μετὰ δὲ τοῦτο λαβόντα τί τὸ γένος, οἷον πότερον τῶν ποσῶν ἢ τῶν ποιῶν, τὰ ἴδια πάθη θεωρεῖν διὰ τῶν κοινῶν

sowohl als nicht zu messen durch eine Zahl als auch als nicht zusammenzusetzen aus Zahlen. Dieses folglich ist bereits die Dreiheit: eine Zahl, ungerade, prim und in dieser Weise prim.[513] Von diesen Dingen trifft nämlich jedes einzelne teils auf alle ungeraden Zahlen zu, | das letzte dagegen auch auf die **96b**
Zweiheit, alle *zusammen genommen treffen* jedoch auf nichts anderes *als die Dreiheit zu*. Da wir nun in den obigen Untersuchungen klargemacht haben, dass die im Was-es-ist ausgesagten Dinge notwendig[A] sind und *dass* das Allgemeine notwendig ist,[514] und da im Falle der Dreiheit – und bei jedem anderen Ding, das auf diese Weise angenommen wird – das Angenommene im Was-es-ist liegt, | so dürfte auf diese Weise eine Dreiheit mit Notwendigkeit dieses sein. Dass es aber Substanz ist, wird aus folgendem klar. Wenn dieses nämlich nicht das war, was es heißt eine Dreiheit zu sein, so ist dieses notwendigerweise wie eine Gattung, entweder benannt oder namenlos. Es wird folglich auf mehr als die Dreiheit zutreffen. Es sei nämlich zugrunde gelegt, dass die Gattung von der Art ist, dass sie der Möglichkeit | nach auf mehr zutrifft.[515] Wenn es folglich auf nichts anderes zutrifft als auf die ungeteilten Dreiheiten, dann dürfte es dies sein, was es heißt, eine Dreiheit zu sein – zugrunde gelegt sei nämlich auch dieses, dass die Substanz eines jeden Dinges das für die unteilbaren Dinge letzte derartige Prädikat ist. Daher wird *dieses Prädikat* in ähnlicher Weise auch für ein beliebiges anderes der auf diese Weise bewiesenen Dinge das sein, was es heißt es selbst zu sein.

| Man sollte ferner, wenn man sich mit einem bestimmten Ganzen beschäftigt,[516] die Gattung in die der Art nach unteilbaren Dinge, *also in* die ursprünglichen Dinge, teilen,[517] wie etwa Zahl in Dreiheit und Zweiheit. Daraufhin *sollte man* auf diese Weise Definitionen jener Dinge anzunehmen versuchen, wie etwa von gerader Linie und Kreis[518] und rechtem Winkel. Und danach, nachdem man angenommen hat, was die Gattung ist, wie etwa ob *die Zahl* zu den | quantitativen oder qualitativen Dingen gehört, *sollte man* die spezifischen Eigenschaften

[A] [b2] ἀναγκαῖα mit codd. gegen die Konjektur καθόλου bei Ross.

πρώτων. τοῖς γὰρ συντιθεμένοις ἐκ τῶν ἀτόμων τὰ συμβαίνοντα ἐκ τῶν ὁρισμῶν ἔσται δῆλα, διὰ τὸ ἀρχὴν εἶναι πάντων τὸν ὁρισμὸν καὶ τὸ ἁπλοῦν καὶ τοῖς ἁπλοῖς καθ' αὑτὰ ὑπάρχειν τὰ συμβαίνοντα μόνοις, τοῖς δ' ἄλλοις κατ' ἐκεῖνα. αἱ δὲ διαιρέσεις αἱ κατὰ τὰς διαφορὰς χρήσιμοί εἰσιν εἰς τὸ οὕτω μετιέναι· ὡς μέντοι δεικνύουσιν, εἴρηται ἐν τοῖς πρότερον. χρήσιμοι δ' ἂν εἶεν ὧδε μόνον πρὸς τὸ συλλογίζεσθαι τὸ τί ἐστιν. καίτοι δόξειέν γ' ἂν οὐδέν, ἀλλ' εὐθὺς λαμβάνειν ἅπαντα, ὥσπερ ἂν εἰ ἐξ ἀρχῆς ἐλάμβανέ τις ἄνευ τῆς διαιρέσεως. διαφέρει δέ τι τὸ πρῶτον καὶ ὕστερον τῶν κατηγορουμένων κατηγορεῖσθαι, οἷον εἰπεῖν ζῷον ἥμερον δίπουν ἢ δίπουν ζῷον ἥμερον. εἰ γὰρ ἅπαν ἐκ δύο ἐστί, καὶ ἕν τι τὸ ζῷον ἥμερον, καὶ πάλιν ἐκ τούτου καὶ τῆς διαφορᾶς ὁ ἄνθρωπος ἢ ὅ τι δήποτ' ἐστὶ τὸ ἓν γινόμενον, ἀναγκαῖον διελόμενον αἰτεῖσθαι.

Ἔτι πρὸς τὸ μηδὲν παραλιπεῖν ἐν τῷ τί ἐστιν οὕτω μόνως ἐνδέχεται. ὅταν γὰρ τὸ πρῶτον ληφθῇ γένος, ἂν μὲν τῶν κάτωθέν τινα διαιρέσεων λαμβάνῃ, οὐκ ἐμπεσεῖται ἅπαν εἰς τοῦτο, οἷον οὐ πᾶν ζῷον ἢ ὁλόπτερον ἢ σχιζόπτερον, ἀλλὰ πτηνὸν ζῷον ἅπαν· τούτου γὰρ διαφορὰ αὕτη. πρώτη δὲ διαφορά ἐστι ζῴου εἰς ἣν ἅπαν ζῷον ἐμπίπτει. ὁμοίως δὲ καὶ τῶν ἄλλων ἑκάστου, καὶ τῶν ἔξω γενῶν καὶ τῶν ὑπ' αὐτό, οἷον ὄρνιθος, εἰς ἣν ἅπας ὄρνις, καὶ ἰχθύος, εἰς ἣν ἅπας ἰχθύς. οὕτω μὲν οὖν βαδίζοντι ἔστιν εἰδέναι ὅτι οὐδὲν παραλέλειπται· ἄλλως δὲ

betrachten, *und zwar auf der Grundlage der* ursprünglichen gemeinsamen Dinge.[519] Denn was für die Dinge, die aus den unteilbaren *Dingen* zusammengesetzt sind,[520] gilt, wird aus den Definitionen klar sein, weil die Definition und das Einfache Prinzip von allem ist und *weil* die geltenden Dinge allein auf die einfachen *Dinge* an sich zutreffen, auf die anderen dagegen gemäß | jenen.

Die Begriffsteilungen anhand der Differenzen[521] sind nützlich für das Vorgehen auf diese Weise; inwiefern sie allerdings beweisen, ist in den früheren Untersuchungen gesagt worden.[522] Nützlich für das Deduzieren des Was-es-ist aber dürften sie nur auf folgende Weise sein – obgleich sie es in keiner Weise zu sein scheinen, sondern geradewegs alles anzunehmen scheinen, so wie wenn jemand es von Anfang an angenommen hätte | ohne die Begriffsteilung. Es macht aber einen Unterschied, eines der ausgesagten Dinge zuerst oder später auszusagen, wie etwa zu sagen: Lebewesen, zahm, zweifüßig, oder: zweifüßig, Lebewesen, zahm. Wenn nämlich alles von zwei Dingen abhängt und das zahme Lebewesen ein einziges Ding ist und wiederum aus diesem und der Differenz der Mensch *besteht* – oder welches eine Ding es auch immer ist –, so ist es notwendig, | dass der Teilende etwas fordert.

Ferner, um im Was-es-ist nichts zu übergehen, kann man nur auf diese Weise vorgehen. Wenn nämlich die ursprüngliche Gattung angenommen worden ist, so wird sie, wenn man eine der unteren Begriffsteilungen nimmt, nicht ganz in dieses *begrifflich Geteilte* hineinfallen, wie etwa nicht jedes Lebewesen entweder ganze Flügel oder gespaltene Flügel hat, sondern *nur* jedes geflügelte Lebewesen; von diesem | nämlich **97a**
ist jenes eine Differenz. Die erste Differenz von Lebewesen ist vielmehr diejenige, in die Lebewesen ganz hineinfällt, und auf ähnliche Weise *verhält es sich* auch bei jedem der anderen Dinge – sowohl bei den Gattungen außen als auch bei denen unter ihm, wie etwa bei der *Gattung* von Vogel, in die jeder Vogel *hineinfällt*, und bei der *Gattung* von Fisch, in die jeder Fisch hineinfällt. Wenn man also auf diese Weise | vorgeht, so ist es möglich zu wissen, dass nichts übergangen ist; auf an-

καὶ παραλιπεῖν ἀναγκαῖον καὶ μὴ εἰδέναι. οὐδὲν δὲ δεῖ τὸν ὁριζόμενον καὶ διαιρούμενον ἅπαντα εἰδέναι τὰ ὄντα. καίτοι ἀδύνατόν φασί τινες εἶναι τὰς διαφορὰς εἰδέναι τὰς πρὸς ἕκαστον μὴ εἰδότα ἕκαστον· ἄνευ δὲ τῶν διαφορῶν οὐκ εἶναι ἕκαστον εἰδέναι· οὗ γὰρ μὴ διαφέρει, ταὐτὸν εἶναι τούτῳ, οὗ δὲ διαφέρει, ἕτερον τούτου. πρῶτον μὲν οὖν τοῦτο ψεῦδος· οὐ γὰρ κατὰ πᾶσαν διαφορὰν ἕτερον· πολλαὶ γὰρ διαφοραὶ ὑπάρχουσι τοῖς αὐτοῖς τῷ εἴδει, ἀλλ' οὐ κατ' οὐσίαν οὐδὲ καθ' αὑτά. εἶτα ὅταν λάβῃ τἀντικείμενα καὶ τὴν διαφορὰν καὶ ὅτι πᾶν ἐμπίπτει ἐνταῦθα ἢ ἐνταῦθα, καὶ λάβῃ ἐν θατέρῳ τὸ ζητούμενον εἶναι, καὶ τοῦτο γινώσκῃ, οὐδὲν διαφέρει εἰδέναι ἢ μὴ εἰδέναι ἐφ' ὅσων κατηγοροῦνται ἄλλων αἱ διαφοραί. φανερὸν γὰρ ὅτι ἂν οὕτω βαδίζων ἔλθῃ εἰς ταῦτα ὧν μηκέτι ἔστι διαφορά, ἕξει τὸν λόγον τῆς οὐσίας. τὸ δ' ἅπαν ἐμπίπτειν εἰς τὴν διαίρεσιν, ἂν ᾖ ἀντικείμενα ὧν μὴ ἔστι μεταξύ, οὐκ αἴτημα· ἀνάγκη γὰρ ἅπαν ἐν θατέρῳ αὐτῶν εἶναι, εἴπερ ἐκείνου διαφορά ἐστι.

Εἰς δὲ τὸ κατασκευάζειν ὅρον διὰ τῶν διαιρέσεων τριῶν δεῖ στοχάζεσθαι, τοῦ λαβεῖν τὰ κατηγορούμενα ἐν τῷ τί ἐστι, καὶ ταῦτα τάξαι τί πρῶτον ἢ δεύτερον, καὶ ὅτι ταῦτα πάντα. ἔστι δὲ τούτων ἓν πρῶτον διὰ τοῦ δύνασθαι, ὥσπερ πρὸς συμβεβηκὸς συλλογίσασθαι ὅτι ὑπάρχει, καὶ διὰ τοῦ γένους κατασκευάσαι. τὸ δὲ τάξαι ὡς δεῖ ἔσται, ἐὰν τὸ

dere Weise dagegen übergeht man notwendig etwas und weiß es nicht.

Keineswegs aber muss der Definierende und Teilende alle Dinge wissen. Freilich behaupten einige, es sei unmöglich, *in Hinsicht auf jedes* Ding die Differenzen zu wissen, ohne jedes Ding zu wissen, und ohne die Differenzen sei es nicht möglich, | ein jedes Ding zu wissen, denn es sei mit *demjenigen* identisch, wovon es sich nicht unterscheide, und von *demjenigen*, wovon es sich unterscheide, von dem sei es verschieden.[523]

Erstens nun ist dieses falsch. Denn nicht in Hinsicht auf jede Differenz ist etwas verschieden. Viele Differenzen treffen nämlich auf Dinge zu, die der Art nach identisch sind, aber nicht in Hinsicht auf ihre Substanz und auch nicht an sich. Ferner, wenn man die Gegensätze und die Differenz annimmt und *behauptet,*| dass alles hierhin oder dorthin fällt, und *wenn* man annimmt, dass das Untersuchte *zu* dem einen *der beiden gehört*, und dieses bekannt ist, dann macht es keinen Unterschied zu wissen oder nicht zu wissen, von welchen anderen Dingen die Differenzen ausgesagt werden. Es ist nämlich einleuchtend, dass wenn man auf diese Weise vorgeht und zu denjenigen Dingen kommt, von denen es keine Differenz mehr gibt, man die Bestimmung der Substanz besitzen wird. Dass aber | alles in die Begriffsteilung hineinfällt, wenn es Gegensätze gibt, zwischen denen es nichts gibt, ist keine Forderung, denn es ist notwendig, dass alles in einem von ihnen ist, wenn es wirklich eine Differenz jenes Dinges ist.

Für das Herstellen einer Definition durch Begriffsteilungen muss man drei Dinge anstreben: diejenigen *Begriffe* anzunehmen, die im Was-es-ist ausgesagt werden; | und diese zu ordnen: was erstes oder zweites ist; und *darauf zu achten*, dass sie alles sind, *was das zu Definierende auszeichnet.* Eines *dieser Dinge, das erste*, ist dadurch möglich, dass man, so wie *man* beim Zufälligen *fähig ist* zu deduzieren, dass es zutrifft,[524] so auch hier fähig ist, *die Definition* durch die Gattung herzustellen.[525] Das Ordnen dagegen – so wie es sein soll – wird möglich sein, wenn man *den ursprünglichen Begriff* annimmt, und

πρῶτον λάβῃ. τοῦτο δ' ἔσται, ἐὰν ληφθῇ ὃ πᾶσιν ἀκολουθεῖ, ἐκείνῳ δὲ μὴ πάντα· ἀνάγκη γὰρ εἶναί τι τοιοῦτον. ληφθέντος δὲ τούτου ἤδη ἐπὶ τῶν κάτω ὁ αὐτὸς τρόπος· δεύτερον γὰρ τὸ τῶν ἄλλων πρῶτον ἔσται, καὶ τρίτον τὸ τῶν ἐχομένων· ἀφαιρεθέντος γὰρ τοῦ ἄνωθεν τὸ ἐχόμενον τῶν ἄλλων πρῶτον ἔσται. ὁμοίως δὲ καὶ ἐπὶ τῶν ἄλλων. ὅτι δ' ἅπαντα ταῦτα, φανερὸν ἐκ τοῦ λαβεῖν τό τε πρῶτον κατὰ διαίρεσιν, ὅτι ἅπαν ἢ τόδε ἢ τόδε ζῷον, ὑπάρχει δὲ τόδε, καὶ πάλιν τούτου ὅλου τὴν διαφοράν, τοῦ δὲ τελευταίου μηκέτι εἶναι διαφοράν, ἢ καὶ εὐθὺς μετὰ τῆς τελευταίας διαφορᾶς τοῦ συνόλου μὴ διαφέρειν εἴδει ἔτι τοῦτο.
97b δῆλον γὰρ ὅτι οὔτε πλεῖον πρόσκειται (πάντα γὰρ ἐν τῷ τί ἐστιν εἴληπται τούτων) οὔτε ἀπολείπει οὐδέν· ἢ γὰρ γένος ἢ διαφορὰ ἂν εἴη. γένος μὲν οὖν τό τε πρῶτον, καὶ μετὰ τῶν διαφορῶν τοῦτο προσλαμβανόμενον· αἱ διαφοραὶ δὲ πᾶσαι ἔχονται· οὐ γὰρ ἔτι ἔστιν ὑστέρα· εἴδει γὰρ ἂν διέφερε τὸ τελευταῖον, τοῦτο δ' εἴρηται μὴ διαφέρειν.

Ζητεῖν δὲ δεῖ ἐπιβλέποντα ἐπὶ τὰ ὅμοια καὶ ἀδιάφορα, πρῶτον τί ἅπαντα ταὐτὸν ἔχουσιν, εἶτα πάλιν ἐφ' ἑτέροις, ἃ ἐν ταὐτῷ μὲν γένει ἐκείνοις, εἰσὶ δὲ αὑτοῖς μὲν ταὐτὰ τῷ εἴδει, ἐκείνων δ' ἕτερα. ὅταν δ' ἐπὶ τούτων ληφθῇ τί πάντα ταὐτόν, καὶ ἐπὶ τῶν ἄλλων ὁμοίως, ἐπὶ τῶν εἰλημμένων πάλιν σκοπεῖν εἰ ταὐτόν, ἕως ἂν εἰς ἕνα ἔλθῃ

dieses wird möglich sein, wenn angenommen worden ist, was allen *Begriffen* folgt,[526] | *während* ihm aber nicht alle *folgen*; denn notwendigerweise gibt es etwas Derartiges. Und wenn dieses angenommen worden ist, so wird dieselbe Weise auf die unteren *Begriffe* angewendet, denn der zweite *Begriff* wird *der ursprüngliche* der übrigen *Begriffe* sein, und *der* dritte *der ursprüngliche* der anschließenden *Begriffe*, denn wenn vom oberen abstrahiert wird, ist der anschließende ursprünglich für die übrigen *Begriffe*; auf ähnliche Weise *verhält es sich* auch bei den anderen Dingen.

| Dass *die Begriffe* ferner alles sind, *was das zu Definierende auszeichnet,* ist einleuchtend, wenn man sowohl das Ursprüngliche in Hinsicht auf eine Begriffsteilung annimmt – dass jedes Lebewesen entweder dieses oder jenes ist, jedoch dieses zutrifft – als auch wiederum von diesem Ganzen die Differenz *annimmt* und dass es vom letzten keine Differenz mehr gibt oder sich vielmehr dieses unmittelbar nach der letzten Differenz vom Zusammengesetzten der Art nach nicht mehr unterscheidet. | Denn es ist klar, dass weder mehr hinzugesetzt **97b**
worden ist – sämtliche dieser *Begriffe* nämlich sind im Was-es-ist angenommen – noch *dass* irgendetwas fehlt, denn es wäre entweder Gattung oder Differenz. Gattung nun ist sowohl das Ursprüngliche als auch *das, was sich ergibt,* wenn dieses zusätzlich zusammen mit den Differenzen angenommen wird. Und die Differenzen sind alle | erfasst, denn es gibt keine nachgeordnete *Differenz* mehr – *denn in diesem Fall* würde sich das letzte Ding der Art nach unterscheiden, aber es ist gesagt worden, dass dieses sich nicht unterscheidet.[527]

Im Blick auf die ähnlichen und undifferenzierten Dinge sollte man zuerst untersuchen, was sie alle als Identisches besitzen, darauf so wiederum bei anderen Dingen *vorgehen*, die in derselben Gattung wie jene sind und *die* untereinander | der Art nach identisch, von jenen dagegen verschieden *sind*.[528] Und wenn bei diesen Dingen angenommen worden ist, was sie alle als Identisches besitzen, und bei den übrigen Dingen auf ähnliche Weise, so muss man bei den angenommenen Dingen wiederum untersuchen, ob etwas identisch ist, bis man zu einer

λόγον· οὗτος γὰρ ἔσται τοῦ πράγματος ὁρισμός. ἐὰν δὲ μὴ βαδίζῃ εἰς ἕνα ἀλλ' εἰς δύο ἢ πλείους, δῆλον ὅτι οὐκ ἂν εἴη ἕν τι εἶναι τὸ ζητούμενον, ἀλλὰ πλείω. οἷον λέγω, εἰ τί ἐστι μεγαλοψυχία ζητοῖμεν, σκεπτέον ἐπί τινων μεγαλοψύχων, οὓς ἴσμεν, τί ἔχουσιν ἓν πάντες ᾗ τοιοῦτοι. οἷον εἰ Ἀλκιβιάδης μεγαλόψυχος ἢ ὁ Ἀχιλλεὺς καὶ ὁ Αἴας, τί ἓν ἅπαντες; τὸ μὴ ἀνέχεσθαι ὑβριζόμενοι· ὁ μὲν γὰρ ἐπολέμησεν, ὁ δ' ἐμήνισεν, ὁ δ' ἀπέκτεινεν ἑαυτόν. πάλιν ἐφ' ἑτέρων, οἷον Λυσάνδρου ἢ Σωκράτους. εἰ δὴ τὸ ἀδιάφοροι εἶναι εὐτυχοῦντες καὶ ἀτυχοῦντες, ταῦτα δύο λαβὼν σκοπῶ τί τὸ αὐτὸ ἔχουσιν ἥ τε ἀπάθεια ἡ περὶ τὰς τύχας καὶ ἡ μὴ ὑπομονὴ ἀτιμαζομένων. εἰ δὲ μηδέν, δύο εἴδη ἂν εἴη τῆς μεγαλοψυχίας. αἰεὶ δ' ἐστὶ πᾶς ὅρος καθόλου· οὐ γάρ τινι ὀφθαλμῷ λέγει τὸ ὑγιεινὸν ὁ ἰατρός, ἀλλ' ἢ παντὶ ἢ εἴδει ἀφορίσας. ῥᾷόν τε τὸ καθ' ἕκαστον ὁρίσασθαι ἢ τὸ καθόλου, διὸ δεῖ ἀπὸ τῶν καθ' ἕκαστα ἐπὶ τὰ καθόλου μεταβαίνειν· καὶ γὰρ αἱ ὁμωνυμίαι λανθάνουσι μᾶλλον ἐν τοῖς καθόλου ἢ ἐν τοῖς ἀδιαφόροις. ὥσπερ δὲ ἐν ταῖς ἀποδείξεσι δεῖ τό γε συλλελογίσθαι ὑπάρχειν, οὕτω καὶ ἐν τοῖς ὅροις τὸ σαφές. τοῦτο δ' ἔσται, ἐὰν διὰ τῶν καθ' ἕκαστον εἰλημμένων ᾖ τὸ ἐν ἑκάστῳ γένει ὁρίζεσθαι χωρίς, οἷον τὸ ὅμοιον μὴ πᾶν ἀλλὰ τὸ ἐν χρώμασι καὶ σχήμασι, καὶ ὀξὺ τὸ ἐν φωνῇ, καὶ οὕτως ἐπὶ τὸ κοινὸν βαδίζειν, εὐλαβούμενον μὴ ὁμωνυμίᾳ ἐντύχῃ. εἰ δὲ μὴ διαλέγεσθαι δεῖ μεταφοραῖς, δῆλον ὅτι

einzigen Bestimmung kommt; diese nämlich wird eine Definition der Sache sein. Wenn man jedoch nicht zu einer einzigen *Bestimmung* kommt, sondern zu zweien oder mehreren, so ist klar, dass | das Untersuchte nicht ein einziges Ding sein dürfte, sondern mehrere *Dinge*. Ich meine etwa, wenn wir untersuchen würden, was Stolz ist,[529] so müssen wir bei stolzen Menschen, die wir kennen, untersuchen, was alle solche Menschen als Eines besitzen; wie etwa wenn Alkibiades stolz ist und der Achill und der Ajax,[530] was besitzen sie alle als Eines? Es nicht zu ertragen, wenn sie verhöhnt werden; denn der eine zog in den | Krieg, der andere brach in Zorn aus, der dritte tötete sich. Und wiederum bei anderen, wie Lysander oder Sokrates: wenn *sie als Eines besitzen*, im Glück und im Unglück indifferent zu sein, so nehme ich diese beiden Dinge an und untersuche, was sowohl die Leidenschaftslosigkeit gegenüber den Zufällen als auch die mangelnde Geduld bei verächtlicher Behandlung als Identisches besitzen. Und wenn *beide* nichts *Identisches besitzen*, so dürfte es zwei Arten des | Stolzes geben.

Stets aber ist jede Definition allgemein.[531] Denn der Arzt sagt nicht, was für ein gewisses Auge gesund ist, sondern was entweder für jedes *Auge* oder für eine Art *von Augen*, die er abgesondert hat, *gesund ist*. Und es ist leichter, das Einzelne zu definieren als das Allgemeine; deshalb sollte man vom Einzelnen zum Allgemeinen übergehen. Denn auch die Mehrdeutigkeiten bleiben mehr in den allgemeinen Dingen als in | den undifferenzierten *Dingen* verborgen.

So wie in den Demonstrationen deduziert *werden* sollte, so *sollte* auch in den Definitionen *Klarheit herrschen*.[532] Dieses aber wird möglich sein, wenn es mit Hilfe der einzelnen angenommenen Dinge möglich ist, für jede Gattung getrennt zu definieren – wie etwa das Ähnliche nicht im Ganzen *zu definieren*, sondern das *Ähnliche* in Farben und Figuren,[533] und das Hohe beim Ton – und | auf diese Weise zum Allgemeinen voranzuschreiten, auf der Hut, nicht in eine Mehrdeutigkeit zu verfallen.

Und wenn man nicht mittels Metaphern diskutieren sollte, dann *sollte man* klarerweise auch nicht mittels Metaphern de-

οὐδ’ ὁρίζεσθαι οὔτε μεταφοραῖς οὔτε ὅσα λέγεται μεταφοραῖς· διαλέγεσθαι γὰρ ἀνάγκη ἔσται μεταφοραῖς.

98a Πρὸς δὲ τὸ ἔχειν τὰ προβλήματα ἐκλέγειν δεῖ τάς II 14
τε ἀνατομὰς καὶ τὰς διαιρέσεις, οὕτω δὲ ἐκλέγειν, ὑποθέμενον τὸ γένος τὸ κοινὸν ἁπάντων, οἷον εἰ ζῷα εἴη τὰ τεθεωρημένα, ποῖα παντὶ ζῴῳ ὑπάρχει, ληφθέντων δὲ τούτων, πάλιν τῶν λοιπῶν τῷ πρώτῳ ποῖα παντὶ ἕπεται, οἷον εἰ τοῦτο ὄρνις, ποῖα παντὶ ἕπεται ὄρνιθι, καὶ οὕτως αἰεὶ τῷ ἐγγύτατα· δῆλον γὰρ ὅτι ἕξομεν ἤδη λέγειν τὸ διὰ τί ὑπάρχει τὰ ἑπόμενα τοῖς ὑπὸ τὸ κοινόν, οἷον διὰ τί ἀνθρώπῳ ἢ ἵππῳ ὑπάρχει. ἔστω δὲ ζῷον ἐφ’ οὗ Α, τὸ δὲ Β τὰ ἑπόμενα παντὶ ζῴῳ, ἐφ’ ὧν δὲ Γ Δ Ε τὰ τινὰ ζῷα. δῆλον δὴ διὰ τί τὸ Β ὑπάρχει τῷ Δ· διὰ γὰρ τὸ Α. ὁμοίως δὲ καὶ τοῖς ἄλλοις· καὶ ἀεὶ ἐπὶ τῶν κάτω ὁ αὐτὸς λόγος.

Νῦν μὲν οὖν κατὰ τὰ παραδεδομένα κοινὰ ὀνόματα λέγομεν, δεῖ δὲ μὴ μόνον ἐπὶ τούτων σκοπεῖν, ἀλλὰ καὶ ἂν ἄλλο τι ὀφθῇ ὑπάρχον κοινόν, ἐκλαμβάνοντα, εἶτα τίσι τοῦτ’ ἀκολουθεῖ καὶ ποῖα τούτῳ ἕπεται, οἷον τοῖς κέρατα ἔχουσι τὸ ἔχειν ἐχῖνον, τὸ μὴ ἀμφώδοντ’ εἶναι· πάλιν τὸ κέρατ’ ἔχειν τίσιν ἕπεται. δῆλον γὰρ διὰ τί ἐκείνοις ὑπάρξει τὸ εἰρημένον· διὰ γὰρ τὸ κέρατ’ ἔχειν ὑπάρξει.

finieren oder *definieren,* was mittels Metaphern gesagt wird;[534] denn sonst wird man notwendig mittels Metaphern diskutieren.

Kapitel 14. | Für das Besitzen der Probleme[535] sollte man die 98a
Schnitte[536] und die Begriffsteilungen auswählen,[A][537] und zwar auf folgende Weise: Indem man die Gattung voraussetzt, die allen *betrachteten* Dingen gemeinsam ist, *sollte man*, zum Beispiel wenn es Lebewesen sind, die betrachtet werden, auswählen, welche *Begriffe* auf jedes Lebewesen zutreffen, und wenn diese angenommen sind, | welche *Begriffe* wiederum dem ursprünglichen *Begriff der* übrigen Dingen ganz folgen[538] – wie etwa wenn dieses *ein* Vogel ist, welche Dinge jedem Vogel folgen –, und so stets welche dem nächsten *Begriff folgen.* Denn es ist klar, dass wir bereits werden sagen können, warum die folgenden *Begriffe* auf die Dinge unterhalb des Gemeinsamen zutreffen – wie etwa warum sie auf Mensch oder Pferd zutreffen. Es sei Lebewesen A, das B die *Begriffe,* | die jedem Lebewesen folgen, und C, D, E bestimmte *spezifische* Lebewesen; es ist also klar, warum das B auf das D zutrifft, nämlich aufgrund des A. Und in ähnlicher Weise *verhält es sich* auch bei den anderen Dingen; und dasselbe Argument gilt stets für die Dinge darunter.

Bis jetzt nun reden wir in Hinsicht auf die überlieferten, gemeinsamen Namen; man sollte es jedoch nicht nur bei diesen *Begriffen* untersuchen, sondern auch, | falls etwas anderes Gemeinsames als zutreffend beobachtet würde, es herausnehmen und dann untersuchen, welchen Dingen dieses folgt und welche Dinge diesem folgen,[539] wie etwa den Tieren, die Hörner besitzen, das Besitzen eines Vormagens und das Fehlen doppelter Zähne *folgt.* und wiederum *sollten wir untersuchen, inwiefern* das Besitzen von Hörnern gewissen Dingen folgt. Klar ist nämlich, warum das Genannte auf jene Dinge zutreffen wird; es wird nämlich aufgrund des Besitzens von Hörnern zutreffen.[540]

[A] [a 1–2] ἐκλέγειν mit B^2 n^2 E und Ross gegen λέγειν bei ABdn.

Ἔτι δ' ἄλλος τρόπος ἐστὶ κατὰ τὸ ἀνάλογον ἐκλέγειν. ἓν γὰρ λαβεῖν οὐκ ἔστι τὸ αὐτό, ὃ δεῖ καλέσαι σήπιον καὶ ἄκανθαν καὶ ὀστοῦν· ἔσται δ' ἑπόμενα καὶ τούτοις ὥσπερ μιᾶς τινος φύσεως τῆς τοιαύτης οὔσης.

Τὰ δ' αὐτὰ προβλήματά ἐστι τὰ μὲν τῷ τὸ αὐτὸ **II 15**
μέσον ἔχειν, οἷον ὅτι πάντα ἀντιπερίστασις. τούτων δ' ἔνια τῷ γένει ταὐτά, ὅσα ἔχει διαφορὰς τῷ ἄλλων ἢ ἄλλως εἶναι, οἷον διὰ τί ἠχεῖ, ἢ διὰ τί ἐμφαίνεται, καὶ διὰ τί ἶρις· ἅπαντα γὰρ ταῦτα τὸ αὐτὸ πρόβλημά ἐστι γένει (πάντα γὰρ ἀνάκλασις), ἀλλ' εἴδει ἕτερα. τὰ δὲ τῷ τὸ μέσον ὑπὸ τὸ ἕτερον μέσον εἶναι διαφέρει τῶν προβλημάτων, οἷον διὰ τί ὁ Νεῖλος φθίνοντος τοῦ μηνὸς μᾶλλον ῥεῖ; διότι χειμεριώτερος φθίνων ὁ μείς. διὰ τί δὲ χειμεριώτερος φθίνων; διότι ἡ σελήνη ἀπολείπει. ταῦτα γὰρ οὕτως ἔχει πρὸς ἄλληλα.

Περὶ δ' αἰτίου καὶ οὗ αἴτιον ἀπορήσειε μὲν ἄν τις, **II 16**
ἆρα ὅτε ὑπάρχει τὸ αἰτιατόν, καὶ τὸ αἴτιον ὑπάρχει (ὥσπερ εἰ φυλλορροεῖ ἢ ἐκλείπει, καὶ τὸ αἴτιον τοῦ ἐκλείπειν ἢ φυλλορροεῖν ἔσται· οἷον εἰ τοῦτ' ἔστι τὸ πλατέα ἔχειν τὰ
98b φύλλα, τοῦ δ' ἐκλείπειν τὸ τὴν γῆν ἐν μέσῳ εἶναι· εἰ γὰρ μὴ ὑπάρχει, ἄλλο τι ἔσται τὸ αἴτιον αὐτῶν), εἴ τε τὸ αἴτιον ὑπάρχει, ἅμα καὶ τὸ αἰτιατόν (οἷον εἰ ἐν μέσῳ ἡ γῆ, ἐκλείπει, ἢ εἰ πλατύφυλλον, φυλλορροεῖ). εἰ δ' οὕτως, ἅμ'

| Eine noch andere Weise *des Vorgehens* ist es, nach dem Analogen auszuwählen. Es ist nämlich nicht möglich, dasjenige Identische als Eines anzunehmen, als was man Knorpel und Gräte und Knochen bezeichnen soll;[541] es wird aber *Begriffe* geben, die auch diesen folgen, so als wären sie eine einzige derartige Natur.

Kapitel 15. Identisch sind Probleme teils dadurch, dass sie denselben | Mittebegriff besitzen,[542] wie etwa weil sie alle *einem wechselseitigen Austausch unterliegen*.[543] Von diesen *Problemen* sind einige der Gattung nach identisch, *und zwar* diejenigen, die dadurch Unterschiede besitzen, dass sie von verschiedenen Dingen oder auf verschiedene Weise gelten, wie etwa: warum hallt es wider, oder warum spiegelt es sich wider, und warum *entsteht* ein Regenbogen?[544] Alle diese Dinge nämlich sind dasselbe Problem der Gattung nach – alle nämlich sind eine Reflexion[545] –, aber der Art nach verschieden.

Andere | Probleme dagegen unterscheiden sich dadurch, dass der Mittelbegriff unter dem anderen Mittelbegriff ist[546] – wie etwa warum fließt der Nil stärker, wenn der Monat zu Ende geht? Weil der Monat am Ende stürmischer ist; und warum ist er am Ende stürmischer? Weil der Mond abnimmt.[547] Diese Dinge nämlich verhalten sich auf diese Weise zueinander.

Kapitel 16. | Zu der Ursache und dem, dessen Ursache sie ist, könnte jemand das Problem aufwerfen, ob immer dann, wenn das Verursachte *zutrifft*, auch die Ursache zutrifft – wie etwa wenn *etwas* Blätter abwirft oder sich verfinstert, ob dann auch die Ursache des Verfinsterns[548] oder Abwerfens von Blättern vorliegen wird. Wie etwa wenn diese *Ursache* das Besitzen breiter | Blätter ist, *die Ursache des* Verfinsterns dagegen: dass die Erde in der Mitte ist; denn wenn sie nicht zutreffen, wird etwas anderes ihre Ursache sein. Und wenn die Ursache zutrifft, *trifft* dann zugleich auch das Verursachte *zu* – wie etwa wenn die Erde in der Mitte ist, verfinstert *sich der Mond*, oder wenn *etwas* breitblättrig ist, wirft es Blätter ab? Wenn *es* aber so *ist*, dann dürften *Ursache und Verursachtes* zugleich vor-

ἂν εἴη καὶ δεικνύοιτο δι' ἀλλήλων. ἔστω γὰρ τὸ φυλλορροεῖν ἐφ' οὗ Α, τὸ δὲ πλατύφυλλον ἐφ' οὗ Β, ἄμπελος δὲ ἐφ' οὗ Γ. εἰ δὴ τῷ Β ὑπάρχει τὸ Α (πᾶν γὰρ πλατύφυλλον φυλλορροεῖ), τῷ δὲ Γ ὑπάρχει τὸ Β (πᾶσα γὰρ ἄμπελος πλατύφυλλος), τῷ Γ ὑπάρχει τὸ Α, καὶ πᾶσα ἄμπελος φυλλορροεῖ. αἴτιον δὲ τὸ Β τὸ μέσον. ἀλλὰ καὶ ὅτι πλατύφυλλον ἡ ἄμπελος, ἔστι διὰ τοῦ φυλλορροεῖν ἀποδεῖξαι. ἔστω γὰρ τὸ μὲν Δ πλατύφυλλον, τὸ δὲ Ε τὸ φυλλορροεῖν, ἄμπελος δὲ ἐφ' οὗ Ζ. τῷ δὴ Ζ ὑπάρχει τὸ Ε (φυλλορροεῖ γὰρ πᾶσα ἄμπελος), τῷ δὲ Ε τὸ Δ (ἅπαν γὰρ τὸ φυλλορροοῦν πλατύφυλλον)· πᾶσα ἄρα ἄμπελος πλατύφυλλον. αἴτιον δὲ τὸ φυλλορροεῖν. εἰ δὲ μὴ ἐνδέχεται αἴτια εἶναι ἀλλήλων (τὸ γὰρ αἴτιον πρότερον οὗ αἴτιον, καὶ τοῦ μὲν ἐκλείπειν αἴτιον τὸ ἐν μέσῳ τὴν γῆν εἶναι, τοῦ δ' ἐν μέσῳ τὴν γῆν εἶναι οὐκ αἴτιον τὸ ἐκλείπειν) – εἰ οὖν ἡ μὲν διὰ τοῦ αἰτίου ἀπόδειξις τοῦ διὰ τί, ἡ δὲ μὴ διὰ τοῦ αἰτίου τοῦ ὅτι, ὅτι μὲν ἐν μέσῳ, οἶδε, διότι δ' οὔ. ὅτι δ' οὐ τὸ ἐκλείπειν αἴτιον τοῦ ἐν μέσῳ, ἀλλὰ τοῦτο τοῦ ἐκλείπειν, φανερόν· ἐν γὰρ τῷ λόγῳ τῷ τοῦ ἐκλείπειν ἐνυπάρχει τὸ ἐν μέσῳ, ὥστε δῆλον ὅτι διὰ τούτου ἐκεῖνο γνωρίζεται, ἀλλ' οὐ τοῦτο δι' ἐκείνου.

Ἢ ἐνδέχεται ἑνὸς πλείω αἴτια εἶναι; καὶ γὰρ εἰ ἔστι τὸ αὐτὸ πλειόνων πρώτων κατηγορεῖσθαι, ἔστω τὸ Α τῷ Β πρώτῳ ὑπάρχον, καὶ τῷ Γ ἄλλῳ πρώτῳ, καὶ ταῦτα τοῖς Δ Ε. ὑπάρξει ἄρα τὸ Α τοῖς Δ Ε· αἴτιον δὲ τῷ μὲν Δ τὸ Β, τῷ δὲ Ε τὸ Γ· ὥστε τοῦ μὲν αἰτίου ὑπάρχοντος ἀνάγκη τὸ πρᾶγμα ὑπάρχειν, τοῦ δὲ πράγματος ὑπάρχοντος οὐκ

liegen | und wechselseitig durcheinander bewiesen werden.[549] Es sei nämlich das Abwerfen von Blättern A, das Breitblättrige B, Weinstock C; wenn also das A auf das B zutrifft – alles nämlich, was breitblättrig ist, wirft Blätter ab –, und das B auf das C zutrifft – jeder Weinstock nämlich ist breitblättrig –, so trifft das A auf das C zu, und jeder Weinstock | wirft Blätter ab.[550] Ursache aber ist das B, der Mittelbegriff. Aber dass der Weinstock breitblättrig ist, kann ebenso auch durch das Abwerfen von Blättern demonstriert werden. Es sei nämlich das D breitblättrig, das E das Abwerfen von Blättern, und Weinstock F; auf das F also trifft das E zu – es wirft nämlich jeder Weinstock Blätter ab –, und auf das E das D – alles | nämlich, was Blätter abwirft, ist breitblättrig; jeder Weinstock ist folglich breitblättrig. Ursache aber ist das Abwerfen von Blättern.[551]

Wenn sie aber nicht wechselseitig voneinander Ursachen sein können – die Ursache nämlich ist vorrangig gegenüber dem, dessen Ursache sie ist, und vom Verfinstern ist Ursache, dass die Erde in der Mitte ist; davon dagegen, dass die Erde in der Mitte ist, ist das Verfinstern nicht Ursache – wenn also die Demonstration durch die Ursache | sich auf das Warum richtet, die *Demonstration* dagegen, die nicht durch die Ursache *erfolgt*, auf das Dass, so weiß man *im letzteren Fall*, dass sie in der Mitte ist, nicht aber warum.[552] Und dass nicht das Verfinstern Ursache des In-der-Mitte-Seins ist, sondern dieses *die Ursache* vom Verfinstern, ist einleuchtend; denn in der Bestimmung des Verfinsterns kommt das In-der-Mitte-Sein vor, so dass klar ist, dass jenes durch dieses bekannt wird, aber nicht dieses durch jenes.[553]

| Oder kann es von einem einzigen *Faktum* mehrere Ursachen geben?[554] Denn auch wenn es möglich ist, dasselbe von mehreren ursprünglichen Dingen auszusagen, so treffe A auf das B als ursprüngliches *Ding* zu und auf das C als ein anderes ursprüngliches *Ding*, und diese auf die *Dinge* D, E; es wird folglich das A auf die *Dinge* D, E zutreffen. Ursache aber ist für das D das B, für das E aber das C, sodass wenn die Ursache zutrifft, notwendig | auch die Sache zutrifft, wenn dagegen die

ἀνάγκη πᾶν ὃ ἂν ᾖ αἴτιον, ἀλλ' αἴτιον μέν, οὐ μέντοι πᾶν. ἢ εἰ ἀεὶ καθόλου τὸ πρόβλημά ἐστι, καὶ τὸ αἴτιον ὅλον τι, καὶ οὗ αἴτιον, καθόλου; οἷον τὸ φυλλορροεῖν ὅλῳ τινὶ ἀφωρισμένον, κἂν εἴδη αὐτοῦ ᾖ, καὶ τοισδὶ καθόλου, ἢ φυτοῖς ἢ τοιοισδὶ φυτοῖς· ὥστε καὶ τὸ μέσον ἴσον δεῖ εἶναι ἐπὶ τούτων καὶ οὗ αἴτιον, καὶ ἀντιστρέφειν. οἷον διὰ τί τὰ δένδρα φυλλορροεῖ; εἰ δὴ διὰ πῆξιν τοῦ ὑγροῦ, εἴτε φυλλορροεῖ δένδρον, δεῖ ὑπάρχειν πῆξιν, εἴτε πῆξις ὑπάρχει, μὴ ὁτῳοῦν ἀλλὰ δένδρῳ, φυλλορροεῖν.

99a Πότερον δ' ἐνδέχεται μὴ τὸ αὐτὸ αἴτιον εἶναι τοῦ αὐτοῦ II 17
πᾶσιν ἀλλ' ἕτερον, ἢ οὔ; ἢ εἰ μὲν καθ' αὑτὸ ἀποδέδεικται καὶ μὴ κατὰ σημεῖον ἢ συμβεβηκός, οὐχ οἷόν τε· ὁ γὰρ λόγος τοῦ ἄκρου τὸ μέσον ἐστίν· εἰ δὲ μὴ οὕτως, ἐνδέχεται; ἔστι δὲ καὶ οὗ αἴτιον καὶ ᾧ σκοπεῖν κατὰ συμβεβηκός· οὐ μὴν δοκεῖ προβλήματα εἶναι. εἰ δὲ μή, ὁμοίως ἕξει τὸ μέσον· εἰ μὲν ὁμώνυμα, ὁμώνυμον τὸ μέσον, εἰ δ' ὡς ἐν γένει, ὁμοίως ἕξει. οἷον διὰ τί καὶ ἐναλλὰξ ἀνάλογον; ἄλλο γὰρ αἴτιον ἐν γραμμαῖς καὶ ἀριθμοῖς καὶ τὸ αὐτό γε, ᾗ μὲν γραμμή, ἄλλο, ᾗ δ' ἔχον αὔξησιν τοιανδί, τὸ αὐτό. οὐ-

Sache zutrifft, so nicht notwendig alles, was Ursache ist, sondern zwar eine Ursache, aber nicht jede.

Oder wenn das Problem[555] stets allgemein ist, ist dann auch die Ursache ein gewisses Ganzes, und *ist* das, dessen Ursache sie ist, *ebenfalls* allgemein? Wie etwa das Abwerfen von Blättern abgesondert für ein gewisses Ganzes bestimmt ist, und wenn es Arten von ihm gibt, dann auch *abgesondert* allgemein für diese, entweder für Pflanzen oder für Pflanzen von der und der Art, | sodass auch bei diesen Dingen der Mittelbegriff und das, dessen Ursache er ist, gleich sein und konvertieren[556] müssen. Wie etwa: warum werfen die Bäume Blätter ab? Wenn aufgrund einer Erstarrung des Feuchten, so muss sowohl wenn ein Baum Blätter abwirft, Erstarrung vorliegen, als auch *muss,* wenn Erstarrung vorliegt – nicht bei Beliebigem, sondern beim Baum –, das Abwerfen von Blättern *vorliegen.*[557]

99a *Kapitel 17.* | Ist es möglich, dass nicht in allen Fällen dasselbe Ding Ursache für dasselbe Ding ist, sondern ein anderes Ding? Oder *ist dies* nicht *möglich*?[558] Oder ist es, wenn *etwas* an sich demonstriert ist und nicht infolge eines Zeichens oder Zufälligen, nicht möglich – denn die Bestimmung des Außenbegriffs ist der Mittelbegriff –, wenn *es* aber nicht so *demonstriert ist*, ist es möglich?[A][559] Es ist möglich, | sowohl dasjenige zu untersuchen, dessen Ursache etwas *auf zufällige Weise* ist, als auch *dasjenige*, für das etwas Ursache auf zufällige Weise ist, aber *diese Fälle* scheinen keine Probleme[560] zu sein. Wenn *es sich* aber nicht so *verhält*, wird der Mittelbegriff sich auf ähnliche Weise verhalten: wenn die *untersuchten Dinge* mehrdeutig sind, wird der Mittelbegriff mehrdeutig sein, wenn *sie* in *ein- und derselben* Gattung *sind*, wird er sich ähnlich verhalten. Wie etwa: warum ist eine Proportion auch vertauschbar? Ursache *dafür* ist nämlich bei Linien und bei Zahlen *jeweils* ein anderes *Ding* – und doch dasselbe: insofern *es sich um eine* | Linie *handelt*, ein anderes, insofern *es sich* jedoch *um ein Ding handelt, das* einen Zuwachs von dieser Art hat, dasselbe.[561] Auf dieselbe Weise

[A] [a 4] Fragezeichen statt Punkt bei Ross.

τως ἐπὶ πάντων. τοῦ δ' ὅμοιον εἶναι χρῶμα χρώματι καὶ σχῆμα σχήματι ἄλλο ἄλλῳ. ὁμώνυμον γὰρ τὸ ὅμοιον ἐπὶ τούτων· ἔνθα μὲν γὰρ ἴσως τὸ ἀνάλογον ἔχειν τὰς πλευρὰς καὶ ἴσας τὰς γωνίας, ἐπὶ δὲ χρωμάτων τὸ τὴν αἴσθησιν μίαν εἶναι ἤ τι ἄλλο τοιοῦτον. τὰ δὲ κατ' ἀναλογίαν τὰ αὐτὰ καὶ τὸ μέσον ἕξει κατ' ἀναλογίαν.

Ἔχει δ' οὕτω τὸ παρακολουθεῖν τὸ αἴτιον ἀλλήλοις καὶ οὗ αἴτιον καὶ ᾧ αἴτιον· καθ' ἕκαστον μὲν λαμβάνοντι τὸ οὗ αἴτιον ἐπὶ πλέον, οἷον τὸ τέτταρσιν ἴσας τὰς ἔξω ἐπὶ πλέον ἢ τρίγωνον ἢ τετράγωνον, ἅπασι δὲ ἐπ' ἴσον (ὅσα γὰρ τέτταρσιν ὀρθαῖς ἴσας τὰς ἔξω)· καὶ τὸ μέσον ὁμοίως. ἔστι δὲ τὸ μέσον λόγος τοῦ πρώτου ἄκρου, διὸ πᾶσαι αἱ ἐπιστῆμαι δι' ὁρισμοῦ γίγνονται. οἷον τὸ φυλλορροεῖν ἅμα ἀκολουθεῖ τῇ ἀμπέλῳ καὶ ὑπερέχει, καὶ συκῇ, καὶ ὑπερέχει· ἀλλ' οὐ πάντων, ἀλλ' ἴσον. εἰ δὴ λάβοις τὸ πρῶτον μέσον, λόγος τοῦ φυλλορροεῖν ἐστιν. ἔσται γὰρ πρῶτον μὲν ἐπὶ θάτερα μέσον, ὅτι τοιαδὶ ἅπαντα· εἶτα τούτου μέσον, ὅτι ὀπὸς πήγνυται ἤ τι ἄλλο τοιοῦτον. τί δ' ἐστὶ τὸ φυλλορροεῖν; τὸ πήγνυσθαι τὸν ἐν τῇ συνάψει τοῦ σπέρματος ὀπόν.

Ἐπὶ δὲ τῶν σχημάτων ὧδε ἀποδώσει ζητοῦσι τὴν παρακολούθησιν τοῦ αἰτίου καὶ οὗ αἴτιον. ἔστω τὸ Α τῷ Β ὑπάρχειν παντί, τὸ δὲ Β ἑκάστῳ τῶν Δ, ἐπὶ πλέον δέ. τὸ μὲν δὴ Β καθόλου ἂν εἴη τοῖς Δ· τοῦτο γὰρ λέγω καθόλου ᾧ

verhält es sich bei allen Dingen. Dass dagegen die Farbe der Farbe ähnlich ist und die Figur der Figur, dafür ist anderes bei jeweils anderem Ursache; mehrdeutig nämlich ist das Ähnliche bei diesen Dingen – hier nämlich heißt es vielleicht, proportionale Seiten und gleiche Winkel zu haben,[562] bei den Farben dagegen *heißt es vielleicht*, dass die Wahrnehmung | eine einzige ist, oder etwas anderes derartiges.[563] Und die Dinge, die nach Analogie dieselben sind, werden auch den Mittelbegriff nach Analogie besitzen.[564]

Das wechselseitige Folgen[565] der Ursache und desjenigen, dessen Ursache und für das sie Ursache ist, verhält sich nun auf folgende Weise:[566] Wenn man *die Fälle* einzeln nimmt, erstreckt sich das, dessen Ursache sie ist, auf mehr,[567] wie *sich* etwa das *Haben von* Außenwinkel gleich vier Rechten[568] auf mehr *erstreckt* als *auf* entweder Dreieck oder | Viereck, bei allen zusammen *genommen* aber *erstreckt es sich* auf Gleiches – nämlich auf alles, was Außenwinkel gleich vier Rechten hat; und der Mittelbegriff *verhält sich* auf ähnliche Weise.[569] Der Mittelbegriff ist aber eine Bestimmung des ersten Außenbegriffs, weshalb alle Wissenschaften durch Definition zustande kommen. Zum Beispiel folgt das Abwerfen von Blättern zugleich dem Weinstock und geht darüber hinaus, und *es folgt* auch dem Feigenbaum und geht darüber hinaus, aber über alle *zusammen genommen geht es* nicht *hinaus*, | sondern *es* ist ihnen gleich. Wenn man also den ursprünglichen Mittelbegriff annimmt, so ist er eine Bestimmung des Abwerfens von Blättern. Es wird nämlich in Hinsicht auf die verschiedenen Dinge einen ursprünglichen Mittelbegriff geben – dass alle von der und der Art sind – und dann von diesem einen Mittelbegriff – dass Saft erstarrt, oder etwas anderes derartiges. Was ist das Abwerfen von Blättern? Das Erstarren des Saftes in der Verbindung zum Stiel.

| In Hinsicht auf die Figuren wird man es folgendermaßen auslegen,[570] wenn man die Folge der Ursache und dessen, wovon sie Ursache ist, untersucht. Es treffe das A auf jedes B zu und das B auf jedes der D-*Dinge*, und auf mehr; dazu gilt das B allgemein für die D-*Dinge*; ich nenne nämlich Allgemeines

μὴ ἀντιστρέφει, πρῶτον δὲ καθόλου ᾧ ἕκαστον μὲν μὴ ἀντιστρέφει, ἅπαντα δὲ ἀντιστρέφει καὶ παρεκτείνει. τοῖς δὴ Δ αἴτιον τοῦ Α τὸ Β. δεῖ ἄρα τὸ Α ἐπὶ πλέον τοῦ Β ἐπεκτείνειν· εἰ δὲ μή, τί μᾶλλον αἴτιον ἔσται τοῦτο ἐκείνου; εἰ δὴ πᾶσιν ὑπάρχει τοῖς Ε τὸ Α, ἔσται τι ἐκεῖνα ἓν ἅπαντα ἄλλο τοῦ Β. εἰ γὰρ μή, πῶς ἔσται εἰπεῖν ὅτι ᾧ τὸ Ε, τὸ **99b** Α παντί, ᾧ δὲ τὸ Α, οὐ παντὶ τὸ Ε; διὰ τί γὰρ οὐκ ἔσται τι αἴτιον οἷον τὸ Α ὑπάρχει πᾶσι τοῖς Δ; ἀλλ' ἆρα καὶ τὰ Ε ἔσται τι ἕν; ἐπισκέψασθαι δεῖ τοῦτο, καὶ ἔστω τὸ Γ. ἐνδέχεται δὴ τοῦ αὐτοῦ πλείω αἴτια εἶναι, ἀλλ' οὐ τοῖς αὐτοῖς τῷ εἴδει, οἷον τοῦ μακρόβια εἶναι τὰ μὲν τετράποδα τὸ μὴ ἔχειν χολήν, τὰ δὲ πτηνὰ τὸ ξηρὰ εἶναι ἢ ἕτερόν τι.

Εἰ δὲ εἰς τὸ ἄτομον μὴ εὐθὺς ἔρχονται, καὶ μὴ μόνον **II 18** ἓν τὸ μέσον ἀλλὰ πλείω, καὶ τὰ αἴτια πλείω. | πότερον δ' αἴτιον τῶν μέσων, τὸ πρὸς τὸ καθόλου πρῶ|τον ἢ τὸ πρὸς τὸ καθ' ἕκαστον, τοῖς καθ' ἕκαστον; δῆλον δὴ ὅτι | τὰ ἐγγύτατα ἑκάστῳ ᾧ αἴτιον. τοῦ γὰρ τὸ πρῶτον ὑπὸ τὸ | καθόλου ὑπάρχειν τοῦτο αἴτιον, οἷον τῷ Δ τὸ Γ τοῦ τὸ Β | ὑπάρχειν αἴτιον. τῷ μὲν οὖν Δ τὸ Γ αἴτιον τοῦ Α, τῷ δὲ Γ | τὸ Β, τούτῳ δὲ αὐτό.

Περὶ μὲν οὖν συλλογισμοῦ καὶ ἀποδείξεως, τί τε ἑκάτερόν ἐστι καὶ πῶς γίνεται, φανερόν, ἅμα δὲ καὶ περὶ ἐπι- **II 19**

dasjenige, mit dem sie nicht konvertieren,[571] ursprüngliches Allgemeines dagegen *dasjenige*, mit dem jedes einzelne zwar nicht konvertiert, | *mit dem* dagegen alle zusammen *genommen* konvertieren und *mit dem sie* sich entlang strecken. Für die D-*Dinge* also ist das B Ursache des A. Folglich muss sich das A auf mehr erstrecken als das B; wenn nicht, wieso wird dann dieses in höherem Maße Ursache sein als jenes? Wenn also das A auf alle die E-*Dinge* zutrifft, so werden alle jene Dinge ein bestimmtes Eines sein, verschieden von B; denn wenn nicht, wie wird es dann möglich sein zu sagen, dass auf alles, auf das das E *zutrifft*, auch das | A zutrifft, *dass* aber nicht auf alles, **99b**
auf das A *zutrifft*, auch das E *zutrifft*? Denn warum wird nicht irgendetwas Ursache sein wie dafür, dass das A[A] auf alle die D-*Dinge* zutrifft? Aber werden auch die E-*Dinge* ein bestimmtes Eines sein? Dieses muss untersucht werden, und es sei das C.

Es ist also möglich, dass es von derselben Sache mehrere Ursachen gibt, aber nicht für Dinge, die | der Art nach identisch sind – wie etwa *die Ursache* der Langlebigkeit bei Vierfüßlern *ist*, dass sie keine Galle besitzen, bei den Vögeln dagegen, dass sie trocken sind oder etwas anderes.[572]

Kapitel 18. Wenn die *Demonstrationen* aber nicht sofort zum Unteilbaren kommen und der Mittelbegriff nicht nur einer ist,[573] sondern *es* mehrere *Mittelbegriffe gibt*,[574] so sind auch die Ursachen mehrere.[575] Welcher der Mittelbegriffe aber ist Ursache für die einzelnen Dinge – der zum Allgemeinen hin erste | oder der zum Einzelnen hin *erste*? Klarerweise doch wohl der einem jeden Ding nächste *Mittelbegriff*, für das er Ursache ist.[576] Denn dafür, dass der erste *Mittelbegriff* unter dem Allgemeinen zutrifft, ist dieses Ursache, wie etwa das C für das D Ursache ist dafür, dass das B zutrifft; für das D also ist C Ursache des A, für das C das B, und für dieses es selbst.[577]

Kapitel 19. | *Was* also Deduktion und Demonstration *anbetrifft*, *so* ist einleuchtend sowohl was ein jedes *der beiden* ist[578]

[A] [b 2] Beibehaltung von *τὸ A* mit codd. gegen Ross.

στήμης ἀποδεικτικῆς· ταὐτὸν γάρ ἐστιν. περὶ δὲ τῶν ἀρχῶν, πῶς τε γίνονται γνώριμοι καὶ τίς ἡ γνωρίζουσα ἕξις, ἐντεῦθεν ἔσται δῆλον προαπορήσασι πρῶτον.

Ὅτι μὲν οὖν οὐκ ἐνδέχεται ἐπίστασθαι δι' ἀποδείξεως μὴ γιγνώσκοντι τὰς πρώτας ἀρχὰς τὰς ἀμέσους, εἴρηται πρότερον. τῶν δ' ἀμέσων τὴν γνῶσιν, καὶ πότερον ἡ αὐτή ἐστιν ἢ οὐχ ἡ αὐτή, διαπορήσειεν ἄν τις, καὶ πότερον ἐπιστήμη ἑκατέρου ἢ οὔ, ἢ τοῦ μὲν ἐπιστήμη τοῦ δ' ἕτερόν τι γένος, καὶ πότερον οὐκ ἐνοῦσαι αἱ ἕξεις ἐγγίνονται ἢ ἐνοῦσαι λελήθασιν. εἰ μὲν δὴ ἔχομεν αὐτάς, ἄτοπον· συμβαίνει γὰρ ἀκριβεστέρας ἔχοντας γνώσεις ἀποδείξεως λανθάνειν. εἰ δὲ λαμβάνομεν μὴ ἔχοντες πρότερον, πῶς ἂν γνωρίζοιμεν καὶ μανθάνοιμεν ἐκ μὴ προϋπαρχούσης γνώσεως; ἀδύνατον γάρ, ὥσπερ καὶ ἐπὶ τῆς ἀποδείξεως ἐλέγομεν. φανερὸν τοίνυν ὅτι οὔτ' ἔχειν οἷόν τε, οὔτ' ἀγνοοῦσι καὶ μηδεμίαν ἔχουσιν ἕξιν ἐγγίγνεσθαι. ἀνάγκη ἄρα ἔχειν μέν τινα δύναμιν, μὴ τοιαύτην δ' ἔχειν ἣ ἔσται τούτων τιμιωτέρα κατ' ἀκρίβειαν. φαίνεται δὲ τοῦτό γε πᾶσιν ὑπάρχον τοῖς ζώιοις. ἔχει γὰρ δύναμιν σύμφυτον κριτικήν, ἣν καλοῦσιν αἴσθησιν·

als auch wie es zustande kommt[579] – zugleich auch *was* demonstratives Wissen *anbetrifft*, denn es ist dasselbe.[580] *Was* dagegen die Prinzipien[581] *angeht*, so wird aus folgendem sowohl klar, wie sie bekannt werden als auch welches der Zustand[582] ist, *in dem wir sie kennen*[583] – wobei wir zuerst Probleme aufwerfen.[584]

| Dass es nicht möglich ist, *etwas* durch Demonstration zu wissen, ohne Kenntnis zu besitzen von den ursprünglichen, unvermittelten Prinzipien,[585] ist früher gesagt worden.[586] Was jedoch die Kenntnis der unvermittelten Dinge angeht, so könnte jemand sowohl das Problem aufwerfen, ob sie dieselbe *wie die der vermittelten Dinge* ist oder nicht dieselbe, als auch *das Problem*, ob es ein Wissen von jedem *Ding* gibt oder nicht[A],[587] oder *ob es* vom einen zwar Wissen *gibt*, vom anderen dagegen eine andere Gattung *von Kenntnissen*,[588] | und ob die Zustände *ihrer Kenntnis* nicht *bereits* in uns sind, sondern zustande kommen oder *bereits* in uns sind, aber verborgen bleiben.

Nun, wenn wir sie besitzen, ist *das letztere* abwegig; es folgt nämlich, dass wir Kenntnisse besitzen, *die* genauer *sind* als *eine* Demonstration, und *dass dies* zugleich verborgen bleibt. Wenn wir sie dagegen annehmen, ohne sie zuvor zu besitzen, wie sollten wir dann wohl Kenntnisse gewinnen und Wissen erwerben, *ohne sie aus bereits* vorhandener Kenntnis *zu gewinnen*? | *Dies* ist nämlich unmöglich, wie wir auch im Falle der Demonstration sagten.[589] Es ist folglich einleuchtend, dass es weder möglich ist, *Zustände dieser Kenntnisse* zu besitzen, noch dass sie in uns zustande kommen, ohne dass wir es wissen und irgendeinen *derartigen* Zustand besitzen.[590]

Es ist folglich notwendig, eine bestimmte Fähigkeit zu besitzen[591] – nicht allerdings eine *Fähigkeit* von der Art zu besitzen, dass sie in Hinsicht auf Genauigkeit[592] wertvoller sein wird als *die genannten Kenntnisse*. Es scheint dieses nun in der Tat *bereits* bei allen Tieren vorzuliegen. | Sie besitzen nämlich eine Fähigkeit, *die* mit ihrer Natur verbunden[593] und unterscheidungskräftig[594] *ist*, die man Wahrnehmung nennt. Und

[A] [b 24] Beibehaltung von *ἢ οὔ* mit den codd. gegen Ross.

ἐνούσης δ' αἰσθήσεως τοῖς μὲν τῶν ζῴων ἐγγίγνεται μονὴ τοῦ αἰσθήματος, τοῖς δ' οὐκ ἐγγίγνεται. ὅσοις μὲν οὖν μὴ ἐγγίγνεται, ἢ ὅλως ἢ περὶ ἃ μὴ ἐγγίγνεται, οὐκ ἔστι τούτοις γνῶσις ἔξω τοῦ αἰσθάνεσθαι· ἐν οἷς δ' ἔνεστιν αἰσθανομένοις ἔχειν
100a ἕν τι ἐν τῇ ψυχῇ. πολλῶν δὲ τοιούτων γινομένων ἤδη διαφορά τις γίνεται, ὥστε τοῖς μὲν γίνεσθαι λόγον ἐκ τῆς τῶν τοιούτων μονῆς, τοῖς δὲ μή.

Ἐκ μὲν οὖν αἰσθήσεως γίνεται μνήμη, ὥσπερ λέγομεν, ἐκ δὲ μνήμης πολλάκις τοῦ αὐτοῦ γινομένης ἐμπειρία· αἱ γὰρ πολλαὶ μνῆμαι τῷ ἀριθμῷ ἐμπειρία μία ἐστίν. ἐκ δ' ἐμπειρίας ἢ ἐκ παντὸς ἠρεμήσαντος τοῦ καθόλου ἐν τῇ ψυχῇ, τοῦ ἑνὸς παρὰ τὰ πολλά, ὃ ἂν ἐν ἅπασιν ἓν ἐνῇ ἐκείνοις τὸ αὐτό, τέχνης ἀρχὴ καὶ ἐπιστήμης, ἐὰν μὲν περὶ γένεσιν, τέχνης, ἐὰν δὲ περὶ τὸ ὄν, ἐπιστήμης. οὔτε δὴ ἐνυπάρχουσιν ἀφωρισμέναι αἱ ἕξεις, οὔτ' ἀπ' ἄλλων ἕξεων γίνονται γνωστικωτέρων, ἀλλ' ἀπὸ αἰσθήσεως, οἷον ἐν μάχῃ τροπῆς γενομένης ἑνὸς στάντος ἕτερος ἔστη, εἶθ' ἕτερος, ἕως ἐπὶ ἀρχὴν ἦλθεν. ἡ δὲ ψυχὴ ὑπάρχει τοιαύτη οὖσα οἵα δύνασθαι πάσχειν τοῦτο. ὃ δ' ἐλέχθη μὲν πάλαι, οὐ σαφῶς δὲ ἐλέχθη, πάλιν εἴπωμεν. στάντος γὰρ τῶν ἀδιαφόρων ἑνός, πρῶτον μὲν ἐν τῇ ψυχῇ καθόλου (καὶ γὰρ

wenn Wahrnehmung in ihnen vorhanden ist, kommt in einigen Tieren ein Bleiben des Wahrnehmungsinhalts zustande,[595] in anderen dagegen kommt es nicht zustande.[596] Für diejenigen nun, in denen es nicht zustande kommt, entweder ganz oder in Bezug auf *dasjenige, für das ein Bleiben* nicht zustande kommt, gibt es keine Kenntnis außerhalb des Wahrnehmens. Denjenigen *Tieren* dagegen, in denen es zustande kommt, ist es möglich, wenn sie ein gewisses Eines[A] wahrnehmen,[B] | es in der 100a
Seele zu halten. Und wenn viele derartige *Vorgänge* zustande kommen, so kommt endlich *auch* ein Unterschied zustande, so dass für einige *Wesen* aus dem Bleiben derartiger Wahrnehmungsinhalte eine Bestimmung zustande kommt, für andere dagegen nicht.

Aus Wahrnehmung also entsteht Erinnerung,[597] wie wir sagen. Und aus *der* Erinnerung desselben Dinges, wenn sie oft zustande kommt, | *entsteht* Erfahrung – denn viele Erinnerungen sind eine einzige Erfahrung.[598] Und aus Erfahrung, oder aus jedem Allgemeinen, das zur Ruhe gekommen ist in der Seele – das eine neben den vielen *Dingen*, was in allen jenen Dingen als eines dasselbe ist –, *entsteht* ein Prinzip von Kunst und Wissen – wenn in Hinsicht auf Werden, *ein Prinzip* von Kunst, wenn dagegen in Hinsicht auf Sein, *ein Prinzip* von Wissen.[599] | Weder also kommen die Zustände *der genannten Kenntnisse* abgesondert bestimmt in uns vor, noch entstehen sie von anderen Zuständen aus, die kenntnisreicher sind, sondern sie *entstehen* von der Wahrnehmung aus – wie etwa in einer Schlacht, wenn eine Wende zustande kommt, falls einer stehen bleibt, ein anderer stehen bleibt, darauf ein weiterer, bis man zum *Ausgangspunkt* kommt:[600] die Seele ist grundsätzlich von der Art, dass sie fähig ist, dieses geschehen zu lassen.

Was soeben gesagt worden ist,[601] | aber nicht deutlich gesagt worden ist, wollen wir noch einmal sagen. Wenn nämlich eines der undifferenzierten Dinge[602] zum Stehen kommt,[603] so gibt

[A] [b39] *αἰσθανομένοις* mit codd. gegen die Konjektur *αἰσθομένοις* von Überweg und Ross.

[B] [a 1] *ἕν τι* mit dn gegen *ἔτι* bei AE und Ross.

αἰσθάνεται μὲν τὸ καθ’ ἕκαστον, ἡ δ’ αἴσθησις τοῦ καθόλου
100b ἐστίν, οἷον ἀνθρώπου, ἀλλ’ οὐ Καλλίου ἀνθρώπου)· πάλιν ἐν τούτοις ἵσταται, ἕως ἂν τὰ ἀμερῆ στῇ καὶ τὰ καθόλου, οἷον τοιονδὶ ζῷον, ἕως ζῷον, καὶ ἐν τούτῳ ὡσαύτως. δῆλον δὴ ὅτι ἡμῖν τὰ πρῶτα ἐπαγωγῇ γνωρίζειν ἀναγκαῖον· καὶ γὰρ ἡ αἴσθησις οὕτω τὸ καθόλου ἐμποιεῖ.

Ἐπεὶ δὲ τῶν περὶ τὴν διάνοιαν ἕξεων αἷς ἀληθεύομεν αἱ μὲν ἀεὶ ἀληθεῖς εἰσιν, αἱ δὲ ἐπιδέχονται τὸ ψεῦδος, οἷον δόξα καὶ λογισμός, ἀληθῆ δ’ ἀεὶ ἐπιστήμη καὶ νοῦς, καὶ οὐδὲν ἐπιστήμης ἀκριβέστερον ἄλλο γένος ἢ νοῦς, αἱ δ’ ἀρχαὶ τῶν ἀποδείξεων γνωριμώτεραι, ἐπιστήμη δ’ ἅπασα μετὰ λόγου ἐστί, τῶν ἀρχῶν ἐπιστήμη μὲν οὐκ ἂν εἴη, ἐπεὶ δ’ οὐδὲν ἀληθέστερον ἐνδέχεται εἶναι ἐπιστήμης ἢ νοῦν, νοῦς ἂν εἴη τῶν ἀρχῶν, ἔκ τε τούτων σκοποῦσι καὶ ὅτι ἀποδείξεως ἀρχὴ οὐκ ἀπόδειξις, ὥστ’ οὐδ’ ἐπιστήμης ἐπιστήμη. εἰ οὖν μηδὲν ἄλλο παρ’ ἐπιστήμην γένος ἔχομεν ἀληθές, νοῦς ἂν εἴη ἐπιστήμης ἀρχή. καὶ ἡ μὲν ἀρχὴ τῆς ἀρχῆς εἴη ἄν, ἡ δὲ πᾶσα ὁμοίως ἔχει πρὸς τὸ πᾶν πρᾶγμα.

es ein *erstes* Allgemeines in der Seele. In der Tat nämlich wird zwar das Einzelne wahrgenommen,[604] aber die Wahrnehmung richtet sich auf das Allgemeine, | wie etwa auf Mensch, jedoch 100b
nicht auf Kallias den Menschen.[605] Und es kommt wiederum in diesen Dingen zum Stehen, bis *die Dinge, die ohne Teile und die allgemein sind*, zum Stehen kommen[606] – wie etwa ein solches Tier *zum Stehen kommt*, bis *schließlich* Tier *zum Stehen kommt*, und in diesem ebenso *etwas zum Stehen kommt.*[607] Es ist also klar, dass uns die ursprünglichen Dinge notwendig durch Induktion bekannt werden; in der Tat nämlich | bringt die Wahrnehmung auf diese Weise darin das Allgemeine zustande.[608]

Da nun von den auf den Verstand bezogenen Zuständen, mit denen wir die Wahrheit erfassen, die einen immer wahr sind, die anderen dagegen das Falsche zulassen – wie etwa Meinung und Folgerung *das Falsche zulassen*, Wissen und Einsicht dagegen stets wahr sind[609] – und da keine andere Gattung *von Kenntnissen* als Einsicht genauer als Wissen ist, und *da* die Prinzipien der Demonstrationen bekannter sind | und jedes Wissen mit einem Argument verbunden ist, so dürfte es von den Prinzipien kein Wissen geben. Da aber gegenüber einem Wissen nichts wahrer sein kann als Einsicht, so dürfte sich *die* Einsicht auf die Prinzipien richten.[610] Und wenn man es von diesen *Voraussetzungen* aus untersucht, so *gilt dies* auch deshalb, weil ein Prinzip von Demonstration nicht Demonstration und also *ein Prinzip* von Wissen nicht Wissen ist. Wenn wir also neben Wissen keine andere | wahre Gattung besitzen *als Einsicht*, so dürfte Einsicht *das* Prinzip von Wissen sein. Und die *Einsicht* dürfte sich als Prinzip auf das Prinzip richten, und das *Wissen* verhält sich insgesamt auf ähnliche Weise zu der gesamten Sache.

ANMERKUNGEN

BUCH I

I 1

1 Die griechischen Ausdrücke *didaskalia* und *mathesis* werden meist mit »Lehre« und »Lernen« übersetzt. Zur allgemeineren Bedeutung von *mathesis* und dem zugehörigen Verb »Lehren« (*manthanein*) im Sinne des Erwerbens von Wissen vgl. An. Post. I 18, 81 b 40; Top. VI 4, 144 a 26–b2; Metaph. VII 3, 1029 b 3–5; Metaph. I 9, 992 b 18–993 a 1. Zum Erwerben von Wissen auf der Grundlage vorhandener Kenntnisse vgl. auch Metaph. I 9, 992 b 25–26, NE VI 3, 1139 b 26–28 und An. Post. II 19, 99 b 28–30.

2 Zur Beziehung zwischen Wissenschaft und Kunst vgl. genauer An. Post. II 19, 100 a 9 und NE 1139 b 18–1140 a 23.

3 Zur Deduktion vgl. Einleitung Abschn. 3.

4 Zur Induktion vgl. Einleitung Abschn. 5, S. XXVII f.

5 Zur argumentativen Verwendung von Beispielen und zu rhetorischen Schlüssen als Arten von Deduktionen (*enthymemata*) vgl. An. Prior. II 24 und II 27 sowie Rhet. I 1–2, besonders 1355 a 4–15, 1356 b 1–19, 1402 b 14–21 und Rhet. II 25.

6 Zum absoluten Ist in der Formel »X ist« im Sinne von »X existiert« (»Ist schlechthin«) im Unterschied zum prädikativen Ist in der Formel »X ist Y« vgl. z. B. An. Post. II 1, 89 b 31–34; II 2, 89 b 38, 90 a 10–15. Zur genaueren Erläuterung der vorgängigen Kenntnis, dass gewisse Dinge existieren, vgl. vor allem das folgende Kapitel An. Post. I 2, vor allem 72 a 15–24. Die Angabe, was das Gesagte ist (eine sogenannte nominale Definition) wird in An. Post. II 10 näher erläutert.

7 Zu dieser These und der folgenden Erläuterung vgl. An. Prior. II 21, 67 a 13–26.

8 Vgl. die Beweise in Eukl. III 31 und I 32, ferner dazu An. Post. II 11, 94 a 28–34 und Metaph. IX 9, 1051 a 26–33.

9 Zum Mittelbegriff und Außenbegriff vgl. Einleitung Abschn. 1, S. XVI.

[10] Der Hinweis auf das »Problem im Menon« bezieht sich auf eine Stelle im platonischen Dialog *Menon*, an der ein epistemologisches Paradox diskutiert wird: Wir können nicht nach neuem Wissen suchen (und somit auch kein zusätzliches Wissen erwerben), denn entweder wir kennen es bereits, dann müssen wir es nicht suchen, oder wir kennen es nicht, dann wissen wir nicht, wonach wir suchen sollen (Plat. Men. 80 d2–e5).

[11] Auf welche Philosophen Aristoteles hier anspielt, ist nicht bekannt.

[12] Zur Demonstration vgl. Einleitung Abschn. 7.

I 2

[13] Zur Unterscheidung von Wissen schlechthin und Wissen auf sophistische Weise vgl. auch An. Post. I 5, 74 a 27–32. Von den beiden Merkmalen des Wissens (Notwendigkeit, Bezug auf Ursachen) wird manchmal jeweils nur eines genannt, vgl. An. Post. I 2, 71 b 15 f., 73 a 21, I 30, 87 b 20–22, I 33, 89 a 33–34 (Notwendigkeit); An. Post. I 2, 71 b 30, 94 a 20, Metaph. I 3, 983 a 24–27 (Bezug auf Ursachen). Zur aristotelischen Lehre von den vier Ursachen vgl. An. Post. II 11; Phys. II 3; Metaph. V 2.

[14] Zur Struktur einer Demonstration als deduktiver wissenschaftlicher Erklärung vgl. genauer Einleitung Abschn. 7.

[15] In der *Topik* und der *Ersten Analytik* werden nur die ersten der sechs Kennzeichen demonstrativer Prämissen genannt (vgl. Top. I 1, 100 a 27–30 und An. Prior. I 1, 24 a 30–31). In An. Post. I 2 wird demgegenüber zusätzlich der explanatorische Aspekt demonstrativer Prämissen betont, vgl. auch Phys. I 1, 184 a3; II 2, 194 b18. Zum logischen Terminus einer unvermittelten Prämisse vgl. Einleitung Abschn. 1, S. XVI f.

[16] In Phys. IV 12, 221 b 23–25 und Metaph. V 29, 1024 b 19–21 unterscheidet Aristoteles zwei Formen dessen, was nicht der Fall ist (des Falschen): das, was empirisch falsch ist, und das, was einem bewiesenen Theorem widerspricht.

[17] Der Beweis, dass die Diagonale eines Quadrates inkommensurabel mit den Seiten des Quadrates ist, d. h. dass die Länge dieser Diagonale eine irrationale Zahl im Verhältnis zu den Seiten ist und dass es demnach irrationale Zahlen gibt, war Aristoteles bekannt (vgl. Metaph. I 2, 983 a 16; IV 8, 1012 a 33; V 7, 1017 a 33 f.).

18 Zu dieser Unterscheidung vgl. auch Top. VI 4, Phys. I 1, An. Prior. II 23, 68 b 35–37; Metaph. VII 3, 1029 b 3–12; NE I 4, 1095 b 2–4.

19 Vgl. zu diesem Abschnitt auch De Int. 6–7. Dialektische Prämissen werden auch in Top. I 1, 100 a 27–30 und An. Prior. I 1, 24 a 22–b 2 erwähnt.

20 Zu Prinzipien in der Wissenschaft vgl. Einleitung Abschn. 8.

21 Beispiele für Postulate (*axiomata*) als Prinzipien werden in An. Post. I 11, 77 a 30–31 genannt, vgl. auch Metaph. IV 3, 1005 a 20–24. Zu Postulaten in einem schwächeren Sinn vgl. Top. VIII 1, 155 b 14–17, 156 a 23–25, Phys. VIII 1, 252 a 24.

22 Auf Hypothesen (*hypotheseis*) verweist Aristoteles oft, verwendet diesen Ausdruck allerdings manchmal weniger restriktiv, vgl. z. B. An. Post. I 21, 83 b 39, 84 a 6; II 6, 92 a 7,20; An. Prior. I 1, 24 b 10, I 10, 30 b 32, I 23, 41 a 21–b 1; I 44, 50 a 16–28; Top. I 18, 108 b 8 ff.; Metaph. VI 1, 1025 b 11 ff.; Phys. II 9, 199 b 34–200 a 20; Cael. I 7, 274 a 31–b 1; NE VII 9, 1151 a 15–18. In einigen Passagen heißen Hypothesen Prinzipien und ursprüngliche Dinge (Metaph. V 1, 1013 a 14–20; An. Post. I 19, 81 b 4; Metaph. XIII 9, 1085 b 34–1086 a 18). Vor allem die Stellen in An. Post. I 10, 76 b 3–6, 31–32 sprechen dafür, dass Hypothesen als wissenschaftliche Prinzipien Existenzannahmen sind.

23 Die Frage, was Definitionen sind und welche Arten von Definitionen es gibt, wird in An. Post. II 10 geklärt. Zum Verhältnis von Definitionen und Demonstrationen vgl. An. Post. II 8–9 und Einleitung Abschn. 9. Zuweilen werden Definitionen als die einzigen wissenschaftlichen Prinzipien bezeichnet (z. B. An. Post. II 3, 90 b 27; Top. VIII 3, 158 a 33; An. I 1, 402 b 16–26; Metaph. III 3, 998 b 5; VII 9, 1034 a 30–32; NE VI 9, 1142 a 26).

24 Zur Klassifikation wissenschaftlicher Prinzipien vgl. auch An. Post. I 10. Zum absoluten »ist« (»Einheit ist«) vgl. Anm. 6.

25 Zum komparativen Wissensbegriff in 72 a 25–b 4 vgl. auch An. Post. I 24, z. B. 85 a 20–31, b 9–10, 34–35. Die Stabilität echten Wissens (des Wissens schlechthin) wird sowohl von Platon als auch von Aristoteles oft betont, vgl. z. B. Plat. Tim. 29c, Ar. Top. VI 2, 130 b 15–16, An. Post. II 19, 100 b 6–8. Zur Komparativität des Wissens vgl. auch An. Post. I 9, 76 a 19–22.

I 3

26 Wer diese Position vertreten hat, ist unsicher. Einige Interpreten sehen hier eine Anspielung auf Antisthenes und weisen auf Metaph. IV 6, 1011 a 3–13, IV 4, 1006 a 5–9 hin.

27 Diese Position ist einigen Nachfolgern von Xenokrates zugeschrieben worden.

28 Das Problem eines unendlichen Regresses begründeten Wissens wurde schon von Platon (Theät. 209e–210b) und in der Akademie (Metaph. II 2) diskutiert.

29 Vgl. dazu An. Post. I 2, 71 b 20–25.

30 Zum komplizierten Beweis dieser These vgl. An. Post. I 20–22, insbesondere 82 b 29, 83 b 6, 84 a 3. Siehe ferner Cael. I 5, 272 a 3 und Phys. VI 7, 238 a 33.

31 Zum Prinzip des Wissens vgl. auch An. Post. I 33, 88 b 35; II 19, 100 b 15.

32 Zur doppelten Bedeutung von Vorrangigkeit und Nachrangigkeit vgl. An. Post. I 2, 71 b 33–72 a 6.

33 Vgl. An. Prior. II 16, 64 b 39–65 a 9.

34 Zu spezifischen Eigenschaften vgl. Top. 102 a 18 und An. Post. 92 a 8.

35 Vgl. dazu An. Prior. 34 a 16–21 und 40 b 30–37.

36 Vgl. zu den logischen Details dieses Abschnittes An. Prior. II 5–7, insbesondere 57 b 18–21 und 58 a 34–35 zur formalen Darstellung zirkulärer Beweise.

I 4

37 Zu Wissen und Notwendigkeit vgl. An. Post. I 2, 71 b 9–12. Zur relativen Notwendigkeit deduzierter und demonstrierter Sätze vgl. auch An. Prior. I 10, 30 b 31–38; An. Post. II 11, 94 a 21–27; II 5, 91 b 14–17.

38 Zu dieser Folgerung vgl. die beiden unterschiedlichen Stellungnahmen in An. Post. I 4, 73 b 13–15 und I 6, 75 a 1–4.

39 Zur Kennzeichnung demonstrativer Prämissen vgl. auch An. Post. I 2, 71 b 19–72 a 24.

40 Zum »Zutreffen auf jedes« mit und ohne Zeitklausel vgl. auch An. Prior. I 1, 24 b 28–30; Top. V 1; An. Prior. I 15, 34 b 7–18; An. Post. I 8, I 31, 87 b 30–33; II 12, 96 a 9–19.

41 Zur Falsifikation von universellen Sätzen durch Nachweis singulärer Gegenbeispiele vgl. auch Top. II 3, 110a32–36; VII 2, 157a34–b33; vgl. ferner An. Post. II 7, 92a37–39; An. Prior. II 26, 69b1–8 und Einleitung Abschn. 12.

42 Zum Was bzw. Was-es-ist vgl. Metaph. VII 1, 1028a10–18, ferner in An. Post. vor allem I 14, 79a24–29; I 22, 82b37–39, 83b4–7; II 2, 90a2, 32–34; II 3, 90b30, 91a1; II 8, bes. 93a4–5, a15; II 10, bes. 93b29; II 13, 96a22ff.

43 Zur frühen Theorie der Substanzen in den *Kategorien* vgl. Cat. 5, zur reifen Theorie der Substanzen in der *Metaphysik* vgl. Metaph. VII–VIII. Zur doppelten Bedeutung von »Substanz« im Sinne eines artbestimmten Einzeldinges und seiner essentiellen Bestimmung (der Essenz) vgl. Cat. 5 und Metaph. VII 1.

44 Zu dieser Unterscheidung des »Zutreffens an sich« im Blick auf Definitionen vgl. auch An. Post. I 6, 74b7–10; I 22, 84a12–17; Metaph. V 18, 1022a27–29.

45 Zum zufälligen Zutreffen vgl. z. B. Top. I 5, 102b6–7; An. Post. I 6, 75a20–22; I 30, 87b19–21; Metaph. V 30, 1025a14–16, ferner An. Prior. I 27, 43b6–9. Zum Verhältnis zwischen zufälligem und nicht-natürlichem Zutreffen vgl. An. Post. I 19, 81b23–29; I 22, 83a16–17. Zum zufälligen Zutreffen an sich vgl. An. Post. I 7, 75b1–2, vgl. auch Metaph. V 30, 1025a30–32, Phys. II 2, 193b27; III 4, 203b33.

46 Zu dieser – dritten – Weise des Aussagens an sich und seiner Beziehung zu natürlichen Prädikationen vgl. An. Post. I 22, 83a1–22, 30–32, ferner I 19, 81b25–28; I 13, 79a6.

47 Zum Begriff der Notwendigkeit in Aristoteles' Wissenschaftstheorie vgl. Einleitung Abschn. 10. Zu verschiedenen Notwendigkeitsbegriffen vgl. SE 4, 166a23–31; Int. 9, 19a23–24; Cael. I 12, 281b3–25; An. Prior. I 3, 25b14; I 10, 30b31–40; I 13, 32b4–13; An. Post. II 5, 91b14–17; II 11, 94a21–22, 94b37–95a3; Phys. II 9; GC II 11; NE VI 2, 1139b7–9; Rhet. I 10, 1368b35; III 17, 1418a3–5; Metaph. VI 3, 1027b1–9; XI 8, 1065a19; PA III 2, 663b28; IV 2, 677a17; GA I 19, 727b29; IV 4, 770b9–13; IV 8, 777a19–21.

48 Zum logischen Begriff der Wegnahme (= Privation) vgl. Metaph. IV 6, 1011b19.

49 Vgl. auch An. Post. I 5, 74a12–32. Dieser strikte, enge Begriff von allgemeinem Zukommen findet sich außerhalb der *Zweiten Analy-*

tik bei Aristoteles nicht und wird auch innerhalb der *Zweiten Analytik* nicht konsequent durchgehalten, vgl. z.B. II 17, 99a33–34.

I 5

50 Was es heißt, dass etwas korrekt allgemein als Ursprüngliches zutrifft, wurde im vorangehenden Kapitel I 4 klargestellt (vgl. An.Post. I 4, 73b32–74a1).

51 Vgl. Eukl. I 29 zu dem Theorem, dass beliebige gleiche Winkel sich nicht schneiden, insofern ihre Schenkel Parallelen bilden.

52 Vgl. zu diesem Fall auch Metaph. VII 11, 1036b1.

53 Die allgemeine Theorie der Proportionen war kurz zuvor von Eudoxos, einem bekannten Mathematiker und Mitglied der platonischen Akademie, entwickelt worden (vgl. zu dieser Theorie Euklid, *Elemente* Buch V und zu diesem Theorem ebd. V 16. Vgl. auch An.Post. I 24, 85a36–b1).

54 Vgl. diese Erläuterung des Wissens auf sophistische Weise anhand eines Beispieles mit der abstrakten Darstellung dieses Wissens in An.Post. I 2, 71b9–10.

I 6

55 Vgl. An.Post. I 4, 73a21–24.

56 Vgl. zu dieser Unterscheidung An.Post. I 4, 73a35–b5.

57 Zum zufälligen Zutreffen vgl. oben Anm. 45.

58 Vgl. An.Prior. I 13, 32a18–20. Zur genaueren Unterscheidung zwischen dem Notwendigen, häufig Geschehenden, Zufälligen und Spontanen vgl. An.Post. I 30, ferner Phys. II 4–6 (bes. II 5, 196b10–15); GC II 6, 333b5–7; Cael. I 12, 283a31–b1; EE VII 14, 1247a31–33; Metaph. VI 2, 1026b27–1027a28.

59 Vgl. An.Post. I 2, 71b9–19.

60 Zum allgemein Anerkannten vgl. Top. I 1, 100b21–23; I 10, 104a8–13, 33–38.

61 Vgl. Plat. Euthyd. 277b, Theät. 197a.

62 Zum Erhalten und Zugrundegehen der Sache p im Sinne des Bewahrens und Wechsels des Wahrheitswertes des Satzes »p« vgl. auch An. II 3, 428b6; Top. VIII 9, 157b15; An.Prior. I 33, 47b31; Top. V 9, 139a12; Metaph. IX 3, 1047a2; IX 8, 1050b14. Zum Prinzip, dass ein Satz seinen Wahrheitswert wechseln kann, vgl. ferner

Cat. 5, 4a34–b13; An. Post. I 33, 88b31–34; Top. IV 2, 123a15–17; Metaph. IX, 1051b13–15. Zum epistemischen Begriff von Besitzen von Demonstrationen, Begriffen etc. (*echein*) vgl. auch An. Post. I 6, 74b26–28; b32–35; 75a13; I 9, 76a29; I 13, 79a3–4; I 24, 86a13, 24; I 31, 88a4; I 33, 89a18; II 3, 90b10–13, b22–23 (vgl. Kenntnis oder Wissen besitzen, An. Post. I 2, 71a11; I 3, 72b24; I 6, 74b24; I 9, 76a4; I 24, 85b31; I 31, 88a11).

63 Vgl. An. Prior. I 15, 34a5–12; Metaph. IX 3, 1047b14–17.

64 Zur korrekten Folgerung wahrer Konklusionen aus falschen Prämissen vgl. An. Prior. II 2, 53b6–10 und die folgende ausführliche Diskussion in An. Prior. II 2–4. Zur korrekten Folgerung notwendiger Konklusionen aus Prämissen, die nicht beide notwendig sind, vgl. An. Prior. I 9–11.

65 Vgl. An. Prior. II 2, 53b7–8.

66 Zum Dass i. S. v. gegebenen Fakten und zum Weshalb als Ursachen zu gegebenen Fakten vgl. z. B. An. Post. II 1, 89b24–26; II 2.

67 Vgl. An. Post. I 4, 73a34–b24.

68 So auch z. B. An. Post. I 8, 75b24–25; I 30; ferner zur Allgemeinheit demonstrativer Konklusionen An. Post. I 4, 73b5–74a3. Vgl. jedoch zu Demonstrationen von singulären (»speziellen«) Fakten An. Post. I 24 und zu Beispielen etwa An. Post. II 11, 94a37–b8; I 11, 77a15–18; I 13, 78b29–31; I 34, 89b13–15; An. Prior. I 33, 47b21–34; II 24; II 27, 70a16–20.

69 Vgl. An. Post. I 4, 73b25–32.

70 Zu Deduktionen aus Zeichen vgl. An. Prior. II 27 sowie – im Sinne einer bloßen Deduktion des Dass – An. Post. I 13.

71 Vgl. An. Post. I 2, 71b9–14.

72 Zum Durch sich selbst Zutreffen vgl. An.post. I 4, 73b16–20.

I 7

73 Vgl. zu dieser These auch Metaph. I 9, 992a10–19; V 8, 1024b 15–16.

74 Vgl. zu dieser Liste von Elementen demonstrativer Wissenschaften An. Post. I 10, 76b11–22. Ähnliche (aber nicht exakt dieselben) Listen finden sich in An. Post. I 1, 71a11–17; I 2, 72a14–22; I 10, 76a32–b2; I 32, 88b27–28; I 10, 76b24–77a4; Metaph. II 2, 997a8, 19–21.

75 Zur radikalen Trennung der spezifischen Gegenstandsbereiche (»Gattungen«) verschiedener Wissenschaften vgl. auch An. Post. I 9, 76a4–15; I 23, 84b14–18; I 28; I 32, 88a31; An. Prior. I 30, 46a17ff.; Cael. III 7, 306a6ff.; Metaph. X 4, 1055a6–7; X 8, 1057b37; 1058a7. Siehe allerdings einschränkend Top. I 14; PA I 1, 641a6–14, 642a10–14; Phys. II 1, 192b8–34; II 8, 199a33–35. Zum hier einschlägigen Begriff der Gattung vgl. Top. III 1, 116a16; Metaph. X 3, 1054b23–30; X 4, 1056a26.

76 Vgl. Eukl. IX 4.

77 Zu über- und untergeordneten Wissenschaften vgl. An. Post. I 9, 76a9–15, 23–25; I 12, 77b1–2; I 13, 78b34–79a16.

78 Zu diesen Fragen vgl. Metaph. XIII 3, 1078a31–b5; III 2, 1003b33–1004a2; 1005a11–13; Cael. I 2, 269a19–30, I 4, 270b33–271a6.

I 8

79 Zu dieser Allgemeinheit vgl. An. Post. I 4, 73a28–34, b26–27.

80 Zu den ewigen (immer existierenden) Dingen vgl. Metaph. XIV 3, 1091a12; Cael. I 12, 281b25; CG II 9, 335a24–29.

81 Vgl. An. Post. I 6, 75a18–20, NE VI 3, 1139b22–24 und Anm. 68.

82 Zum Wissen schlechthin vgl. An. Post. I 2, 71b9–12.

83 Zur Vergänglichkeit von Prämissen vgl. Anm. 62.

84 Vgl. Metaph. VII 15, 1039b27–1040a7.

85 Vgl. zu diesen Arten von Definitionen genauer An. Post. II 10.

86 Vgl. auch An. Post. I 30, 87b20–25; II 12, 96a8–19.

87 Zum Standardbeispiel der Mondfinsternis vgl. auch An. Post. II 8, 93a23, 30, 37; I 31, 88a1; II 2, 90a3,17,30; II 16, 98b18.

88 Vgl. die Überlegungen in An. Post. I 7.

I 9

89 Der Mathematiker Bryson, ein Zeitgenosse des Aristoteles, wird einige Male von Aristoteles erwähnt (vgl. z. B. Soph. El. 11, 171b12–18, 172a2–7, Rhet. III 2, 1405b9). Er stammte aus Megara. Ansonsten ist außer seinem von Aristoteles bezeugten Versuch, die Quadratur des Kreises zu beweisen, kaum etwas von ihm bekannt. Es wird vermutet, dass Brysopn folgendermaßen argumentiert hat: Sei K ein gegebener Kreis, und seien Q_1 das dem

Kreis K einbeschriebene und Q_2 das K umschriebene Quadrat. Da die geometrischen Größen ein Kontinuum bilden, wächst Q_1 kontinuierlich zu Q_2. In dieser kontinuierlichen Reihe gibt es daher ein Quadrat Q, das größer ist als jedes Quadrat, dessen Flächeninhalt kleiner ist als der Flächeninhalt von K, und das kleiner ist als jedes Quadrat, dessen Flächeninhalt größer ist als der Flächeninhalt von K. Daher haben K und Q denselben Flächeninhalt, und K ist quadrierbar.

90 Zur Unterscheidung zwischen dem Wissen auf nicht-zufällige Weise (Wissen schlechthin) und dem Wissen auf zufällige Weise (Wissen auf sophistische Weise) vgl. An. Post. I 2, 71 b 9–12; I 5, 74 a 27–32; I 8, 75 b 24–26; I 9, 76 a 1–6.

91 Vgl. An. Post. I 7, 75 a 37, b 2–4, I 28 und Anm. 75, 76.

92 Zu den Fällen von über- und untergeordneten Wissenschaften vgl. genauer An. Post. I 13, 78 b 32–79 a 16.

93 Zu diesem komparativen Wissensbegriff vgl. auch An. Post. I 2, 72 a 25–35.

94 Zur Fragilität des Wissens und der Wissenschaft vgl. Einleitung Abschn. 12.

I 10

95 Vgl. An. Post. I 2, 72 a 15–24. Zum absoluten »sein« vgl. Anm. 6.

96 Vgl. zu dieser Unterscheidung An. Post. I 1, 71 a 11–17 und Anm. 6.

97 Vgl. zu dieser Passage An. Post. I 2, 72 a 15–24. Zum genannten Beispiel eines gemeinsamen Prinzips (also eines Postulates) vgl. An. Prior. I 24, 41 b 13–22; Metaph. IV 3, 1005 a 23–26.

98 Vgl. Anm. 17.

99 Vgl. zu dieser bemerkenswerten Unterscheidung Eukl. El. III 20. Die Erwähnung nicht-rechter Winkel weist auf eine (nicht erhaltene) voreuklidische Geometrie hin, in der u.a. mit gemischten Winkeln (mit einem geraden und einem runden Schenkel) gearbeitet wurde.

100 Vgl. dazu Anm. 74. Zu den Postulaten vgl. Anm. 21, zu den Hypothesen (Annahmen darüber, dass etwas ist (zum absoluten »ist« im Sinne von »Existiert« siehe Anm. 6) vgl. Anm. 22, zu den (nominalen) Definitionen (Annahmen darüber, was etwas bezeichnet) vgl. Anm. 23.

101 Zum inneren Argument vgl. Plat. Theät. 189e.

102 Zum Verhältnis von primitiven und abgeleiteten Begriffen einerseits sowie Axiomen und Theoremen andererseits vgl. An. Post. I 23, 84b15; I 28, 87a38; II 9; Top. VI 4, 141a27–31; Metaph. I 9, 982b32; III 2, 998b5.

103 Vgl. dazu An. Prior. I 41, 49b33–50a4; Metaph. III 2, 997b35–998a4; XIII 3, 1078a19–21; XIV 2, 1089a22–25 sowie Plat. Politeia 510c.

I 11

104 Zur Ablehnung der platonischen Formenlehre (auch Ideenlehre genannt) vgl. An. Post. I 22, 83a32–35, vor allem aber Metaph. I 9, VII 14–15 und XIII 4–5.

105 Zur positiven Kennzeichnung des Allgemeinen vgl. vor allem Metaph. VII 13, ferner Metaph. III 4, 1000a1–2; V 24, 1023b26–30; III 6, 1003a8–12; X 2, 1060b20–30, zur negativen Kennzeichnung vgl. Metaph. XII 5, 1071a18–24; VII 13, 1039a15–16; VIII 1, 1042a15–20.

106 Vgl. die Begründung des Satzes vom Widerspruch in Metaph. IV 3, 1005b17–IV 6, 1011b23.

107 Vgl. die Verteidigung des Satzes vom ausgeschlossenen Dritten in Metaph. IV 8, insbes. 1012b9–13; dazu ferner De Int. 9, 18a28–b4.

108 Zur Form des indirekten Beweises (also der auf das Unmögliche führenden Demonstration) und seines Zusammenhanges mit dem Satz vom ausgeschlossenen Dritten vgl. An. Prior. I 44 (bes. 50a35–37) und II 11 (bes. 61a25, b14). Siehe auch die Anwendung des indirekten Beweises in der Syllogistik, vgl. An. Prior. I 5, 27a36–b1; I 6, 28b17–21; Einleitung Abschn. 3, S. XXIII.

109 Vgl. dazu Anm. 75.

110 Vgl. An. Post. I 10, 76a37–b2.

111 Vgl. Anm. 21.

112 Zur Beziehung der Dialektik zur Wissenschaft vgl. Einleitung Abschn. 11. Siehe vor allem Top. I 1, 100a18–20; I 34, 183a37–39; Metaph. IV 4, 1004b19–20; Top. I 11, 172a12; Rhet. I 1, 1345a1–3; 1355b8–9; Top. I 2, 101a36–b3.

113 Vgl. dazu An. Prior. I 1, 42a22–25, An. Post. I 2, 72a8–10.

114 Vgl. An. Prior. II 15 (bes. 67b7–10).

I 12

115 Zu Prämissen in einer Kontradiktion vgl. An. Post. I 2, 72 a 8. Zur Verbindung von Fragen mit der Etablierung von Prämissen für Deduktionen vgl. An. Prior. II 15, 64 a 36–37; SE 177 a 10, 19, 33, 184 a 4 und vor allem Top. VIII.

116 Zu unter- und übergeordneten Wissenschaften vgl. An. Post. I 13, 78 b 34–79 a 16 und Anm. 77.

117 Zu Reflexionen über die Tätigkeit des Geometers vgl. auch Phys. VIII 3, 253 b 2–6; Metaph. IV 3, 1005 b 29–33. Zum allgemeinen Punkt möglicher Beweise spezifischer Prinzipien siehe Top. I 2, 101 a 37–b 1. Vgl. jedoch Einl. Abschn. 8, bes. S. XXXVIII–XL.

118 Zur Unwissenheit vgl. auch An. Post. I 5, I 16–18.

119 Zum Paralogismus vgl. Top. I 1, 101 a 5–17; I 11, 171 b 34–8; dazu An. Prior. II 15, 64 b 13–17.

120 Allgemein zur Ambivalenz der Vorsilbe »un-« vgl. Metaph. V 22, 1022 b 31–36.

121 Zu zwei Arten von Unwissenheit vgl. An. Post. I 16, 79 b 23–24.

122 Zur engen Verbindung von Sehen (Wahrnehmung) und Einsicht vgl. Metaph. VII 10, 1036 a 6; NE X 9, 1171 a 17; An. III 2, 427 a 1.

123 Vgl. Top. I 10, 177 b 16.

124 Zu Einwänden vgl. An. Post. I 4, 73 a 33; Top. II 3, 110 a 32–36; VII 5, 154 b 24–27; VIII 10, 161 a 1–15; Rhet. II 25, 1401 a 29–1403 a 15; An. Prior. II 26, 69 a 37–b 1.

125 Vgl. An. Post. I 11, 77 a 5–9.

126 Aristoteles spielt vermutlich auf die Komödie *Kaineus* des Antiphanes an, in der Kaineus ein Lapith war, vgl. Poet. 21, 1457 b 21.

127 Zur Ungültigkeit des Schlusses AaB, AaC ⇒ BaC vgl. An. Prior. I 28, 44 a 20–24.

128 Zu logisch korrekten Deduktionen wahrer Konklusionen aus falschen Prämissen vgl. An. Prior. II 2–4.

I 13

129 Zu diesem Unterschied vgl. ausführlicher An. Post. II 1–2; vgl. aber auch schon An. Post. I 6, 75 a 14–17, 33–35 sowie An. Post. I 27, 87 a 31–32.

130 Zum ursprünglich Ursächlichen vgl. An. Post. I 9, 76 a 18–20 und Phys. I 1, 184 a 12–14; II 3, 194 b 17–20.

131 Zum deduktiven Feststellen von Fakten (der Deduktion durch Zeichen) vgl. auch An. Post. I 6, 75a33; I 33, 89a21–23; II 8, 93a35–36.

132 Vgl. zu diesem Beispiel Cael. I 8, 290a13–24.

133 Vgl. auch An. Prior. I 30; Metaph. VI 1; PA I 1.

134 Vgl. Cael. I 8, 290a13–24, II 11 (insbesondere zur Kugelförmigkeit als Natur der Sterne ebd. 291b11–17).

135 In der zweiten und dritten syllogistischen Figur sind die Mittelbegriffe nach außen gesetzt, vgl. dazu Einleitung Abschn. 3 zu den syllogistischen Figuren (S. XXI, (2)–(3)) und zur hier einschlägigen zweiten Figur An. Prior. I 5, 26b39.

136 Vgl. Top. VI 2, 139b21; Metaph. V 2, 1013b12.

137 Der Skythe Anarchasis war ein weitgereister Mann und soll vor dem Hintergrund seines kulturellen Wissens offen griechische Sitten kritisiert haben, vgl. Herodot IV 76–77, Diog. Laert. I, 101–105; Cicero Tusc. V 32.90.

138 Zu diesen Paaren von Wissenschaften vgl. auch An. Prior. I 30, 46a17–24; An. Post. I 7, 75b12–20; I 9, 76a9–13; a22–25; I 12, 77b1–3; Phys. II 2, 194a7–12; Metaph. I 8, 989b33–34; II 2, 997b33–998a7; XII 8, 1073b3–6; XIII 2, 1077a1–9; XIII 3, 1078a14–21. Siehe ferner Plat. Phileb. 55c–59b.

139 Zur Gleichnamigkeit (Synonymität) vgl. Cat. 1, 1a6–7.

140 Zu diesen beiden Wissenschaftspaaren vgl. auch Plat. Politeia 529c–531c.

141 Vgl. dazu An. Prior. II 21, 67a8–b11.

142 Zu zwei der typischen Beweise, die Aristoteles in diesem Kontext im Auge hat, vgl. Ps.-Eukl. El. VII (die Optik), Prop. 8, und Ps.-Ar. Mech. 847b2–16.

143 Zur wissenschaftlichen Erklärung des Regenbogens unter Verwendung der Geometrie vgl. Meteor. II 2–5.

144 Vgl. dazu ausführlicher Metaph. I 1, 981a12–b8.

I 14

145 Zur ersten syllogistischen Figur vgl. Einleitung Abschn. 3, S. XXI, (1) und An. Prior. I 4, 25b27–26a1.

146 Vgl. zu dieser Frage auch die ausführliche Diskussion in An. Post. I 24–26.

147 Vgl. An. Post. I 2, 71 b 9–16.

148 Zum Was-es-ist vgl. Anm. 42. Das Wissen des Was-es-ist wird ausführlich diskutiert in An. Post. II 2–10.

149 Vgl. An. Prior. I 5.

150 Vgl. An. Prior. I 6.

151 Zur Prozedur der logischen Verdichtung, also der Analyse, speziell in der Syllogistik vgl. Einleitung Abschn. 4. Zur Erweiterung von Prämissen vgl. auch An. Post. I 25, 86 b 16–18.

I 15

152 Vgl. zum Unmittelbar-Zutreffen im Falle unvermittelter Prämissen Einleitung Abschn. 1, S. XVI f. Der Ausdruck »A trifft unmittelbar (nicht) auf B zu« statt »AaB bzw. AeB ist eine unvermittelte Prämisse« wird nur noch in An. Post. I 16, 79 b 30 verwendet.

153 Zum Ausdruck »A ist in einem Ganzen B« im Sinne von BaA vgl. An. Prior. I 1, 24 b 26–28; I 27, 43 b 11–14.

154 Zum Ausdruck »A trifft ursprünglich (nicht) auf B zu« statt »AaB bzw. AeB ist eine unvermittelte Prämisse« vgl. z. B. An. Post. I 5, 74 a 5–6; An. Prior. II 21, 66 b 20. Vgl. auch Anm. 50.

155 Vgl. zu diesem gültigen Syllogismus der zweiten Figur und seinem Beweis (*Camestres*) An. Prior. I 5, 27 a 9–14.

156 Zu diesem perfekten Syllogismus vgl. Einleitung Abschn. 4, S. XXII (A2) und An. Prior. I 4, 26 a 1–2.

157 Zu Begriffsreihen A-B-C-... (mit AaB, BaC; Ca ...) vgl. An. Prior. II 21, 66 b 27,35, An. Post. I 17, 80 b 27, 81 a 21; I 29, 97 b 6, 14.

158 Zur ersten und mittleren (d. h. zweiten) syllogistischen Figur vgl. Einleitung Abschn. 3, S. XXI, (1)–(2).

159 Zum Thema Unwissenheit, Irrtum und Fallibilität in der Wissenschaft vgl. Einleitung Abschn. 12.

I 16

160 Zu dieser Unterscheidung zweier Arten von Unwissenheit vgl. An. Post. I 12, 77 b 24–27. Die Unwissenheit in Hinsicht auf eine Verneinung (fehlende Kenntnis) wird in An. Post. I 18 behandelt, die Unwissenheit in Hinsicht auf eine Disposition (falsche Meinung) in An. Post. I 16–17.

161 Zutreffen und Nicht-Zutreffen wird in An. Post. I 16–17 durchgehend als universelles Zutreffen (AaB) bzw. universelles Nicht-Zutreffen (AeB) verstanden, wie etwa in An. Post. I 15, 79a36 deutlich wird.

162 Im folgenden (An. Post. I 16–17) wird nur der Irrtum durch Deduktion behandelt. Der Irrtum schlechthin wird nicht mehr thematisiert.

163 Zu dem Fall, dass man die Deduktion AaC, CaB ⇒ AaB aufstellt, wobei aber AeB unmittelbar wahr und somit die Konklusion AaB falsch ist, und dass dann beide Prämissen falsch sind, vgl. An. Prior. I 4, 26a9–16.

164 Zur Anspielung auf den perfekten Syllogismus *Celarent* (AeC, CaB ⇒ AeB) in diesem Fall von Falsifikation vgl. An. Post. I 4, 25b40–26a2 und Einleitung Abschn. 4, A2 (wenn in dem in Anm. 163 genannten Fall nur eine Prämisse falsch ist, dann kann es nur CaB sein, denn wäre AaC falsch, so wäre AeC wahr (wie Aristoteles hier annimmt, vgl. Anm. 161), und dann würde mit *Celarent* AeC deduziert werden können, im Widerspruch zu der Annahme, AeB sei unmittelbar (d. h. nicht-deduzierbar) wahr).

165 Zu den syllogistischen Figuren und den entsprechenden gültigen Syllogismen in diesen Figuren vgl. Einleitung Abschnitte 3–4. Dass in der zweiten Figur kein gültiger Syllogismus eine bejahende Konklusion hat, wird in An. Prior. I 5 bewiesen, und dass in der dritten Figur kein gültiger Syllogismus eine universelle Konklusion hat, wird in An. Prior. I 6 bewiesen

166 Anspielung auf *Celarent* (vgl.oben Anm. 163) als Irrtum über das Nicht-Zutreffen (AeB als falsche Konklusion von *Celarent,* weil AaB unmittelbar wahr ist); vgl. zur Möglichkeit der Falschheit der Prämissen in diesem Fall An. Prior. I 4, 26a9–16.

167 Zur falschen Deduktion im Sinne einer Deduktion mit einer falschen Konklusion vgl. An. Prior. II 18, 66a21.

168 Zur Unterscheidung der Falschheit einer Prämisse als ganzer und in Hinsicht auf ein gewisses Ding vgl. An. Prior. II 2, 54a4–6.

169 Zu diesem Fall vgl. An. Prior. I 5, 27b36–39.

I 17

170 Zum unmittelbar (und folglich auch nicht unmittelbar) Zutreffen vgl. An. Post. I 15, 79a34–35 und Anm. 152. Vgl. den hier diskutierten Fall, dass die Deduktion des Falschen durch einen angemessenen Mittelbegriff zustande kommt und das Falsche folglich nicht unmittelbar aufgewiesen wird (z. B. dass AeC, CaB ⇒ AeB deduziert ist, dass aber AeC falsch ist, weil AaB wahr ist, dass aber AaB seinerseits nicht unmittelbar ist, sondern selbst mit AaC, CaB ⇒ AaB deduziert ist) mit dem in An. Post. I 16 diskutierten Fall, dass AaB, aus dem die Falschheit der Konklusion AeB folgt, seinerseits unmittelbar ist.

171 Zu diesem weiten Begriff von Kontradiktion (in dem AeB kontradiktorisch zu AaB ist) vgl. z. B. Top. I 25, 180a23–31.

172 Zu diesem untechnischen Sinn von Konvertieren (AeC wird durch AaC ersetzt) vgl. An. Prior. I 28, 45b6. Zum gewöhnlichen logischen Begriff von Konvertieren (es gilt XrY und YrX, wobei r eine syllogistische Relation ist), vgl. z. B. die Konversionsregeln (etwa: aus AeB folgt BeA) in An. Prior. I 2–3 und Einleitung Abschn. 4, S. XXIV f.

173 Zur hier vorausgesetzten Möglichkeit, einen Satz durch verschiedene Mittelbegriffe und Deduktionen zu beweisen, vgl. An. Post. I 29.

174 Zur logischen Behandlung der mittleren (zweiten) syllogistischen Figur vgl. An. Prior. I 5.

175 Zu bejahenden (und entsprechend verneinenden) Deduktionen im Sinne von Deduktionen mit einer bejahenden (und entsprechend verneinenden) Konklusion vgl. z. B. An. Prior. I 19, 38a36–38; I 24, 41b27–31.

176 Vg. oben in diesem Kapitel, 80b22–25.

I 18

177 Zeilen 33–34 gestrichen.

178 Zur fundamentalen Rolle der Wahrnehmung für das Erwerben von Wissen vgl. auch An. Post. I 31, 88b27–88a8 sowie II 19. Zur Physiologie der Wahrnehmung vgl. Aristoteles' Schrift *De Sensu*. Zur Zuverlässigkeit und Wahrheit der Wahrnehmung vgl. An. II 6,

418a15–16; III 3, 427b11–12; 428b18–19; III 6, 430b29, qualifizierend dazu Metaph. IV 5, 1010b2–12; zur verlässlichen Wahrnehmungsfähigkeit als Bedingung des Überlebens bei allen Tieren vgl. An. III 12–13.

179 Vgl. dazu Einleitung Abschn. 5, S. XXVII f. Zur Induktion im Unterschied zum Nachweis durch Beispiele vgl. An. Prior. II 24, 69a16–19; siehe ferner An. Post. II 5, 92a37–38.

180 Zu den abstrakten Dingen im Sinne der Mathematik und insbesondere der Geometrie und ihrem Status als nicht abgetrennt, obgleich als abgetrennt behandelt (angedeutet in An. Post. I 5, 74a37–b1; I 13, 79a7–9) vgl. vor allem Metaph. XIII 3, dazu Phys. II 2.

181 Zu einer Begründung für die Rolle der Induktion auch für mathematische Abstraktion vgl. An. III 8, 432a3–6.

182 Vgl. dazu auch An. Post. I 24, 86a29; Phys. I 5, 187a7; Metaph. I 2, 982a25; NE II 9, 1109b23; VI 9, 1142a27; VII 5, 1147a26; An. II 5, 417b22. Vgl. jedoch zugleich An. Post. I 31, 87b29–30 und II 19, 100a17–18.

183 Zu einer genaueren Darstellung des Prozesses, der über Wahrnehmung und Induktion zum Erfassen des Allgemeinen führt, vgl. An. Post. II 19, 99b32–100b6; Metaph. I 1, 980a27–981a12.

I 19

184 Vgl. dazu Einleitung Abschn. 3, S. XX f.

185 Vgl. Einleitung Abschn. 4, A1 und A2.

186 Zu diesem nicht-technischen Sinn von Hypothesen vgl. den technischen Sinn von Hypothesen als Prinzipien in An. Post. I 2, 72a21–24.

187 Vgl. zu dieser Prozedur der Analyse und »Verdichtung« An. Post. I 23, 84b35 und Einleitung Abschn. 1, S. XVII.

188 Zu dialektischen Prämissen vgl. An. Post. I 2, 72a9 mit Anm. 19; zum Verhältnis zwischen Dialektik und Wissenschaft vgl. Anm. 112.

189 Zur Wahrheit demonstrativer Prämissen vgl. auch An. Prior. I 1, 24a30; I 30; An. Post. I 2, 71b21, 25.

190 Zum zufälligen Zutreffen vgl. An. Post. I 4, 73b5–12, I 6, 74b12,18, 75a32, I 8, 75b25–26. Speziell zu zufälligen Prädikationen wie »das Weiße ist ein Mensch« vgl. vor allem I 22, 83a3–35. Siehe ferner Anm. 45.

191 Zur Frage des unendlichen Regresses von Mittelbegriffen (d.h. von demonstrativen Prämissen und definitorischen Prinzipien) vgl. auch An. Post. I 3 und ausführlich I 20–22.

192 Zum Begriff einer verneinenden Deduktion vgl. Anm. 175.

193 Zu konvertierenden Begriffen vgl. Anm. 172.

194 Zum Ausdruck »Prädikat« (*kategoria*) vgl. vor allem Aristoteles' Schrift *Kategorien,* insbesondere Cat. 2, 4, 5.

I 20

195 Zum Mittelbegriff (»Begriff dazwischen«) vgl. Einleitung Abschn. 1, S. XVI.

196 Zur Idee der Begriffsreihe als Weg zum Allgemeineren bzw. Speziellen vgl. An. Post. I 15, 79b9–12 mit Anm. 157.

197 Zur allgemeinen Theorie des Unendlichen vgl. Phys. III 4–8, insbesondere zum Begriff der potentiellen Unendlichkeit Phys. III 6, 207a7–8.

I 21

198 Zur verneinenden Demonstration bzw. Deduktion vgl. Anm. 175.

199 Zu dieser Deduktion der ersten syllogistischen Figur vgl. Einleitung Abschn. 4, S. XXII (A2) und An. Prior. I 4, 26a1–2.

200 Zu dieser Deduktion der zweiten syllogistischen Figur vgl. An. Prior. I 5, 27a8–11.

201 Dieser Hinweis bezieht sich wahrscheinlich auf zwei Deduktionen der dritten syllogistischen Figur, vgl. An. Prior. I 6, 28a26–30, 28b17–20.

202 Vgl. 81b1–2.

203 Vgl. das folgende Kapitel I 22.

I 22

204 Zum Was-es-ist vgl. An. Post. I 4, 73a35 mit Anm. 42.

205 Vgl. den letzten Satz des vorhergehenden Kapitels I 21, 82b 35–37.

206 Zum Was-es-hieß-dies-zu-sein einer Sache im Sinne der Definition (genauer des Definiens) der Sache vgl. vor allem Metaph. VII 4.

207 Vgl. zu dieser Behauptung auch An. Post. I 3, 72b12 und in I 22

83b6–7, 84a2–3, ferner Phys. VIII 8, 263a6–7; VIII 9, 265a20–21; Cael. I 5, 272a3–4; III 2, 300b5–6; Metaph. II 2. Zur Nicht-Erkennbarkeit des Unendlichen siehe Phys. I 4, 187b7–8; Metaph. III 4, 999a25–29.

208 Zu Aussagen im Was-es-ist im Sinne von An-Sich-Aussagen vgl. An. Post. I 4, 73a34–35.

209 Zu dieser Unterscheidung zwischen natürlichen und nicht-natürlichen Prädikationen, die in I 22, 83a1–34 ausführlich diskutiert wird, vgl. Anm. 45, 46. Vgl. ferner die Hinweise auf natürliche Prädikationen in An. Post. I 4, 73b5–8; Metaph. I 6, 987b23; III 4, 1001a6,28; Phys. I 4, 188a8, sowie auf unnatürliche Prädikationen in An. Post. I 4, 73b6,9; Metaph. XIV 1, 1087a35, 1088a28.

210 Zur Phrase »was X wirklich ist« (*hoper X esti*) im Sinne des Definiens von X vgl. z. B. Top. IV 1, 120b21–26; Metaph. IV 4, 1007a33; und im Sinne der Gattung von X vgl. z. B. Top. III 1, 116a23–28; An. Prior. I 39, 49b6–8.

211 Diese Liste umfasst acht der zehn Typen von Prädikaten (*Kategorien*), die Aristoteles in seiner Schrift *Kategorien* unterscheidet, vgl. Cat. 4, 1b25–2a4.

212 Singen ohne Sprache, vgl. Ps. Ar. Probl. 918a30.

213 Zur Kritik an Platons Formenlehre vgl. An. Post. I 11, 77a5–9 und Anm. 104, ferner in derselben Formulierung NE I 6, 1096a34–b5.

214 Zur Definierbarkeit der Substanz vgl. vor allem die ausführliche Untersuchung in Metaph. VII 10–12.

215 Zum Zufälligen an sich vgl. An. Post. I 7, 75b1–2 und Anm. 45. Siehe ferner Metaph. III 1, 995b20, 25; III 2, 997a20; XIII 3, 1078a5.

216 Zu der grundlegenden Behauptung, die Substanz könne nicht unendlich Vieles enthalten, vgl. auch Phys. I 2, 185a34; III 5, 204a20–21; III 6, 206a18, b13.

217 Vgl. dazu An. Post. I 2, 71b25–33, 72a32–34 und 72a25–28.

218 Vgl. dazu An. Post. I 2, 72a25–33 und I 3, 72b18–32.

219 Zum Ausdruck »auf allgemeine Weise« (*logikōs*) im Sinne von »ohne spezifische Voraussetzungen«, »auf dialektische Weise« vgl. An. Post. I 24, 86a22; I 32, 88a19.

220 Der Ausdruck »auf analytische Weise« findet sich bei Aristoteles sonst nicht. Zum Verfahren der Analyse vgl. Einleitung Abschn. 1.

221 Zu dieser doppelten Weise des An-Sich-Zutreffens vgl. An. Post. I

4, 73a34–b5 und Anm. 44. Zum Teilbaren als Quantitativem vgl. Metaph. V 13, 1020a7, Phys. III 5, 204a11.

222 Die Einheit der Substanz, auf die angespielt wird und die mit dem Enthalten von unendlich Vielem unvereinbar ist (siehe Anm. 216), wird auch in den Substanzbüchern der *Metaphysik* (Metaph. VII–VIII) zugrundegelegt, vgl. z. B. die Kapitel Metaph. VII 12; VII 17, 1041b 12–34; VIII 6, in denen diese Einheitfrage thematisiert wird.

223 Vgl. An. Post. I 3, 72b18–25.

224 Zu dieser analytischen »Verdichtung« vgl. An. Post. I 23, 84b35 sowie Einleitung Abschn. 1, S. XVII.

225 Vgl. in diesem Kapitel 83a2–84a6.

226 Vgl. in diesem Kapitel 84a7–b1.

I 23

227 Vgl. An. Post. I 22, 83a39–84a2.

228 Zur Prozedur der Verdichtung (hier eine unendliche Verdichtung) vgl. Anm. 151. Zum Ausdruck »hineinfallen« in diesem Kontext vgl. An. Prior. I 25, 42b11.

229 Zu unvermittelten Intervallen vgl. An. Post. I 22, 84a35. Zur These in 84b14 vgl. An. Post. I 22, 84a33–36.

230 Vgl. An. Post. I 7.

231 Diese Folgerung wird aus der Verdichtungsformel D*, Einleitung Abschn. 1, S. XVII, deutlich. Damit wird die These über das Verhältnis von Prinzipien zu bewiesenen Sätzen in An. Post. I 32, 88b3–4 vorbereitet.

232 Zu allgemeinen Prämissen in diesem Sinn (allgemeine unvermittelte Oberprämissen) vgl. An. Post. I 25, 86b30–31.

233 Zum Weg zu den Prinzipien (im Sinne von wahren unvermittelten universellen Sätzen der Formen AaB und AeB) vgl. An. Prior. I 27, 43a21–b38, vgl. auch II 1, 53a2–3; ferner An. Post. II 19 und NE I 4, 1095a32.

234 Vgl. die perfekte Deduktion der ersten Figur (A2), Einleitung Abschn. 4, S. XXII.

235 Vgl. die logische Darstellung dieses Verdichtungsprozesses innerhalb einer Analyse in der Einleitung, Abschn. 1, S. XXII.

236 Diese Überlegung beruht auf (A1), vgl. Einleitung Abschn. 4, S. XXII.

237 Vgl zu dieser generellen These über Prinzipien eines Gegenstandsbereiches als den einfachsten, unteilbaren Elementen dieses Bereiches und der Einsicht als Erkennen dieser Elemente Metaph. IX 10, An. III 6. Zur Analyse als genereller Methode der Auffindung dieser Elemente vgl. NE III 3, 112b20–24.

238 Vgl. An. Post. I 33, 88b35–89a4.

239 Vgl. dazu Metaph. V 6, 1016b17–24; XIV 1, 1087b33–1088a14.

240 Diese Überlegung beruht auf (A2), vgl. Einleitung Abschn. 4, S. XXII.

241 Diese Überlegung beruht auf einer Deduktion der zweiten Figur der Form CaD, CeE ⇒ DeE (*Camestres*), vgl. An. Prior. I 5, 27a8–11.

242 Diese Überlegung beruht auf einer Deduktion der zweiten Figur der Form CeD, CaE ⇒ DeE (*Cesare*), vgl. An. Prior. I 5, 27a5–8.

I 24

243 Das Verhältnis von allgemeinen und speziellen Deduktionen wird in An. Post. I 24 diskutiert.

244 Zu bejahenden und allgemeinen Deduktionen im Sinne von Deduktionen mit bejahenden bzw. allgemeinen Konklusionen vgl. An. Post. I 14, 79a26–29 in Verbindung mit An. Prior. I 5, I 6 und Anm. 149–150. Entsprechendes gilt für spezielle Deduktionen und Deduktionen, die allgemeiner sind als andere Deduktionen (vgl. z. B. in diesem Kapitel 85a37–b1, b10–13; siehe dagegen 85b23–86a3, wo sich die Allgemeinheit der Deduktion auf die Prämissen bezieht) sowie a fortiori in allen diesen Fällen für Demonstrationen. Das Verhältnis von bejahenden und verneinenden Deduktionen wird in An. Post. I 25 diskutiert.

245 Das Verhältnis von aufweisenden (also direkten) und zum Unmöglichen führenden (also indirekten) Deduktionen wird in An. Post. I 26 diskutiert.

246 Zu diesem komparativen Wissensbegriff vgl. später in diesem Kapitel etwa 85a20–31, b9–10, 34–35; ferner An. Post. I 2, 72a25–b4.

247 Zu Koriskos vgl. z. B. Phys. IV 11, 219b20. Koriskos von Skepsis war einer der Adressaten des (wahrscheinlich echten) sechsten Briefes von Platon und Vater des Neleus, dem Theophrast Aristoteles' Bibliothek hinterließ. Der angegebenen Stelle in der *Phy-*

sik zufolge wurde er Mitglied des Peripatos, der aristotelischen Schule.

248 Vgl. jedoch An. Prior. II 21, 67 a 28–b 5.

249 Vgl. dazu An. Post. I 11, 77 a 5 mit Anm. 104.

250 Zur Natur in diesem ontologischen Sinne vgl. Metaph. V 4, 1015 a 11–13.

251 Vgl. An. Post. I 5, 74 a 37–b 1 zur Rolle der Abstraktion für diese Position.

252 Zu dieser Behauptung und zur Theorie der Proportionen vgl. An. Post. I 5, 74 a 17–15 mit Anm. 53, ferner Metaph. XIII 2, 1077 a 9–12.

253 Zu diesem Argument vgl. An. Post. I 4, 73 b 32–74 a 3 sowie I 5, 74 a 5–6.

254 Vgl. dazu An. Post. I 8, 75 b 21–30.

255 Zur Verbindung von Ewigkeit und Allgemeinheit vgl. auch An. Post. I 6, 75 b 21–30; I 8, 74 b 32–39.

256 Die vollständige Liste der Typen von Prädikaten (*Kategorien*) wird in der Schrift *Kategorien* präsentiert, vgl. Anm. 211.

257 Zur Demonstration und ihrer Beziehung zu Ursachen vgl. An. Post. I 2, 71 b 9–19 und Einleitung Abschn. 7.

258 Vgl. die Bemerkung zum Zutreffen durch sich selbst in An. Post. I 4, 73 b 10–17.

259 Vgl. zu dieser Behauptung auch An. Post. I 31, 88 a 5–8.

260 Zu diesem Beispiel vgl. auch Phys. II 5, 196 b 33–197 a 5.

261 Zur logischen Struktur teleologischer Erklärungen vgl. An. Post. II 11, 94 b 8–26.

262 Zum Wissen einer Sache im höchsten Grade als Wissen der unvermittelten Prämissen (Prinzipien) dieser Sache vgl. An. Post. I 2, 72 a 25–b 4; I 3, 72 b 18–24; I 13, 78 a 22–26; vgl. dagegen An. Post. II 18.

263 Dieses Theorem taucht bei Euklid nicht auf, lässt sich aber mit Hilfe des Satzes von Pythagoras (Eukl. I 32) leicht beweisen (vgl. Proclus, Comm. in Eucl. 73.1–4, 382.22–383.16). Zu weiteren geometrischen Theoremen, die Aristoteles bekannt waren, bei Euklid (ca. 30 Jahre später) jedoch nicht auftauchen, vgl. Cael. II 4, 287 a 27–28; Meteor. III 5, 376 a 1–3, 7–9; b 1–3, 10–12.

264 Zur Einfachheit oberster demonstrativer Prämissen vgl. An. Post. I 23, 84 b 31–85 a 1 (im Blick auf das analytische Verdichtungsverfahren), ferner II 13, 96 b 21–25.

265 Vgl. zum Verhältnis von Unendlichem und Wissen Metaph. III 4, 999 a 24–28; II 2, 994 b 22; Phys. I 4, 187 b 7–9; I 6, 207 a 25. Zum Unendlichen im Sinne von Einzeldingen siehe Top. II 2, 109 b 14.

266 Zur Rolle von Genauigkeit in Demonstrationen vgl. An. Post. I 27, ferner Top. II 4, 111 a 9; Cael. I 9, 279 a 29; NE II 2, 1104 a 2.

267 Zu dieser Art von Allgemeinheit vgl. An. Post. I 22, 83 a 1 mit Anm. 219.

268 Vgl. dazu An. Prior. II 21, 67 a 13–21.

I 25

269 Die aufweisende Demonstration (z. B. An. Post. I 25, 86 a 32, b 32,38) und die bejahende Demonstration (z. B. An. Post. I 24, 85 a 14; I 26, 87 a 1) sind dasselbe, ebenso wie die bejahende und die aufweisende Prämisse (vgl. z. B. An. Post. I 25, 86 b 24 und 37).

270 Zu diesen drei demonstrativen Prinzipien vgl. An. Post. I 2, 72 b 15–24 und I 10, 76 b 23–38.

271 Zur Möglichkeit verschiedener Demonstrationen desselben Faktums (hier des Faktums AaE) vgl. An. Post. I 29.

272 Vgl. An. Post. I 2, 72 a 25–32.

273 Vgl. Einleitung Abschn. 3.

274 Vgl. Einleitung Abschn. 4, S. XXII, (A1) und (A2).

275 Vgl. An. Prior. I 7, 29 a 19–29; I 24, 41 b 6–31.

276 Zur Erweiterung von Prämissen vgl. auch An. Post. I 14, 79 a 29–31.

277 Vgl. oben in diesem Kapitel, 86 b 5–6.

278 Vgl. De Int. 5, 17 a 8; Cael. II 3, 286 a 5.

I 26

279 Vgl. zu dieser Demonstration (dem indirekten Beweis) An. Post. I 24, 85 a 16 und Anm. 108. In An. Prior. II 11–14 findet sich eine lange Diskussion des Verhältnisses zwischen direktem (»aufweisendem«) und indirektem (»zum Unmöglichen führenden«) Beweis.

280 Vgl. (A2), Einleitung Abschn. 4, S. XXII.

281 Dass eine solche Darstellung logisch fehlerhaft ist, bemerkt Aristoteles in An. Prior. II 11, 61 b 23–30. Dass allerdings Zutreffen

und Nicht-Zutreffen in An. Post. durchgehend als universelles Zutreffen (AaB) bzw. universelles Nicht-Zutreffen verstanden wird, zeigen die Kapitel An. Post. I 16–17, vgl. Anm. 161.

282 Vgl. zu dieser Phrase An. Prior. I 41, 49b37–50a2.

283 Vgl. zu diesem Argument An. Post. I 25, 86b27–30.

I 27

284 Zur Genauigkeit von Wissenschaften vgl. An. Post. I 24, 86a14–21, Cae. I 9, 279a29, Top. II 4, 141b13. Zur unterschiedlichen Genauigkeit von Wissenschaften vgl. z. B. auch NE I 3, 1094b11–27.

285 Zur dieser Unterscheidung des Dass und des Weshalb vgl. An. Post. I 13, 78b39–79a13.

286 Eine überwiegend »nicht-ätiologische« Schrift unter Aristoteles' biologischen Werken, die hauptsächlich das Dass, also universelle Fakten auflistet, ist *Historia Animalium* (mit immerhin 10 Büchern).

287 Vgl. zu diesem Kriterium insbesondere An. Post. I 13, 78b13ff.

288 Vgl. zu dieser wissenschaftstheoretischen Hierarchisierung auch Metaph. XIII 3, 1078a9–17.

289 Zu dieser pythagoreischen Definition vgl. Prokl. Comm. in Eucl. 95.21.

I 28

290 Zur Trennung der spezifischen Gegenstandsbereiche der Wissenschaften vgl. An. Post. I 7 mit Anm. 75. Vgl. ferner Metaph. IV 2, 1003b19–21; III 2, 997a15–22.

291 Zu den ursprünglichen Dingen in diesem Kontext vgl. An. Post. I 10, 76a32–33.

292 Zur spezifischen Gattung einer Wissenschaft und ihren an sich zutreffenden Eigenschaften vgl. An. Post. I 7, 75a42–b2; I 10, 76b12–13.

293 Zur Über- und Unterordnung von Wissenschaften vgl. Anm. 77.

294 Vgl. An. Post. I 7, 75b10–11.

I 29

295 Vgl. zu diesem Thema auch An. Post. II 16, 98b25–31; II 17 (vor allem die Fragen in 98b15 und 99a1–2).

296 Zu Begriffsreihen vgl. An. Post. I 15, 79 b 9–10 mit Anm. 157.

297 Zum Problem der Lust und entsprechenden Erklärungen vgl. NE VII 13–15, X 3–5.

298 Vgl. Plat. Phileb. 42d. Die platonische Analyse der Lust (vgl. NE VII 11, 1152 b 13) wird von Aristoteles zurückgewiesen (vgl. NE VII 12, 1152 b 25–1153 a 17).

299 Zu Lust und Ruhe vgl. NE VII 15, 1154 b 27.

300 Zur Differenz zwischen Bewegung und Änderung vgl. Phys. V 1, 225 a 34–b5; V 5, 229 a 31, b14.

301 Vgl. z. B. An. Prior. I 21, 67 b 26; Top. I 6, 169 a 5.

I 30

302 Zu dieser These vgl. schon An. Post. I 6, 75 a 18–19. Zum Begriff des Zufälligen in I 6 vgl. 75 a 20–21, siehe auch I 4, 74 b 11–12. Zur Demonstration singulärer (und daher in gewissem Sinne zufälliger) Konklusionen vgl. z. B. An. Post. II 11, 94 a 36–b8 und Einleitung Abschn. 7, S. XXXIV mit Anm. 54 (vgl. auch die Rede von zufälligen Ursachen in Phys. II 3, 195a–b).

303 Zu der dreifachen Klassifikation in Notwendiges, Häufiges und Zufälliges (abweichend von An. Post. I 4 und I 6 das Spontane genannt) vgl. Phys. II 4–6, bes. II 5, 196 b 10–15. Vgl. ferner GC II 6, 333 b 5–7; Cael. I 12, 283 a 31–b1; Metaph. VI 2, 1026 b 27.

304 Zu Deduktionen von Theoremen, die sich auf das häufig Vorkommende richten, vgl. auch An. Post. I 14, 79 a 21–22; II 12, 96 a 8–19; An. Prior. I 27, 43 b 32–36; Metaph. VI 2, 1027 a 20–21.

305 Zum Zufälligen im Sinne von statistischer Häufigkeit vgl. HA V 14, 545 a 14–18; PA II 2, 663 b 28; im temporalen Sinne von meistens An. Post. II 12, 96 a 18–22; Top. V 1, 129 a 6–16; im Zusammenhang mit dem auf natürliche Weise Geschehenden z. B. An. Prior. I 3, 25 b 11; Top. V 5, 134 a 7–11.

I 31

306 Zum Verhältnis zwischen Wahrnehmung und Wissen (im Sinne der Notwendigkeit der Wahrnehmung für einige Formen von Wissen) vgl.auch An. Post. I 18 mit Anm. 178. Zur These von I 31 (Wahrnehmung ist nicht hinreichend für Wissen) vgl. im weiteren Verlauf von I 31 auch 87 b 34–35 und 88 a 9–10.

307 Zur Ausrichtung der Wahrnehmung auf das Einzelne vgl. An. Post. I 18, 81b6; I 24, 86a29; ferner z. B. Phys. I 5, 187a7; Metaph. I 2, 982a25; NE II 9, 1109b23; VI 9, 1142a27; VII 5, 1147a26; An. II 5, 417b22. Zu Wahrnehmung und einer gewissen Form des Allgemeinen (in I 31: Quale) vgl. Phys. I 1, 184a21–b15; Metaph. V 6, 1016a18; An. II 2, 424a17–20; II 12, 424a21–24; An. Post. II 19, 100a15–17, b2.

308 Davon geht An. Post. I 4 aus, vgl. 73a21–34; vgl. auch I 25.

309 Eine Anspielung auf Protagoras, vgl. Plat. Theät. 151e–152a.

310 Zu Wahrnehmung und Geometrie vgl. An. Prior. II 21, 67a24–26; An. Post. I 12, 77b31.

311 Zu Wissen und Allgemeinem vgl. z. B. auch Phys. III 1, 200b24; Metaph. I 1, 981b10–13; III 4, 999a24–30; III 6, 1003a15; XI 2, 1060b20; XIII 10, 1087a10–25.

312 Vgl. zu diesem Beispiel auch An. Post. II 2, 90a24–30.

313 Zu diesem (induktiven) Prozess vgl. genauer An. Post. II 19, 99b32–100b5, ferner I 18, 81a40–b6 mit Anm. 178, 182. Zur Rolle der Wahrnehmung für das Wissen des Dass (der universellen Fakten) vgl. auch An. Post. I 13, 78a34–35. Zu Wahrnehmung und dem für uns Bekannteren vgl. An. Post. I 2, 72a1–6.

314 Vgl. zur Verbindung von Allgemeinem (i. S. v. allgemeinen Prämissen in Demonstrationen) und Ursachen Einleitung Abschn. 7.

315 Zu diesem Ausdruck vgl. auch An. Post. II 9.

316 Zur Einsicht (*noesis*) im Sinne der Wahrnehmung einzelner Dinge (insbesondere einzelner mathematischer Objekte) vgl. An. Post. I 12, 77b31.

317 Vgl. zu diesem absurden Vorschlag auch Metaph. III 5, 999b3.

318 Zum Ausdruck »Problem« im wissenschaftstheoretischen Kontext vgl. An. Post. II 14, 98a1.

319 Zu diesem Beispiel siehe auch An. Post. II 11, 94b28–31 sowie Empedokl. Frg. 84 DK., Gorg. Frg. 5 DK.

I 32

320 Zur platonischen (von Aristoteles abgelehnten) Vision einer obersten Einheitswissenschaft, aus deren Prinzipien alle Theoreme aller anderen Wissenschaften deduziert werden könnten, vgl. Plat. Politeia 511b; Metaph. I 9, 992b22–30.

321 Zum Ausdruck »auf allgemeine Weise« (*logikōs*) im Sinne von »ohne spezifische Voraussetzungen«, »auf dialektische Weise« vgl. An. Post. I 22, 84a7; I 24, 86a22. Die Betrachtung auf allgemeine Weise erfolgt in 88a 19–30.

322 Zu wahren und falschen Deduktionen im Sinne von Deduktionen mit wahren bzw. falschen Konklusionen vgl. z. B. Top. I 18, 176b31–33.

323 Zu logisch korrekten Deduktionen wahrer Konklusionen aus falschen Prämissen vgl. An. Post. I 12, 78a6–7 und An. Prior. II 2–4.

324 Vgl. zu dem logischen Grundsatz, dass eine falsche Konklusion nicht aus wahren Prämissen deduziert werden kann, An. Prior. II 2, 53b5–8.

325 Dass Deduktionen mit wahren Konklusionen stets auch wahre Prämissen haben, ist nach An. Prior. II 2–4, An. Post. I 6, 75a4 und I 32, 88a20–21 falsch. Die Phrase »Wahres hängt von Wahrem ab« ist eine Anspielung auf den logischen Grundsatz, dass aus wahren Prämissen nur wahre Konklusionen deduzierbar sind, vgl. An. Post. I 6, 75a5–6 und An. Prior. II 2, 53b5–8.

326 Zu Dingen, die zugrundeliegen (im Sinne explizit formulierter Voraussetzungen oder schon erzielter Resultate für eine beginnende Untersuchung) vgl. z. B. An. Prior. I 1, 24b19; I 21, 39b24; I 32, 47a24,32; SE 1, 165a2; Int. 10, 19b14. Zu dem Hinweis speziell in An. Post. I 32, 88a32 vgl. insbesondere die These von der Wahrheit demonstrativer Prämissen in An. Post. I 2, 71b21, 25–26.

327 Vgl. die Diskussionen in An. Post. I 7, I 9 und I 28.

328 Zur Anwendung auf Mittelbegriffe von oben oder von unten im Sinne einer Konstruktion von Begriffsreihen vgl. An. Post. I 19, 81b30–40 sowie I 20 mit Anm. 196. Zu Begriffen innen und außen, d. h. dem Einschieben von Mittelbegriffen und dem Fortsetzen einer Begriffsreihe vgl. An. Post. I 22, 84a36–37.

329 Zu den gemeinsamen Prinzipien im Sinne der Postulate vgl. An. Post. I 2, 72a15–18; I 10, 76b14 mit Anm. 21.

330 Vgl. zu diesem Grundsatz und der dahinter stehenden Idee von Axiomatisierung auch die Einleitung Abschn. 9, S. XLIV. Siehe auch An. Prior. I 25.

331 Vgl. oben Anm. 328.

332 Zu (potentiell) unendlichen (vgl. Anm. 197) Konklusionen im Sinne

einer unabschließbaren Erweiterung von Theorien durch Auffinden neuer Fakten vgl. auch An. Post. I 12, 78a 14–21.

333 Vgl. An. Post. I 30, 87b 22–25; An. Prior. I 24, 41b 27–31. Zum Nachweis, dass wenn mögliche (also kontingente) Prämissen im Spiel sind, nicht beliebige wahre Sätze deduzierbar sind, vgl. etwa An. Prior. I 17.

334 Zum Ausdruck »Rechnungen« im Sinne von Arithmetik vgl. Plat. Politeia 510d, Phileb. 56e.

335 Vgl. An. Post. I 28.

336 Zur Unterscheidung von gemeinsamen Prinzipien (also Postulaten), die beim Beweis benutzt werden, und Prinzipien, über die etwas bewiesen wird (im Sinne von Elementen aus einer spezifischen wissenschaftlichen Gattung) vgl. An. Post. I 10, 76b 11–16.

I 33

337 Vgl. z. B. An. Post. I 31, 87b 38–39, dazu Anm. 311.

338 Vgl. An. Post. I 4, 73a 21–24 mit Anm. 38–39.

339 Zum Zufälligen (was auch anders sein kann) vgl. Anm. 45, 58, 302, 303, 305.

340 Zum Prinzip des Wissens vgl. auch An. Post. I 3, 72b 24 mit Anm. 31. Zur Einsicht als Prinzip des Wissens vgl. Einleitung Abschn. 9, S. XLIV f.

341 Vgl. auch An. Post. II 19, 100b 5–9, und dazu Einleitung Abschn. 10, S. XLVIII f.

342 Zu Phänomenen im Sinne von bekannten Fakten, die auch zur Überprüfung wissenschaftlicher Behauptungen dienen, vgl. auch An. Post. II 12, 96a 3; An. Prior. I 30, 46a 17–22; PA I 1, 639b 5–10; 640a 13–15; II 1, 646a 8–12; Cael. II 13, 293a 23–30; III 7, 306a 5–17; Meteor. III 2, 371b 18–22; Metaph. XII 8, 1073b 32–38.

343 Zur Unsicherheit und Instabilität der Meinung in unterschiedlichen Hinsichten vgl. An. Post. I 2, 72b 3; An. Prior. II 21, 67b 1; Top. V 3, 131b 21–22; Metaph. IV 4, 1008a 16; VII 10, 1036a 6; VII 15, 1040a 2.

344 Vgl. An. Post. I 2, 71b 9–12.

345 Zur Unterscheidung von Wissen und Meinung vgl. auch An. Post. I 19, 81b 18–21; Metaph. VII 15, 1039b 34–1040a 1; NE VI 3, 1139b 13–18; An. III 3, 428a 19.

346 Vgl. An. Post. I 2, 71 b 16–22.

347 Zum Meinen des Weshalb vgl. einerseits An. Post. I 13, 78 a 24–26 (deduktiv begründetes Meinen), andererseits Metaph. V 30, VI 3, XI 8 (Rückgriff auf akzidentelle Ursachen).

348 Vgl. dazu Plat. Soph. 262d–263d; Ar. Metaph. IV 7, 1011 b 25–29. Entscheidend ist hier der Bezug des Wahren und Falschen auf das Zusammengesetzte, vgl. auch Int. 2, 16 b 3–5; Metaph. V 29; An. III 6, 430 a 26–b 5.

349 Anspielung auf Philosophen, die den Satz vom Widerspruch bestreiten, vgl. dazu Metaph. IV 5, 1009 b 5–1010 a 15. Dazu gehören nach Aristoteles Protagoras (ebd. 1009 a 6), aber auch Heraklit (1010 a 10), Empedokles (1009 b 15) oder Anaxagoras (1009 a 27). Siehe aber auch den Hinweis auf Antisthenes in Metaph. V 29, 1024 b 32–34.

350 Das folgt daraus, dass aus der Bestreitung des Satzes vom Widerspruch folgt, dass alle Meinungen wahr sind, vgl. Metaph. IV 5, 1009 b 12–15.

351 Vgl. dazu Metaph. V 9.

352 Vgl. Metaph. V 29, 1024 b 34–1025 a 2.

353 Vgl. in diesem Kapitel 88 a 33–37.

354 Zur Diskussion der Einsicht in der Psychologie (Teil der Naturwissenschaft) vgl. An. III 3–4; in der Ethik NE VI 6; zu Wissen vgl. NE VI 3, zu Kunst NE VI 4, zu Klugheit NE VI 5, zu Weisheit NE VI 7.

I 34

355 Zum Scharfsinn vgl. auch NE VI 10, 1142 b 5–6 in Abhebung von Wohlberatenheit, sowie De Virt. Vit. 4, 1250 a 36–39 als Teil praktischer Klugheit.

356 Zum Mond als nicht selbstleuchtender Stern vgl. z. B. GA IV 10, 777 b 24–26.

BUCH II

II 1

357 Zur Unterscheidung des Dass und des Weshalb für den speziellen Fall der Deduktion des Dass und des Weshalb vgl. An. Post. I 13 (siehe Anm. 129) und I 27, 87a31–32. Zu einem mathematischen Beispiel vgl. An. II 2, 413a17–20 und NE III 3, 1112b20–24.

358 Zur Reihenfolge von Wissen des Dass (also der Fakten) und Untersuchung des Weshalb (also der Ursachen von bekannten Fakten) vgl. auch An. Post. II 2, 89b38–90a1; II 8, 93a17–19; Metaph. VII 17, 1041b14–16; vgl. ferner PA I 1, 639b6–11; 640a13–16; An. Prior. I 30, 46a19–27. Zur Erkenntnis der Fakten vgl. Einleitung, Abschn. 5.

359 Zu dieser Unterscheidung zwischen absolutem »sein« (*einai*) schlechthin und prädikativem Sein vgl. auch Post. An. II 2, 90a9–14; SE 25, 180a36–38. Zum Nachweis des Seins (der Existenz) untersuchter Dinge vgl. An. Post. I 10, 76b5–11, 16–22 (ebd. b10–11 findet sich ein Hinweis auf die Existenzbeweise spezieller geometrischer Objekte (etwa des Parallelogramms), wie sie in der Geometrie üblich waren).

360 Zum Nachweis der Existenz Gottes und der Angabe, was Gott ist, vgl. z. B. Phys. VIII 10.

II 2

361 Vgl. Anm. 358.

362 Zum engen Bezug des Auffindens von Fakten und ihrer Demonstration (Erklärung) über den Mittelbegriff vgl. auch An. Prior. I 30.

363 Zu Nachweisen der Existenz von Gegenständen wissenschaftlicher Untersuchungen vgl. An. Post. I 10, 76a11–19.

364 Zu dieser expliziten Unterscheidung zwischen existentiellem und prädikativem »ist« vgl. auch Anm. 6.

365 Zur Vermischung von linguistischer Beschreibung und sachlicher Ebene (»der Mittelbegriff B« / das Faktum, das von der BC-Prämisse einer Demonstration beschrieben wird (also die Ursache des in der Konklusion beschriebenen AC-Faktums)) vgl. auch Einleitung Abschn. 1, S. XVI.

366 Vgl. zu diesem Verfahren auch Einleitung Abschn. 1, S. XIV f.

367 Zur Frage, ob sich die Erde in der Mitte des Universums befindet oder nicht, vgl. Cael. II 13, 293 a 15–b15.

368 Zur Identität des Was-es-ist (also der essentiellen definitorischen Bestimmung, der Substanz) und des Warum-es-ist (also der grundlegenden Ursache) vgl. genauer An. Post. II 8, 93 b 4–10; II 10, 93 b 38–94 a 7; Metaph. VII 17; sowie Einleitung Abschn. 9.

369 Vgl. zu diesem Beispiel An. Post. I 31, 87 b 37–88 a 5.

II 3

370 Zum Ausdruck »Zurückführung« (hier der Definition auf die Demonstration) vgl. allgemein Metaph. IV 2, 1005 a 1; VI 3, 1027 b 14–15; VIII 3, 1044 a 13 sowie im logischen Sinne An. Prior. I 7, 29 b 1; I 32, 46 b 20; I 23, 40 b 19; 41 b 5; I 44, 50 a 17, 26.

371 Diese vier Fragen gelten am Ende von An. Post. II 10 als beantwortet, vgl. ebd. 99 a 14–17; vgl. auch An. Post. II 7, 92 b 35–38.

372 Zum Durcharbeiten der Probleme im Sinne eines dialektischen Verfahrens vgl. z. B. Phys. IV 10, 217 b 29–30; Metaph. III 1, 995 a 24–b4, bes. a25–27; Cael. IV 1, 308 a 4–7; An. I 2, 403 a 20–24, ferner Einleitung Abschn. 11, S. Lf. Nach An. Post. II 7, 92 b 35–II 8, 93 a 3 umfasst das Durcharbeiten der Probleme der Beziehung zwischen Definition und Demonstration in An. Post. II die Kapitel II 3–7, während die Kapitel II 8–10 die Lösung der Probleme präsentieren.

373 Zur Definition als Bestimmung (*logos*) des Was-es-ist (u.a. im Sinne eines allgemeinen bejahenden syllogistischen Satzes) vgl. z. B. An. Post. II 10, 93 b 29–30; I 4, 79 a 24–29; in diesem Kapitel 90 b 30–31, 91 a 1.

374 Zu (nicht) allgemeinen, speziellen, bejahenden und verneinenden Deduktionen vgl. Anm. 243–244.

375 Vgl. An. Prior. I 5.

376 Vgl. An. Prior. I 6.

377 Vgl. An. Post. I 2, 71 b 16–19.

378 Vgl. An. Post. I 18, II 19 sowie Anm. 4, 179, 183.

379 Zur Substanz vgl. Anm. 43, 214, 368.

380 Vgl. An. Post. I 3, 72 b 18–33; I 22, 84 a 29–b1.

381 Vg. An. Post. I 10, 76 a 32–33; b11–16; dazu I 1, 71 a 11–17.

382 Vgl. dazu schon Plat. Politeia 475a–480c.

383 Vgl. in diesem Kapitel 90b28–30.
384 Vgl. die beiden in 90b 18–20 genannten Fälle.

II 4

385 Vgl. An.Post. II 3, 90b28–91a6.
386 Zur Formel »X ist spezifisch für Y« im logischen Sinne von XaY und YaX (X und Y konvertieren, d.h. folgen einander wechselseitig) vgl. z.B. Top.V 3, 132a4; An.Post. I 3, 73a7.
387 Zum Was-es-ist von X im Sinne des Definiens von X (und somit zur Formel »A wird im Was-es-ist von B ausgesagt« im Sinne von: A wird im Definiens von B genannt) vgl. Anm. 42.
388 Zum Was-es-hieß-dies-zu-sein vgl. Anm. 206.
389 Zu den syllogistischen Konversionsregeln vgl. An.Prior. I 2.
390 Dieser Vorschlag einer Seelendefinition stammt von Xenokrates, vgl. Plut.Mor.1012 D (Frg.60–65 Heinze); vgl. auch An.I 2, 404b28–29; I 4, 408b32.
391 Zur Phrase »was X wirklich ist« vgl. Anm. 210.
392 Zur Struktur und Kritik der petitio principii vgl. An.Prior. II 16, 64b34–65a4.

II 5

393 Zur Einführung des Verfahrens der dichotomischen Begriffsteilung (*Dihairesis*) in der späten Philosophie Platons vgl. die exemplarische Definition des Angelfischers durch Begriffsteilung in Plat.Soph. 219a–221c und die zahlreichen weiteren Beispiele in den Dialogen *Sophistes* und *Politikos*.
394 Vgl. An.Prior. I 31; dazu auch An.Prior. I 27; An.Post. II 13, 96b27–97b6; PA I 2–3.
395 Vgl. Top.VIII 2, 158a7–13 zum Stellen von Fragen zu Konklusionen.
396 Zur Alternative Hinzusetzen–Abstrahieren vgl. Metaph.VII 4, 1030a33.
397 Zu diesem logischen Hinausgehen über etwas vgl. Top.VI 5, 143a15–28.
398 Vgl. An.Prior. I 31, 46a34–37.
399 Zum Begriff des Folgens der Reihe nach vgl. Phys.V 3, 226b 34–35.

400 Zu dieser methodischen Problemlösung vgl. ausführlich An. Post. II 13.

401 Vgl. zum methodischen Gegensatz von Induktion und Demonstration An. Post. I 1, 71 a 5–9; I 18, 81 a 40–b 1.

402 Zum Fragen warum in diesem Kontext vgl. Top. I 6, 168 a 28–33.

II 6

403 Vgl. An. Post. II 4, 91 a 15–16.

404 Zur These, dass das Definiens einer Definition spezifisch für das Definiendum sein sollte, vgl. z. B. Top. I 4, 101 b 19–23; VI 3, 140 a 33–34.

405 Zur Frage der Deduzierbarkeit von Definitionen vgl. auch Top. VII 3, insbesondere 153 a 7–22, wo Aristoteles davon ausgeht, dass Definitionen deduziert werden können.

406 Wie in den Fällen, die in An. Post. II 4–5 diskutiert wurden.

407 Zur Deduktion aufgrund einer Hypothese unter Verweis auf das Konträre vgl. Top. VI 9, 147 a 29–b 25; VII 3, 153 a 26–b 24.

408 Zu diesem Beispiel vgl. auch Top. VI 9, 147 b 4–25. Nach NE X 2, 1172 b 9–20 hat Eudoxos dieses Argument benutzt, um zu beweisen, dass die Lust das Gute ist.

409 Die Beziehung zwischen dem Guten und dem Gleichen (und insofern auch mit dem Unteilbaren) wurde von Speusipp angeführt, um zu bestreiten, dass die Lust das Gute sei, vgl. Speusipp Frg. 82 Tarán, sowie NE X 3, 1173 a 15–17; VII 13, 1153 b 4–6.

410 Vgl. zu dieser Definition z. B. Top. I 7, 103 a 27; V 4, 133 a 3, b 8.

411 Zur Frage der Einheit der Teile des Definiens vgl. An. Post. II 10, 93 b 35–37 sowie ausführlicher Metaph. VII 12; VIII 6.

II 7

412 Zur Substanz (hier im Sinne der essentiellen definitorischen Bestimmung) vgl. Anm. 43, 214, 367.

413 Zum Fall der Induktion vgl. schon An. Post. II 3, 90 b 38–91 a 6. Die Stelle hier in II 7 qualifiziert das Erfassen der Prinzipien mittels Induktion (z. B. An. Post. II 19, 100 b 3–5).

414 Zu Deduktion und Induktion als einzigen Methoden des Aufweisens bzw. Beweisens vgl. Anm. 401 sowie An. Prior. II 23, 68 b 13–14; NE VI 3, 1139 b 26–28.

415 Zur Formel »X ist« hier und im weiteren Verlauf von An. Post. II 7 vgl. Anm. 6.

416 Zur existenziellen Implikation der Definition vgl. auch explizit An. Post. II 8, 93 a 15–20.

417 Vgl. zu diesem Beispiel auch An. Prior. I 38, 49 a 23.

418 Zur These, das Seiende sei keine Gattung, vgl. auch Metaph. III 3, 998 b 22–27. Dazu ferner Top. IV 1, 121 a 18, b6; Metaph. VII 16, 1040 b 16–24; VIII 6, 1045 b 1–7 (Seiendes als Prädikat differenziert nicht).

419 Vgl. dazu auch An. Post. I 10, 76 b 3–22 und als Beispiel Eukl. El. I 1 zum Existenzbeweis des gleichseitigen Dreiecks in Form der Konstruierbarkeit mit Zirkel und Lineal (vgl. auch weitere derartige Existenzbeweise in Eukl. El. I 3 (gleichschenkliges Dreieck); I 11 (rechter Winkel), I 13 (spitze und stumpfe Winkel); I 22 (Dreieck allgemein); I 33 (Parallelogramm), I 46 (Quadrat).

420 Zur Kreisdefinition vgl. Eukl. El. I Def. 15; Rhet. III 6, 1407 b 27.

421 Zur Kritik zeitgenössischer Definitionspraxis vgl. auch An. II 2, 413 a 13–16.

422 Vgl. auch An. Post. II 5, 91 b 37–92 a 2.

423 Vgl. An. Post. II 10, 93 b 29–32, ferner I 10, 76 a 31–36, b15–22; I 2, 72 a 23–24.

424 Zur These, dass Nicht-Substanzen nicht definiert werden können, vgl. Metaph. VII 5, 1031 a 1–11; VII 13, 1039 a 19–20.

425 Zu diesem Argument vgl. auch Metaph. VII 4, 1030 a 7–9; An. Post. II 10, 93 b 35–37.

426 Vgl. An. Post. II 3.

427 Vgl. An. Post. II 4–7.

II 8

428 Vgl. An. Post. II 2, 90 a 14–23.

429 Vgl. zu dieser Unterscheidung zwischen dem Fall, dass das Faktum BaA keine andere Ursache hat (BaA ist unvermittelt, und B trifft an sich auf A zu, d. h. ist essentiell und damit ursächlich für A) und dem Fall, dass BaA eine andere Ursache hat (BaA ist vermittelt, d. h. es gibt einen Mittelbegriff C mit BaC und CaB) An. Post. I 24, 85 b 5; II 9, 93 b 21–25; II 10, 94 a 9–10; Phys. VIII 8, 252 b 1–5; Metaph. V 19, 1022 a 33–35; VIII 6, 1045 b 5–8; GA V6, 786 a 11; EE II 6, 1222 b 39–41.

430 Vgl. dazu An. Prior. I 4 (gültige Deduktionen der ersten Figur) und An. Post. I 14 (besondere Wissenschaftlichkeit der Deduktionen in der ersten Figur).

431 Vgl. die unmittelbar vorangehenden Zeilen a4–9 sowie An. Post. II 4, bes. 91 a 18–26 zur Zirkularität einer Deduktion des Was-es-ist.

432 Zur Bedeutung des Allgemeinen in diesem Kontext (dialektische, allgemein verbreitete Meinungen) vgl. Anm. 219 und die Formulierung in An. Post. I 11, 77 a 29–30.

433 Vgl. An. Post. I 1, 71 a 11–17; II 2, 89 b 36–90 a 6 mit Anm. 358.

434 Zum Kennen oder Wissen auf zufällige Weise vgl. Anm. 90.

435 Zum epistemischen Begriff von Besitzen vgl. Anm. 62.

436 Vgl. zu diesem Beispiel vor allem An. Post. II 10, 94 a 7–8 mit dem Bezug des Kennens von etwas von der Sache selbst zu Definitionen im Sinne von Konklusionen in Demonstrationen.

437 Zum Beispiel mit dem Menschen vgl. Metaph. V 14, 1020 a 33–36; VII 17, 1041 a 20–21.

438 Zu dieser platonischen Definition der Seele vgl. Plat. Phaidr. 245c–246a; Nom. 895e–896a. Siehe auch An. Post. II 4, 91 a 37–b 1. Zur Bewegung als Gattung der Seele in zeitgenössischen Theorien vgl. Top. II 4, 111 b 5–8; II 6, 127 b 14–18; An. I 2, 404 a 20–23. Zu Aristoteles' eigener Ansicht (Leben als Gattung der Seele) vgl. An. II 2, 413 a 20–22.

439 Zum Status dieser Art von Explananda vgl. An. Post. I 8, 75 b 33–34; Meteor. I 1, 338 b 1–3 (u.a. Fakten, die sich häufig ereignen); Metaph. VIII 4, 1044 b 2–16 (ohne Materie im metaphysischen Sinne); II 8, 93 a 3–6, II 9 (mit Ursachen, die verschieden von ihnen selbst sind).

440 Ein instruktives Beispiel für die Beziehung von Dass (Fakten) und Weshalb (Erklärung) in der Geometrie findet sich in An. II 2, 413 a 17–20.

441 Zum theoretischen Hintergrund der Erklärung der Mondfinsternis, der geozentrischen Astronomie und Sphärentheorie, vgl. Cael. II 8–12, bes. II 8, 290 a 25–27. Siehe auch GA IV 10, 767 a 6, 777 b 24–26.

442 Zur Theorie der Geräusche, die hinter dieser Erklärung (Demonstration) steht, vgl. An. II 6, 418 a 7–15; II 7, 419 a 25–b 3; MM I 34,4; Sens. 3, 439 a 7–8; Metaph. XII 5, 1071 a 24–26; Aud. 800 a 1–6; PP XI 42, 904 a 10–11; Cael. II 9, 291 a 10–18.

443 Diese Erklärung des Donners wurde, wie Aristoteles in Meteor. II 9 berichtet, von Empedokles und Anaxagoras vertreten, vgl. Empedokles Frg. 31A62 DK, Anaxoagoras Frg. 59A1, 42, 84 DK. Zu Aristoteles' eigener – und ganz anderer – Erklärung des Donners vgl. Meteor. II 9, 369a10–b4.

444 Zu gestaffelten Deduktionen (Analysen, Demonstrationen) vgl. Einleitung Abschn. 1, S. XVIf. und Abschn. 9, S. XLII–XLIV. Vgl. dazu die in Anm. 441–442 erwähnten Hintergrundtheorien.

445 Zur Beziehung von Definition und Verweis auf Ursachen vgl. auch An. II 2, 413a13–16.

446 Dazu genauer An. Post. II 10.

447 Vgl. die vorhergehenden Kapitel II 4–7 (II 4: Zirkularitätsprobleme; II 5: nicht durch Begriffsteilung; II 6: nicht aufgrund einer Hypothese; II 7: Probleme mit der existenziellen Implikation).

II 9

448 Vgl. zu dieser Unterscheidung Anm. 429 und im Kontext von An. Post. II 8–10 auch II 8, 93a5–9 (die Analyse von II 8 ist auf die erste dieser Alternativen beschränkt, II 9 enthält einen Hinweis auf die zweite Alternative).

449 Zu den vorausgesetzten Prinzipien vgl. An. Post. I 2, 72a15–25.

450 Zu anderen Wegen, die Prinzipien einleuchtend zu machen (durch Induktion oder Erfahrung) vgl. An. Post. II 19 sowie Anm. 233, 413 und Einleitung Abschn. 8.

451 Zu diesem Beispiel vgl. auch An. Post. I 1, 71a11–17; I 10, 76a31–36.

452 Zu diesem Resultat von An. Post. II 8 vgl. ebd. 93b15–20.

II 10

453 Zu dieser allgemeinsten, grundlegenden »Definition der Definition« (II 10, 93b38) vgl.auch An. Post. I 4, 79a24–29; II 3, 90b30–31, 91a1.

454 Zum geometrischen Fall vgl. Anm. 440.

455 Zu diesen nominalen Definitionen vgl. allgemein An. Post. I 1, 71a11–17; I 10, 76a32–33. Zu nominalen Definitionen ohne Existenzannahmen und Wahrheit vgl. An. Post. II 7, 92b26–32; zu no-

minalen Definitionen mit Existenzannahmen und Wahrheit vgl. An. Post. II 8, 93 a 22–24, 27–28. Zu dieser Unterscheidung (in Form der Unterscheidung zwischen der vorgängigen Kenntnis des Ob–es–ist auf zufällige Weise oder so, dass wir schon etwas von der Sache selbst kennen) vgl. insgesamt An. Post. II 8, 93 a 21–29.

456 Zu dieser Schwierigkeit vgl. An. Post. II 8, 93 a 24–27.

457 Vgl. An. Post. II 7, 92 b 30–32 mit Anm. 425.

458 Zur Identität von Was-es-ist (worauf sich Definitionen richten, vgl. Anm. 453) und Warum–es–ist und den entsprechenden Beispielen vgl. auch An. Post. II 2, 90 a 14–21. Zum kausalen Aspekt der Substanz im Sinne der Essenz (des Was-es-ist oder des Was-es-hieß-dies-zu-sein, also des Definiens von x in der Definition von x) vgl. Metaph. VII 17, 1041 a 10–b 10.

459 Zu der Art von Definition, auf die in a 9–10 hingewiesen wird, vgl. An. Post. II 9, 93 b 21–25.

460 Vgl. jedoch das gegenteilige Resultat (wie es scheint) der Überlegungen in An. Post. II 4–7 (siehe das Résumée in II 7, 93 b 35–37; beachte dazu aber die in Anm. 455 skizzierte Unterscheidung).

461 Vgl. An. Post. II 8–10.

462 Vgl. An. Post. II 8, 93 a 15–b 14.

463 Vgl. An. Post. II 9.

464 Vgl. An. Post. II 10, 93 b 29–94 a 14.

465 Vgl. An. Post. II 8, 93 a 15–b 14.

466 Vgl. An. Post. II 8, 93 a 24–26 und II 10, 93 b 29–35 einerseits, II 9 andererseits.

467 Vgl. An. Post. II 8, II 10.

II 11

468 Vgl. An. Post. I 2, 71 b 9–12.

469 Zum Was-es-hieß-dies-zu-sein vgl. Anm. 206, 458. Zum Was-es-hieß-dies-zu-sein bzw. Was-es-ist als formaler Ursache vgl. Phys. II 3, 194 b 26–27; II 7, 198 a 16; Metaph. I 3, 983 a 27–29; II 2, 996 b 8; VII 17, 1041 a 27–30; VIII 4, 1044 a 37–38, b 13–16.

470 Zu dieser Phrase als Beschreibung gültiger Deduktionen vgl. An. Prior. I 1, 24 b 18–20; An. Post. I 10, 76 b 38–39; II 5, 91 b 14–15. Zur Verbindung dieser Phrase mit materialen Ursachen im Sinne von Prämissen als Material vgl. Phys. II 3, 195 a 15–18; Metaph. V

1, 1013a15; V 2, 1013b17–21. Zu konkreten Beispielen von Erklärungen durch materiale Ursachen siehe etwa PA IV 2, 677a18–b10; GA V 8, 789a8–b4; siehe ferner Einleitung Abschn. 6, S. XXIX und Abschn. 7, S. XXXIII.

471 Zur aristotelischen Lehre von den vier Ursachen vgl. vor allem Phys. II 3; II 7; Metaph. V 2; I 3, 983a23–34; ferner Einleitung Abschn. 6.

472 Zu Demonstration und Ursachen vgl. An. Post. I 2, 71b9–19 und Einleitung Abschn. 7.

473 Vgl. dazu An. Post. I 3, 73a9–12 sowie Einleitung Abschn. 3, S. XXf. zu syllogistischen Sätzen und syllogistischen Figuren.

474 Vgl dazu Einleitung Abschn. 4.

475 Zur Definition des rechten Winkels vgl. Eukl. El. I, Def. 10.

476 Ein Rechter: vgl. An. Post. II 11, 94a28: ein rechter Winkel.

477 Vgl. zum Beweis des Thalessatzes Eukl. El. III 31; siehe jedoch Metaph. VIII 9, 1051a27–29 zu einem alternativen Beweis. Zur allgemeinen Anwendbarkeit der Syllogistik auf die Wissenschaften einschließlich von Arithmetik und Geometrie vgl. An. Post. I 14, 79a17–25; siehe auch An. Post. I 24, 85b37–86a4, ferner Einleitung Abschn. 13 und An. Prior. I 35, 48a29–39.

478 Zu diesem Beispiel für eine deduktive Erklärung (Demonstration) durch Verweis auf eine effiziente Ursache (den Bewegungsursprung) vgl. auch Phys. II 7, 198a18–19. Zum historischen Hintergrund vgl. Herodot V, 97–102. Zu Demonstrationen mit singulärer (kontingenter) Konklusion und zweiter Prämisse vgl. z. B. auch An. Post. I 24, 85b30–35; I 34, 89b13–15; An. Prior. I 33, 47b21–34, II 27, 70a16–20; dazu Einleitung Abschn. 7, S. XXXIV.

479 Zum Hausbeispiel vgl. auch Metaph. VII 17, 1041a26–30; An. I 1, 403b3–6.

480 Zu diesen Beispielen von teleologischen Demonstrationen durch Verweis auf finale Ursachen vgl. auch Phys. II 3, 194b32–35; II 9, 200a6–9.

481 Zu diesem Vertauschen vgl. z. B. An. Prior. I 29; Top. V 2, 130a39; VI 4, 142b3.

482 Zu diesem Beispiel vgl. auch An. Post. I 31, 88a14–15. Diese Erklärung eines Brennglases geht auf Gorgias zurück, vgl. dazu Gorg. Frg. 82B5 DK. Zur Kritik dieser Erklärung vgl. GC I 8, 326b7–21.

483 Zu verschiedenen Demonstrationen desselben Faktums durch Verweis auf unterschiedliche Ursachen vgl. auch Metaph. VIII 4, 1044a33–b3; Phys. II 3, 195a4–5 = Metaph. IV 2, 1013b4–5.

484 Zum Zusammenhang von materialen und finalen Ursachen unter dem Aspekt der hypothetischen Notwendigkeit vgl. Phys. II 9, 200a5–b11; PA I 1, 639b13–640a9; 640a35–b5; 642a9–14, 32–34.

485 Vgl. auch Metaph. V 5; VI 2, 1026b28–29; NE II 1, 1103a20; Phys. IV 8, 214b13–16; Cael. IV 6; zur doppelten Notwendigkeit in PA I 1, 642a4–6 vgl. dagegen Anm. 484.

486 Vgl. dazu allgemein Metaph. V 5, 1015a26–27, vor dem Hintergrund der Theorie der natürlichen Bewegung, siehe insbesondere Phys. II 1, 195b8–15.

487 Zum Unterschied zwischen dem, was spontan geschieht und was zufällig geschieht, vgl. Phys. II 5–6; dagegen vgl. jedoch An. Post. I 30 mit Anm. 302–305.

488 Vgl. dazu genauer Metaph. VII 9, 1034a9–b8.

II 12

489 Mit dieser allgemeinen Gleichzeitigkeitsthese für aristotelische Ursachen und ihre Effekte vgl. die schärfere Gleichzeitigkeitsthese (strikt zugleich (95a22)) in den Beispielen (95a14–21) und im Résumée (95a22–24).

490 Vgl. Metaph. VIII 2, 1042b27, 1043a10.

491 Zur Zeit als Kontinuum vgl. Phys. IV 10, 219a10–14; zum zeitlichen Kontinuum als potentiell unendlich siehe auch Phys. VI 3, 234a8.

492 Zur Unterstellung strikter Allgemeinheit von AaB (A trifft auf jedes B zu jeder Zeit zu) vgl. An. Post. I 4, 73a28–34 mit Anm. 40; siehe auch An. Post. I 8, 75b21–30.

493 Zur Formel »x schließt an y an« im physikalischen Sinne vgl. Phys. V 3, 227a1–7.

494 Vgl. zu dieser Unteilbarkeit auch Phys. VI 5, 235b32–236a6.

495 Vgl. dazu Phys. V 6, 236b32–237a17.

496 Gemeint ist die *Physik*, vgl. Phys. IV, 10–14 über die Zeit und Phys. VI über das Kontinuum und das Kontinuierliche.

497 Zum Jetzt vgl. vor allem Phys. IV 11, siehe insbes. 219b11 (das Jetzt determiniert die Zeit).

498 Zur These, dass wenn A eine aristotelische Ursache von B ist, A dann notwendig (aber gewöhnlich nicht hinreichend) für B ist, vgl. auch Einleitung Abschn. 6, S. XXIXf. Vgl. dazu auch Aristoteles' Kritik am Detereminismus in Int. 9 und Metaph. VI 3.

499 Zur unendlichen Reihe notwendiger Ursachen vgl. auch GC II 11, 337b25–29.

500 Vgl. Phys. V 6, 237a9; VI 8, 262b20.

501 Zum Hausbeispiel vgl. auch GC II 11, 337b14–24.

502 Zum Konvertieren in diesem Sinne (A und B konvertieren, wenn AaB und BaA gelten) vgl. auch An. Post. I 3, 72b37–38 und I 19, 82a15–18 sowie Anm. 386.

503 Vgl. An. Post. I 3, 73a6–20.

504 Zur Notwendigkeit im zyklischen Geschehen und insbesondere der hier einschlägigen Unterscheidung zwischen einer absoluten und einer relativen Notwendigkeit vgl. GC II 11, 337b13–338a11; dazu auch Phys. II 9, 199b34–200b8; PA I 1, 639b21–640a9.

505 Vgl. zum Phänomen natürlicher Kreisläufe vor allem GC II 11, bes. 338b1–5. Zum Dunst-Regen-Kreislauf (allgemeiner Luft-Wasser-Kreislauf) siehe ebd. 338b16–18.

506 Zur Unvereinbarkeit von »A trifft häufig auf B zu« und »AaB« vgl. auch Top. II 5, 112b5–7.

507 Vgl. auch An. Prior. I 27, 43b32–36.

508 Vgl. dazu An. Post. I 30 mit Anm. 302–305.

II 13

509 Zum (logischen) Auslegen im Zusammenhang mit syllogistischen Formalisieren vgl. auch An. Post. II 11, 94b20; II 17, 99a30.

510 Vgl. An. Post. II 8–10.

511 Zum methodischen Einfangen (»Jagen«) von Prinzipien vgl. An. Prior. I 30, bes. 46a11; zum methodischen Einfangen des Wissens des Was-es-ist s. a. An. Post. I 14, 79a24–25. Mit den in II 13 beschriebenen Methoden (Kombination von Was-es-ist-Sätzen, 96a24–b14; Verwendung von Begriffsteilungen, 96b14–97b6; Etablieren allgemeiner syllogistischer a-Sätze durch Analysieren von Gemeinsamkeiten, 97b7–39) vgl. die Vorschläge in An. Prior. I 27, 43b1–11.

512 Zur Formel »A erstreckt sich auf mehr als B« im Sinne von AaB, aber nicht BaA (A und B konvertieren nicht (siehe An. Post. I 13,

78b 11–12 und Anm. 502)) vgl. auch die Formel »A ragt über B hinaus« in An. Post. I 22, 84a 25. Dass dabei A und B auch derselben Gattung angehören müssen, wird an den Parallelstellen nicht erwähnt.

513 Eine Zahl ist prim auf die eine (die gewöhnliche) Weise, wenn sie nicht das Produkt zweier ganzer Zahlen ist, und sie ist prim auf eine andere Weise, wenn sie nicht die Summe zweier ganzer Zahlen ist. Die Eins ist jedoch keine (ganze) Zahl, vgl. Metaph. XIV 1, 1088a 6–8.

514 Vgl. An. Post. I 4, 73a 28–37; b25–28.

515 Vgl. Top. I 5, 102a 31.

516 Zum Ganzen im Sinne einer allgemeinen Gattung vgl. Metaph. V 26, 1023b 29–32.

517 Vgl. zu unteilbaren Dingen im Sinne von letzten Differenzen z. B. Top. II 2, 109b 16,21; III 6, 120a 35; An. Post. II 17, 99b 7.

518 Zu Gerade und Kreislinie und Winkeln als einfachsten geometrischen Elementen vgl. Phys. I 5, 188a 24–27. Siehe auch An. Post. I 4, 73b 18–20.

519 Vgl. An. Post. I 10, 76b 10.

520 Zu diesen zusammengesetzten Dingen vgl. auch An. Post. I 28, 87a 38–39.

521 Zu Definitionen durch Gattung und Differenz vgl. z. B. Top. I 8, 103b 14–15; im Rahmen von Begriffsteilungen vgl. Metaph. VII 12, bes. 1037b 29–30. Zu den Regeln für angemessene Definitionen vgl. Top. VI, insbesondere allgemeine Regeln in VI 1–3, Regeln für das Definieren von Substanzen in VI 4, für das Verwenden von Differenzen in VI 6.

522 Vgl. An. Prior. I 31 und An. Post. II 5.

523 Dies scheint die Auffassung von Speusipp gewesen zu sein, vgl. Speusippos Frg. 31b–e Lang.

524 Zur Frage der Deduktion des Zufälligen durch dialektische Deduktionen vgl. Top. II–III.

525 Vgl. zu dieser Methode der Verwendung der Gattung genauer Top. IV und VI 5. Zur Ausdehnung des Verfahrens auf die Differenzen vgl. auch Top. I 4, 101b 17–19.

526 Zur oft verwendetet Formel »A folgt (allen, keinem) B« im Sinne von AaB bzw. AeB vgl. z. B. An. Prior. I 4, 26b 6.

527 Vgl. zu dieser methodischen Prozedur den kürzeren Hinweis in An. Post. II 5, 91b 28–32.

528 Zum Prozess der Analyse undifferenzierter Dinge vgl. auch Phys. I 1, 184a21–b14; An. Post. II 19, bes. 100a15–b5. Zu Identität und Verschiedenheit vgl. Metaph. V 9.

529 Zur Beschreibung und Definition des Stolzes vgl. NE IV 3.

530 »Der« Ajax und »der« Achill: Ajax und Achill bei Homer.

531 Zur Ausrichtung der Definitionen auf das Allgemeine vgl. z. B. auch Metaph. VII 11, 1036a26–30; siehe auch Einleitung Abschn. 8, S. XXXIX.

532 Zur Klarheit in Definitionen (mit Hinweis auf die Vermeidung von Mehrdeutigkeit und Metapher) vgl. Top. VI 2, 139b18–140a1.

533 Zu diesem Beispiel vgl. auch Top. I 15, 106a12–20; II 17, 99a11–15.

534 Vgl. auch Top. IV 3, 123a33–37; zur allgemeinen Theorie der Metapher siehe Rhet. II 2,10–11; Poet. 21, 1457b6–33.

II 14

535 Zu Problemen im Sinne von Fragen der Form »Ist F ein H?« oder »Gilt HaF?« vgl. Top. I 4, 101b15–36; I 11, 104b1–5; ferner An. Prior. I 4, 26b31; I 27, 43b34–35; II 12, 62a21; Rhet. III 13, 1414a31–35. Zu Problemen, auf die sich Deduktionen und Demonstrationen als Konklusionen beziehen, vgl. Top. I 4, 101b16; An. Post. I 31, 88a9–12; II 17, 99a1–8. Vgl. auch An. Post. II 15, 98a25 (Probleme können Mittelbegriffe besitzen).

536 Zu logisch-begrifflichen Schnitten vgl. auch An. Post. II 12, 95b30. Der griechische Ausdruck *anatome* für Schnitt wird gewöhnlich auf Tiersektionen angewendet (vgl. z. B. *Über das Atmen* 5, 483b24) und hat bei Aristoteles sonst nirgends eine logische Bedeutung. Vgl. jedoch PA III 14, 643b17 für eine Anspielung auf Aristoteles' verlorene Schrift *Anatomien*.

537 Zur Diskussion der Klassifikation von Problemen vgl. auch Top. VI 6, Metaph. VII 12, Part. Anim. I 2–4.

538 Zur logischen Phrase »A folgt B« vgl. Anm. 526.

539 Vgl. zu dieser Empfehlung auch An. Prior. I 35.

540 Zu diesem Beispiel vgl. PA III 2, 663b31–664a3; III 14, 674a22–b17.

541 Vgl. dazu auch PA II 8, 654a19–26; HA IV 7, 532a31–b3.

II 15

542 Zu Problemen und der Möglichkeit, dass Probleme Mittelbegriffe besitzen, d. h. erklärbar sind, vgl. Anm. 535.

543 Zu dem Beispiel eines wechselseitigen Austausches (von materiellen Körpern im Raum) vgl. Simplikios Phys. 1350.31. Zur Verwendung dieses Austausches in unterschiedlichen Erklärungen (also für verschiedene Probleme) siehe etwa Phys. IV 8, 215 a 15; VIII 10, 266 b 27 (Flug von Projektilen); Meteor. I 12, 348 b 2–349 a 9 (Wechselwirkung von Heißem und Kaltem); Meteor. II 4, 360 b 30–361 a 3 (Wechsel von Regen und Trockenheit).

544 Zum Regenbogen und seiner Erklärung vgl. Meteor. III 2–5, siehe auch An. Post. I 13, 79 a 11.

545 Zur Reflexion vgl. Meteor. II 9, 370 a 16–25.

546 Zur Phrase »A ist unter B« im Sinne von BaA vgl. z. B. An. Post. I 16, 80 a 24–25; I 17, 80 b 34, 40; 81 a 6, 25.

547 Vgl. Aristoteles' verlorene Schrift über die Nilfluten, von der ein lateinischer Auszug überliefert ist, vgl. Frg. 246–248 Rose (3. Aufl. Leipzig 1886).

II 16

548 Zum Beispiel der Mondfinsternis vgl. Anm. 87.

549 Zum aristotelischen Ursachenbegriff allgemein vgl. Einleitung Abschn. 6; zum Verhältnis aristotelischer Ursachen und ihrer Effekte vgl. insbesondere ebd. S. XXIX f.

550 Zu diesem Beispiel vgl. auch GA V 3, 783 b 10–12.

551 Zum zeitlichen Verhältnis (nicht wie hier in II 16 zum logischen Verhältnis) von Ursachen und ihren Effekten vgl. An. Post. II 12, insbesondere 95 a 10–b 1.

552 Vgl. dazu An. Post. I 3, 72 b 25–32 und I 13, 78 a 21–b 4.

553 Vgl. dazu z. B. An. Post. II 8, 93 b 3–7, 12; II 17, 99 a 21–22.

554 Zu dieser Frage vgl. auch An. Post. I 29.

555 Zu (wissenschaftlichen) Problemen dieser Art vgl. An. Post. II 14 mit Anm. 535.

556 Zum Konvertieren in diesem Sinne vgl. Anm. 502.

557 Zu diesem Beispiel vgl. auch An. Post. II 17, 99 a 28–29 und GA V 3, 783 b 18–20.

II 17

558 Zu dieser Frage vgl. schon An. Post. II 16, 98b25–31 sowie I 29.
559 Zu dieser Möglichkeit (einer Deduktion aus Zeichen) vgl. An. Post. I 13, 78a21–b4.
560 Zu Problemen in diesem Sinne (wissenschaftliche Probleme) vgl. An. Post. II 14.
561 Vgl. zu diesem Beispiel auch An. Post. I 5, 74a18–25 mit Anm. 53.
562 Vgl. Euklids Definition von Ähnlichkeit in Eukl. El. VI, Def. 1.
563 Zu diesem Beispiel vgl. auch An. Post. II 13, 97b34–37 mit Anm. 533.
564 Zu einem konkreten Beispiel für diesen Fall vgl. An. Post. II 14, 98a19–24. Allgemein zur Einheit durch Analogie vgl. Metaph. V 6, 1016b31–1017a3; NE I 6, 1096b25–28.
565 Zum Folgen in diesem logischen Sinne vgl. Anm. 386, 526.
566 Zum folgenden Abschnitt 99a16–29 vgl. den Anschluss an An. Post. II 16, 98b32–38.
567 Zur Formel »A erstreckt sich auf mehr als B« im Sinne von AaB, aber nicht BaA vgl. Anm. 512.
568 Zu diesem Beispiel vgl. An. Post. I 24, 85b38–86a1 mit Anm. 263.
569 Zum logischen Argument als Ganzem vgl. An. Prior. II 23, 68b18–29.
570 Zum Auslegen in diesem logischen Sinne vgl. auch An. Post. II 13, 96a20 mit Anm. 509.
571 Zum Konvertieren in diesem Sinne vgl. Anm. 502.
572 Zu diesem Beispiel vgl. PA IV 2, 677a30–b1; An. Prior. II 23, 68b15–29.

II 18

573 Zum Unteilbaren im Sinne unvermittelter Prämissen vgl. Anm. 237.
574 Vgl. zu diesem Fall von mehrstufigen Analysen, Deduktionen und Demonstrationen An. Post. II 8, 93b13–14 mit Anm. 444.
575 Zu mehreren Demonstrationen und entsprechend mehreren Ursachen derselben Sache vgl. auch An. Post. I 29.
576 So auch Metaph. VIII, 1044b2–3.
577 Zur Vorstellung einer Ursache von sich vgl. An. Post. II 9 mit Anm. 448.

II 19

578 Vgl. primär An. Post. I 2, I 4, I 6, I 8, I 13, I 24–26, I 30, II 11.

579 Vgl. primär An. Post. I 1, I 3, I 5, I 7, I 9, I 18–I 23, II 8–II 10.

580 Vgl. zu diesem Resultat die Ankündigung zu Beginn der *Ersten Analytik,* An. Prior. I 1, 24a1–3. Zum Verhältnis zwischen *Erster Analytik* und *Zweiter Analytik* vgl. Einleitung Abschn. 2. Zum Verhältnis von Demonstration und demonstrativem Wissen vgl. An. Post. I 2, 71b17–19, 27–29; I 4, 73a23.

581 Zu Prinzipien in der Wissenschaft allgemein vgl. Einl. Abschn. 8.

582 Zum Begriff des Zustandes (*hexis*) im hier einschlägigen Sinne vgl. z. B. Metaph. V 20, 1022b10; Cat. 8, 8b28, 35; 9a3, 9–10; NE II 6, 1106b36; VI 4, 1140a4–5.

583 Zu dieser Fragestellung vgl. bereits An. Post. I 2, 71b16; I 3, 72b18–25; I 22, 84a30–33; I 23, 84b19–24; I 33, 88b35–37; II 3, 90b24–27; II 9, 93b21–24; II 10, 94a9–10. Siehe ferner speziell in Hinsicht auf Deduktionen auch An. Prior. I 27 (mit II 1, 53a2–3); I 30, 46a17–24; II 16, 64b34–38.

584 Vgl. unten in II 19, 99b22–34.

585 Zu den Prinzipien im hier in II 19 einschlägigen Sinne von wahren unvermittelten universellen Sätzen der Formen AaB und AeB vgl. Anm. 233. Siehe dazu auch An. Post. II 19, 100a15–b5; ferner I 2, 72a8, 14–15; I 3, 72b18–25; I 23, 84b19–24, 84b39–85a1; I 33, 88b27.

586 Vgl. An. Post. I 2, 72a25–b4.

587 Vgl. dazu die entsprechende Frage, ob es von allem eine Demonstration gibt oder nicht (An. Post. I 3, 72b5–18).

588 Wie es Aristoteles bereits angedeutet hatte, vgl. An. Post. I 3, 72b19–23.

589 Vgl. An. Post. I 1, 71a1–11.

590 Vgl. dazu auch Metaph. I 9, 992b24–993a2, bes. 993a1–2. Beachte auch die zweifache Weise, in der epistemische Aktivitäten und Inhalte gegeben sein können (aktual und potentiell), vgl. Top. V 2, 129b33–130a1; a20; An. II 5, 417a10; III 2, 426a33; Metaph. V 7, 1017b13; NE VII 5, 1146b31–34; Metaph. XIII 10, 1087a15.

591 Zur Darstellung der genetischen Epistemologie im folgenden Abschnitt 99b32–100b5, dem theoretischen Kern von II 19, vgl. Metaph. I 1, 980a27–981a3.

592 Zur Genauigkeit im Wissen und in der Wissenschaft vgl. An. Post. I 24, 86a17; I 27 mit Anm. 284; ferner Metaph. I 2, 982a25; VI 1, 1025b7; XIII 3, 1078a10; NE VIII 9, 1159a3.

593 Zur Wahrnehmungsfähigkeit als Natur und essentielle Bestimmung von An. II 2, 413b1; Tieren vgl. z. B. PA III 4, 666a34; NE IX 9, 1170a16.

594 Zur Verbindung von Wahrnehmung und Unterscheidungsfähigkeit vgl. z. B. Top. II 4, 111a16–20; NE IV 11, 1126b3–4; Meteor. IV 4, 382a17–18; HA IV 8, 585a11; PA IV 5, 678b8; An. II 10, 422a21; III 2, 425b2; III 3, 428a3–4; III 9, 432a16.

595 Vgl. Mem. 1, 450b10–11.

596 Vgl. auch Metaph. I 1, 980a29; Mem. 1, 450a15–21.

597 Zur Erinnerung allgemein vgl. Aristoteles' Schrift *De Memoria.*

598 Zur Erfahrung vgl. auch Metaph. I 1, 980b26–29; An. Prior. I 30, 46a18–23; Pol. V 9, 1309b5–8.

599 Zur epistemischen Leiter Wahrnehmung – Erinnerung – Meinung – Wissen (wobei das Wissen durch ein Zur-Ruhe-Kommen zustande kommt) vgl. schon Plat. Phaid. 96b.

600 Zu diesem Gleichnis vgl. auch Probl. XVIII 7, 917a28–32.

601 Vgl. oben in II 19, 100a6–7.

602 Zum Erfassen undifferenzierter Dinge als Ausgangspunkt der Formierung allgemeiner Begriffe vgl. auch An. Post. I 31, 87b28–32; II 13, 97b7, 15–25; Phys. I 1, 184a16–26.

603 Zur Vorstellung, dass epistemische Aktivitäten zum Stehen kommen, vgl. Int. 3, 16b20; Metaph. II 2, 994b24; Phys. VII 3, 247b11; Probl. XI 14, 996b40; An. Post. I 3, 72b22; II 12, 95b22.

604 Vgl. z. B. An. Post. I 18, 81b6 mit Anm. 177, 181; siehe ferner Anm. 307.

605 Vgl. die Ausrichtung der Wahrnehmung auf das Quale nach An. Post. I 31, 87b28–32 mit Anm. 307.

606 Zu den allgemeinsten Begriffen als unteilbaren Elementen vgl. Metaph. V 3, 1014b6–10.

607 Eine logisch genauere Beschreibung dieses Prozesses findet sich in An. Prior. I 27–I 30.

608 Vgl. An. Post. I 18. Ein konkretes Beispiel für das Erfassen von Prinzipien durch Induktion findet sich in Phys. I 2, 185a12–14.

609 Zur Wahrheit von Wissen und Einsicht vgl. das AFE-Modell in der Einleitung, Abschn. 18, S. LXXVf., bes. Punkt (4), aber dazu auch

Abschn. 8 und die komplexe Lesart der *Zweiten Analytik* (Einleitung Abschn. 18, S. LXXVIII–LXXXII).

610 Zum Bezug der Einsicht (*nous*) auf die Prinzipien vgl. Metaph. IX 10, 1051 b 32, 1052 a 1; An. III 6, 430 a 26, b 5–6. Einschlägiger für die wissenschaftliche Funktion der Einsicht ist An. Post. I 33, 89 b 7–8; siehe auch ebd. 88 a 16–17; I 23, 84 b 27–28, b 37–85 a 1. Dazu auch Einleitung Abschn. 8, S. XXXVIII und vor allem Abschn. 9, S. XLIV f.

INDEX VERBORUM

P

Σ

WORTVERZEICHNIS

A

B

D

E

H

I

J

K

Q

R

S

T

U

Z